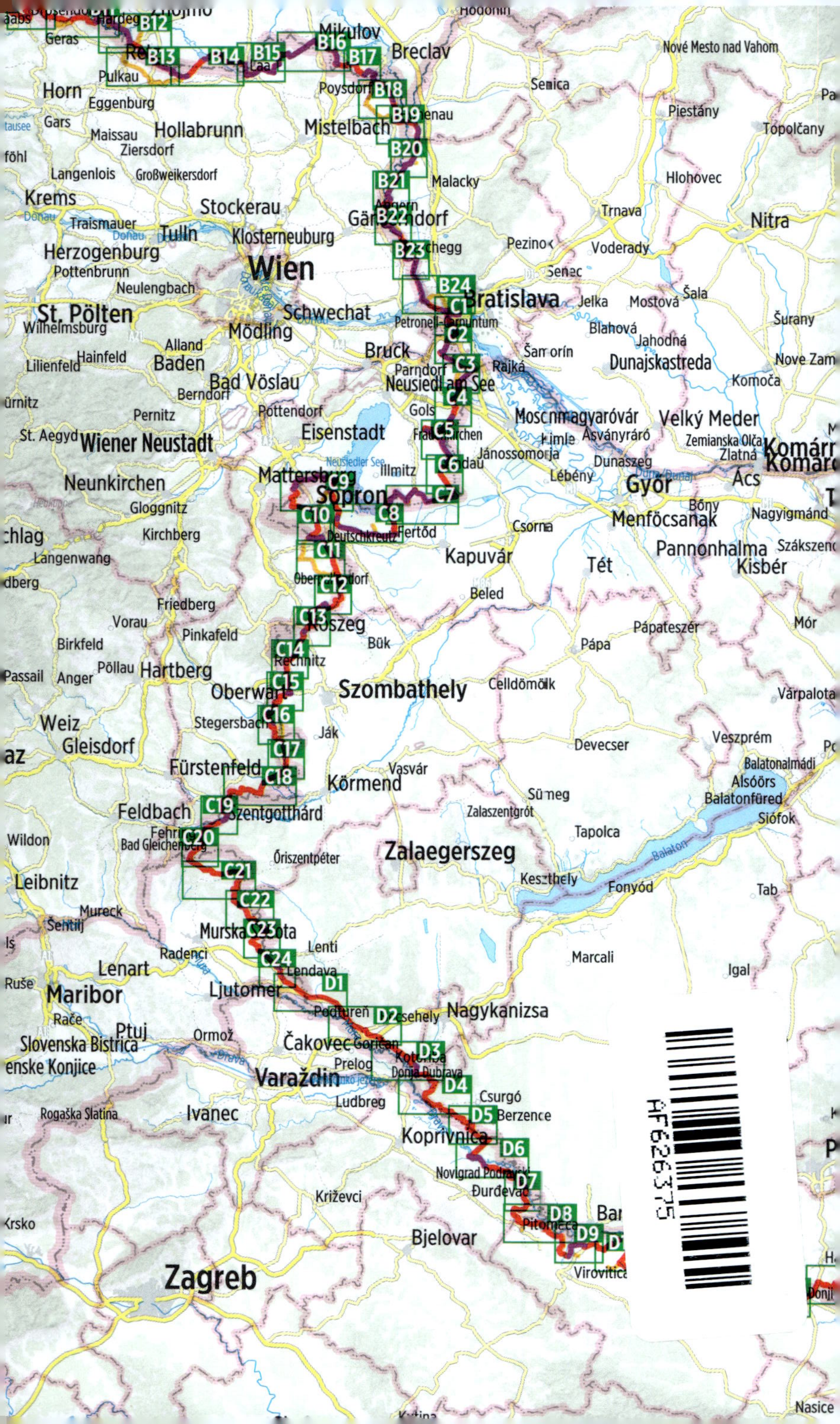

Wien
Bratislava
St. Pölten
Wiener Neustadt
Sopron
Szombathely
Zalaegerszeg
Nagykanizsa
Maribor
Varaždin
Zagreb
Győr
Komárno
Nitra
Breclav
Mikulov
Mistelbach
Hollabrunn
Horn
Krems
Tulln
Stockerau
Klosterneuburg
Schwechat
Mödling
Baden
Bad Vöslau
Eisenstadt
Neusiedl am See
Bruck
Parndorf
Mattersburg
Kapuvár
Kőszeg
Oberwart
Fürstenfeld
Feldbach
Körmend
Szentgotthárd
Hartberg
Gleisdorf
Weiz
Leibnitz
Lenart
Ptuj
Ljutomer
Lendava
Čakovec
Koprivnica
Bjelovar
Virovitica
Ivanec
Križevci
Pápa
Tét
Keszthely
Veszprém
Siófok
Balaton
Dunajská Streda
Velký Meder
Malacky
Trnava
Piešťany
Nové Mesto nad Váhom
Senica
B12
B13
B14
B15
B16
B17
B18
B19
B20
B21
B22
B23
B24
C1
C2
C3
C4
C5
C6
C7
C8
C9
C10
C11
C12
C13
C14
C15
C16
C17
C18
C19
C20
C21
C22
C23
C24
D1
D2
D3
D4
D5
D6
D7
D8
D9

AF626375

Wetterfest und robust!

Für die Innenseiten dieses Buches haben wir uns etwas Besonderes einfallen lassen. Die Seiten bestehen aus hochwertigem Landkartenpapier, welches mit einer robusten und wasserabweisenden Beschichtung versehen wurde. Somit übersteht es unbeschadet auch mal ein Regenwetter. Bitte beachten Sie: wetterfest und wasserabweisend bedeutet nicht wasserfest! Die Seiten sind gut gegen Spritzwasser geschützt und kleben, wenn sie feucht werden, nicht aneinander. Dennoch darf das Buch nicht komplett durchnässt werden.
Bitte verwenden Sie bei Dauerregen zusätzlich einen Regenschutz.

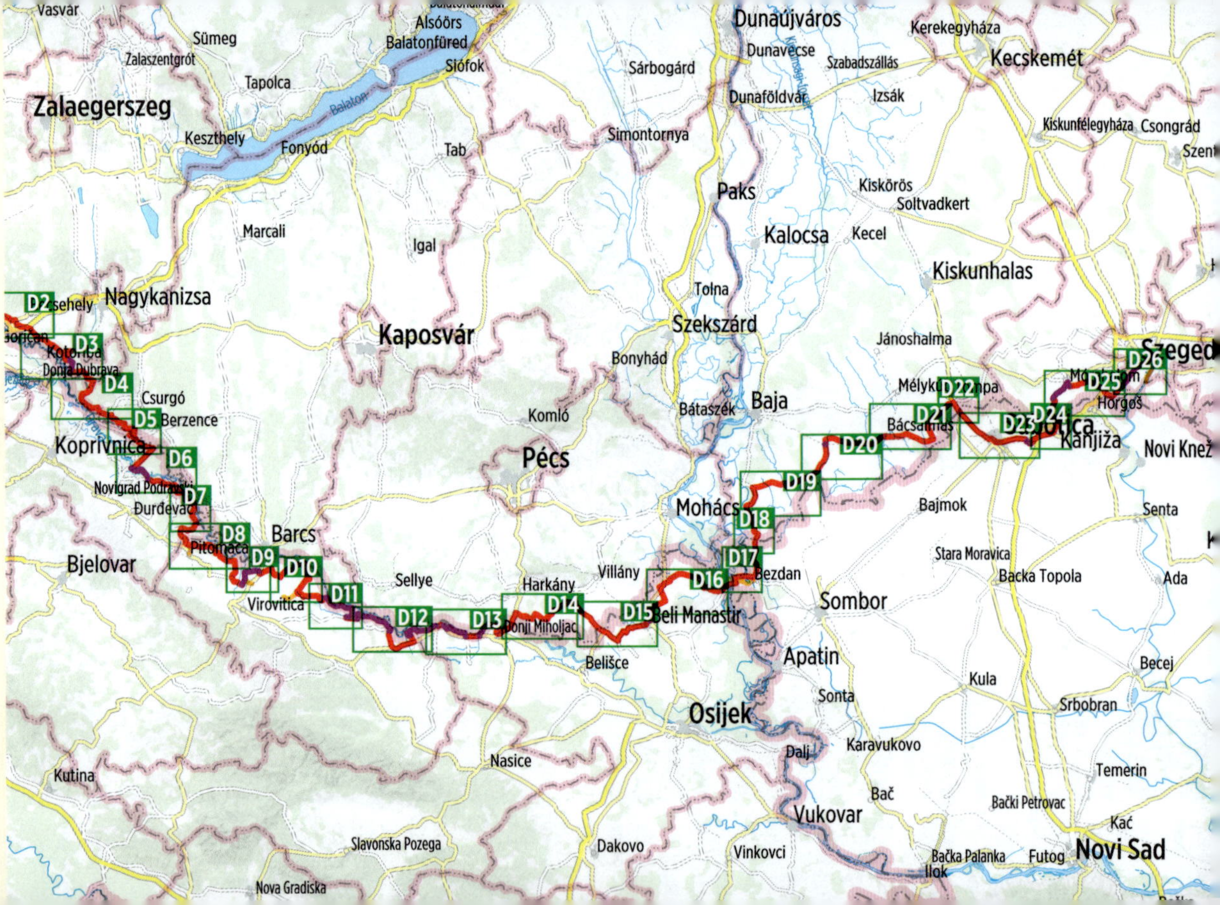

bikeline

Was ist bikeline?

Wir sind ein Team von Redakteuren, Kartografen, Geografen und anderen Mitarbeitern, die allesamt begeisterte Radfahrerinnen und Radfahrer sind. Ins „Rollen“ gebracht hat das Projekt 1987 eine Wiener Radinitiative, die begonnen hat, Radkarten zu produzieren. Heute tun wir dies als Verlag mit großem Erfolg. Mittlerweile gibt's bikeline® Bücher in fünf Sprachen und in vielen Ländern Europas.

Um unsere Bücher immer auf dem letzten Stand zu halten, brauchen wir auch Ihre Hilfe. Schreiben Sie uns, wenn Sie Unstimmigkeiten oder Änderungen in einem unserer Bücher entdeckt haben.

Wir freuen uns auf Ihre Rückmeldung (redaktion@esterbauer.com),

Ihre bikeline-Redaktion

Vorwort

Geschichte im wahrsten Sinne des Wortes erfahrbar zu machen – das ist das Ziel vom „Europa-Radweg Eiserner Vorhang“. Von der Barentssee bis zum Schwarzen Meer führt er an der Westgrenze der ehemaligen Warschauer-Pakt-Staaten quer durch Europa. Dabei verbindet die Route europäische Kultur, Geschichte und nachhaltigen Tourismus, und leitet geschichtsinteressierte Radler auch durch abwechslungsreiche Landschaften und einzigartige Biotope des Europäischen Grünen Bandes, die im Grenzstreifen entstehen konnten.
Dieser Band dokumentiert den über 1.700 Kilometer langen südlichen Teil von der deutsch-tschechischen Grenze bei Hof bis zur ungarisch-serbischen Grenze bei Szeged. Dabei radelt man über die Höhen des früheren Böhmerwalds und vorbei an Mähren. Der österreichisch-tschechisch-slowakische Abschnitt von Gmünd bis Bratislava wurde im Rahmen der niederländischen Wander- und Radmesse „Fiets en Wandelbeurs“ zur europaweit besten „Fahrradroute des Jahres 2021“ ausgezeichnet. Bei Bratislava wird die Donau überquert und entlang der Südgrenze Ungarns führt der Weg über Slowenien, Kroatien und Serbien nach Szeged.

Karten, Streckenbeschreibungen, umfangreiche historische Hintergrundinformationen, Hinweise auf das kulturelle und touristische Angebot jeder Region sowie praktische Reise- und Übernachtungstipps machen diesen Radführer zu einem wertvollen Begleiter auf der Entdeckungsreise entlang des ehemaligen Eisernen Vorhangs.

bikeline®-Radtourenbuch
Michael Cramer
Europa-Radweg Eiserner Vorhang 4
Von Hof nach Szeged

A-3751 Rodingersdorf, Hauptstr. 31
Tel.: +43/2983/28982-0, Fax: -500
E-Mail: bikeline@esterbauer.com
www.esterbauer.com
3. überarbeitete Auflage 2022
ISBN 978-3-7111-0017-7
Bitte geben Sie bei jeder Korrespondenz die ISBN an!

Dank an alle, die uns bei der Erstellung dieses Buches tatkräftig unterstützt haben.

Das *bikeline*-Team: Birgit Albrecht-Walzer, Katharina Amon-Schneider, Katrin Baumhauer, Beatrix Bauer, Michael Binder, Veronika Bock, Petra Bruckmüller, Roland Esterbauer, Dagmar Güldenpfennig, Martina Kreindl, Ingrid Leidinger, Daniela Lehnerova, Gregor Münch, Mario Nakić, Karin Neichsner, Carmen Paradeiser, Amélie Pommier, Manuel Randa, Petra Schartner, Sonja Schleifer, Christian Thoren, Isabella Tillich, Martin Trippmacher, Carina Winkelhofer, Martin Wischin, Wolfgang Zangerl

Umschlagbilder: Michael Cramer: großes Bild: Brücke von Andau; Bild links oben: Mahnmal für die Opfer des Eisernen Vorhangs bei Cheb; Bild links unten: Grenzreste vor Deutsch-Jahndorf

Bildnachweis: Archiv: 120; G. Paldauf: 120; Instytut Lecha Wałęsy: 14; Marco Bertram: 24, 27, 28, 40, 117, 123; Marianne Birthler, Hoffotografen Berlin: 14; Michael Cramer: 11, 12, 22, 23, 29, 30, 33, 34, 36, 42, 46, 49, 52, 54, 55, 58, 60, 62, 64, 64, 66, 68, 70, 70, 74, 74, 76, 78, 80, 82, 82, 83, 84, 86, 90, 90, 94, 98, 99, 110, 112, 114, 114, 116, 124, 126, 127, 128, 132, 135, 136, 137, 138, 140, 142, 147, 148, 156, 160, 160, 168, 170, 172, 177, 180, 184, 186, 188, 188; MTI Photo, Matusz Károly: 12; Ondřej Němec: 14; Pavel Duriancik: 103; Weinviertel Tourismus GmbH, Daniel Gollner: 92

Kartographie erstellt mit axpand (www.axes-systems.com)

LIVE-UPDATES

LIVE UPDATE

Als Online-Angebot finden Sie auf unserer Webseite eine Sammlung aktueller Änderungen und Korrekturen zu diesem Radtourenbuch. Diese Informationen sind immer auf dem neuesten Stand und ermöglichen Ihnen in Kombination mit der bestehenden Auflage dieses Buches die beste Reiseplanung. Das LiveUpdate zu diesem Titel ist frei verfügbar und auf unserer Webseite beim jeweiligen Buch oder unter folgendem Link zu finden:

https://www.esterbauer.com/europa-radweg-eiserner-vorhang-4-von-hof-nach-szeged

Sind Ihnen auf Ihrer Radreise Fehler und Änderungen zur Route, zum Übernachtungsverzeichnis oder den touristischen Daten aufgefallen? Über die Updateseite können Sie diese brandneuen Infos direkt an das bikeline-LiveUpdate-Team übermitteln. Wir freuen uns auf Ihr Update und bedanken uns im Namen aller Radler!

GPS Tracks

Den aktuellen bikeline-Track zu diesem Titel finden Sie, wenn Sie folgende Adresse in die Adresszeile Ihres Browsers eingeben:

https://www.tracks.world/?dir=de/trk37vp782

Europa-Radweg Eiserner Vorhang 1
Finnland / Ostseeküste Baltikum
Von der Barentssee und von Helsinki nach Riga
1. Aufl. 2018, ISBN 978-3-85000-737-5, € 16,90

Europa-Radweg Eiserner Vorhang 2
Ostseeküsten-Radweg
Von Riga nach Lübeck
3. Aufl. 2018, ISBN 978-3-85000-680-4, € 16,90

Europa-Radweg Eiserner Vorhang 3
Deutsch-Deutscher Radweg
Am „Grünen Band" von Lübeck nach Hof
6. Aufl. 2020, ISBN 978-3-85000-872-3, € 15,90

Europa-Radweg Eiserner Vorhang 5
Südost-Europa
Von Szeged nach Rezovo am Schwarzen Meer
1. Aufl. 2019, ISBN 978-3-85000-757-3, € 16,90

Inhalt

Berliner Mauer-Radweg
Eine Reise durch die Geschichte Berlins
10. Aufl. 2022, ISBN 978-3-85000-992-8, € 14,90

Kartenlegende

Radrouten (cycling routes)

Hauptroute, wenig KFZ-Verkehr (main cycle route, low motor traffic)
- asphaltiert (main cycle route, paved surface)
- nicht asphaltiert (main cycle route, unpaved surface)
- schlecht befahrbar (main cycle route, bad surface)

Hauptroute, autofrei / Radweg (main cycle route, without motor traffic / cycle path)
- asphaltiert (cycle path, paved surface)
- nicht asphaltiert (cycle path, unpaved surface)
- schlecht befahrbar (cycle path, bad surface)

Ausflug od. Variante, wenig KFZ-Verkehr (excursion or alternative cycle route, low motor traffic)
- asphaltiert (excursion or alternative route, paved surface)
- nicht asphaltiert (excursion, unpaved surface)
- schlecht befahrbar (excursion, bad surface)

Ausflug od. Variante, autofrei / Radweg (excursion or alternative route, without motor traffic / cycle path)
- asphaltiert (excursion or alternative route, paved surface)
- nicht asphaltiert (excursion, unpaved surface)
- schlecht befahrbar (excursion, bad surface)

Sonstiges (other cycle routes)
- sonstige Radroute (other cycle route)

- verkehrsreiche Radroute (cycle route with significant motor traffic)
- Kopfsteinpflaster (cobbled street)
- Einbahnführung (one-way connection)
- Fährverbindung (ferry connection)
- unbekannter Belag (road surface unknown)
- Tunnel (tunnel)
- Schiebestrecke (dismounting recommended)
- Zugverbindung (train connection)
- Radweg in Planung (planned cycle path)
- Radweg gesperrt (closed cycle path)
- Radstreifen mit Verkehr (cycle lane)
- Radstreifen, straßenbegleitender Radweg (cycle path along road)
- Straße für Radfahrer gesperrt (road closed to cyclists)
- Beschriebene Fahrtrichtung (described direction)
- 5 Wegpunkt (waypoint)

Steigungen / Entfernungen (gradient / distance)

- starke Steigung (steep gradient, uphill)
- leichte bis mittlere Steigung (light gradient, uphill)
- 2,4 Entfernung in Kilometern, gerundet (distance in km, rounded)

Radinformationen (important cycling information)

- Fahrradwerkstatt* (bike workshop*)
- Fahrradvermietung* (bike rental*)
- überdachter Abstellplatz* (covered bike stands*)
- abschließbarer Abstellplatz* (lockable bike stands*)
- E-Bike Ladestation (E-bike charging station)
- Infotafel* (information board*)
- Gefahrenstelle (dangerous section)
- Text beachten (read text carefully)
- Treppe (stairs)
- Tragestrecke (bicycle must be carried!)
- Engstelle* (constriction, bottleneck*)
- 17 42 Knotenpunktnummer der Wegweisung* (nodal point)
- Stadt-, Ortsplan (city map)

Nur in Ortsplänen (symbols only in the city maps)

- Parkhaus* (garage*)
- Theater* (theatre*)
- Post* (post office*)
- Apotheke* (pharmacy*)
- Krankenhaus* (hospital*)
- Feuerwehr* (fire-brigade*)
- Polizei* (police*)

* Auswahl (* selection)

Maßstab 1 : 85.000

1 cm ≙ 850 m   1 km ≙ 11,8 mm

0 1 2 3 4 5 6 7 8 9 10 11 12 13 14 15 km

Sehenswertes / Einrichtungen (sights of interest / facilities)

- Kirche; Kapelle (church; chapel)
- Kloster (monastery/convent)
- Synagoge; Moschee (synagogue; mosque)
- Schloss, Burg; Ruine (palace, castle; ruin)
- Turm; Leuchtturm (tower; lighthouse)
- Wassermühle; Windmühle (watermill; windmill)
- Kraftwerk (power station)
- Bergwerk; Höhle (mine; cave)
- Flughafen; Denkmal (airport; monument)
- sonstige Sehenswürdigkeit (other sight of interest)
- Museum (museum)
- Ausgrabungen; röm. Objekte (excavations; roman site)
- Tierpark; Natur-Information (zoo; nature info)
- Naturschutzgebiet, -denkmal (nature reserve, monument)
- sonstige Natursehenswürdigkeit (natural sight of interest)
- Aussichtspunkt* (panoramic view*)
- Tourist-Information; Gasthaus (tourist information; restaurant)
- Unterkunft; Jugendherberge (hotel, guesthouse; youth hostel)
- Camping-; Naturlagerplatz* (camping site; simple tent site*)
- Einkaufsmöglichkeit*; Kiosk* (shopping facility*; kiosk*)
- Rastplatz*; Unterstand* (picnic tables*; covered stand*)
- Freibad; Hallenbad (outdoor pool; indoor pool)
- Naturbad; Thermal-/Erlebnisbad (natural pool; thermal baths/waterpark)
- Brunnen*; Parkplatz* (drinking fountain*; parking lot*)
- Schönern sehenswertes Ortsbild (picturesque town)
- Einrichtung im Ort vorhanden (facilities available)

Topographische Informationen (topographic information)

- Kirche; Kapelle (church; chapel)
- Kloster (monastery)
- Synagoge; Moschee (synagogue; mosque)
- Schloss, Burg; Ruine (palace, castle; ruins)
- Turm; Leuchtturm (tower; lighthouse)
- Wassermühle; Windmühle (windmill; water mill)
- Kraftwerk; Solaranlage (power station; solar power station)
- Bergwerk; Höhle (mine; cave)
- Denkmal; Hügelgrab (monument; burial mound)
- Flughafen; Flugplatz (airport; airfield)
- Windkraftanlage (windturbine)
- Funk- und Fernsehanlage (TV/radio tower)
- Umspannwerk, Trafostation (transformer station)
- Wegkreuz; hist. Grenzstein (wayside cross; boundary stone)
- Sportplatz, Stadion (playing field, stadium)
- Golfplatz; Tennisplatz (golf course; tennis courts)
- Schiffsanleger; Schleuse (boat landing; sluice/lock)
- Quelle; Kläranlage (natural spring; wastewater treatment plant)
- Staatsgrenze mit Übergang (international border crossing)
- Landesgrenze (country border)
- Kreis-, Bezirksgrenze (district border)
- Naturschutzgebiet, Naturpark, Nationalpark (nature reserve, national park)
- Truppenübungsplatz, Sperrgebiet (prohibited zone)
- Höhenlinie 100m/50m (contour line)

- A13 B12 Autobahn; Schnellstraße (motorway/freeway; expressway)
- B236 Fernverkehrsstraße (highway)
- Hauptstraße (main roads)
- untergeordnete Hauptstraße (secondary main road)
- Nebenstraße; Fahrweg (secondary road; side street/access road)
- Weg; Fähre (track; ferry)
- Straße geplant/in Bau (road planned/under construction)
- Eisenbahn/Bahnhof; S-Bahnhof (railway/station; suburban station)
- Eisenbahn stillgelegt; geplant (railway disused; planned)
- Schmalspurbahn (narrow gauge railway)
- Bergbahn; Seilbahn (mountain railway; cable car)
- Wald; Parkanlage (forest; park)
- Sumpf; Heide (marsh/bog; heath)
- Weinbau; Gartensiedlung* (vineyards; allotment gardens*)
- Steinbruch, Tagebau* (quarry, open cast mine*)
- Friedhof; Düne, Strand (cemetery; dunes, beach)
- Watt; Gletscher (tidal flats; glacier)
- Felsen; Geröll (rock, cliff; scree)
- Gewächshäuser*, Plantage* (greenhouses*, plantation*)
- Gewerbe-, Industriegebiet (commercial/industrial area)
- Siedlungsfläche; öffentl. Gebäude (built-up area)
- Stadtmauer, Mauer (defensive wall, wall)
- Damm, Deich (embankment, dike)
- Kanal (canal)
- Fluss/Staumauer/See (river/dam/lake)

Der Autor

Michael Cramer wurde am 16. Juni 1949 in Gevelsberg/ Westfalen geboren und besuchte in Ennepetal das Reichenbach-Gymnasium. In Mainz studierte er von 1969–74 Musik, Sport und Pädagogik. Von 1975–95 unterrichtete er am Ernst-Abbe-Gymnasium und am Albrecht-Dürer-Gymnasium in Berlin-Neukölln.

Von 1989–2004 war Michael Cramer als verkehrspolitischer Sprecher von Bündnis 90/Die Grünen Mitglied im Abgeordnetenhaus von Berlin und von 1989-90 der Vorsitzende im Ausschuss für Verkehr und Betriebe. Gleichzeitig nahm er neben seiner Tätigkeit als Abgeordneter mehrere Lehraufträge zum Thema Verkehrs- und Stadtpolitik am Otto-Suhr-Institut der Freien Universität Berlin wahr. Von 2004 bis 2019 war er Mitglied im Europäischen Parlament und von 2014 bis 2017 der Vorsitzende im Ausschuss für Verkehr und Tourismus. Darüber hinaus ist er durch Veröffentlichungen in Zeitschriften und Büchern publizistisch tätig.

Für sein verkehrspolitisches Engagement – insbesondere für die grenzüberschreitenden europäischen Schienenverbindungen und den „Europa-Radweg Eiserner Vorhang" – wurde er 2018 mit dem Bundesverdienstkreuz und 2019 mit dem LEO-Preis der Deutschen Verkehrszeitung (DVZ) ausgezeichnet. Der Verdienstorden des Landes Berlin wurde ihm 2021 verliehen.

Seit 1979 ist Michael Cramer in Berlin auch ohne eigenes Auto mobil, weil er im Alltag Fahrrad, Bus, Bahn und Taxi benutzt und im Urlaub den sanften Tourismus bevorzugt. Deshalb hat er viele Velo-Routen in Europa im wahrsten Sinne des Wortes erfahren. Und auch in den USA hat er den 750 Kilometer langen Radweg um die Bay von San Francisco abgeradelt. Das von ihm geschriebene bikeline-Buch „San Francisco Bay Trail" ist 2004 im österreichischen Esterbauer-Verlag in englischer Sprache erschienen.

Ausschlaggebend für die intensive Beschäftigung mit der deutsch-deutschen Geschichte sind nach seinen Angaben drei Ereignisse in seiner Jugend. Als 1961 die Mauer in Berlin gebaut wurde, machte er seine erste Urlaubsreise ohne seine Eltern in das Nordseebad St. Peter Ording. Dort bestaunte er nicht nur die Strandsegler, sondern konnte auch noch dem 80-jährigen legendären Graf Luckner (1881-1966) lauschen, dem man nachsagte, dass er mit eigener Kraft Telefonbücher zerreißen sowie Fünf-Mark-Stücke umknicken und plattdrücken konnte.

Als in diesen Urlaubstagen eine Zeitung titelte: „Mauerbau in Berlin – droht der Dritte Weltkrieg?", erinnerte er sich an die Geschichten seiner Eltern und Lehrer über die Kriegszeit – und bekam fürchterliche Angst, dass auch er solche Zeiten erleben könnte.

Zwei Jahre später fuhr er mit seinem heimatlichen Fußballverein TuS Ennepetal zum ersten Mal nach West-Berlin und spielte gegen den BFC-Südring. Er aß seine erste Curry-Wurst – die gab es damals noch nicht in West-Deutschland –, spielte zum ersten Mal Mini-Golf in der Hasenheide – das konnte man damals in Ennepetal noch nicht – und trank die erste Fassbrause – die gibt es heute noch nicht in West-Deutschland. Für die Reise nach Berlin schenkte ihm seine Tante eine Kamera und eines seiner ersten Fotos war das markante Eckhaus vom Besucherpodest vor der Mauer am Ende der Bernauer Straße.

Und jedes Mal, wenn er später nach Berlin kam, ging er zur Bernauer Straße und beobachtete, wie sich die Mauer veränderte. Anfangs waren nur im Parterre und im ersten Stock die Fenster zugemauert, später auch die anderen Stockwerke. Dann wurden die Häuser bis zum ersten Stockwerk abgerissen und schließlich durch die „moderne" Mauer ersetzt.

Wenig später las er sein erstes politisches Buch: „Die Revolution entlässt ihre Kinder" von Wolfgang Leonhard (1921-2014), der mit seiner kommunistischen Mutter, Susanne Leonhard, 1935 auf der Flucht vor den Nationalsozialisten in die Sowjetunion emigrierte. Schon nach kurzer Zeit wurde sie im „Großen Terror" von Stalin als „Volksfeind" verhaftet und zu fünfjähriger Zwangsarbeit verurteilt. Ohne Gerichtsurteil dauerte ihre Verbannung in den Arbeitslagern von Sibirien bis 1948.

Ihr Sohn Wolfgang wurde in Kinderheimen und Internaten „sozialistisch“ erzogen. Als überzeugter Kommunist gehörte er zur „Gruppe Ulbricht“, die nach dem Krieg aus der Sowjetunion in das besetzte Deutschland geschickt wurde. Von Juli 1945 bis September 1947 war er in der Abteilung „Agitation und Propaganda“ des Zentralkomitees (ZK) der KPD (ab 1946 SED) tätig und lehrte von 1947-49 Geschichte an der SED-Parteihochschule „Karl Marx“ in Kleinmachnow. 1948 half ihm der spätere DDR-Staatspräsident Wilhelm Pieck, seine Mutter aus Sibirien nach Deutschland zurückzuholen.

Susanne Leonhard (1895–1984) lebte zunächst in Ost-Berlin und zog im März 1949 nach West-Deutschland. Hier wurde sie vom US-Geheimdienst CIC (Counter Intelligence Corps) festgenommen und bis April 1950 inhaftiert. Als überzeugte - antistalinistische - Sozialistin lehnte sie eine Arbeit für die US-Spionage ab. 1956 erschien ihr Buch: „Gestohlenes Leben. Schicksal einer politischen Emigrantin in der Sowjetunion“. Auch ihr Sohn Wolfgang brach mit dem Stalinismus, verließ zur selben Zeit wie seine Mutter Ost-Berlin, floh über Prag in das „blockfreie“ Jugoslawien und lebte seit 1950 in der Bundesrepublik Deutschland.

Michael Cramer zog 1974, nach dem Studium in Mainz, als gefestigter „Deutschlandpolitiker“ nach Berlin (West), das weder vom Süden, Norden oder Westen, sondern nur vom „Osten“ umgeben war, der größten Insel im Roten Meer. Er bestätigte die damals weitverbreitete Erfahrung: „Entweder du haust spätestens nach einem halben Jahr wieder ab, oder du bleibst für immer in Berlin“. Er blieb.

Im Sommer 1989 radelte er zum ersten Mal den 160 Kilometer langen „Zollweg“ rund um West-Berlin ab, der von den West-Alliierten nach dem Mauerbau angelegt worden war. Man konnte sich nicht verfahren, denn es ging auf der West-Berliner Seite immer an der Wand lang. Dann fiel die Mauer, und er konnte diese Umrundung im Frühjahr 1990 auf dem „Kolonnenweg“ der DDR-Grenztruppen zwischen Vorder- und Hinterlandmauer mit eigenartigen Gefühlen wiederholen. Bei diesen Radeltouren wurde die Idee vom Berliner Mauerweg geboren.

Allerdings dauerte es noch zehn Jahre, bis sie Gestalt annahm. Denn nach dem Fall der Mauer lautete die Parole in Berlin: „Die Mauer muss weg“, was die Grenztruppen der DDR, die für deren Abbau bis zum 2. Oktober 1990 die Verantwortung trugen, mit preußisch-sozialistischer Gründlichkeit realisierten. Nur wo Bezirke, Organisationen oder Einzelpersonen sie daran hinderten, blieben Mauerreste bestehen.

Anlässlich des 40. Jahrestages des Mauerbaus nahm Michael Cramer die Idee wieder auf und organisierte im Sommer 2001 die öffentlichen „Mauerstreifzüge“, an denen mehr als 1.000 Personen teilnahmen. Auch dadurch konnte er erreichen, dass Senat und Abgeordnetenhaus von Berlin beschlossen, die verbliebenen Mauerreste unter Denkmalschutz zu stellen, für den letzten erschossenen Flüchtling, Chris Gueffroy, eine Gedenkstele zu errichten, den Berliner Mauerweg auszuschildern und ihn fahrradfreundlich auszubauen, was 2007 auch vollendet wurde.

Im österreichischen Esterbauer-Verlag erschien 2001 von Michael Cramer das Buch „Berliner Mauer-Radweg“, eine 160 Kilometer lange Route entlang der ehemaligen Mauer um West-Berlin. Es wurde von dem langjährigen Berliner Senator für Stadtentwicklung und Umweltschutz, Volker Hassemer, vorgestellt, seitdem mehrfach überarbeitet und 2003 auch in englischer Sprache gedruckt.

Das Buch „Deutsch-Deutscher Radweg“ erschien zum ersten Mal im Sommer 2007 - in englischer Sprache 2008 - und wurde im Europäischen Haus in Berlin von Wolfgang Thierse, dem ehemaligen Präsidenten des Deutschen Bundestages (1998-2005), vorgestellt. Dabei zitierte Thierse den früheren Präsidenten der Europäischen Kommission, Jacques Delors (1985-1995) mit seinem Ausspruch: „Die Europäische Union ist wie ein Fahrrad, hält man es an, fällt es um.“

Die drei Bände vom „Europa-Radweg Eiserner Vorhang“, der EuroVelo Route 13 (EV 13), erschienen 2009 und als „Iron Curtain Trail“ in englischer Sprache 2010. Diese wurden - ebenfalls im Europäischen Haus in Berlin - von Hans-Gert Pöttering, dem damaligen Präsidenten des Europäischen Parlaments, vorgestellt.

Die Überarbeitung des vierten Teils, „Von Hof nach Szeged“, mit dem einheitlichen Maßstab 1:85.000 erschien 2014 - in englischer Sprache 2017 - und wurde vom österreichischen EU-Kommissar für Regionale Entwicklung, Johannes Hahn, im Europäischen Haus in Wien präsentiert.

Die überarbeitete Version vom zweiten Teil, „Ostseeküsten-Radweg, Von Rīga nach Lübeck“, die mit dem „Ostseeküsten-

Radweg“ (EV 10) identisch ist, erschien 2016 im Maßstab 1:85.000 in deutscher und 2017 in englischer Sprache.

Der überarbeitete erste Teil „Finnland, Ostseeküste Baltikum, Von der Barentssee und von Helsinki nach Rīga“ wurde durch den Abschnitt von Helsinki zur finnisch-russischen Grenze ergänzt und erschien 2018 in deutscher und englischer Sprache. Die Karten von der Barentssee zur Ostsee haben den Maßstab 1:400.000 und entlang der Ostseeküste von Helsinki nach Rīga 1:120.000.

Der fünfte Teil, „Südost-Europa, Von Szeged nach Rezovo am Schwarzen Meer“, erschien 2019 im Maßstab 1:120.000 in deutscher und englischer Sprache.

Nachdem Michael Cramer die gesamten 10.000 Kilometer vom „Europa-Radweg Eiserner Vorhang“ abgeradelt hatte, wurden die von ihm überarbeiteten Versionen der nunmehr insgesamt fünf Bücher in beiden Sprachen am 4. April 2019 im „Haus der Europäischen Geschichte“ in Brüssel abermals von Hans-Gert Pöttering vorgestellt.

Mit dem "Europa-Radweg Eiserner Vorhang" wurde 2018 die Architektur-Biennale in Venedig unter dem Thema "Unbuilding Walls" im deutschen Pavillon eröffnet. Der „Iron Curtain Trail“ wurde 2019 als "Kulturroute des Europarates" zertifiziert und ist damit die erste EuroVelo Route, die in diese Liste aufgenommen wurde.

Der österreichisch-tschechisch-slowakische Abschnitt von Gmünd bis Bratislava wurde im Rahmen der niederländischen Wander- und Radmesse „Fiets en Wandelbeurs“ zur europaweit besten „Fahrradroute des Jahres 2021“ ausgezeichnet.

Europa-Radweg Eiserner Vorhang

Der Eiserne Vorhang verlief auf einer Länge von 10.000 Kilometern von der Barentssee quer durch Europa bis zum Schwarzen Meer und trennte den Kontinent in Ost und West. Bis zu den Friedlichen Revolutionen in Ostmitteleuropa war er die physische und ideologische Grenze zweier sich feindlich gegenüberstehender Blöcke. Er trennte nicht nur viele Nachbarstaaten voneinander, sondern spaltete auch Deutschland und Berlin in Ost und West. Heute ist von dem ehemaligen Todesstreifen kaum noch etwas zu sehen, seine Relikte gemahnen uns - aber sie trennen uns nicht mehr.

Man muss Erinnerung sichtbar machen! Wir wissen, dass es zwischen West und Ost noch keine gemeinsame Geschichtsbetrachtung gibt, dass sich die Europäer im Osten und im Westen an ihre Grenze auf unterschiedliche Art und Weise erinnern, auch weil sie von der offiziellen Politik in beiden Teilen Europas völlig konträr interpretiert worden war. Die Warschauer-Pakt-Staaten hatten sie zum „Schutz vor dem Klassenfeind“ und die Berliner Mauer zum „antifaschistischen Schutzwall“ verklärt, für den Westen war sie das Symbol der Unfreiheit im real existierenden Sozialismus.

Berliner Mauerweg

Sichtbare Erinnerung gibt es bereits mit dem „Berliner Mauerweg“, den der Berliner Senat seit 2001 ausgeschildert und fahrradfreundlich ausgebaut hat. Zudem wurden anlässlich des 40. Jahrestags des Mauerbaus nahezu alle noch verbliebenen Mauerreste unter Denkmalschutz gestellt.

Als Ergänzung zur Markierung des ehemaligen Mauerverlaufs und zur künstlerischen Gestaltung der Grenzübergänge wurde die „Geschichtsmeile Berliner Mauer“ ins Leben gerufen, eine viersprachige Dauerausstellung (deutsch, englisch, französisch, russisch), die mit etwa 30 Tafeln über die Geschichte von Teilung, Mauerbau und Maueröffnung informiert. Mit Fotografien und kurzen Texten werden Ereignisse geschildert, die sich am jeweiligen Standort zugetragen haben.

Diese „Geschichtsmeile“ wird mit Informationstafeln im Außenbereich des Mauerwegs fortgesetzt. Mit historischen Fotos und zweisprachigen Texten (deutsch, englisch) wird auf Orte hingewiesen, die durch ihre ehemalige Nutzung, ihre frühere bauliche Ausstattung oder durch besondere Ereignisse die unterschiedlichen Aspekte der Teilungsgeschichte exemplarisch erläutern. Die Stelen - wie auch die Schilder „Berliner Mauerweg“ - sind mit einer Höhe von 3,60 Meter genauso hoch wie einst die Mauer war und werden durch Informationstafeln, Gedenkkreuze und Fotos der erschossenen Flüchtlinge ergänzt, damit deren Schicksale im öffentlichen Gedächtnis bleiben.

Der „Berliner Mauerweg“ wurde Bestandteil des Tourismus-Programms von Berlin und ist das erste Projekt, das den sanften mit dem Stadttourismus verbindet. In Berlin kann man in der

Tat Geschichte, Politik, Natur und Kultur im wahrsten Sinne des Wortes „erfahren".

Deutsch-Deutscher Radweg

Nicht nur Berlin, auch Deutschland war jahrzehntelang gespalten, und auch die Erinnerung an den 1.400 Kilometer langen innerdeutschen Grenzstreifen gilt es zu bewahren. Deshalb brachten die Koalitionsfraktionen von SPD und Bündnis 90/Die Grünen am 30. Juni 2004 im Deutschen Bundestag einen Antrag ein (DS 15/3454), den ehemaligen Todesstreifen in einen Lebensraum umzuwandeln. Er sollte den sanften Tourismus erschließen und für die Gestaltung vom „Grünen Band Europa" entlang des früheren „Eisernen Vorhangs" entwickelt werden. Der Deutsche Bundestag hat im Dezember 2004 einstimmig dafür votiert.

Der „Deutsch-Deutsche Radweg" am „Grünen Band" führt an 150 Naturschutzgebieten entlang und integriert zahlreiche Flora-Fauna-Habitat-Gebiete (FFH), die vier Biosphärenreservate Schaalsee, Elbaue, Rhön und Drömling sowie den Nationalpark Harz. Der Radweg führt von der Ostsee bis zur tschechischen Grenze an zahlreichen Flüssen und Seen entlang und überwindet die Höhen des Harzes sowie die des Thüringer Waldes. Er passiert viele Denkmäler und Grenzlandmuseen wie auch manche der noch verbliebenen Wachtürme.

Europa-Radweg Eiserner Vorhang

Aber auch Europa war jahrzehntelang gespalten. Von der Barentssee an der norwegisch-russischen Grenze bis zum Schwarzen Meer an der bulgarisch-türkischen Grenze verlief der Eiserne Vorhang. Heute trennt er nicht mehr, sondern ist Symbol einer gemeinsamen und gesamteuropäischen Erfahrung im wiedervereinigten Europa. Dank Hubert Weiger, dem langjährigen Vorsitzenden vom Bund für Umwelt und Naturschutz Deutschland (BUND), gibt es seit dem 19. Juni 2005 auch den „Green Belt", das „Grüne Band Europa".

Auch deshalb hat das Europäische Parlament im Herbst 2005 den „Iron Curtain Trail" („Europa-Radweg Eiserner Vorhang") in seinen Bericht über „Neue Perspektiven und Herausforderungen für einen nachhaltigen europäischen Fremdenverkehr" (A6-0235/2005) aufgenommen. Mit einer großen Mehrheit aus allen Mitgliedstaaten und allen Fraktionen wurde meinem Antrag zugestimmt, der die Kommission und die Mitgliedstaaten auffordert, „die Initiative ‚Iron Curtain Trail' umzusetzen, [...] um die europäische Identität zu fördern".

An diesem Projekt sind 20 Länder beteiligt, darunter 15 Mitgliedstaaten der EU. Beginnend an der Barentssee verläuft der Rad- und Wanderweg an der Westgrenze der ehemaligen Warschauer Pakt-Staaten entlang bis zum Schwarzen Meer. Man radelt an der norwegisch-russischen und finnisch-russischen Grenze entlang bis zur Ostsee und passiert dort die Küstenstreifen von Russland, Estland, Lettland, Litauen, Kaliningrad, Polen und der ehemaligen DDR. Von der Halbinsel Priwall bei Lübeck-Travemünde bis zum sächsisch-bayerisch-tschechischen Dreiländereck folgt die Route dem ehemaligen innerdeutschen Grenzstreifen. Dann führt sie über die Höhen des Böhmerwalds, vorbei an Mähren und überquert in der slowakischen Hauptstadt Bratislava die Donau. Nach der österreichisch-ungarischen Grenze führt der Weg durch Slowenien, Ungarn und Kroatien. Zwischen Rumänien und Serbien folgt die Strecke weitgehend dem Lauf der Donau, um schließlich über Bulgarien, Nord-Mazedonien, Griechenland und der Türkei nach mehr als 10.000 Kilometern an der bulgarisch-türkischen Schwarzmeerküste zu enden.

Beschilderung am Europa Radweg Eiserner Vorhang

Die Strecke verläuft durch mehrere Nationalparks mit einer interessanten Flora und Fauna und verbindet eine Vielzahl einzigartiger Landschaften, die in der Sperrzone lagen und nahezu unberührt geblieben sind. Sie verbindet aber auch zahlreiche Mahnmale, Museen und Freiluft-Einrichtungen, die an die Geschichte der Spaltung Europas und seiner Überwindung durch die Friedlichen Revolutionen in Ostmitteleuropa erinnern.

Wie beim „Berliner Mauer-Radweg" und dem „Deutsch-Deutschen Radweg" können auch beim „Europa-Radweg Eiserner Vorhang" die teilweise noch vorhandenen asphaltierten Patrouillenwege der Grenztruppen genutzt werden. In vielen Ländern und Regionen Europas wird an dem Projekt gearbeitet, zahlreiche Abschnitte sind schon ausgeschildert und ausgebaut.

Alois Mock und Gyula Horn durchschneiden den Eisernen Vorhang

Die Geschichte der Spaltung Europas

Die Geschichte der europäischen Spaltung beginnt nicht mit dem Ende des Zweiten Weltkriegs, sondern mit Hitlers Machtergreifung am 30. Januar 1933 und dem Beginn des Zweiten Weltkriegs am 1. September 1939, als deutsche Soldaten in Polen einmarschierten. Ohne den von Nazi-Deutschland entfesselten Zweiten Weltkrieg wäre Europa nicht gespalten worden.

Die Anti-Hitler-Koalition war sich trotz der unterschiedlichen ideologischen Ausrichtung im gemeinsamen Kampf gegen das nationalsozialistische Deutschland einig. Nach der bedingungslosen Kapitulation der deutschen Wehrmacht am 8. Mai 1945 dominierten die jeweils eigenen Interessen aber schon bald. Am 5. März 1946 hatte der nach Kriegsende abgewählte britische Premierminister Winston Churchill in seiner berühmten Rede in Fulton/Missouri festgestellt, dass ein Teil Europas hinter einem „Eisernen Vorhang" verschwunden und damit eine Spaltung Europas eingetreten sei. Der Kalte Krieg hatte begonnen.

Weil die Führungen der Warschauer-Pakt-Staaten nicht gewillt waren, politische Freiheitsrechte zu gewähren und sich als unfähig erwiesen, die wirtschaftlichen Probleme zu lösen, kam es immer wieder zu Aufständen. Den ersten Volksaufstand im sowjetischen Machtbereich nach dem Zweiten Weltkrieg gab es am 17. Juni 1953 in der DDR. Ihm folgten 1956 im Juni die Posener Demonstrationen in Polen und im Oktober die Revolution in Ungarn, der „Prager Frühling" 1968 in der Tschechoslowakei, der Arbeiteraufstand 1970 in Polen, die Charta 77 in der Tschechoslowakei sowie 1980 die Entstehung der Solidarność-Bewegung in Polen, die mit 10 Millionen viermal so viele Mitglieder hatte wie die Kommunistische Staatspartei. Die Aktivitäten der Gewerkschaft Solidarność, die erfolgreiche Orientierung der Ungarn nach Westen, der „Singende Revolution" genannte Kampf der Unabhängigkeitsbewegungen in den baltischen Staaten, die „Samtene Revolution" in der Tschechoslowakei, die immer stärker werdende Oppositionsbewegung in der DDR und der Abbau des Stacheldrahts an der ungarisch-österreichischen Grenze durch die beiden Außenminister Gyula Horn und Alois Mock am 27. Juni 1989 bereiteten den Fall der Berliner Mauer am 9. November 1989 und den des Eisernen Vorhangs in Europa vor.

Das „Grüne Band" – Vom Todesstreifen zum Lebensraum

Nach dem Vorbild vom Berliner Mauer-Radweg und vom Deutsch-Deutschen Radweg entsteht nun entlang des ehemaligen Eisernen Vorhangs auf dem früheren Todesstreifen ein Rad- und Wanderweg, der Reisen auf den Spuren der gemeinsamen Geschichte unseres Kontinents ermöglicht. Das 10.000 Kilometer lange „Grüne Band" von der Barentssee bis zum Schwarzen Meer steht seit 2002 unter der Schirmherrschaft von Michail Gorbatschow, der seit 1993 der Präsident von Green Cross International (GCI) ist. Er war übrigens im März 1985 mit nur einer Stimme Mehrheit zum Generalsekretär der KPdSU gewählt worden.

Heute wird die Bedeutung des Grünen Bandes für den Naturschutz und der Wert als Symbol der Vereinigung zwischen Ost und West auch international anerkannt. Wenn die Mitgliedstaaten in Zusammenarbeit mit dem Europäischen Parlament und der EU-Kommission das Projekt realisieren, wird man auch europäische Geschichte, Politik, Natur und Kultur erfahren können.

Der Routen-Vorschlag

Natürlich gibt es verschiedene Möglichkeiten, sich im Grünen Band mit dem Fahrrad zu bewegen. Ob auf der westlichen oder der östlichen Seite, ob näher an der Grenze oder weiter entfernt, ob auf Kolonnenwegen mit Lochplatten oder auf Asphalt. Die vorgeschlagene Route wurde nach den folgenden fünf Kriterien ausgewählt:

- möglichst nahe an der ehemaligen Grenze
- vorzugsweise auf komfortabel zu befahrenden Wegen
- stark befahrene Straßen vermeidend
- die ehemalige Grenze häufig querend
- viele Zeugnisse der Geschichte integrierend

Atlantischer Ozean
Barentssee
Weißes Meer
Nordsee
Ostsee
Adria
Tyrrhenisches Meer
Schwarzes Meer
Ägäisches Meer
Mitte
NORWEGEN
SCHWEDEN
FINNLAND
RUSSLAND
ESTLAND
LETTLAND
LITAUEN
(zu Russl.)
BELARUS
UKRAINE
MOLDAWIEN
POLEN
DÄNEMARK
DEUTSCHLAND
NIEDER-LANDE
BELG.
LUX.
FRANK-REICH
SCHWEIZ
LIE.
ÖSTERREICH
TSCHECHIEN
SLOWAKEI
UNGARN
RUMÄNIEN
SLOWENIEN
KROATIEN
BOSNIEN-HERZEGOWINA
SERBIEN
MONTE-NEGRO
KOSOVO
NORD-MAZ.
ALBANIEN
BULGARIEN
GRIECHENLAND
TÜRKEI
ITALIEN
SAN MARINO
VATIKAN-STAAT
MONACO
Korsika
Sardinien
Sizilien
Åland (finn.)
Hammmerfest
Kirkenes
Grense Jakobselv
Murmansk
Inari
Ivalo
Kotala
Kuusamo
Kuhmo
Ilomantsi
Imatra
Tampere
Turku
Helsinki
Archangelsk
Oneschskoje osero
Petrosawodsk
Ladoschskoje osero
St. Petersburg
Narva
Tallinn
Haapsalu
Peipsi-Pihkva
Tartu
Pärnu
Ventspils
Riga
Liepāja
Klaipeda
Kalinin-grad
Vilnius
Witebsk
Minsk
Gomel
Brjansk
Twer
Moskau
Wolga
Oka
Daugava
Neman
Dnjepr
Kiew
Dnipropetrowsk
Kriwi Rih
Mikolajiw
Odessa
Chişinău
Dnister
Lwiw
Trondheim
Bergen
Oslo
Uppsala
Stockholm
Göteborg
Aarhus
Kopenhagen
Malmö
Rostock
Stralsund
Świnoujście
Kołobrzeg
Lübeck
Hamburg
Bremen
Amsterdam
Gdańsk
Szczecin
Witten-berge
Elbe
Berlin
Hannover
Göttingen
Magdeburg
Essen
Düsseldorf
Brüssel
Köln
Fulda
Leipzig
Dresden
Poznań
Wisła
Warschau
Wrocław
Oder
Kraków
Frankfurt (Main)
Coburg
Hof
Cheb
Prag
Cesky Krumlov
Brno
Lux.
Straßburg
Stuttgart
Donau
Rhein
Passau
München
Zürich
Bern
Laa an der Thaya
Wien
Bratislava
Sopron
Debrecen
Tisza
Duna
Budapest
Graz
Szeged
Bacs
Mailand
Venedig
Ljubljana
Zagreb
Subotica
Timişoara
Brasov
Vrsac
Kladovc
Bukarest
Constanţa
Turin
Po
Genua
Bologna
Florenz
Rom
Neapel
Bari
Split
Sarajewo
Belgrad
Negotin
Dunărea
Dunav
Ruse
Dimitrovgrad
Priština
Sofia
Podgorica
Kyustendil
Plovdiv
Carevo
Skopje
Blagoevgrad
Edirne
Istanbul
Tirana
Strumica
Orestiada
Thessaloniki
Bursa

Václav Havel

Marianne Birthler

Lech Wałęsa

Der Routenvorschlag versteht sich als „work in progress". Denn selbstverständlich wissen die Menschen vor Ort besser über ihre Gegend Bescheid, auch gibt es immer wieder Veränderungen durch Baumaßnahmen u. ä. Und manchmal wird auch ein Umweg vorgeschlagen, um eine touristische Attraktion noch einzubinden. Das kann allerdings nur sparsam geschehen, weil sich sonst die Gesamtroute zu sehr verlängern würde. Dafür bitten Autor und Verlag um Verständnis, freuen sich aber über Anregungen und Verbesserungsvorschläge, die sich an den oben erwähnten Kriterien orientieren.

Danksagung

Die Überarbeitung dieses Bandes vom „Europa-Radweg Eiserner Vorhang" wäre nicht möglich geworden ohne die Unterstützung anderer Personen und Institutionen. Deshalb möchte ich mich bei dem österreichischen Verleger Roland Esterbauer und seinem Team ganz herzlich bedanken, das von Anfang an das Projekt unterstützt und professionell umgesetzt hat.

Bedanken möchte ich mich auch bei der europäischen Initiative europeangreenbelt (www.greenbelt.eu), die gemeinsam mit Naturschützern aus den mittel- und osteuropäischen Ländern das Projekt „Green Belt" ins Leben gerufen hat, mittlerweile eines der erfolgreichsten und zugleich symbolträchtigsten europäischen Projekte.

Am 23. September 2014 haben Gabriel Schwaderer für die European Green Belt Initiative, Daniel Mourek für die European Cyclists´ Federation und Michael Cramer für das Europäische Parlament in Slavonice ein „Memorandum of Understanding" unterzeichnet, um den Green Belt zu schützen und in ihm das Radeln zu ermöglichen.

Die unterzeichneten Institutionen verpflichten sich im Rahmen beider Projekte, den nachhaltigen Tourismus, den Schutz und die Bewahrung der Besonderheit von Flora und Fauna sowie das Bewusstsein für die Geschichte und Kultur zu unterstützen. Sie sind sich einig, dass diese Ziele nur gemeinsam mit der Bevölkerung erreicht werden können. Durch den nachhaltigen Tourismus wird insbesondere die lokale Wirtschaft gestärkt, was auch durch die Verbesserung der bestehenden Infrastruktur geschehen soll.

Und last but not least ein herzliches Dankeschön an Marianne Birthler, Vaclav Havel (1936-2011) und Lech Wałęsa, die für das Projekt "Europa-Radweg Eiserner Vorhang" die Patenschaft übernommen haben.

Lebendige Geschichtswerkstatt

Dieser Radweg ist eine reizvolle Kombination von Geschichtswerkstatt und Fahrradtourismus, von Freizeit, Natur und Kultur. Er verdeutlicht, dass der frühere unmenschliche Grenzstreifen zwischen Ost- und West-Europa, der sogenannte Todesstreifen, heute als großer Biotopverbund ein lebendiges ökologisches Denkmal ist, das in einzigartiger Form an die Spaltung Europas und an deren Überwindung erinnert.

Seit dem Fall der Mauer in Berlin und des Eisernen Vorhangs in Europa sind nun mehr als drei Jahrzehnte vergangen. Gemäß der Aussage von Wilhelm von Humboldt: „Nur wer die Vergangenheit kennt, hat eine Zukunft", müssen wir uns mit der Vergangenheit auseinandersetzen. Deshalb pflegen wir mit Dankbarkeit die Erinnerung an die Friedlichen Revolutionen in Ostmitteleuropa, ohne die jahrzehntelange Spaltung unseres Kontinents zu vergessen.

In diesem Sinne wünsche ich eine anregende Lektüre und viel Freude beim Erfahren von europäischer Geschichte, Politik, Natur und Kultur.

Michael Cramer

Zu diesem Buch

Dieser Radreiseführer enthält alle Informationen, die man für den Radurlaub am Grünen Band benötigt: Exakte Karten, eine detaillierte Streckenbeschreibung, ein ausführliches Übernachtungsverzeichnis, Stadt- und Ortspläne und die wichtigsten Informationen zu touristischen Attraktionen und Sehenswürdigkeiten.

Und das alles mit der **bikeline-Garantie**: Die erstellten Routen in unseren Büchern sind vor Ort auf ihre Fahrradtauglichkeit geprüft worden. Um höchste Aktualität zu gewährleisten, nehmen wir nach der Befahrung Korrekturen von Leserinnen und Lesern bzw. offiziellen Stellen bis Redaktionsschluss entgegen, die dann jedoch teilweise nicht mehr an Ort und Stelle verifiziert werden können.

Die Karten

Die Detailkarten sind im Maßstab 1 : 85.000 erstellt. Dies bedeutet, dass ein Zentimeter auf der Karte einer Strecke von 850 Metern in der Natur entspricht. Zusätzlich zum genauen Routenverlauf informieren die Karten auch über die Beschaffenheit des Bodenbelages (befestigt oder unbefestigt), Steigungen (leicht oder stark), Entfernungen sowie über kulturelle, touristische und gastronomische Einrichtungen entlang der Strecke.

Allerdings können selbst die genauesten Karten den Blick auf die Wegbeschreibung nicht ersetzen. Komplizierte Stellen werden in der Karte mit diesem Symbol ⚠ gekennzeichnet, im Text finden Sie das gleiche Zeichen zur Markierung der betreffenden Stelle wieder. Beachten Sie, dass die empfohlene Hauptroute immer in Rot und Violett, Varianten und Ausflüge hingegen in Orange dargestellt sind. Die genaue Bedeutung der einzelnen Symbole wird in der Legende auf den Seiten 4 und 5 erläutert.

Höhen- und Streckenprofil

Am Beginn jedes Streckenabschnitts wird ein detailliertes Höhen- und Streckenprofil gezeigt. Es können in diesem Überblick nur die markantesten Höhenunterschiede dargestellt werden, jede einzelne kleinere Steigung wird in dieser grafischen Darstellung nicht berücksichtigt. Die Steigungs- und Gefälleverhältnisse entlang der Route findet man im Detail mit Hilfe der Steigungspfeile in den genauen Karten.

Der Text

Der Textteil besteht im Wesentlichen aus der genauen Streckenbeschreibung, welche die empfohlene Hauptroute enthält.

Unterbrochen wird dieser Text gegebenenfalls durch orangefarbige Absätze, die Varianten und Ausflüge behandeln.

TIPP Textabschnitte in Violett heben Stellen hervor, an denen man Entscheidungen über die weitere Fahrstrecke treffen muss, z. B. wenn die Streckenführung von der Wegweisung abweicht oder mehrere Varianten zur Auswahl stehen u. ä.

AUSFLUG Sie weisen auch auf Ausflugstipps, interessante Sehenswürdigkeiten oder Freizeitaktivitäten etwas abseits der Route hin.

Ferner sind alle wichtigen **Orte** zur besseren Orientierung aus dem Text hervorgehoben. Gibt es interessante Sehenswürdigkeiten in einem Ort, so findet man unter dem Ortsbalken die jeweiligen Adressen, Telefonnummern, Öffnungszeiten-Kategorien und Weblinks.

Die Beschreibung der einzelnen Orte sowie historisch, kulturell oder naturkundlich interessanter Gegebenheiten entlang der Route trägt zu einem abgerundeten Reiseerlebnis bei. Diese Textblöcke sind kursiv gesetzt und unterscheiden sich dadurch auch optisch von der Streckenbeschreibung.

Öffnungszeiten – Kategorien

- Öffnungszeiten
- frei zugänglich
- täglich
- häufig (5-6 Tage/Wo.)
- durchschnittlich (3-4 Tage/Wo.)
- selten (bis 2 Tage/Wo.)
- nach tel. Anfrage

Diese Angaben gelten während der Radsaison und dienen als Orientierungshilfe. Die tagesaktuellen Öffnungszeiten findet man über den Weblink.

Weblink

Im Ortsdatenblock bei dem jeweiligen touristischen Eintrag befindet sich nach dem @ Symbol eine sechsstellige Zahlen- und Buchstabenkombination *(z. B. @ abc123)*. Die Eingabe dieser Weblink-ID auf unserer Internetseite www.esterbauer.com leitet direkt auf die entsprechende Webseite weiter und ersetzt somit die mühsame Eingabe ellenlanger Webadressen.

Übernachtungs- und Serviceverzeichnis

Auf den letzten Seiten dieses Radtourenbuches sind zu fast allen Orten entlang der Strecke eine Vielzahl von Übernachtungsmöglichkeiten aufgelistet, vom einfachen Zeltplatz bis zum 5-Sterne-Hotel. Zusätzlich sind umfangreiche Informationen zu Radwerkstätten und Radverleihstationen aufgelistet, vom einfachen Zeltplatz bis zum 5-Sterne-Hotel. Zusätzlich findet man umfangreiche Informationen zu Radwerkstätten und Radverleihstationen.

Von Hof nach Vyšši Brod 425 km

HM/km: ↗ 11,4 (4.843m) ↘ 11,1 (4.715m) Radweg: 68 % Unbefestigt: 27 % Verkehr: 2 %

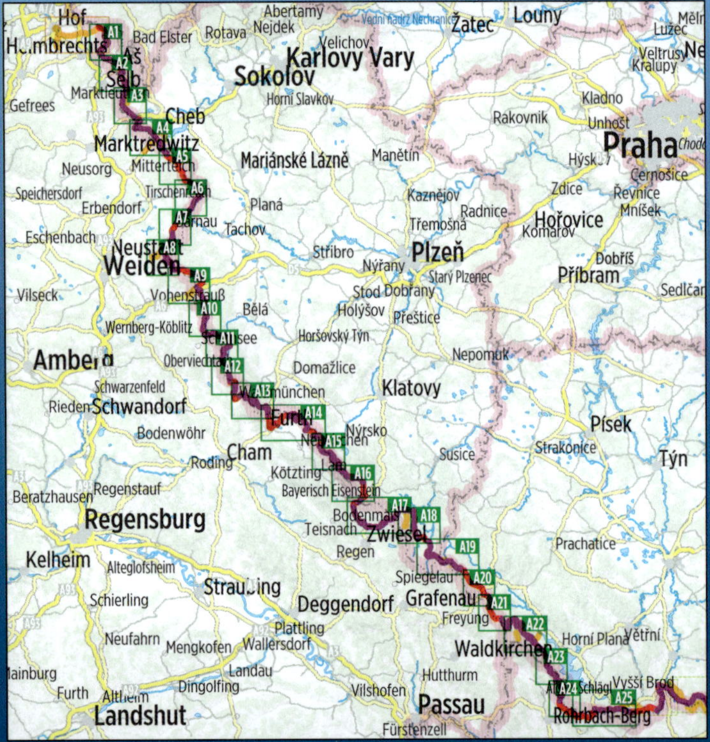

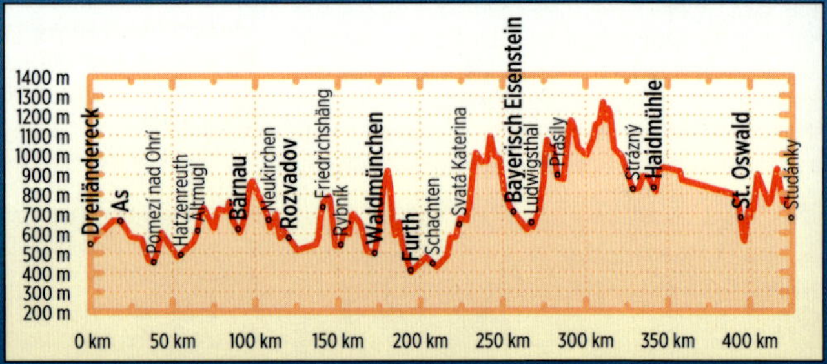

Hof

Vorwahl: 09281

- **Tourist-Information**, Ludwigstr. 24, ☎ 8157777, @ qsb365
- **Museum Bayerisches Vogtland**, Sigmundsgraben 6, ☎ 8152700, ⏲ Di-Fr 10-16 Uhr, Sa, So 13-18 Uhr. Schwerpunkt der Sammlung ist die ständische und gewerbliche Stadtgeschichte. Zwei naturkundliche Abteilungen umfassen nahezu den gesamten Tierbestand Europas. Im Neubau befindet sich eine große Sonderausstellung zum Thema „Flucht und Vertreibung". @ hhx753
- **Hospitalkirche**, Unteres Tor 9. Die Kirche (13. Jh.) wirkt im Äußeren wie eine gotische Kirche und überrascht beim Eintreten durch eine reiche künstlerische Barockausstattung. Die 90 bemalten Felder der Kirchendecke, mit Darstellungen aus dem Alten und dem Neuen Testament, wurden zwischen 1688 und 1689 geschaffen. Der geschnitzte Marienaltar ist gotisch und stammt aus dem Jahre 1511. Die farbigen Kirchenfenster wurden 1938 eingesetzt. @ tia177
- **St.-Lorenz-Kirche**, Lorenzstr. 47. Die Lorenzkirche (12. Jh.) ist die älteste Kirche der Stadt. Im Inneren befindet sich der Hertnid-von-Stein-Altar, vermutlich aus Bamberger Werkstätten um 1480. @ ttc273
- **St.-Michaelis-Kirche**, Kirchpl. Die Kirche stammt ursprünglich aus dem Jahre 1230. Nach dem großen Stadtbrand von 1823 neu erbaut, verbinden sich hier in harmonischer Weise neugotische, klassizistische und Biedermeierelemente zu einem beeindruckenden Sakralbau. @ cmt424
- **Hofer Wärschltamo**, Sonnenpl. Der mobile Würstchenverkäufer mit dem typischen Messingkessel gehört seit 1871 zum Stadtbild.
- **Rathaus**, Klosterstr. 1, Ecke Ludwigstr. 1563-66 entstanden und nach Bränden immer wieder errichtet ist das Rathaus ein sehenswertes Beispiel deutschen Städtebaus. Vom Turm des Rathauses hat man einen herrlichen Rundumblick über die Stadt. @ rlt525
- **Bürgerpark Theresienstein**, im Norden der Stadt. Der Landschaftspark im Stil eines englischen Gartens – er ist ältester Bürgerpark Deutschlands – repräsentiert 200 Jahre Gartenarchitektur. Er beinhaltet einen zoologischen, botanischen und geologischen Garten. @ njv825
- **Naherholungsgebiet Untreusee**, am südlichen Stadtrand. Mit über 60 ha Wasserfläche und vielfältigen Angeboten für Wassersport ist die Freitzeitanlage bei den Hofern und in der ganzen Region sehr beliebt. @ pid531
- **FreiBad**, Ascher Str. 32, ☎ 812450, @ ort673
- **HofBad**, Oberer Anger 4, ☎ 812440, @ kad623

Die heutige Hofer Altstadt entstand aus der Siedlung Rekkenze im Umfeld der 1080 erbauten Lorenzkirche. 1230 gründete Otto I., Graf von Andechs und Meranien, die Neustadt, die heute noch den Namen Hof führt. 1373 erwarben die Burggrafen von Nürnberg das Regnitzland samt der Stadt Hof. So gehörte die Stadt zunächst zur Burggrafschaft Nürnberg, später zur Markgrafschaft Brandenburg-Bayreuth und fiel schließlich 1792 an das Königreich Preußen, 1806 an die Franzosen. Erst im Jahre 1810 gab Kaiser Napoleon I. von Frankreich das Regnitzland und die Stadt Hof an das Königreich Bayern und beendete damit eine über 400-jährige Hohenzollernherrschaft.

Im Jahre 1823 vernichtete ein großer Stadtbrand nahezu alle Gebäude der Neustadt. Beim Wiederaufbau bediente man sich klassizistischer Architekturelemente, was der Stadt ein jüngeres Aussehen gibt, als es ihrem tatsächlichen Alter entspricht.

Der Autor am Dreiländereck

Mit Eröffnung der Bahnlinie im Jahre 1848 begann für Hof und seine Textilunternehmen der wirtschaftliche und industrielle Aufschwung.

Hof hat heute ca. 45.000 Einwohner und ist ein beliebtes Ziel für Tagesausflüge. Die Stadt zeichnet sich durch eine hohe Dichte an Bäckereien und Metzgereien aus. Einher damit geht eine große Vielfalt: Angefangen von den vielen Bratwurst-, Schinken- und Wurstvariationen bis hin zu guten fränkischen Gerichten und Brotzeiten in den Gaststätten. Neben diesen kulinarischen Genüssen sind es vor allem die herausragenden kulturellen Veranstaltungen, die reichlich Besucher in die Stadt bringen.

Von Hof zum Dreiländereck 14 km

Vom Hauptbahnhof radelt man auf dem als „Bayerns steinreiche Ecke" ausgewiesenen Radweg auf asphaltierten, straßenbegleitenden Radwegen und auf zum Teil stärker befahrenen Straßen sowie auf dem Saale-Radwanderweg und dem Vogtland-Radweg nach Tauperlitz.

Anfahrt Hof

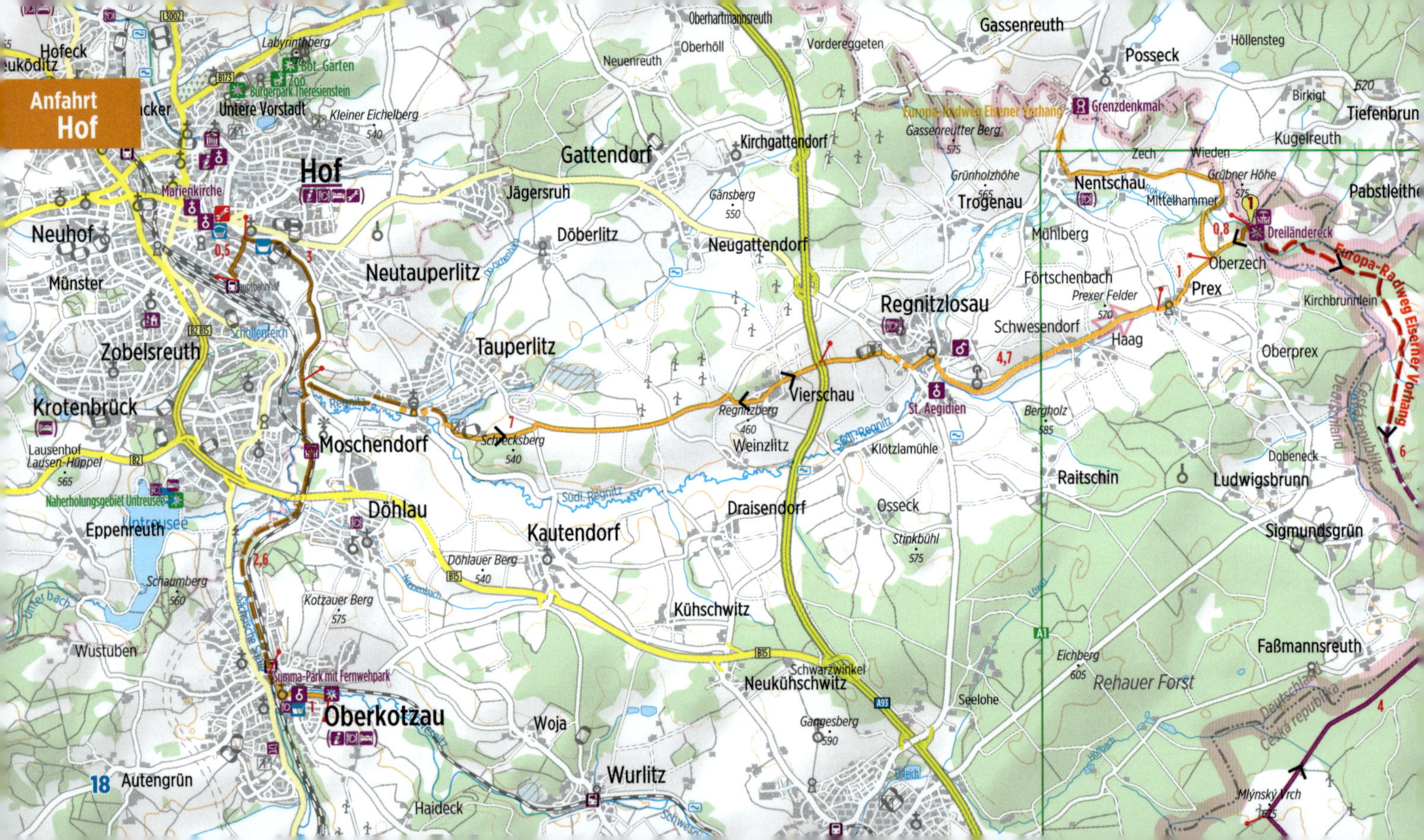

Hof
Hofeck
Untere Vorstadt
Labyrinthberg
Bot. Garten
Zoo
Bürgerpark Theresienstein
Kleiner Eichelberg
540
Marienkirche
Neuhof
Münster
Hauptbahnhof
Schollenteich
Zobelsreuth
Krotenbrück
Lausenhof
Lausen-Hüppel
565
Naherholungsgebiet Untreusee
Untreusee
Eppenreuth
Schaumberg
560
Wustuben
Autengrün
Moschendorf
Döhlau
Döhlauer Berg
540
Kotzauer Berg
575
Summa-Park mit Fernwehpark
Oberkotzau
Woja
Wurlitz
Haideck
Oberhartmannsreuth
Oberhöll
Neuenreuth
Vordereggeten
Gattendorf
Kirchgattendorf
Jägersruh
Döberlitz
Neugattendorf
Gänsberg
550
Neutauperlitz
Tauperlitz
Schrecksberg
540
Regnitzberg
460
Weinzlitz
Vierschau
Kautendorf
Draisendorf
Kühschwitz
Schwarzwinkel
Neukühschwitz
Gangesberg
590
Gassenreuth
Posseck
Höllensteg
Birkigt
Tiefenbrun
Kugelreuth
Grenzdenkmal
Europa-Radweg Eiserner Vorhang
Gassenreuther Berg
575
Grünholzhöhe
565
Trogenau
Zech
Wieden
Grübner Höhe
575
Nentschau
Mittelhammer
Pabstleithe
Mühlberg
Dreiländereck
Oberzech
Prex
Förtschenbach
Prexer Felder
570
Regnitzlosau
Schwesendorf
Haag
Kirchbrunnlein
St. Aegidien
Oberprex
Bergholz
585
Klötzlamühle
Osseck
Stinkbühl
575
Raitschin
Ludwigsbrunn
Dobeneck
Sigmundsgrün
Faßmannsreuth
Eichberg
605
Rehauer Forst
Seelohe
Deutschland
Česká republika
Mlýnský Vrch
625
Südl. Regnitz
B15
B2
A93
A1
0,5
3
2,6
1
7
4,7
0,8
6
4

VARIANTE Wer den fünf Kilometer entfernten Fernweh-Park „Signs of Fame" (www.fernweh-park.de), ein völkerverbindendes Friedensprojekt mit dem „Iron Curtain Trail", besuchen möchte, folgt weiterhin dem Saale-Radweg in Richtung Süden bis nach Oberkotzau. Am Bahnhof unterquert man die Bahngleise und biegt rechts in die Pfarrstraße ein. Nach Überqueren der Sächsischen Saale biegt man links ab in die Kirchstraße und kommt dann auf der Fabrikstraße zum Fernweh-Park.

Die Route zum Dreiländereck geht von **Tauperlitz** entlang der südlichen Regnitz bis **Regnitzlosau**. Von dort geht es am Schwesendorfer Graben entlang über **Prex** nach **Oberzech**. Hinter dem Ort biegt man links ab in einen asphaltierten Waldweg, der direkt nach insgesamt 14 Kilometern zur kleinen Wiese am Dreiländereck führt.

Dreiländereck

Vor dem Fall des Eisernen Vorhangs waren hier die Grenzen der DDR, BRD und ČSSR. Nach der deutschen Wiedervereinigung wurde der Name „Dreiländereck" beibehalten. Auf der rechten Seite befindet sich ein Gedenkkreuz für den Unbekannten Soldaten des Zweiten Weltkriegs. Geradeaus stehen auf deutscher und tschechischer Seite die Grenzschilder.

Vom Dreiländereck zum Abzweig Richtung Cheb (Eger) (CZ) 51 km

Man schiebt das Fahrrad über die Wiese und gelangt über eine kleine Bachbrücke auf die tschechische Seite mit einem Picknickplatz und einigen Wegweisern.

TIPP Bildet schon die Umgebung von Hranice und Aš einen westlichen Zipfel des tschechischen Staatsgebietes, so trifft man hier auf eine nochmalige Ausstülpung in miniaturisierter Form: Über eine Strecke von 1.500 m ist Tschechien an dieser Stelle nur 200 bis 500 m breit.

1 Man biegt rechts ab auf den festen Waldweg in Richtung auf das Städtchen Aš.

2 Nach wenigen Kilometern, beginnend mit dem Abzweig nach Hranice – dort hält man sich rechts – ist die Strecke asphaltiert und als **Radweg 2058** bezeichnet.

TIPP Leider gibt es dort aber auch zahlreiche Schlaglöcher – man befindet sich auf dem ehemaligen Grenzkontrollweg.

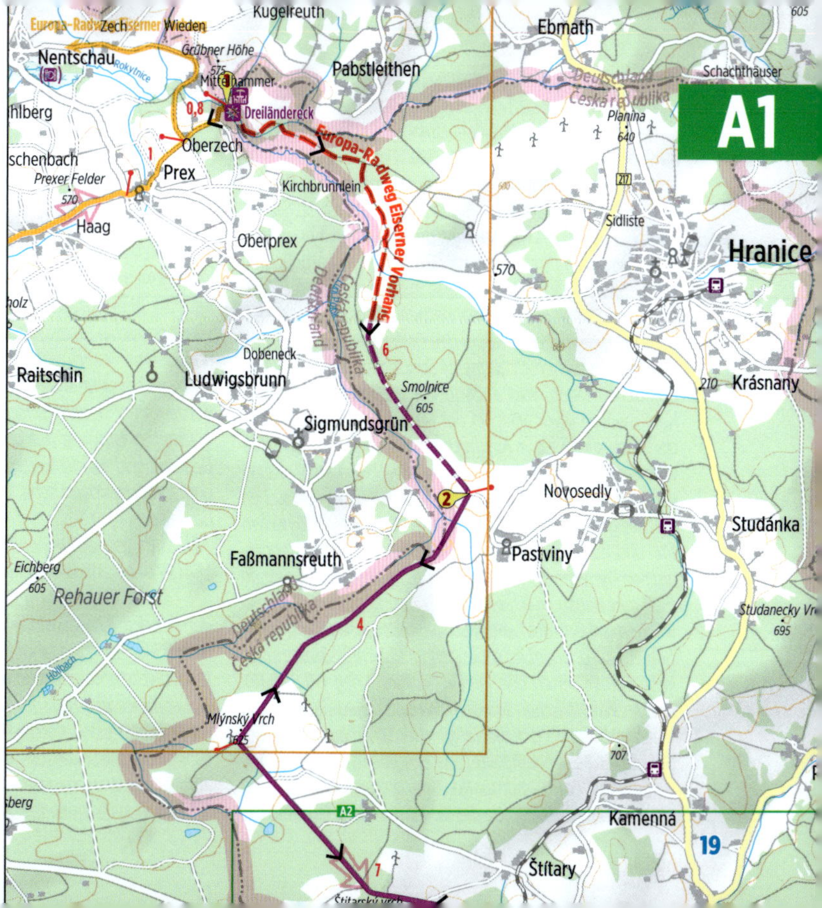

Die Geschichte von Tschechien

Die Tschechische Republik entstand am 1. Januar 1993 als Nachfolgestaat der Tschechoslowakei. Das Staatsgebiet umfasst im Wesentlichen die ehemaligen so genannten „Böhmischen Kronländer" Böhmen, Mähren und Mährisch-Schlesien.

Im 9. Jahrhundert war Böhmen unter verschiedene „slawische Stämme" aufgeteilt. Karl der Große versuchte mehrfach, das Gebiet militärisch zu erobern, mit nur geringem Erfolg. Nach dem Zerfall des Großmährischen Reichs unterwarf sich Böhmen freiwillig dem König des Ostfrankenreiches, Arnulf von Kärnten. Es behielt aber eine Sonderstellung im Heiligen Römischen Reich, was auch in der erblichen böhmischen Königswürde – vor allem in der Hand der Herrscherfamilie der Přemysliden – zum Ausdruck kam. Nach der ca. 400 Jahre währenden Přemyslidendynastie wurde 1355 Karl IV., König von Böhmen, in Rom zum Kaiser des Heiligen Römischen Reiches gekrönt. Prag wurde seine Residenzstadt. Zwischen 1471 und 1526 lag die böhmische Krone in der Hand der polnischen Dynastie der Jagiellonen. Da die böhmischen Stände 1526 den Habsburger Ferdinand I. zum König von Böhmen wählten, gehörte das Land anschließend zum habsburgischen Gebiet. Autonomiebestrebungen und Konfessionsstreitigkeiten provozierten den Dreißigjährigen Krieg (1618-1648). Da im „Westfälischen Frieden" vereinbart wurde, dass das Glaubensbekenntnis des jeweiligen Herrschers auch das seiner Untertanen bestimmen sollte („cuius regio eius religio"), wurde im katholischen Habsburger Reich der protestantische Glaube unterdrückt. Ab dem Ende des 18. Jahrhunderts flammte das tschechische Nationalbewusstsein erneut auf. Bis 1918 blieb das Gebiet jedoch im Herrschaftsgebiet der Habsburger.

Nach dem Ersten Weltkrieg entstand 1918 die sogenannte Erste Tschechoslowakische Republik. Im Münchener Abkommen wurden 1938 die Gebiete mit mehrheitlich deutscher Bevölkerung (Sudetenland) dem Deutschen Reich zugesprochen. Der südliche Teil der Slowakei und die Karpatoukraine fielen an Ungarn, das Teschener Gebiet wurde von Polen besetzt. Im März 1939 besetzte Hitler-Deutschland die sogenannte „Rest-Tschechei" und stellte sie als Reichsprotektorat Böhmen und Mähren unter deutsche Verwaltung. Die Massaker der Reichswehrmacht in den Dörfern Lidice und Ležáky und die Konzentrationslager auf tschechischem Gebiet zeugen vom grausamen Umgang mit den verfolgten Juden, politischen Gegnern und Minderheiten. US-amerikanische, sowjetische und tschechoslowakische Truppen befreiten im Mai 1945 das Land.

Nach Kriegsende 1945 wurde die Tschechoslowakische Republik (SR) – bis auf die Karpatoukraine, die an die Sowjetunion fiel – in den Grenzen von 1918 wieder hergestellt. Aufgrund der nach dem tschechoslowakischen Staatspräsidenten Edvard Beneš (1884-1948) benannten Dekrete wurden Millionen Sudetendeutsche enteignet und vertrieben. Allein an den Grenzen zu Österreich und Bayern wurden 400 Dörfer eingeebnet.

Die Tschechoslowakische Republik (ČSR) – seit 1960 Tschechoslowakische Sozialistische Republik (ČSSR) – befand sich als Mitglied des Warschauer Paktes und des Rats für gegenseitige Wirtschaftshilfe im Einflussbereich der Sowjetunion jenseits des Eisernen Vorhangs. Der „Prager Frühling" 1968 unter Alexander Dubček verkörperte den Versuch eines „Sozialismus mit menschlichem Antlitz". Er wurde durch die militärische Intervention der Warschauer Pakt-Staaten niedergeschlagen, für Herbert Marcuse das „tragischste Ereignis seit dem Zweiten Weltkrieg" und für Jean-Paul Sartre ein „Kriegsverbrechen". Die reformwillige Regierung wurde danach durch eine linientreue ersetzt.

Doch der Widerstand war nur vorübergehend gebrochen: Eine Bürgerrechtsbewegung mit dem Namen „Charta 77" unter Führung des Schriftstellers Václav Havel (1936-2011) stellte sich dem Regime weiterhin entgegen. Als Michail Gorbatschow durch seine Politik von Glasnost (Offenheit) und Perestroika (Umbau) den Druck lockerte, weitete sich der Widerstand 1989 zu tagelangen Protesten aus. Die „Samtene Revolution" zwang die kommunistische Regierung am 24. November 1989 zum Rücktritt. Am 28. Dezember wurde Alexander Dubček zum Parlamentspräsidenten gewählt und einen Tag später Václav Havel zum vierten Präsidenten der ČSSR, die am 23. April 1990 zur Tschechischen und Slowakischen Föderativen Republik (SFR) umbenannt wurde. Die ersten freien Wahlen fanden am 5. Juli 1990 statt, durch die Havel im Amt bestätigt wurde.

Die Verhandlungen des tschechischen Ministerpräsidenten Václav Klaus, der die Wahlen im tschechischen Landesteil gewonnen hatte, mit seinem Kollegen aus der slowakischen Teilrepublik, Vladimír Mečiar, führten am 1. Januar 1993 zur Teilung der Tschechoslowakei in die beiden unabhängigen Staaten Tschechien und Slowakei.

Tschechien wurde 1999 Mitglied der NATO und am 1. Mai 2004 Mitglied der Europäischen Union.

Der Eiserne Vorhang in der ČSSR

Nach heutigen Erkenntnissen wurden zwischen 1948 und 1989 an der Grenze der Tschechoslowakei zu Deutschland und Österreich 145 Menschen beim Fluchtversuch erschossen und 96 durch Stromschläge aus dem elektrischen Zaun getötet. Weitere 41 ertranken beim Versuch, die Donau zu durchschwimmen, sind in Fahrzeugen gegen Schlagbäume gerast, wurden in Flugobjekten abgeschossen oder aus Angst vor den Grenzwachen in den Selbstmord getrieben. Mehr als 50 weitere Personen wurden tot aus den Grenzflüssen geborgen, die heute keinem Aktenvorgang mehr zuzuordnen sind. Vor 1989 wurden vier Grenzbeamte verurteilt, nach 1989 kein einziger.

Die Grenzzone, die nur mit Genehmigung betreten werden durfte, war zunächst zehn bis fünfzehn Kilometer breit. Rund 2.500 als politisch unzuverlässig eingestufte Personen wurden aus diesem Gebiet umgesiedelt. Die völlig entvölkerte Sperrzone war zwei Kilometer breit. Bis zu acht Kilometer landeinwärts wurden alle Hinweisschilder demontiert. 1964 wurde die Sperrzone aufgehoben und die Grenzzone auf einen ein bis drei Kilometer breiten und unbewohnten Streifen reduziert.

Der Ausbau des Grenzregimes nach der Machtübernahme der Kommunisten 1948 sollte Agenten feindlicher Geheimdienste abwehren und die zunehmende Fluchtbewegung verhindern. Die Grenze wurde von etwa 20.000 Mann bewacht, wobei die Soldaten mit Maschinenpistolen, Geländeautos und Schäferhunden jegliche Flucht verhindern sollten.

Im Jahr 1950 war entlang der Grenze von tschechoslowakischen Soldaten ein „Schutzwall gegen den Imperialismus“ errichtet worden. Ein fünfzig Meter breiter Streifen wurde gerodet, Wachtürme errichtet und ein Stacheldrahtzaun gezogen. Ein Teil des Grenzstreifens wurde mit feinem Sand bestreut, auf dem jeder Fußabdruck zu sehen war.

Anfänglich waren die Drähte unter 5.000 Volt Hochspannung gesetzt, jede Berührung war tödlich. Weil aber durch Tiere und umfallende Bäume oft Fehlalarm ausgelöst wurde – und einige Soldaten auch tödlich verunglückten – wurde die Spannung ab 1965 herabgesetzt. Eine Berührung löste allerdings beim nächsten Grenzposten Alarm aus.

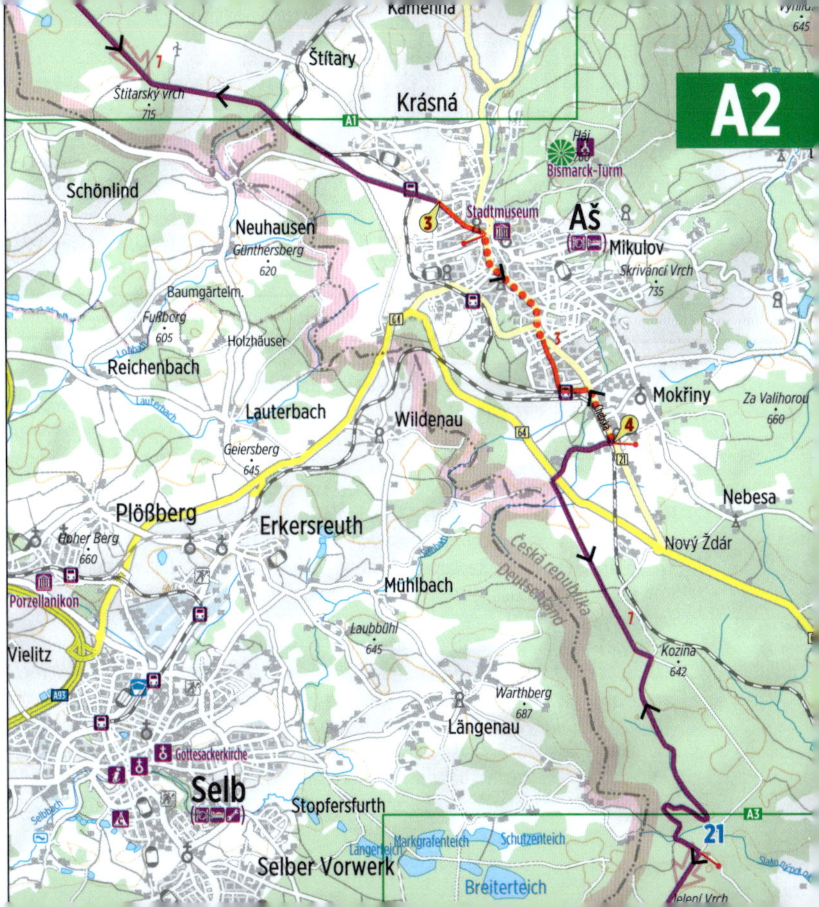

Signalwand, 1950

Von der ehemaligen Siedlung **Újezd (Mähring)**, die mitten auf der drei Kilometer südwestlich auftauchenden Lichtung lag, ist heute nur noch wenig zu sehen. Lediglich das 1994 wieder errichtete Kriegerdenkmal kündet noch von der einstigen Besiedlung dieses westlichsten Punktes Tschechiens. Man kommt am Haltepunkt **Aš předměstí** vorbei und bleibt auf dem **2058**. **3** An der nächsten Kreuzung biegt man in die zweite Straße rechts, die **Kaplanka**, ab. Wenig später biegt man rechts in die Vorfahrtsstraße ein und radelt durch das Zentrum von Aš (Asch).

Aš (Asch)

Das schmale und hohe Neo-Renaissance-Rathaus wirkt als Solitär etwas unproportioniert. Ursprünglich war es eng von Altstadthäusern umgeben, die infolge der Kriegszerstörungen und der weitgehenden Entvölkerung durch Vertreibung und Errichtung der Grenzzone verfielen und schließlich abgerissen wurden. Heute bildet es den Blickfang in einer parkartigen Umgebung. Der kleinstädtische Marktplatz davor ist kaum noch zu ahnen, und die Reste der einst markanten evangelischen Stadtkirche zur Heiligen Dreifaltigkeit dahinter muss regelrecht gesucht werden. Das Ascher Ländchen hatte zwar nach dem Dreißigjährigen Krieg seinen protestantischen Glauben behalten dürfen, aber das 1622 erbaute Gotteshaus wurde später im Barockstil umgebaut. Nach einem Brand im Jahre 1960 blieben nur noch die äußeren Mauern übrig, die später niedergelegt wurden. Die verbliebene Mauerhöhe reicht gerade noch aus, um den Grundriss zu markieren.

150 Meter südöstlich, bei der Nikolaikirche, findet sich das Stadtmuseum in einem ehemaligen Schlösschen der Zedtwitz-Familie. Auf dem nordöstlich gelegenen Háj (Hainberg) steht einer von drei in Tschechien noch erhaltenen Bismarck-Türmen, von dem aus man einen weiten Blick genießen kann über Fichtel-, Elster- und Erzgebirge. In Aš gibt es Übernachtungsmöglichkeiten.

Man biegt rechts ab in die Straße Nádražní und erreicht den Bahnhof, von dem aus Direktzüge nach Cheb und Hof fahren.

Flucht im Personenzug

Am 11. September 1951 gelang 27 Menschen aus der Tschechoslowakei eine erfolgreiche Flucht mit einem Personenzug in die BRD. Die Organisatoren der Gruppenflucht leiteten den Zug illegal bei Aš über die Staatsgrenze nach Bayern um. Sie hatten sich zuvor im antikommunistischen Widerstand engagiert.

Für den Fahrdienstleiter Karel Truksa und den Lokomotivführer Jaroslav Konvalinka spitzte sich die Lage dramatisch zu, als sie aus Kreisen von Widerstandskämpfern erfuhren, dass Haftbefehle gegen sie erlassen worden waren, weil sie sich seit 1948 im Grenzgebiet als Fluchthelfer betätigt hatten. Auch andere Widerstandskämpfer brachten sie in Sicherheit, weil auch ihnen langjähriger Kerker oder die Todesstrafe drohten.

Vom Bahnhof fährt man links zur Hauptstraße **Chebská** und biegt in diese rechts ein. **4** Nach etwa 700 Metern biegt man rechts ab, überquert die Gleise und radelt geradeaus auf der Straße **Hvozd**. Nach dem Kreuzen der Straße 64 biegt man links ab und radelt etwas später geradeaus auf den **Radweg 2063**. An der Grenze trifft man auf den früheren, leidlich asphaltierten Kolonnenweg der Grenztruppen. Teilweise geht es recht steil bergauf und bergab.

AUSFLUG: Nach etwa acht Kilometern zweigt links der **Weg 2067** nach Libá (Liebenstein) ab.

Libá (Liebenstein)

Das Rokokoschloss, das 1264 zum ersten Mal schriftlich erwähnt wurde, war in den Jahrzehnten nach dem Zweiten Weltkrieg zur Ruine verfallen. Nach dem Ende der Tschechoslowakei wurde es restauriert, ist gegenwärtig als Baustelle aber noch nicht zugänglich.

5 Die EV 13 geht weiter geradeaus.

AUSSICHT: Man hat eine schöne Aussicht auf die bayerische Stadt Hohenberg mit ihrer gut erhaltenen Burg, die auf der anderen Seite des Tals direkt gegenüber liegt.

Der Kolonnenweg ist jetzt mit Betonplatten ausgelegt und führt steil hinab zu der recht verwegen aussehenden alten

Stahlbrücke über die Ohre. Weiter geht es durch Wiesen und Felder bis zur Autobahn. Rechts ab geht es zum Grenzübergang nach Schirnding.

Massenexodus nach Schirnding

Nachdem die Regierung der Tschechoslowakei den Menschen aus der DDR ab dem 4. November 1989 die direkte Ausreise in den Westen erlaubt hatte, wurden am Grenzübergang Pomezí nad Ohří /Schirnding pro Stunde 370 DDR-Flüchtende gezählt, die mit dem Auto, zu Fuß oder mit dem Fahrrad die Republik gewechselt hatten. In der ersten Woche erreichten fast 50.000 Flüchtlinge den kleinen Grenzort Schirnding mit 2.000 Einwohnern.

Mahnmal für die Opfer des Eisernen Vorhangs

6 Man unterquert die Autobahn E 48 und biegt sofort rechts ab in den asphaltierten Kolonnenweg.

AUSFLUG Wer **Cheb (Eger)** besuchen möchte, kann die Straße 606 benutzen, die am südlichen Ufer des **Skalka-Stausees** entlang führt. Als bessere Zufahrt zur Stadt empfiehlt sich aber etwas später der **Radweg 6**, der auf einer ehemaligen Bahntrasse verläuft.

An der Grenze entlang radelt man bis zur **214** in **Svatý Kříž**, wo sich ein Mahnmal befindet.

Mahnmal für die Opfer des Eisernen Vorhangs

Dieses Mahnmal von Antonín Kašpar wurde am 27. Juni 2006 unter Teilnahme des ersten tschechischen Außenministers nach dem Fall des Eisernen Vorhangs, Jiří Dienstbier, eingeweiht. Es ist den Menschen gewidmet, die beim Fluchtversuch über die Grenze starben. Das Hauptsymbol sind die gesprengten Ketten. Am Mahnmal sind die Namen von 82 Personen aufgeführt, die in den Jahren von 1948 bis 1981 an der tschechoslowakischen Westgrenze ums Leben kamen.

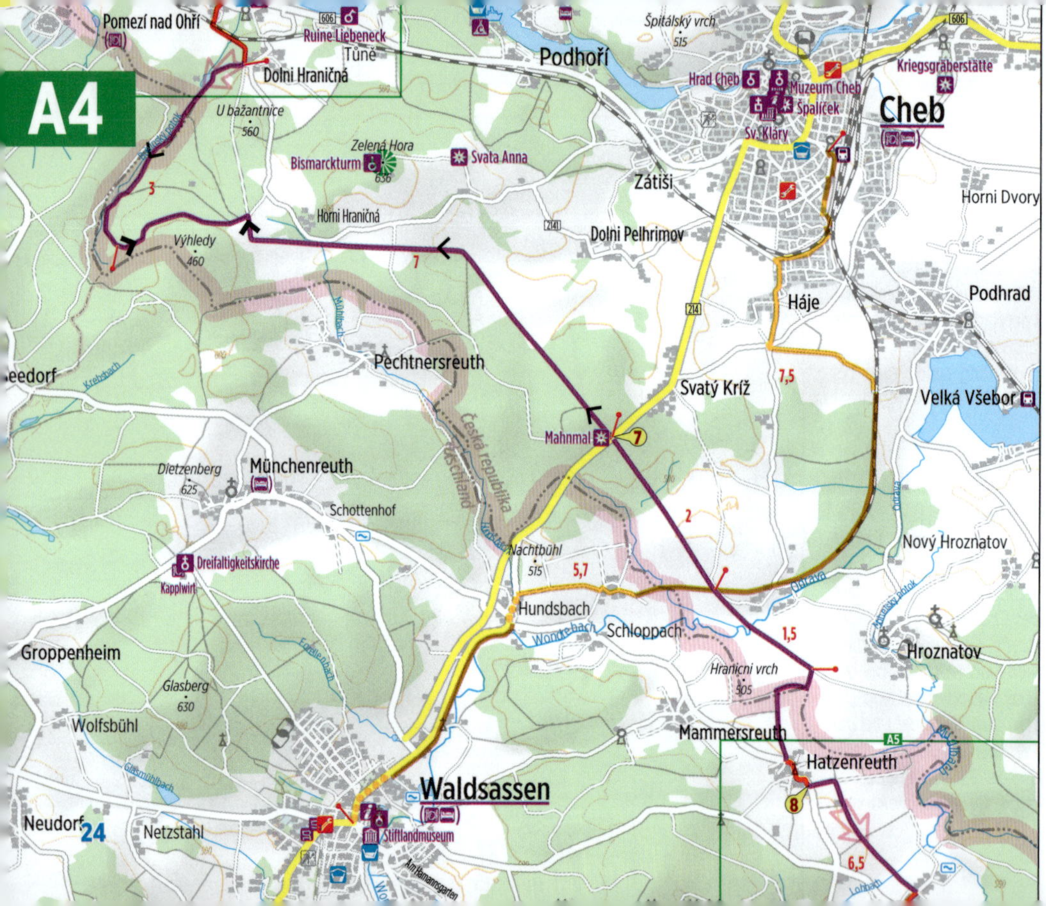

Bei der Einweihung am 56. Jahrestag der Hinrichtung der regimekritischen Politikerin Milada Horáková protestierten etwa 20 Personen, vorwiegend ehemalige Bedienstete des Grenzregimes, gegen das Gedenken.

Milada Horáková

Die Juristin und Politikerin war während des Zweiten Weltkriegs im antinazistischen Widerstand aktiv und jahrelang von den Nazis inhaftiert. Nach dem Krieg vertrat sie einen politischen Pluralismus und saß als Abgeordnete der „Volkssozialistischen Partei" im tschechoslowakischen Parlament. Nachdem die Kommunisten im Februar 1948 an die Macht gekommen waren, legte sie aus Protest ihr Mandat nieder.

In einem neuntägigen Schauprozess wurde Milada Horáková zum Tode verurteilt und am 27. Juni 1950 hingerichtet. Sie war die einzige Frau, die in der kommunistischen Tschechoslowakei aus politischen Gründen ermordet wurde. Das Urteil wurde 1968 aufgehoben, rehabilitiert wurde sie aber erst 1990. Heute erinnert in Prag auf dem Nationalfriedhof Vyšehrad ein Gedenkstein an sie.

7 Man quert die Landstraße 214 und radelt auf dem Kolonnenweg weiter geradeaus.

AUSFLUG **An der nächsten Möglichkeit kreuzt man den Radweg 6, der auf einer ehemaligen Bahntrasse von Cheb nach Waldsassen führt. In Waldsassen befindet sich die um 1700 erbaute barocke Stiftsbasilika, Deutschlands größte Kirchen- und Klosterkrypta.**

Wer Cheb besuchen möchte – und das ist unbedingt zu empfehlen – biegt links ab und radelt zum Bahnhof von Cheb, von dem Direktzüge nach Nürnberg und Prag fahren. Auf gleichem Weg wieder zurück zur Hauptroute.

Cheb (Eger)

Fußgängerzone. Zum 950. Jahrestag der erstmaligen Erwähnung der Stadt wurde die neue Fußgängerzone eingeweiht, in der die Geschichte der Stadt auf einer im Boden eingelassenen Zeitachse skizziert wird. Auf Eisentafeln werden die besonderen Ereignisse in den jeweiligen Jahren dargestellt: z. B. 1061 die erstmalige Erwähnung oder: „1938, nach Unterzeichnung des Münchener Abkommens, besetzen Freikorps am 1. 10. Eger". Abgeschlossen wird sie durch das rotierende „Tor der Zeit". Die Installation von Marian Karel ist eine Wand aus Stahl, die sich jede Stunde um einige Grade dreht, so dass in der Nacht die Fußgängerzone symbolisch versperrt ist.

Kriegsgräberstätte. Auf dem Friedhof befindet sich die größte Kriegsgräberstätte der Tschechischen Republik. Im hinteren Teil des Friedhofs liegen seit 2010 im Schatten alter Eichen und Birken 5.600 deutsche und tschechische Kriegstote begraben, von denen nur 2.700 identifiziert werden konnten. Unter den Bestatteten befinden sich auch 473 deutsche und tschechische Zivilisten. Im Unterschied zu anderen Ländern des ehemaligen Ostblocks hat Tschechien mit Deutschland kein Abkommen geschlossen, das die Anlage und Pflege von Kriegsgräbern im Ausland regelt. Die Kriegstoten lagen zuvor verstreut im ganzen Land. Es ist das Verdienst des Oberbürgermeisters Jan Svoboda, dass diese Kriegsgräberstätte existiert.

Die 35.000 Einwohner zählende Stadt trägt ihren deutschen Namen nach dem Fluss, der tschechische Name soll „Biegung" bedeuten. Sie entstand zu Füßen einer Burg, die 1120 zur Verwaltung der bayerischen Nordmark auf dem Gelände einer 200 Jahre älteren slawischen Anlage errichtet worden war.

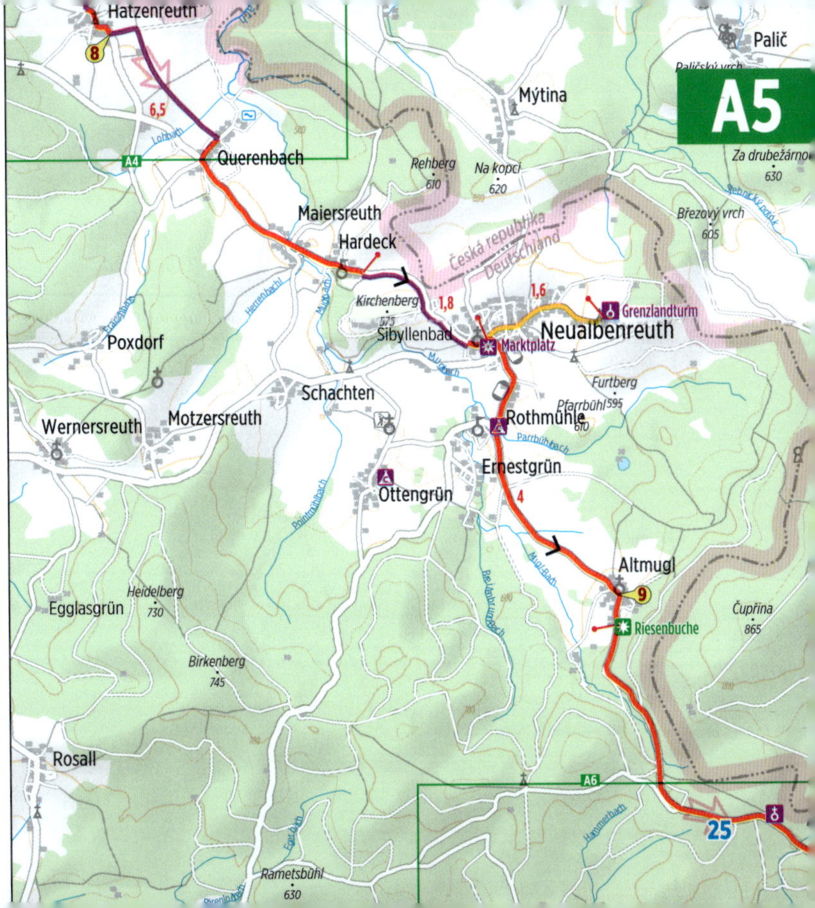

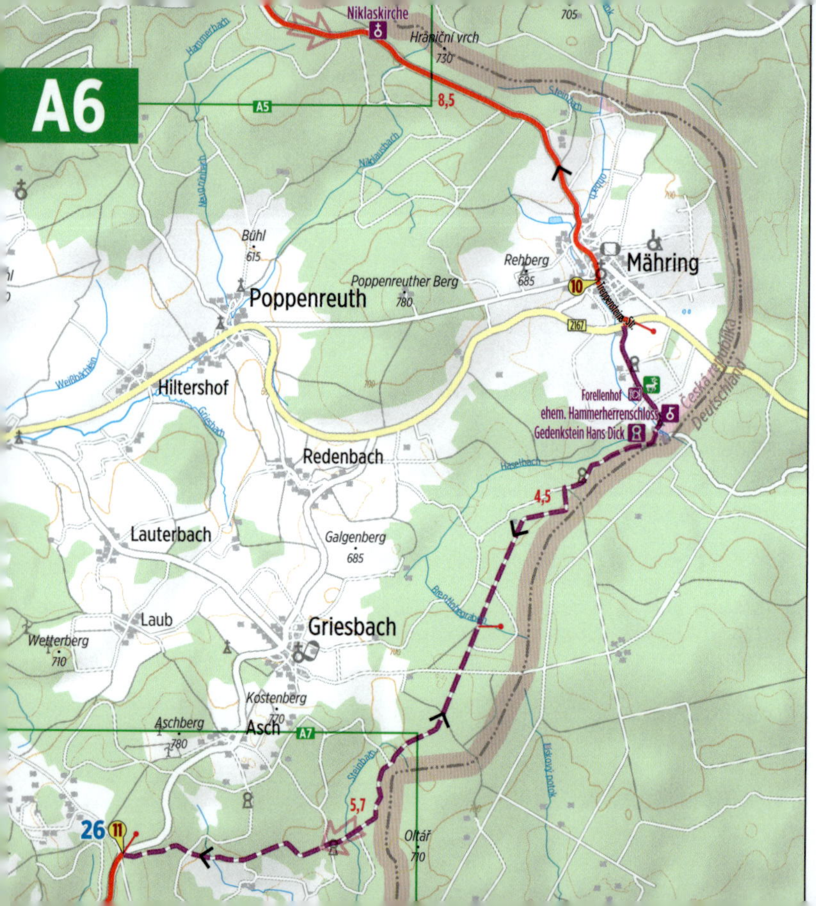

Ausgangspunkt für eine Besichtigungstour ist der langgestreckt-dreieckige Marktplatz mit seinen beiden Brunnen, in denen ein Roland und ein Herkules Wache halten. Letzterem gegenüber befindet sich das „Infocentrum" für Touristen. Das prachtvolle barocke, allerdings unvollendet gebliebene Rathaus erregt ebenso das Besucherinteresse wie das „Egerer Stöckl" (Špalíček), eine Gruppe von elf Häusern jüdischer Kaufleute, die den Stadtbrand im 13. Jahrhundert überstanden haben.

Dahinter steht das Pachelbelhaus, in dem 1634 der zu mächtig gewordene Fürst Waldstein – von Schiller Wallenstein genannt – ermordet wurde. Es beherbergt heute das Bezirksmuseum, das außer einigen Erinnerungsstücken an den Heerführer eine Dokumentation zu 20 grenznahen Dörfern des Egerlandes zeigt, die nach 1945 entvölkert und zerstört wurden. Im Metternich-Haus logierte Friedrich Schiller, um sein Wallenstein-Stück in authentischer Umgebung zu vollenden. Die Stadt war 1938 von deutschen Truppen besetzt worden und gehörte bis 1945 zum Deutschen Reich.

Die gotische Nikolauskirche erhielt 2008 wieder zwei Turmspitzen zurück, die von der Chorseite her das Bild des Marktplatzes krönen. Die ursprünglichen waren bei einem Bombenangriff 1945 zerstört worden. 300 Meter westlich liegt am Flussufer die Burg, die Friedrich Barbarossa zur Kaiserpfalz ausbauen ließ. Später fiel sie an den böhmischen König. Optisch hervorstechend ist der Schwarze Turm mit seinen fast drei Meter dicken Mauern, der aus Lavagestein erbaut wurde. Für Architekturfreunde ein besonderes Highlight ist die gut erhaltene zweistöckige romanische Doppelkapelle. Sie war vom Erdgeschoss und vom Obergeschoss des Pallas aus zugänglich.

Vom Abzweig Richtung Cheb (CZ) nach Bärnau (D) — 39 km

An der nächsten Kreuzung biegt man rechts ab und radelt zur Grenze, wo man abermals rechts abbiegt und an der Grenze entlang in Richtung Mammersreuth fährt. In Deutschland biegt man sofort links ab und kommt nach Hatzenreuth.

Hatzenreuth (Waldsassen)

Im Ort links in die Straße nach Neualbenreuth. **8** Hinter dem Ort fährt man links in den asphaltierten Feldweg, an der nächsten Möglichkeit hält man sich rechts und kommt nach **Querenbach**, wo man abermals rechts abbiegt. An der wenig befahrenen Straße

Grenzlandturm bei Neualbenreuth

geht es links ab und man kommt über **Maiersreuth** nach Hardeck.

Hardeck

Man überquert einen Bach und radelt auf einem Radweg mit großem Abstand parallel zur Straße ins reizvoll gelegene Neualbenreuth.

Neualbenreuth

- **Grenzlandturm**, Turmstr. Der 20 m hohe Holzturm mit Kupferverkleidung wurde 1961 eröffnet.
- **Marktplatz**. Der Platz rund um das Rathaus ist geprägt von Fachwerkhäusern im Egerländer Stil.

Der Ort liegt in der hügeligen Landschaft um den 939 Meter hohen Tillenberg, der einst als Mittelpunkt Europas errechnet wurde.

AUSFLUG Die **Turmstraße** führt zum etwa zwei Kilometer entfernten Grenzlandturm.

Die Route führt auf der Straße nach Süden durch eine offene Landschaft nach Altmugl.

Altmugl (Neualbenreuth)

- **Riesenbuche**. Der Stamm lässt mit 7,70 m Umfang noch die Größe des Baumes erahnen. Die Krone musste 1999 gekappt werden.

9 Von Altmugl geht es nun über vier Kilometer durch den Wald. Nach weiteren zwei rückt die tschechische Grenze dicht an die Straße heran.

TIPP Hier findet sich linker Hand die kleine **Niklaskirche** des seit den Hussitenkriegen ausgestorbenen Dorfes **Högelstein**. Der jetzige Nachfolgebau ist erst gute 100 Jahre alt und wirkt durch seine verwunschene Lage.

Mähring

Unmittelbar an der deutsch-tschechischen Grenze gelegen (der Grenzübergang befindet sich im Ortsteil Treppenstein) gewinnt die Marktgemeinde Mähring durch ihre Nähe zu den böhmischen Badeorten touristisch immer mehr an Bedeutung. Die St.-Anna-Kirche

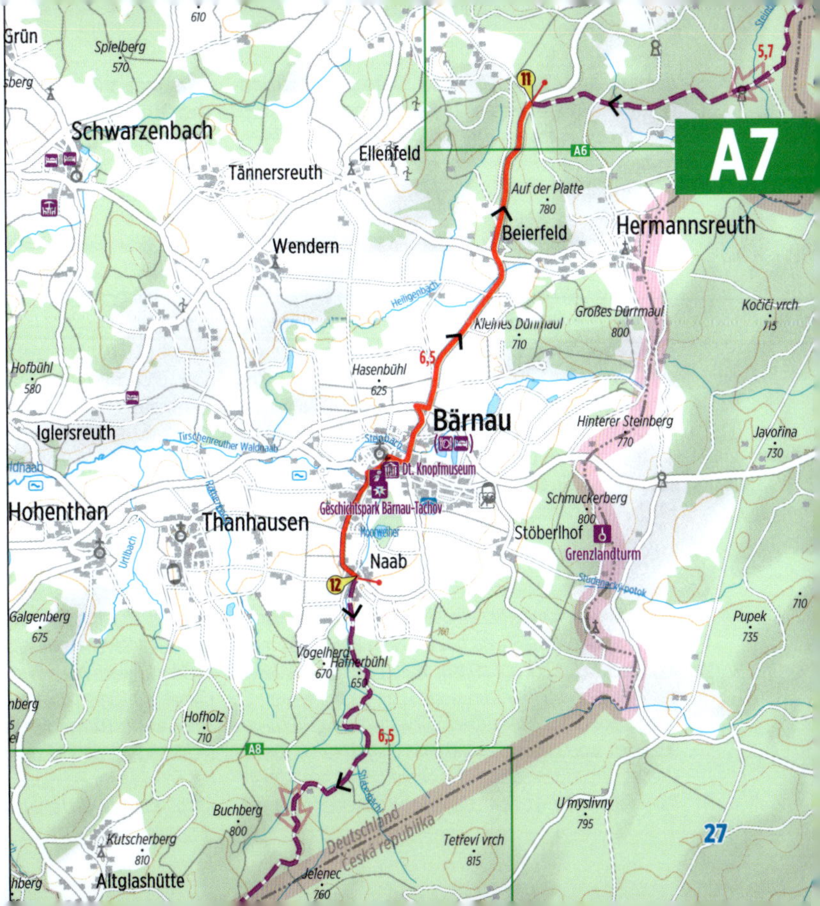

diente durch ihre Lage während der Spaltung Europas durch den Eisernen Vorhang neben ihrer eigentlichen Aufgabe den Heimatvertriebenen auch als Blick in die alte Heimat. Schon seit seiner ersten urkundlichen Erwähnung (1162) gilt Mähring als „Tor zum Osten".

10 In Mähring biegt man von der Hauptstraße links ab in die **Treppensteiner Straße**. Sie stößt nach 500 Meter auf die Ost-West-Verbindungsstraße **2167**, in die man rechts einbiegt, und die man 80 Meter später nach links wieder verlässt.

Ein schmales Asphaltband zieht sich nach Treppenstein, einem ehemaligen Hammerherrenschloss, dem heute ein großes Wildgehege vorgelagert ist. Gleich nebenan bietet der reizvolle Forellenhof gutbürgerliche Küche. Auf einem gut befahrbaren Wald- und Schotterweg geht es dicht an der tschechischen Grenze entlang. An der nächsten Kreuzung erinnert ein großer aufgerichteter Stein an „Hans Dick +18.09.1986 erschossen von Grenzern der ČSSR.".

Hans Dick

Das letzte Todesopfer am Eisernen Vorhang zwischen Bayern und Böhmen wurde von tschechoslowakischen Grenzsoldaten am 18. September 1986 erschossen. Nach allem, was man weiß, war Hans Dick auf seinem Waldspaziergang entlang der Grenze, als plötzlich Schreie und Schüsse zu hören waren. Eine Gruppe Grenzsoldaten der ČSSR verfolgte zwei Flüchtige aus Polen, wobei sich deren und Dicks Wege kreuzten. Dabei streckte ihn ein Grenzsoldat mit seiner automatischen Schnellfeuerwaffe nieder - von hinten und mehrere hundert Meter tief auf deutschem Gebiet. Nachdem die Soldaten bemerkt hatten, dass sie sich bereits auf dem Gebiet der BRD befanden, legten Sie den Schwerverletzten auf eine Trage und schleppten ihn über die Grenze. Im fernen Pilsen starb Hans Dick an einem Magendurchschuss. Obwohl sich die Hinweise verdichteten, dass der Täter in ihren Reihen zu suchen war, schwieg die tschechoslowakische Seite. Auf Druck der Bundesregierung, die bei der UNO intervenierte, wurde schließlich die Leiche übergeben. Der Präsident der ČSSR, Gustav Husák, entschuldigte sich und die Witwe von Hans Dick erhielt eine Entschädigung von 100.000 DM. Die Grenzsoldaten erhielten disziplinarische Sanktionen. Nach dem Fall des Eisernen Vorhangs wurden gegen drei Grenzsoldaten Gerichtsverfahren eröffnet, die jedoch alle mit einem Freispruch endeten.

Hinter dem Mahnmal biegt man links ab, radelt etwas bergauf und folgt dem Weg nach einer Rechtskurve immer geradeaus, bis man auf eine Landstraße stößt, **11** in die man links abbiegt und bergab Bärnau erreicht.

Bärnau

Der zum Kloster Waldsassen gehörende Ort Bärnau wurde Mitte des 14. Jahrhunderts zur Stadt ausgebaut. Seit 1628 ist er ein Teil Bayerns und hätte schon im 19. Jahrhundert als strukturschwach bezeichnet werden können. Für solch eine Umgebung kamen nur Manufakturen und Leichtindustrie in Frage, was für Bärnau die Produktion von Knöpfen bedeutete. Nicht weniger als 70 Firmen fertigten auf dem Höhepunkt der Entwicklung Perlmuttknöpfe. Es entstanden sogar eine Knopffachschule und eine internationale Fachmesse. Der Konkurrenz durch preiswerte Kunststoff- und Druckgussknöpfe konnte man jedoch nicht standhalten, und so gibt es heute nur noch eine Handvoll Knopffabriken am Ort. Von glorreicheren Zeiten berichtet das „Deutsche Knopfmuseum", das Exponate verschiedenster Materialien und besonders die Verarbeitung von Perlmutt zeigt.

Sehenswert ist der 1913 erbaute Grenzlandturm. Er ist auf 800 Metern Höhe südlich des kleinen Grenzübergangs zu finden, und an der Straße kann man linker Hand der Steinbergkirche einen Besuch abstatten.

Von Bärnau (D) zum Abzweig Richtung Waidhaus (D) — 31 km

Eine kleine Straße führt durch die Felder ins südlich gelegene **Naab**, **12** wo man sich rechts an den orange-rot-orangenen

KZ-Gedenkstätte Flossenbürg

Gedenkstein für Hans Dick

Markierungen nach Silberhütte orientiert. Etwas holprig und kurvig, aber landschaftlich sehr reizvoll, führt die Route durch Wälder, vorbei an einsamen Holzhütten.

Silberhütte

In diesem Zentrum eines bekannten Skilanglaufgebietes stößt man auf die Hauptstraße **2154** nach Flossenbürg.

AUSFLUG **Wenn auch die Route vor dem Ort abbiegt, empfiehlt sich aus historischen Gründen ein Abstecher in die Gedenkstätte im ehemaligen Konzentrationslager Flossenbürg, ein Schreckbild menschlicher Grausamkeit.**

Flossenbürg

KZ-Gedenkstätte Flossenbürg, Gedächtnisallee 5-7, 09603/903900, kbp267

Wegen der Flossenbürger Steinbrüche hatten die Nationalsozialisten 1938 das Konzentrationslager errichtet, in das vor allem Menschen aus den besetzten Gebieten in Osteuropa deportiert wurden. Im Steinbruch mussten sie Granit für Hitlers Monumentalbauten aus dem Berg schlagen. Ab 1943 kam die Rüstungsproduktion, hauptsächlich für die Flugzeugfirma Messerschmitt, hinzu. Zwischen 1938 und 1945 wurden im KZ Flossenbürg und in den mehr als 80 Außenlagern etwa 100.000 Menschen gefangen gehalten. Bis zu 1.000 schliefen in einer Baracke, die ursprünglich nur für 300 Häftlinge gebaut war.

Der Theologe und Widerstandskämpfer Dietrich Bonhoeffer, der mit seinem Kollegen Martin Niemöller den „Pfarrernotbund", den Vorläufer der „Bekennenden Kirche" gegründet hatte, wurde auf persönliche Anordnung von Adolf Hitler am 9. April 1945 in Flossenbürg ermordet. Eine Gedenktafel erinnert daran.

Insgesamt wurden in Flossenbürg 30.000 Gefangene ermordet. Sie arbeiteten sich zu Tode, verhungerten oder erfroren. Der Todesmarsch nach Dachau hinterließ kurz vor Ende des Krieges eine Spur von mehr als 5.000 Leichen am Wegesrand.

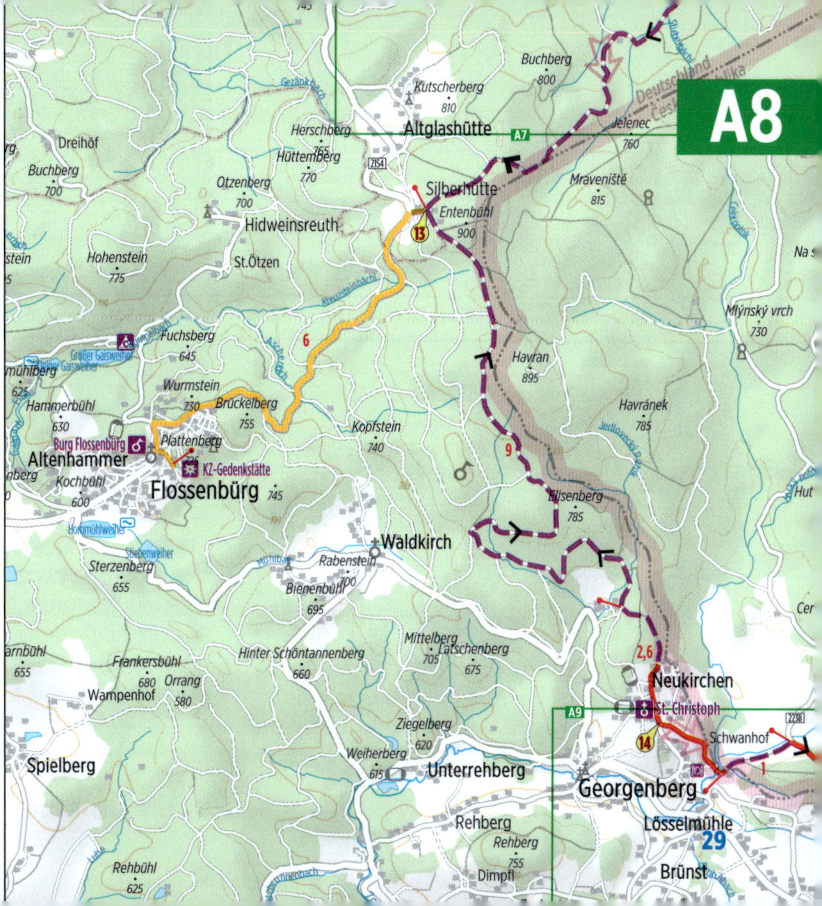

Nach der Befreiung scheute man sich nicht, auf dem Gelände der Gefangenenunterkünfte eine Eigenheimsiedlung zu errichten, die in ihrer Anlage noch heute die Anordnung der Baracken erkennen lässt. Auch für eine kommerzielle Nutzung verschiedener Teile des Lagers galt kein Tabu. Erst im Juni 2006 wurde dieser „Prototyp des vergessenen Lagers", die verbliebenen NS-Bauten und der Steinbruch zum Denkmal erklärt. Ein Jahr später wurde erstmals eine Dauerausstellung eingerichtet, die 2014 mit dem Europäischen Museumspreis ausgezeichnet wurde.

John Demjanjuk (1920-2012)

Der NS-Verbrecher John Demjanjuk (1920-2012) war in mehreren Konzentrationslagern und ab Oktober 1943 auch in Flossenbürg Aufseher. Seine Dienstnummer 1393 war dieselbe, unter der er im Vernichtungslager Sobibor geführt wurde. Nach dem Zweiten Weltkrieg emigrierte er aus Deutschland in die USA. Von dort wurde er 1986 nach Israel überstellt, wo er wegen Verbrechen im Vernichtungslager Treblinka zum Tode verurteilt wurde. 1993 wurde dieses Urteil aufgehoben, er kehrte in die USA zurück.

Im Mai 2009 wurde Demjanjuk aus den USA nach Deutschland ausgeliefert und befand sich seitdem in Untersuchungshaft. Nachdem die Staatsanwaltschaft München I am 13. Juli 2009 Anklage gegen ihn wegen Beihilfe zum Mord in mindestens 27.900 Fällen erhoben hatte, wurde er am 12. Mai 2011 vom Landgericht München wegen Beihilfe zum Mord verurteilt.

John Demjanjuk war der letzte noch le bende Kriegsverbrecher, der sich vor Gericht verantworten musste.

13 Der „Europa-Radweg Eiserner Vorhang" biegt in **Silberhütte** vor der 2154 links ab. Der Grünes-Dach-Radweg führt weiter nach Süden an der Grenze entlang durch bewaldetes Gebiet Richtung Neukirchen.

Neukirchen zu St. Christoph (Georgenberg)

Kirche zu St. Christoph. Die Kirche aus dem 18. Jh. besitzt einen irritierenden, um 45 Grad verdrehten Turm.

Man bleibt aber auf dem ausgeschilderten Grünes-Dach-Radweg, **14** biegt bei Neukirchen links ab und radelt zum **Grenzübergang Waldheim**.

Waldheim - Das gespaltene Dorf

Durch Vorder-Waldheim führte seit eh und je die bayerisch-böhmische Grenze. Auf ihr lag das Grundstück Nr. 11, eine Gastwirtschaft, in der auf der einen Seite bayerisches und auf der anderen Seite böhmisches Bier ausgeschenkt worden sein soll.

Nachdem die kommunistische Regierung der Tschechoslowakei das Gebiet entlang der streng bewachten Grenze zu Bayern zum Sperrgebiet erklärt hatte, wurde das Dorf in den 1950er Jahren geräumt und abgerissen. Heute führt ein Wanderweg zwischen Vorder-Waldheim und Přední Zahájí über die böhmische Grenze.

Vor dem Grenzübergang befindet sich ein Restaurant, auf tschechischem Gebiet geht es ein kurzes Stück auf einem nicht asphaltierten Waldweg bis zum **Kolonnenweg 2238**, in den man rechts abbiegt. Durch hügeliges Gelände erreicht man einen Rastplatz mit Informationen über das geschleifte Dorf **Hranice**.

Geschleiftes Dorf Hranice (Roßbach)

Um freies Sicht- und Schussfeld zu bekommen, wurde hier das ganze Dorf dem Erdboden gleich gemacht. Im wörtlichen Sinn ist heute Gras darüber gewachsen, aber drei Linden mit Gedenktafeln erinnern an die Vergangenheit.

Man ignoriert die rechts abgehenden Möglichkeiten und bleibt auf der **2238** bis Nové Domky. Nach einem steilen Stück bergauf sieht man auf der rechten Seite ein Mahnmal, das an die Öffnung des Eisernen Vorhangs erinnert.

Mahnmal Eiserner Vorhang

An dieser Stelle haben die Außenminister der Tschechoslowakei und der Bundesrepublik Deutschland symbolisch den Grenzzaun durchschnitten. Der ehemalige Oppositionelle Jiří Dienstbier (1937-2011), dem die Unterzeichnung der Charta 77 drei Jahre Haft eingetragen hatte. war der erste nicht-kommunistische Außenminister seit 1948. Er hatte sein Amt erst am 10. Dezember 1989 angetreten und am 17. Dezember schnitt er zusammen mit dem österreichischen Außenminister Alois Mock zwischen Hatě und Kleinhaugsdorf und am 23. Dezember mit dem deutschen Außenminister Hans-Dietrich Genscher an dieser Stelle den Eisernen Vorhang durch.

Nové Domky @

Man bleibt auf der **2238** und stößt in **Rozvadov** auf die Straße nach Waidhaus, in die man rechts einbiegt. **15** Kurz vor dem ehemaligen Grenzabfertigungsgebäude auf der tschechischen Seite geht es links ab in den asphaltierten ehemaligen Kolonnenweg.

AUSFLUG Wer zum vier Kilometer entfernten **Waidhaus** radeln möchte, wo es Einkehr- und Übernachtungsmöglichkeiten gibt, fährt weiter geradeaus. Zur Hauptroute auf gleichem Weg zurück, s. u.

Vom Abzweig Richtung Waidhaus (D) nach Waldmünchen (D) *50 km*

Von Waidhaus radelt man über die Grenze nach Tschechien und biegt hinter dem ehemaligen Grenzabfertigungsgebäude rechts ab.

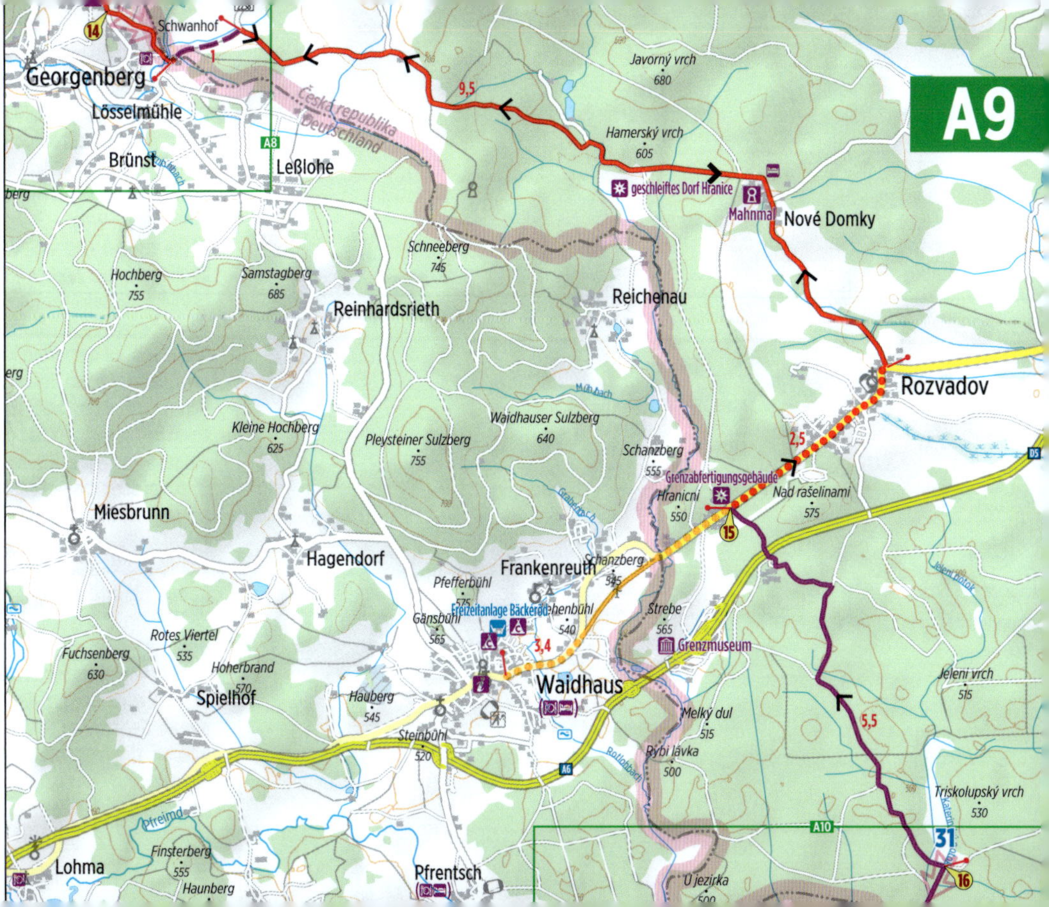

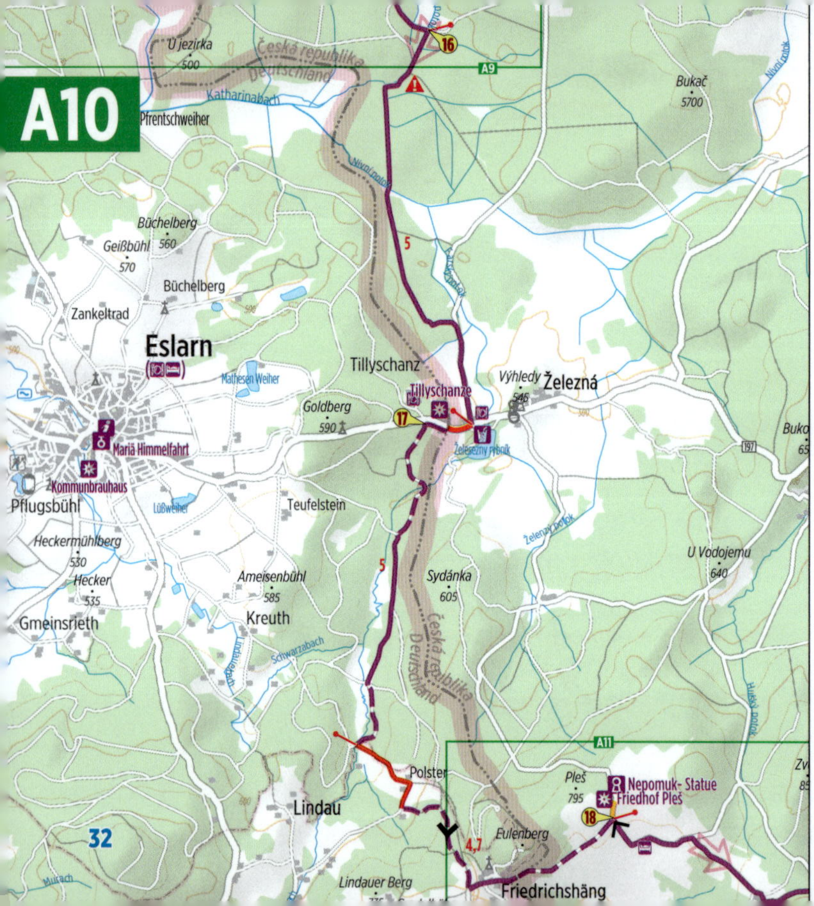

Man überquert auf einer Brücke die Autobahn, verlässt danach sofort die Straße nach links in den schadhaft asphaltierten Weg, der als Iron Curtain Greenway ausgeschildert ist. Man biegt rechts ab in den besser asphaltierten Weg.

TIPP **Die blauen und weißen Dreiecke sind übrigens das Zeichen für Lehrpfade mit Informationen über Tiere und Pflanzen.**

Auf ebener Strecke hält man sich geradeaus und radelt auf dem alten Kolonnenweg, einem Plattenweg im Hosenträgerformat, der sich gut befahren lässt. **16** Nachdem man einen Bach überquert hat, geht es rechts ab, ausgeschildert nach Železná.

ACHTUNG ⚠ **Vor der nächsten Linkskurve ist der Weg in schlechtem Zustand.**

Danach stößt man auf den gut asphaltierten **Radweg 36**, in den man rechts einbiegt und den Ort erreicht.

Železná

Wo sich heute ein bunter Markt ausgebreitet hat, lag einst der Ort Eisendorf (Železná), dessen Gebäude zu 90 Prozent abgerissen wurden. Die historische St.-Barbara-Kirche aus dem Jahr 1770 verschwand ebenso wie der Friedhof, der einer Kasernenanlage weichen musste. Ein Imbiss und ein kleiner Park laden am Teich zum Verweilen ein.

In Železná biegt man rechts ab - dort ist auch das Restaurant Praha - und radelt über die Grenze nach Tillyschanz.

Tillyschanz (Eslarn)

Tillyschanze (24) Teile der ehemaligen vom Feldherrn Johann Tserclaes Graf Tilly während des Dreißigjährigen Krieges erbauten Sternschanzen-Anlage können bis heute besichtigt werden, es gibt dazu Informationstafeln.

Hinter der Grenze verläuft ein Radweg auf der linken Seite.

TIPP **Dieser ist als „Paneuropa-Radweg" von Paris über Nancy, Straßburg, Heidelberg, Nürnberg und Pilsen nach Prag ausgewiesen. Es gibt auch einen Hinweis auf den Jakobsweg.**

17 Sobald es möglich ist, biegt man links ab in den nicht asphaltierten, aber gut befahrbaren **R 13**. Am nächsten Kreuzungsdreieck hält man sich links und radelt auf der **Leuchtenberger Tour**. An der großen Kreuzung geht der R 13 rechts ab, man fährt aber geradeaus weiter auf dem **Grünes-Dach-Radweg** und stößt dann auf eine asphaltierte Straße, in die man links abbiegt.

Hinter **Polster** geht es an einem Haus rechts ab in die Straße und dann - nach dem letzten

Gedenkstein für die Opfer der Weltkriege in Plöss

Haus - links ab in den nicht asphaltierten, aber gut befahrbaren Weg. Etwa einen Kilometer geht es steil bergauf und man stößt dann auf eine asphaltierte Straße ohne Verkehr, in die man links einbiegt Richtung Friedrichshäng.

Auf dem **R 36**, der auch **Johann-von-Nepomuk-Weg** heißt, geht es über die Grenze, der Weg ist nicht asphaltiert, aber gut befahrbar.

18 Am nächsten Abzweig geht es auf dem asphaltierten R 36 rechts bergab.

AUSFLUG Wer sich die Nepomuk-Statue anschauen möchte - Johann von Nepomuk ist der Schutzpatron der Brücken - fährt etwas weiter geradeaus. Kurz davor geht es links hoch zum Friedhof von Pleš/Plöss. Dort sieht man noch Grabsteine und die Grundmauern der Kirche - die einzigen Zeugnisse, die an das zerstörte Dorf erinnern.

Pleš/Plöss

Die Siedlung wurde 1606 erstmals erwähnt und zählte 1839 schon 54 Häuser und 483 Einwohner. Trotz des kargen Bodens und der hohen Lage gab es in Plöss 10 große Bauernhöfe mit einer guten Viehwirtschaft, während die übrigen Bewohner ihren Lebensunterhalt in Handwerksberufen und als Waldarbeiter fanden, nachdem die einstige Glasperlhütte den Betrieb eingestellt hatte.

Nach 1945 wurde das Dorf nur langsam wieder besiedelt. In den 1950er Jahren wurde die Zuwanderung nach Errichtung der Grenzzone gänzlich gestoppt. Alle Häuser bis auf das Forsthaus und das ehemalige Berghotel wurden zerstört, letzteres zu einer Kaserne umgebaut.

Der Bewohner des Forsthauses war eine Zeit lang der Schmuggler Zika, der Anfang der 1950er Jahre beim Versuch des Grenzübertritts erschossen wurde. In den 1970er Jahren wurde die Grenzsicherung ins Landesinnere verlegt, die Kaserne abgerissen. Übrig

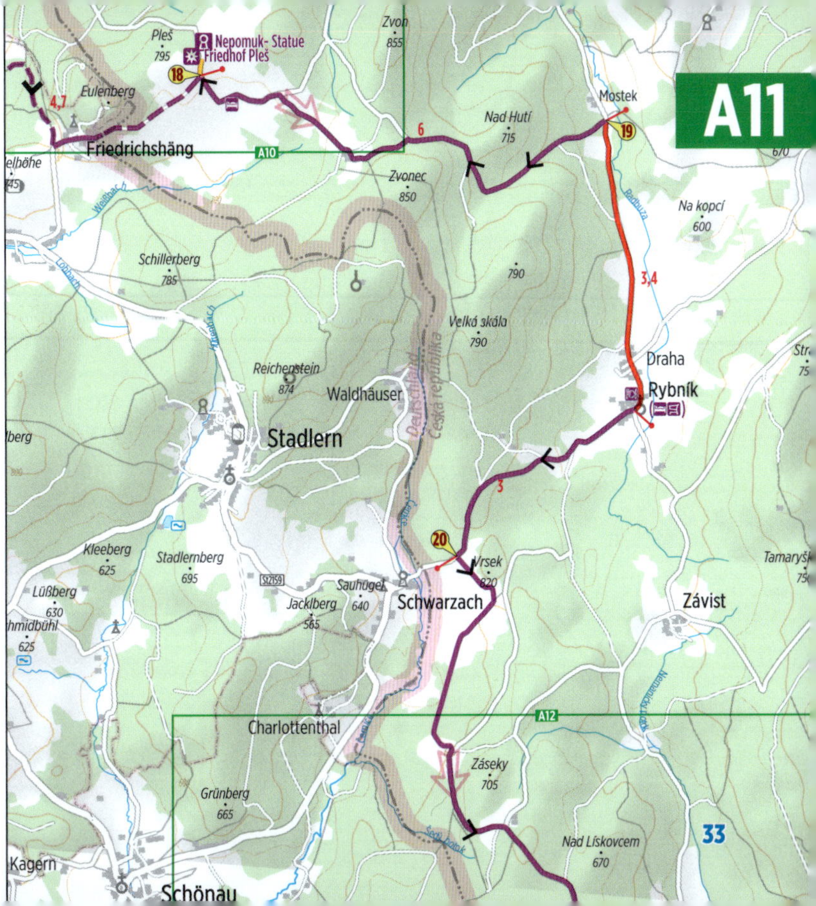

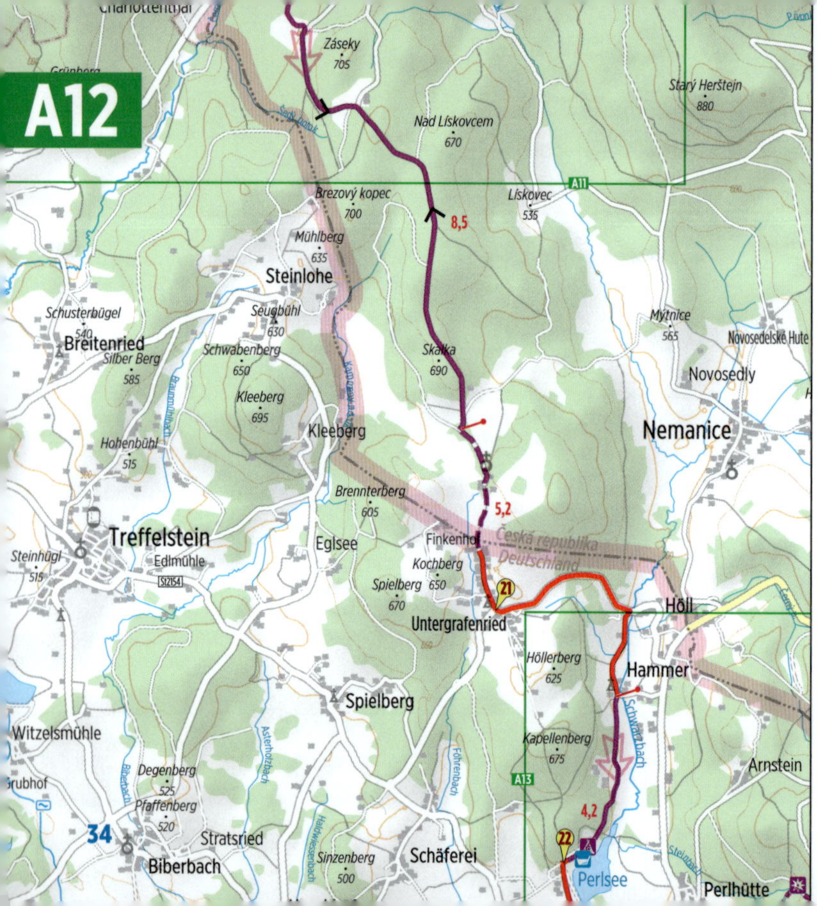

geblieben ist nur das ehemalige Forsthaus, das 1990 zu einer Pension umgebaut wurde.

Man folgt weiter dem ausgeschilderten Weg bergab, der in einem sehr guten Zustand ist. So wird man für den Aufstieg mit einer schönen Abfahrt belohnt. **19** Unten an der Straße angekommen, geht es rechts ab nach Rybník.

AUSFLUG

Wenn man noch ein Stück geradeaus in den Feldweg fährt, kommt man zu einer kleinen Brücke.

Diese kleine Brücke, die beim Hochwasser im Jahr 2002 zerstört und anschließend wieder aufgebaut wurde, war sehr wichtig für die Menschen aus dem Landkreis Bischofteinitz, die 1945 vertrieben wurden. Manche gingen mehrfach wieder zurück, holten ihr Vieh und ihre bewegliche Habe und kehrten dann wieder über Pleš nach Schönsee zurück.

Man biegt rechts ab und radelt auf dem ausgeschilderten Weg nach **Draha**. Dort biegt man rechts ab auf den **2141** und erreicht Rybník.

Rybník @

Der Ort ist nur spärlich besiedelt, die Pfarrkirche St. Anna wurde nach ihrem Verfall 1964 abgetragen und das Ortsbild wird seit 1982 von einer ausgedehnten landwirtschaftlichen Anlage der Universität Pilsen dominiert. Zumindest kann man sich hier mit Proviant versorgen, einkehren oder übernachten.

Grenzübergang Finkenhof-Lucina

Kurz vor dem Ortsende biegt man an der Kreuzung rechts ab und bleibt auf dem **Radweg 2141**. **20** Am nächsten Abzweig ginge der 2141 geradeaus nach Schwarzach Richtung tschechisch-deutsche Grenze, man folgt aber dem **36** und biegt links ab. Am Kreuzungsdreieck nach der Steigung, an dem eine Tafel auf die geschleiften Dörfer Padorf und Hranica hinweist, biegt man rechts ab. An einem Abzweig geht links der 36 ab, man radelt aber geradeaus weiter auf dem gut ausgeschilderten 2141 auf teilweise schadhafter Asphaltierung und einem Plattenweg im Hosenträgerformat nach Finkenhof zur tschechisch-deutschen Grenze.

Finkenhof

21 Hinter der Grenze fährt man auf der Straße und folgt der scharfen Linkskurve. Beim ersten Hof von Höll biegt man rechts ab und folgt der Straße nach **Hammer**. Dort radelt man an der Dreieckskreuzung geradeaus auf dem **C 33**, **C 34** und **C 38** über **Buchwalli** zum **Perlsee**. **22** An seinem Ende geht es links ab nach Waldmünchen.

Waldmünchen

Die Stadt mit gut 7.000 Einwohnern besitzt ihre Stadtrechte seit 1250 und war in der Folge in wechselndem Besitz. Wechselhaft war auch ihr Schicksal: Erstürmung durch die Hussiten 1434, mehrere verheerende Stadtbrände, Plünderung und Pestepidemie im Dreißigjährigen Krieg. 1742 hatte man dagegen Glück: Der Pandurenoberst Trenck nahm die Stadt während des Österreichischen Erbfolgekrieges zwar ein, sah aber durch Vermittlung eines Pfarrers und einiger Schulkinder von der Plünderung ab. Dieses Geschehen ist Gegenstand des seit 1950 von 300 Laienspielern aufgeführten Festspiels „Trenck der Pandur vor Waldmünchen", das im Juli und August mit wilden Reiterszenen und lodernden Lagerfeuern aufwartet.

Der Luftkurort bietet zahlreiche Unterkünfte sowie Einkehr- und Einkaufsmöglichkeiten. Sehenswert ist die Türmerstube im Stadtturm St. Stephan, die noch bis 1923 bewohnt war. Seit 2001 existiert ein Grenzland- und Trenckmuseum.

Vom hiesigen Bahnhof fahren Direktzüge nach Cham und Prag.

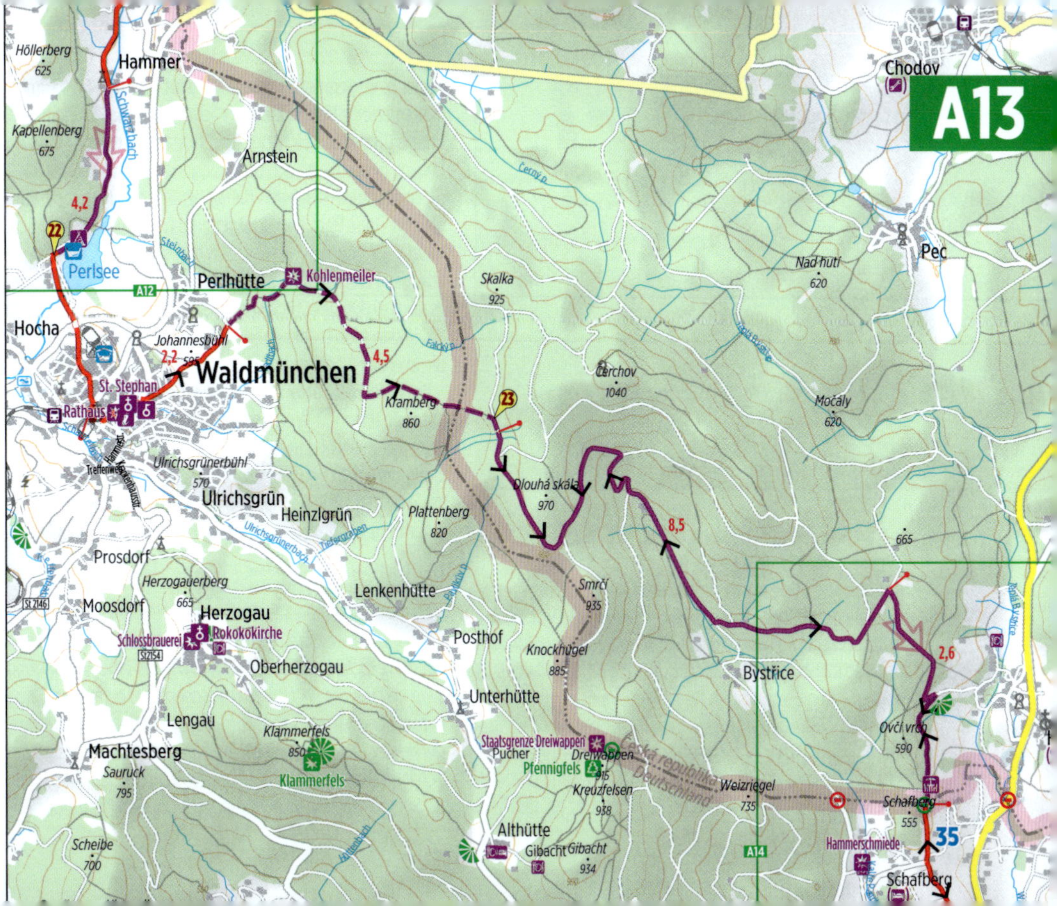

Schmugglerdenkmal bei Schachten

Von Waldmünchen (D) nach Furth im Wald (D) 21 km

Vom Marktplatz geht es die **Böhmer Straße** hinauf bis zur **Gartenstraße**, in die man rechts abbiegt. Danach geht es rechts ab in die **Arnsteiner Straße**, von der man in die **Vossstraße** rechts abbiegt. Am Parkplatz folgt man der Ausschilderung rechts ab in Richtung Teufelsbrücke. Nach 100 m geht es steil bergauf und man quert den Kohlmeier Waldweg.

Am nächsten Abzweig hält man sich links, passiert das Wasserrad und folgt dem orangenen Schild. Nach dem Wasserfall geht es abermals steil bergauf – man muss wahrscheinlich schieben – und an der nächsten Ecke geht es an der Tafel rechts bzw. geradeaus weiter bergauf. Oben angekommen, quert man eine Straße und fährt geradeaus in den Wanderweg, der als **Brombeerweg** oder **Kirchhofsteig** ausgeschildert ist. Endlich findet man auch das orangene Symbol mit der **34**.

Ausgeschildert ist auch der Grenzübergang Cerchov. (Der gleichnamige Berg ist mit 1.041 m der höchste im Oberpfälzer Wald.) Der ebene Weg weist Schwachstellen auf, den Grenzübergang erreicht man nach sieben Kilometern. Danach geht es noch ein kleines Stück bergauf. **23** Man stößt dann auf den **36**, in den man rechts abbiegt. Es folgt eine lange Steigung, die aber auch bei einer anderen Route nicht vermeidbar ist.

Doch man wird belohnt mit einer wunderbaren Fahrt bergab auf asphaltiertem Weg. Unten angekommen, hält man sich links. Der Ausschilderung der EV 13 folgend geht es sanft aber stetig bergauf. Dem Rechtsabzweig des **2014** nach Furth im Wald folgen. Auf Asphalt bergab, über die Grenze und in **Schafberg** auf dem **Baierweg** weiter.

Baierweg

Der Baierweg gehört zu den zahlreichen alten Erschließungs- und Handelswegen, die von der Donau über den Gebirgskamm des Bayerischen und des Böhmerwaldes eine Verbindung zwischen Bayern und Böhmen (Tschechien) herstellen. Seine Entwicklung hängt eng mit dem Grafen von Bogen zusammen, der diesen Weg anlegen ließ, um seine Besitzungen möglichst sicher versorgen und kontrollieren zu können. Die Blaue Raute als Symbol des Baierwegs stammt vom Geschlecht der Bogener (11./12. Jahrhundert), aus ihr ging auch das blauweiße bayerische Rautenmuster hervor.

Von Schafberg geht es bergab nach Furth im Wald, wo sich kurz vor dem Ortseingangsschild auf der linken Seite ein monumentales Mahnmal für die Toten der beiden Weltkriege befindet. Man fährt geradeaus zum Stadtplatz.

Furth im Wald

- **Landestormuseum „Heimat – Grenze – Drache"**, Schlosspl. 4, ✆ 09973/50980 Die Dauerausstellung in den Räumen des Landestormuseums beschäftigt sich mit den für Furth im Wald prägenden Themen Heimat, Grenze und Drache.
- Barocke **Stadtpfarrkirche Maria Himmelfahrt**
- **Historische Felsengänge** unter der Stadt, ÖZ: Mai-Sept., 13-16 Uhr, Besichtigung von der Kramerstraße aus.
- **„Further Drachenstich"**, 2.-3. So im Aug. Das Volksschauspiel gilt als das älteste Deutschlands. Es besteht aus einem Festumzug mit über 1.000 Mitwirkenden und 250 Pferden sowie einem Festspiel, in dem ein Drache als Verkörperung des Bösen sein Leben lassen muss.

Als Stadt bezeichnen darf sich Furth seit 1332. Vom hiesigen Bahnhof fahren Direktzüge nach Schwandorf und Prag.

Von Furth im Wald (D) nach Bayerisch Eisenstein (D) 62 km

Am Stadtplatz ist der **2014** schon ausgeschildert. Man radelt am Rathaus vorbei, biegt links ab in die **Eschlkammer Straße**, quert den Fluss Chamb und **24** fährt links in die **Daberger Straße**. Auf dem ausgeschilderten Chambtal-Radweg, der

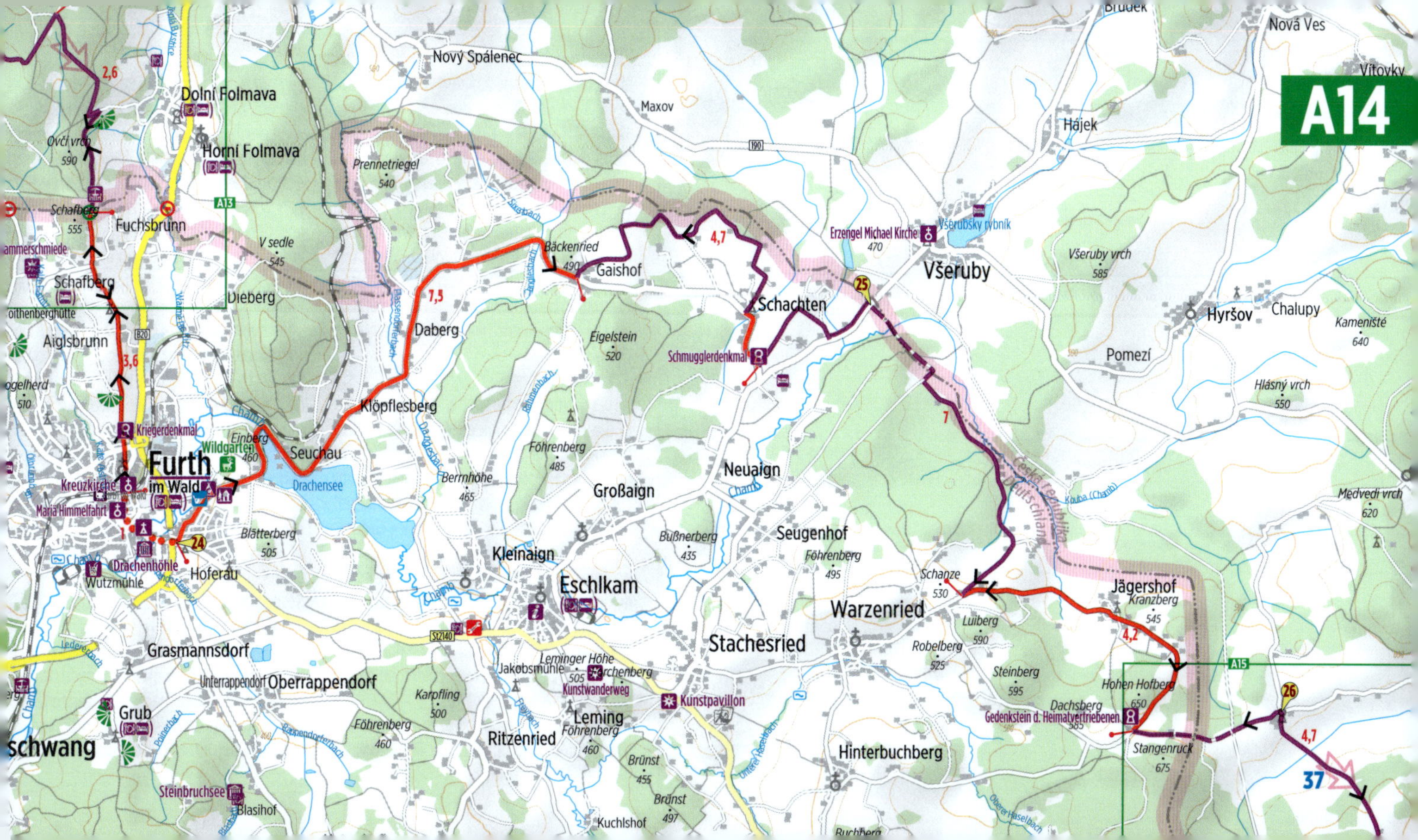
A14
Furth im Wald
Drachensee
Wildgarten
Kreuzkirche
Maria Himmelfahrt
Drachenhöhle
Kriegerdenkmal
Wutzmühle
Hoferau
Einberg 460
Seuchau
Klöpflesberg
Daberg
Bäckenried 490
Gaishof
Schachten
Schmugglerdenkmal
Eigelstein 520
Neuaign
Großaign
Kleinaign
Eschlkam
Seugenhof
Warzenried
Stachesried
Schanze 530
Jägershof
Kranzberg 545
Luiberg 590
Robelberg 525
Steinberg 595
Hohen Hofberg 650
Dachsberg 585
Gedenkstein d. Heimatvertriebenen
Stangenruck 675
Hinterbuchberg
Erzengel Michael Kirche 470
Všerubský rybník
Všeruby
Všeruby vrch 585
Hyršov
Chalupy
Kamenistě 640
Pomezí
Hlásný vrch 550
Medvědí vrch 620
Hájek
Maxov
Nový Spálenec
Nová Ves
Vítovky
Dolní Folmava
Horní Folmava
Ovčí vrch 590
Schafberg 555
Fuchsbrunn
Schafberg
Aiglsbrunn
V sedle 545
Dieberg
Prennetriegel 540
Föhrenberg 485
Bernhöhe 465
Blätterberg 505
Bußnerberg 435
Föhrenberg 495
Grasmannsdorf
Unterrappendorf Oberrappendorf
Grub
schwang
Steinbruchsee
Blasihof
Föhrenberg 460
Karpfling 500
Ritzenried
Leming
Föhrenberg 460
Leminger Höhe 505
Jakobsmühle
Kunstwanderweg
Kunstpavillon
Brünst 455
Brünst 497
Kuchlshof
24
25
26
37
2,6
3,6
7,5
4,7
7
4,2
4,7
A13
A15
B20
St2140
190

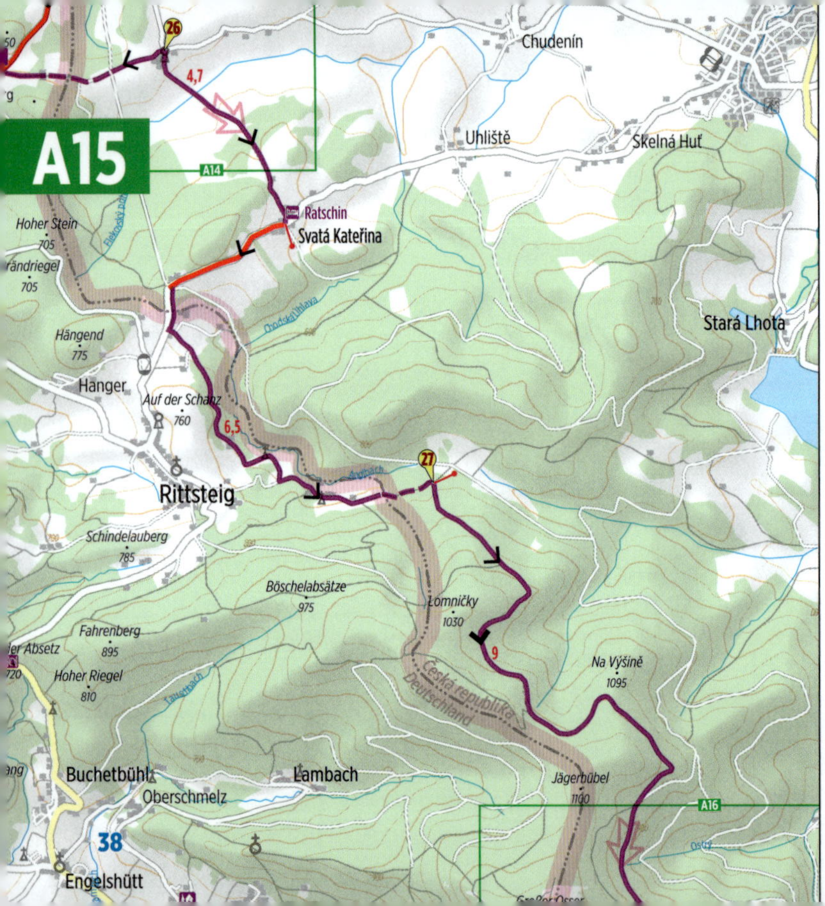

auch als **2014** ausgeschildert ist, geht es auf der **C 3** um den Drachensee.

Gaishof

Der ausgeschilderte **Rittsteigweg** führt links ab zur Grenze. Kurz vor dem Wald geht es rechts am ehemaligen Eisernen Vorhang entlang. Im Westen sieht man Wiesen und Kornfelder, im Osten den Wald. Man fährt auf dem ehemaligen Zollweg und kann einen Grenzstein betrachten, auf den vorne das bayerische Wappen und hinten der tschechische Löwe gemalt ist.

Schachten

Hier kommt man wieder auf die Straße, in die man links abbiegt. Am Schmugglerdenkmal biegt man links ab, hält sich an der nächsten Möglichkeit rechts und kommt zur Straße, in die man auf den linksseitigen Radweg einbiegt. **25** Kurz vor der Grenze, wo ein Meilenstein mit „Santiago de Compostela 2825 km" steht, geht es rechts ab in den ausgeschilderten **Rittsteigweg**. Auf der östlichen Seite des Weges sieht man die Grenzpfähle. Man bleibt auf dem dann asphaltierten Rittsteigweg, dem man rechts versetzt geradeaus folgt.

Nach der Steigung biegt man kurz vor **Warzenried** links abwärts in Richtung Jägershof. Kurz bevor man später wieder links abbiegt, ist auf der rechten Seite ein Gedenkstein der Heimatvertriebenen zu sehen, der an die meist jungen, im Zweiten Weltkrieg gestorbenen Menschen erinnert, ohne den von Nazi-Deutschland entfesselten Krieg und den Einmarsch der Nazi-Truppen 1938 in die Tschechoslowakei zu erwähnen. Man erreicht **Hofberg**, wo es links ab geht zum Wandergrenzübergang.

Kurz vor der Grenze ist der Weg nicht mehr asphaltiert. Den Grenzübergang für Wanderer markiert ein großer Stein, zudem ist auch der deutsch-tschechische Grenzstein zu sehen. Hinter der Grenze hält man sich geradeaus auf dem nicht asphaltierten Weg, ignoriert den ersten Abzweig nach rechts und fährt solange geradeaus, bis die Straße geteert ist. **26** Auf dem asphaltierten **2055** geht es rechts ab nach Svatá Kateřina, wo man übernachten kann.

Svatá Kateřina @

Dort biegt man rechts ab und radelt bergauf zur Grenze. Nach dem Auf gibt es nun auch ein Ab. Kurz hinter dem Übergang für Radler und Wanderer biegt man vor dem ersten Haus links ab in den asphaltierten Weg, der bergauf und bergab führt und stößt auf eine Straße, auf der es rechts zum Rittsteig geht. Man radelt aber links bergauf zu den **Helmhöfen** und passiert die Landesgrenze, an der ein Schild steht: „Für Fahrzeuge aller Art verboten, nur frei für Zoll, Polizei und BGS". Das ist befremdlich, weil der Weg als **Radweg R** ausgeschildert ist. Ob auch das Schieben des Fahrrads verboten ist, kann man nicht erkennen.

Hinter der Grenze geht es noch einmal auf nicht asphaltiertem Weg kurz bergauf und dann wird es eben. **27** Der Weg stößt auf den mit Kofinanzierung der EU asphaltierten **2055**, in den man rechts einbiegt. So schön der Belag auch ist, es geht steil bergauf und man erreicht mit 1.050 Metern den höchsten Punkt des **Šumava** (Böhmerwald). Man radelt auf dem **2055** immer geradeaus.

28 Auf einem großen Platz mit drei großen Bäumen, von dem vier Straßen abgehen, hat man einen wunderbaren Blick. Man biegt in die dritte Straße rechts ein und folgt der Ausschilderung zum Schwarzen See (Černé jezero) und zum Rundkurs Hammer Nr. 1 und Nr. 2. Man würde sich nicht wundern, wenn plötzlich ein Hirsch über den Weg liefe. Der asphaltierte Weg weist auch wenig komfortable Passagen auf.

Man hält sich geradeaus, passiert kleine Wasserfälle und kommt an einer Hütte zu einem großen Wasserfall, über den der Dichter Klostermann geschrieben hat.

Karel Klostermann (1848-1923)

Den Tschechen galt Karel Klostermann (1848-1923) als der Dichter des Böhmerwalds, bei den Deutschen hatte er gegen Adalbert Stifter keine Chance. Außerdem schrieb er

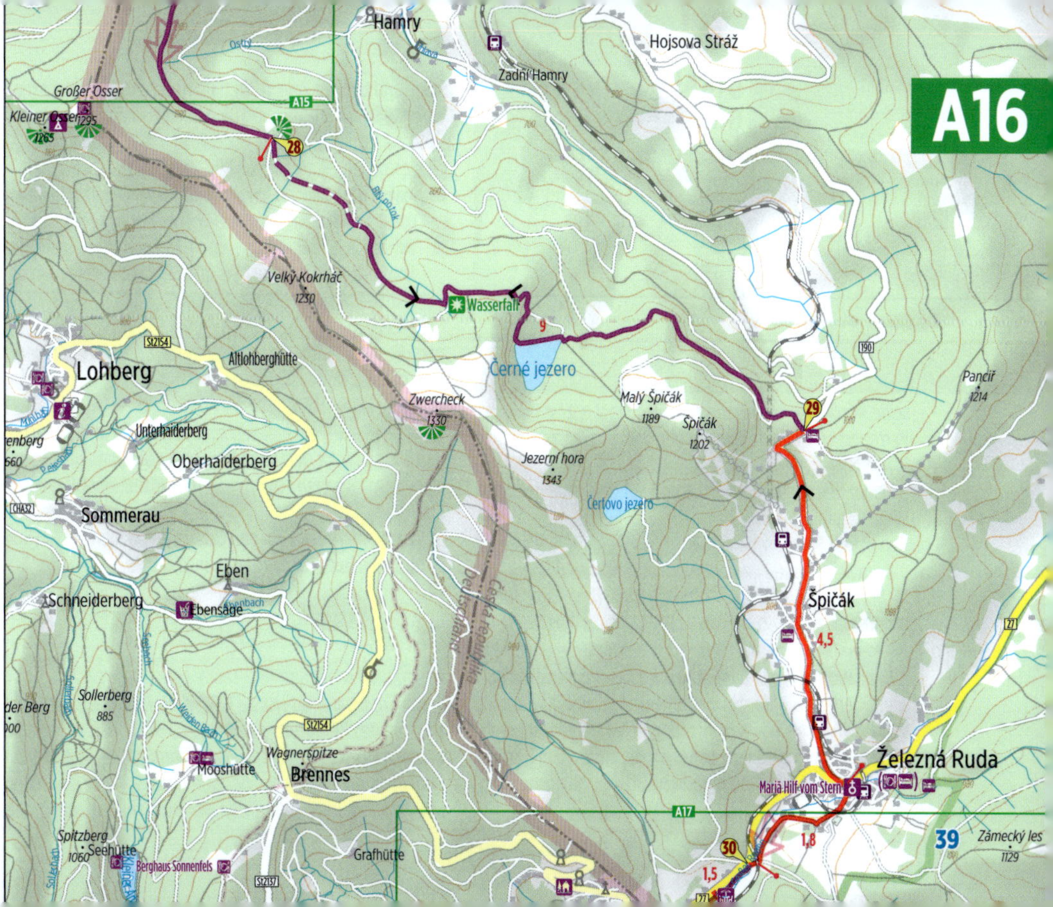

Grenzbahnhof Železná Ruda/Bayerisch Eisenstein

seine Werke meist in tschechischer Sprache. Erst nach der Vertreibung der Deutschen wurden dort Straßen, Gassen und Plätze nach ihm benannt.

Man radelt weiter geradeaus und auf einem asphaltierten Weg bergab.

Schwarzer See/Černé jezero

Zwischen diesen beiden Gletscherseen, dem Černé jezero (Schwarzer See) und dem Čertovo jezero (Teufelssee), überwindet man auf einer Höhe von 1.159 Metern die Wasserscheide zwischen dem Schwarzen Meer und der Nordsee.

Man fährt am See entlang, hält sich links und bleibt auf dem asphaltierten Weg, **29** bis man am Hotel auf eine Straße stößt, in die man rechts abwärts Richtung Železná Ruda einbiegt.

Man radelt auf der Straße ohne Fahrradstreifen durch **Špičák** – dort gibt es eine fahrradfreundliche Übernachtungsmöglichkeit – und erreicht Železná Ruda. Am Ortseingang biegt man die erste Straße links ein und fährt auf dieser bis zur Ortsmitte.

Železná Ruda @

- **Infocentrum**, Klostermannovo nám. 295, ☎ 376397033, @ kjm462
- **Panny Marie Pomocné z Hvězdy (Mariä Hilf vom Stern)**, Klostermannovo nám. Mit Hexagramm-Grundriss und der mächtigen zentralen Zwiebelkuppel (1729-33), der markante Glockenturm wurde erst Jahre später (1777) vollendet. Das spätbarocke Altarkreuz besteht aus geschliffenem und graviertem Rubinglas. @ lts752

Der Ort liegt im Biosphärenreservat Šumava und profitiert von der Nähe zum 1.200 Meter hohen Špičák (Spitzberg) und den dortigen Skigebieten. Das Ortsbild weist einige stattliche Villen auf.

Bei der Kirche biegt man rechts ab, überquert die Bahngleise und **30** biegt vor der Hauptstraße links ab. Dann geht es auf einem asphaltierten Radweg zum Grenzbahnhof Bayerisch Eisenstein.

AUSSICHT: **Wunderbarer Blick auf den Großen Arber, den mit 1.455 m höchsten Berg des Bayerischen Waldes.**

Grenzbahnhof Železná Ruda/ Bayerisch Eisenstein

Der Grenzbahnhof wurde 1877 je zur Hälfte auf dem Territorium des Königreichs Bayern und der k. u. k. Monarchie für die kürzeste Eisenbahn-Verbindung zwischen München und Prag errichtet. Die heutige Staatsgrenze zwischen Deutschland und Tschechien verläuft mitten durch das Bahnhofsgelände mit dem Empfangsgebäude. Nach dem Ende des Zweiten Weltkriegs kam der grenzüberschreitende Zugverkehr völlig zum Erliegen. 1953 wurde von der Tschechoslowakei ein Drahtzaun quer über die Bahnanlagen gezogen und die Gleise wurden unterbrochen. Im Empfangsgebäude hatte man die Trennung durch Mauern vollzogen. Am 2. Juni 1991 wurde der Bahnhof in Anwesenheit von Bundeskanzler Helmut Kohl wieder geöffnet. Seitdem kann man hier im Regionalverkehr umsteigen und die Fahrt im anderen Staat fortsetzen. Es fahren Direktzüge nach Plattling und Prag. Im Bahnhofsgebäude informieren Ausstellungen über den Naturpark Bayerischer Wald und die Geschichte des Bahnhofs, der 2017 zum Bahnhof des Jahres ernannt wurde.

Bayerisch Eisenstein

- Neobarocke **Kirche St. Johannes Nepomuk** mit hölzernen Rokokoplastiken
- **Localbahnmuseum** am Grenzbahnhof

Das Gebiet verdankt seinen Namen dem früheren Abbau von Eisenerzen. Im 18. Jahrhundert war jedoch die Glasindustrie der Hauptträger der wirtschaftlichen Blüte. Wegen des Schneereichtums ist heute der winterliche Tourismus zu einem entscheidenden Faktor geworden. Die Kirche ist einen Besuch wert, aber die größere Attraktion in Bayerisch Eisenstein ist der Grenzbahnhof.

Von Bayerisch Eisenstein (D) nach Modrava (CZ) 43 km

Vom Bahnhof radelt man auf der **Bahnhofstraße** bis zur Hauptstraße, biegt dort links und direkt hinter der Tankstelle

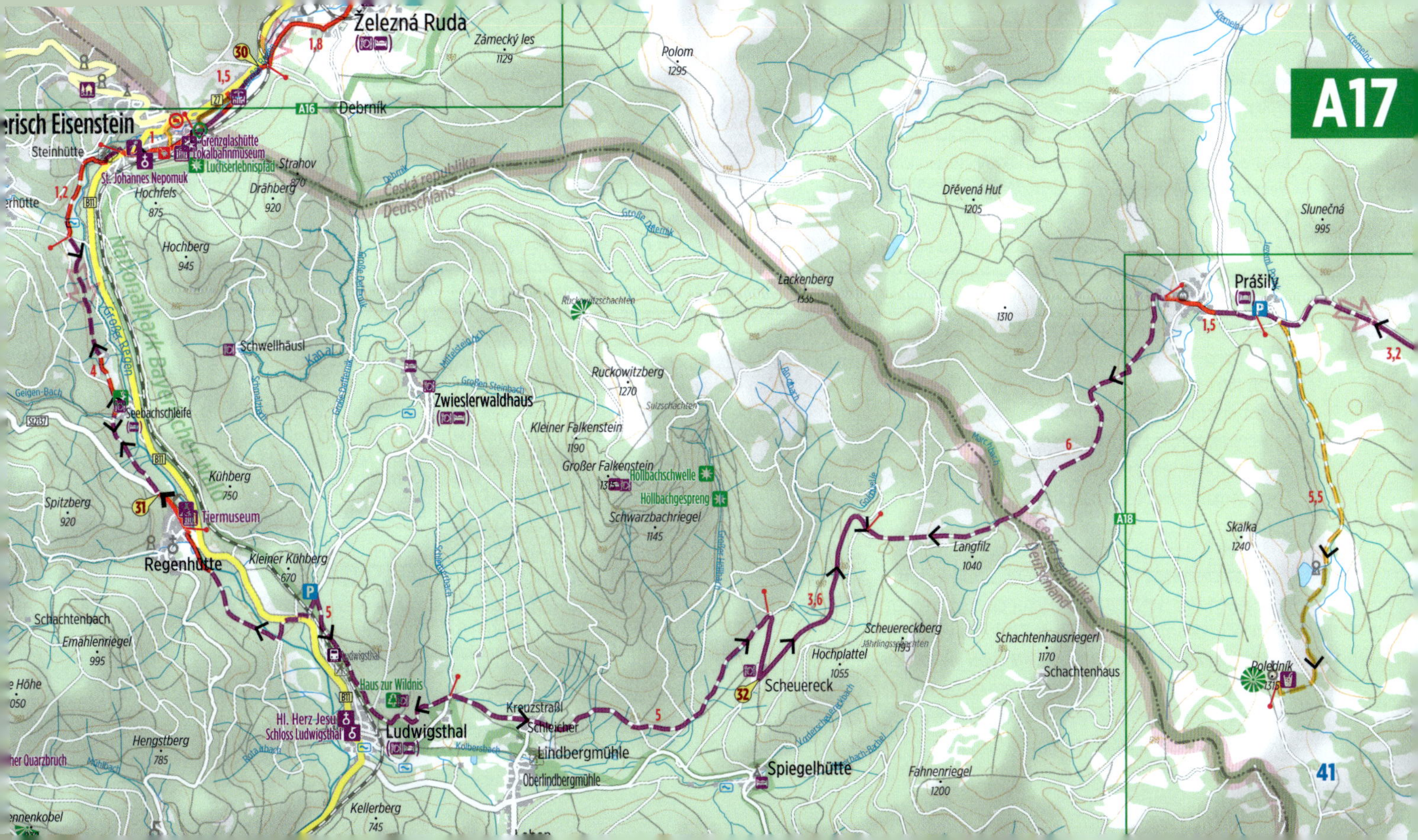

A17
Železná Ruda
Zámecký les
1129
Polom
1295
Debrník
A16
erisch Eisenstein
Steinhütte
Grenzglashütte
Lokalbahnmuseum
Luchserlebnispfad
St. Johannes Nepomuk
Hochfels
875
Strahov
Drähberg
920
Česká republika
Deutschland
Hochberg
945
Nationalpark Bayerischer Wald
Großer Regen
Schwellhäusl
Zwieslerwaldhaus
Ruckowitzschachten
Ruckowitzberg
1270
Kleiner Falkenstein
1190
Großer Falkenstein
Höllbachschwelle
Höllbachgespreng
Schwarzbachriegel
1145
Lackenberg
Dřevěná Huť
1205
Slunečná
995
Prášily
1310
Seebachschleife
Kühberg
750
Spitzberg
920
Tiermuseum
Regenhütte
Kleiner Kühberg
670
Schachtenbach
Emahlenriegel
995
Ludwigsthal
Haus zur Wildnis
Hl. Herz-Jesu
Schloss Ludwigsthal
Hengstberg
785
Kreuzstraßl
Schleicher
Lindbergmühle
Oberlindbergmühle
Kellerberg
745
Scheuereck
Scheuereckberg
Hochplattel
1055
Spiegelhütte
Langfilz
1040
Schachtenhausriegerl
1170
Schachtenhaus
Fahnenriegel
1200
Skalka
1240
Poledník
1315
A18
41

rechts ab auf den auch als EV 13 ausgeschilderten und anfangs asphaltierten **Regental-Radweg.** Nach kurzer Zeit ist er nicht mehr asphaltiert, aber gut befahrbar. **31** Man stößt auf die **Arberstraße**, in die man links einbiegt und Regenhütte erreicht.

Regenhütte (Bayerisch Eisenstein)

Vorwahl: 09925

Tiermuseum, Arberseestr. 2, 1273 Mit ca. 5.000 Ausstellungsstücken das größte Tiermuseum Europas. Nach dem Besuch können Sie frische Windbeutel genießen, die hier hergestellt werden. @ vhc256

Nach der Durchfahrt biegt man am Ortsausgang rechts ab auf den ausgeschilderten Radweg.

Man fährt über eine malerische mit Moos bewachsene Brücke, unterquert die Straße und die wunderschöne Eisenbahnbrücke und biegt am Parkplatz rechts ab in den nicht asphaltierten, aber sehr gut befahrbaren **Nationalparkradweg**. Leicht bergauf erreicht man das Haus zur Wildnis.

Haus zur Wildnis

Das Besucherzentrum informiert seit 2006 über die Nationalparks Bayerischer Wald und Šumava sowie die angrenzenden Regionen beiderseits der Landesgrenze. Die Renaturierung der Nationalparkwälder hin zur Wildnis steht dabei im Vordergrund. Den Besucher erwarten verschiedene Ausstellungen, ein großes 3D-Kino, ein Spielraum, der Nationalpark-Laden und die biozertifizierte Gastronomie.

Nationalpark Bayerischer Wald und Národní park Šumava

Südlich von Bayerisch Eisenstein erstreckt sich zu beiden Seiten ein Nationalpark, der 1970 gegründete „Nationalpark Bayerischer Wald" im Westen und der 1991 entstandene „Národní park Šumava" im Osten. Dieses 190 Kilometer lange Mittelgebirge zwischen Tschechien, Deutschland und Österreich – auch bekannt als „Grünes Dach Europas" – war bis zu Beginn des 20. Jahrhunderts länderübergreifend als „Böhmerwald" bekannt. Es ist die größte europäische Waldfläche ohne Unterbrechungen, ein rauschendes Meer aus Bäumen, Farnen, Gräsern und Büschen. Eine Bergkette, die dünn besiedelt ist, in der die Sommer kurz und kühl und die Winter lang und frostklirrend wie in der Tundra sind, wo die Bauern in drei Monaten erwirtschaften mussten, was sie für die restlichen neun Monate zum Überleben brauchten. Karl Klostermann, neben Adalbert Stifter der große Dichter des Böhmerwalds, beschrieb ihn: „Überall moorige Einöde, unbewegt, einförmig bis zur Verzweiflung, elender Wald, den Kälte und Feuchtigkeit nicht zum Wachsen kommen lassen, nur Knie- und Krummholz, durch das kein Fußpfad führt". Der Böhmerwald war Zufluchtsort für Luchse und Birkhühner, Elche und Rothirsche. Er ist mythengetränkt und voller Geschichten. In der romantischen Oper „Der Freischütz" von Carl Maria von Weber wird er besungen.

Nach dem Zweiten Weltkrieg verlief hier der Eiserne Vorhang. Etwa 200.000 Deutsche wurden aus dem Böhmerwald vertrieben. Während des Kalten Krieges waren das deutsche und das tschechoslowakische Waldgebiet durch mit Stacheldraht bewehrte Zäune hermetisch voneinander getrennt. Auf der tschechoslowakischen Seite waren große Teile jahrelang als „verbotener Grenzstreifen" unzugänglich.

Seit 1989 ist das gesamte Gebiet, von dem die Einheimischen sagen, dass dort „drei Viertel des Jahres Winter und das restliche Viertel kalt ist", wieder frei zugänglich – seit dem Schengen-Beitritt Tschechiens sogar ohne Grenzkontrolle. Die von der UNESCO als Biosphärenreservat anerkannten Nationalparks mit urwaldartigen Restbeständen der Bergwälder, Gletscherseen, Hochmooren und Talauen machen ein Drittel aus. Was heute hier gedeiht und blüht, sind Natur und Tourismus.

Schonung und Klima ließen in 35 Jahren ungewohnte, vielfältige Naturwälder heranwachsen, nachdem die Bergfichten-Hochwälder der südwestlichen Hänge gegen Mitte des 20. Jahrhunderts durch Luftverschmutzung und Borkenkäfer zum großen Teil vernichtet worden waren.

Radweg unter der Eisenbahnbrücke bei Regenhütte

Ein besonderes Phänomen kann hier bewundert werden: dass nämlich die Grenze nach 20 Jahren nicht nur in den Köpfen vieler Menschen noch existiert. Wissenschaftler hatten z. B. Rothirsche mit einem Satellitensender ausgestattet, um deren Wanderungen genau zu verfolgen. So konnten sie beobachten, dass sowohl die Hirsche auf der deutschen als auch auf der tschechischen Seite nur bis zur ehemaligen Grenze ziehen – und dann umkehren. Obwohl heute keine Barriere die Hirsche mehr aufhält, geben sie die Erinnerung an die Grenzanlagen offenbar von Generation zu Generation weiter. Wann sich das ändert, weiß niemand.

Nationalpark Bayerischer Wald

Der Nationalpark Bayerischer Wald ist der älteste Nationalpark in Deutschland und Vorreiter der heutigen 16 Nationalparks. Er wurde 1970 vom Freistaat Bayern mit zunächst 130 Quadratkilometern gegründet und 1997 auf 240 Quadratkilometer erweitert. Der Park umfasst einige Gebiete mit dichtem Urwald, kleinen Seen und Hochmooren und erstreckt sich auf einer Höhe von 700 bis 1.450 Meter. Jährlich soll es hier 160 Frosttage geben. Die höchsten Berge des von den Einheimischen als „Woid" bezeichneten Bayerischen Waldes sind als „König" der Große Arber (1.455 Meter), der indes nur drei Meter höher ist als sein „Untertan", der Große Rachel (1.453 Meter).

Umgestürzte, überwucherte Bäume führen heute das Wachsen, Werden und Vergehen der Natur vor Augen. Inzwischen zieht der niederbayerische Urwald neben Hunderttausenden

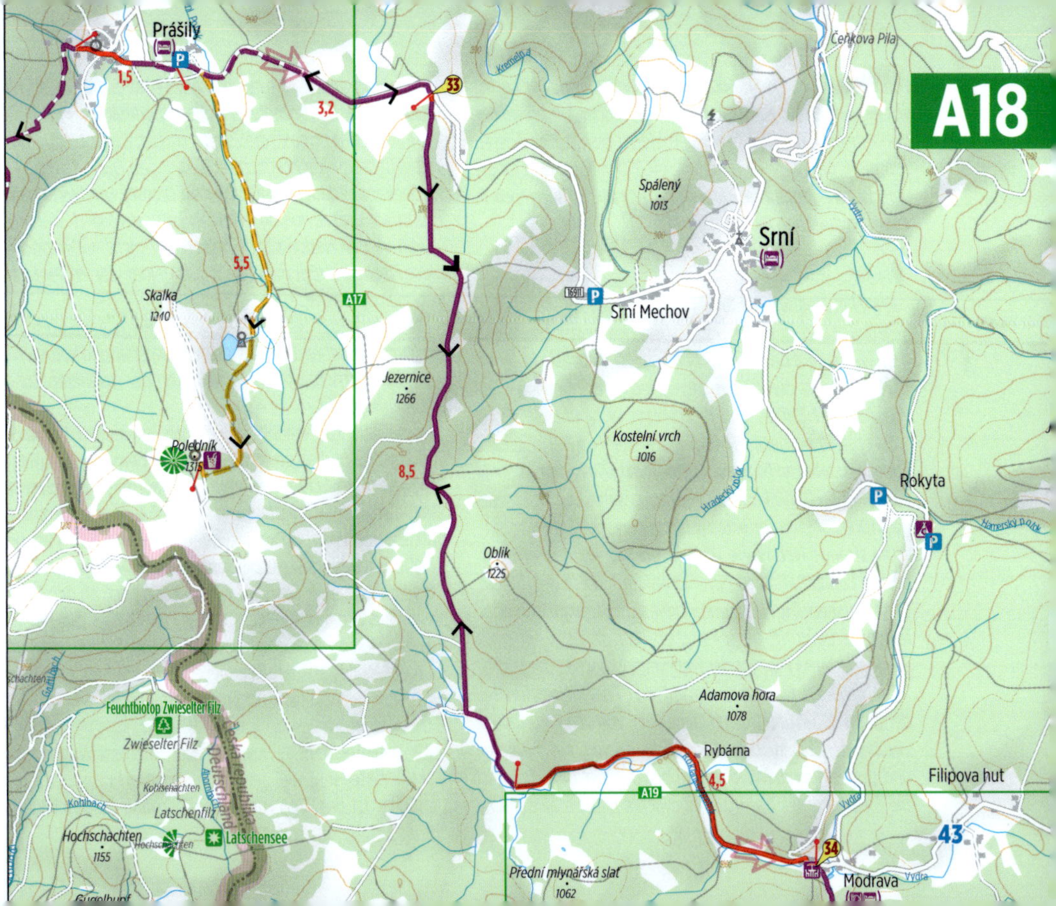

von Besuchern im Jahr auch neue Bewohner an. Der Luchs, vor 150 Jahren ausgerottet, ist seit den 1980er Jahren wieder dort zuhause. Auch Wölfe wurden wieder gesichtet und deren Jungtiere geboren – die ersten seit 150 Jahren. Und längst verschollen geglaubte Käfer- und Pilzarten fühlen sich in ihrem bayerischen Biotop heimisch.

Národní park Šumava

Der Nationalpark Šumava (der Rauschende) wurde 1991 gegründet und ist mit knapp 70.000 Hektar fast dreimal so groß wie der auf der bayerischen Seite. Der höchste Berg mit 1.378 Metern ist der Plöckenstein (Plechý), der Lieblingsplatz von Adalbert Stifter. Von hier blickte er hinunter auf den Plöckensteinsee, der ihm wie eine „versteinerte Träne" schien. Zu seinem zehnten Todestag wurde ihm 1877 hier mit einem 14 Meter hohen Obelisken ein Denkmal gesetzt. Der Waldanteil des in drei Zonen unterteilten Nationalparks beträgt 81 Prozent.

Die strenge Naturzone schließt die wertvollsten und stabilsten Landschaftsteile ein – urwaldartige Wälder, Moore, Gletscherseen. Die Natur entwickelt sich hier ungestört ohne lenkende Eingriffe der Menschen. Sie umfasst mit etwa 9.000 Hektar 13 Prozent der Nationalparkfläche.

Die gelenkte Naturzone nimmt den überwiegenden Teil der bewaldeten und freien Flächen ein, von den naturnahen, veränderten bis zu den stark beeinflussten, beschädigten und ungeeigneten Waldbeständen. Das Ziel der Pflege ist die Erhaltung des Naturgleichgewichts und die allmähliche Annäherung an die Naturwaldökosysteme. Sie umfasst mit 57.000 Hektar 83 Prozent der Nationalparkfläche.

Die Randzone umfasst die vom Menschen wesentlich veränderten Gebiete einschließlich der Siedlungen. Die Nutzung dieser Gebiete soll dauerhaft für Wohnen, Dienste, Landwirtschaft, Tourismus und Erholung erhalten bzw. gefördert werden, soweit es der Nationalpark-Zielsetzung nicht widerspricht. Diese Fläche beträgt mit etwa 2.800 Hektar vier Prozent der Nationalparkfläche.

Die Zonierung im Nationalpark Šumava wird als dynamischer Vorgang angesehen. Der Flächenanteil der strengen Naturzone wird durch Anschluss von Teilgebieten der gelenkten Zone allmählich erhöht.

Vom Haus zur Wildnis radelt man am neuen **Bahnhof Ludwigsthal** und an einer Weide vorbei bergab in Richtung Scheuereck. In **Schleicher** stößt man auf eine asphaltierte Straße, in die man links einbiegt. Es geht aufwärts auf einem gut befahrbaren Weg. Der **Nationalparkradweg** führt entlang des Kleinen Deffernik-Baches sanft bergauf. An einer scharfen Kurve geht es über die Brücke. Man kann noch an den Trittstellen aus Stein sehen, dass dieser Fluss früher ausgebaut war, um Holz zu transportieren. Auf ebener Strecke erreicht man das **Waldgasthaus Scheuereck**, wo Speisen, Getränke und selbst gebackener Kuchen serviert werden.

Scheuereck

32 Dahinter geht es links auf asphaltiertem Weg knapp vier Kilometer sehr steil bergauf in Richtung Prasily. Kurz vor der Spitze ist der Weg zum Grenzübergang ausgeschildert, aus dem asphaltierten wird ein gut befahrbarer Weg, man hält sich geradeaus. Nach der Spitze geht es abwärts bis zur Grenze und von dort noch vier Kilometer bergab nach Prášily.

Man sieht am linken Rand noch die Reste der abgeräumten Häuser von **Schwarzenbach**. Der Waldweg mündet in eine asphaltierte Straße und an der Kreuzung, an der man geradeaus fährt, steht links ein Denkmal für den Studenten O. Kareis, der dort 1927 ertrunken ist.

Prášily @

Die schwach besiedelte Gegend wurde nach 1948 zum militärischen Sperrgebiet erklärt, und Prášily bildete nun das Zentrum eines Truppenübungsplatzes. Rundum entstanden Panzerstrecken und -schießplätze und die verlassenen Dörfer wurden von der Artillerie zerschossen. Nach Abzug des Militärs 1991 wurde die Gemeinde mit ihren verbliebenen 25 Häusern neu gegründet und bemüht sich seitdem um die Schaffung einer Infrastruktur zur Wiederherstellung ihres einst guten Rufes als Wintersportzentrum.

Am Ortsausgang, hinter einer großen Dreieckskreuzung, geht rechts in den Wald ein asphaltierter Radweg, der als **33** ausgeschildert ist und in einigem Abstand parallel zur Straße verläuft.

AUSFLUG Wer zum Poledník radeln möchte, biegt gegenüber vom Parkplatz an einer Tafel rechts ab in den nicht asphaltierten **Radweg 2113**. An dessen Ende geht es rechts ab und ziemlich steil bergauf zum Poledník.

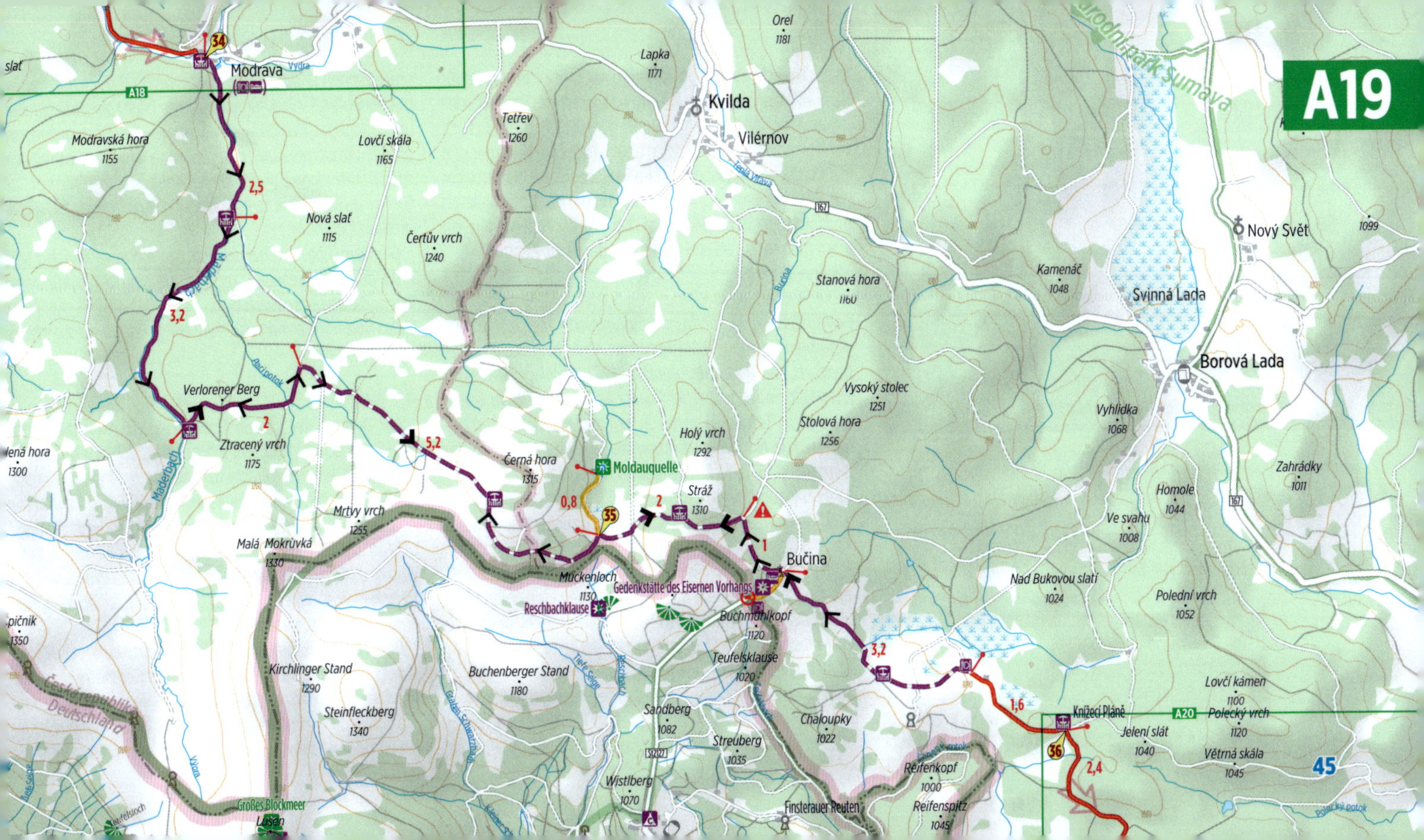
A19
A18
A20
Modrava
Vydra
Kvilda
Vilémov
Orel
1181
Lapka
1171
Tetřev
1260
Modravská hora
1155
Lovčí skála
1165
Nová slať
1115
Čertův vrch
1240
Teplá Vltava
167
Národní park Šumava
Nový Svět
1099
Kamenáč
1048
Stanová hora
1160
Svinná Lada
Borová Lada
Vysoký stolec
1251
Stolová hora
1256
Vyhlídka
1068
Zahrádky
1011
Holý vrch
1292
Verlorener Berg
Ztracený vrch
1175
Černá hora
1315
Moldauquelle
Stráž
1310
Bučina
Homole
1044
Ve svahu
1008
Nad Bukovou slatí
1024
Polední vrch
1052
Mrtvý vrch
1255
Malá Mokrůvka
1330
Muckenloch
1130
Reschbachklause
Gedenkstätte des Eisernen Vorhangs
Buchmühlkopf
1120
Teufelsklause
1020
Kirchlinger Stand
1290
Buchenberger Stand
1180
Steinfleckberg
1340
Sandberg
1082
Streuberg
1035
Chaloupky
1022
Reifenkopf
1000
Reifenspitz
1045
Wistlberg
1070
Finsterauer Reuten
Großes Blockmeer
Lusen
Česká republika
Deutschland
Knížecí Pláně
Lovčí kámen
1100
Polecký vrch
1120
Jelení slát
1040
Větrná skála
1045
Maderbach
Výrava
34
35
36
2,5
3,2
2
5,2
0,8
1
1,6
2,4

Alter, vom Borkenkäfer befallener, und neuer Wald südlich von Modrava

Poledník (Mittagsberg)

Der 1.315 Meter hohe Poledník befand sich im militärischen Sperrgebiet. Ende der 1960er Jahre wurde dort ein Betonturm für Radarzwecke errichtet. Nach der Aufhebung des Sperrgebietes im Jahre 1989 wurden die militärischen Anlagen abgerissen und der Turm mit einer Höhe von 37 Metern zu Aussichtszwecken umgestaltet. Er wurde im Juli 1998 eröffnet, ist über 227 Stufen begehbar und bietet einen weiten Ausblick über den Šumava und den Bayerischen Wald, bei Fernsicht sogar bis zu den Alpen. Neben dem Turm ist eine Hütte, in der ein Imbiss untergebracht ist.

Auf dem **33** fährt man geradeaus bis zum **2118**, in den man rechts einbiegt **33**. Es folgt ein kleiner sanfter Anstieg, bevor es flach wird. An der nächsten Rechtskurve ist ein Schild für Fahrradfahrer, gelb-grün-gelb in waagerechten Streifen – das Zeichen für den Radweg –, wobei der Mittelstreifen auch rot oder blau sein kann. Es fehlen aber leider eine Nummer und der Ortshinweis. Nachdem man die Höhe von 1.105 m erreicht hat, geht es bergab. Unten angekommen, biegt man links ab und folgt dem Schild „Modrava 6 km". An der ersten Kreuzung biegt man rechts ab und radelt geradeaus ins Zentrum.

Modrava (Mader)

Die Stadt am alten Handelsweg Goldener Steig wurde 1757 gegründet. Im 18. Jahrhundert dominierte hier, wie in der gesamten Region, die Glasindustrie. Ab Anfang des 19. Jahrhunderts, mit Beginn des intensiven Holzeinschlags, ließen sich Holzfäller nieder, wobei der Chinitz-Tettauer Schwemmkanal (Vychnicko-Tetovský kanál) von 1801 bis 1958 zur Holztrift benutzt wurde. Nach der Errichtung des Sägewerkes Bienertsäge wurden seit 1826 Fichten aus der Umgebung zu Resonanzholz für Musikinstrumente verarbeitet. Ein Flügel des Gebäudes blieb erhalten, der Fachwerkbau mit Türmchen dient heute als Erholungsheim.

Nach dem Zweiten Weltkrieg verlor die Gemeinde fast alle ihrer 2.000 zumeist deutschsprachigen Einwohner. Aufgrund der Grenznähe flohen die meisten bereits, bevor die Vertreibungen das Dorf erreichten. Heute leben nur noch 52 Menschen im Ort.

Westlich von Modrava liegen die Maderer Filze (Modravské slatě), der größte Hochmoorkomplex der beiden Nationalparks mit den seit 1933 unter Schutz stehenden Mooren. Das mit den umliegenden Wäldern 3615 Hektar große Naturschutzgebiet mit bedeutender Birkhuhnpopulation bildet die für Besucher unzugängliche Kernzone des Šumava. Die Filze stellen ein großes Wasserreservoir dar, das vor allem den Rachelbach speist. Über einen Bohlenweg begehbar ist das Tříjezerní slať (Dreiseenfilz), ein nordwestlich des Ortes gelegenes, 19 Hektar großes Hochmoor.

Die Bergfichtenwälder südlich von Modrava wurden seit 1995 durch Borkenkäfer zerstört, sie sind der natürlichen Wiederbewaldung überlassen.

Das Hotel Klostermann steht auf einem Hang auf der anderen Seite des Flusses.

Borkenkäfer

Der Borkenkäfer ist kein Untier, er gehört wie die Fichte zum Bayerischen Wald. Beide haben natürlich eine begrenzte Lebenszeit. Wenn die Fichte zu groß und zu alt geworden ist, sendet sie Duftstoffe aus, die den Borkenkäfer anlocken. Dieser bohrt Löcher in die Rinde der alten Bäume und legt seine Eier dort ab. Die Larven ernähren sich von dem Baum, der instabil wird und fällt. Die Borkenkäfer helfen auf diese Weise, leichter Platz für neue, aus dem Samen der alten Fichte entstehende Sprösslinge zu schaffen.

Durch die Umwandlung von Mischwäldern in Monokulturen – mit dem Fichtenholz konnten bessere Geschäfte gemacht werden – aber auch durch den sauren Regen, den Klimawandel mit zu warmen Wintern und den damit verbundenen Naturkatastrophen nahm die Population der Borkenkäfer zu. Da die absterbenden Bäume nicht mehr ausreichten, befielen sie für ihren Nachwuchs auch gesunde Fichten. Der Borkenkäfer ist sozusagen die Rache der Natur an der Gewinnsucht der Holzindustrie – der kapitalistischen wie auch der sozialistischen.

Der Nationalpark Bayerischer Wald wurde als erster Nationalpark Deutschlands 1970 gegründet. Die Forstwirtschaft war aber zunächst noch jahrelang in reduzierter Form zugelassen. Erst als 1983 heftige Stürme etwa 70.000 Festmeter Holz fällten, entschied die Bayerische Staatsregierung unter Staatsminister Hans Eisenmann, 30.000 Festmeter liegen zu lassen.

Mitte der 1980er und Anfang der 1990er Jahre kam es durch heftige Stürme zu weiteren zahlreichen Windbrüchen, durch die schlagartig noch günstigere Lebensbedingungen für den Borkenkäfer entstanden. In den Folgejahren erhöhte sich die Population so stark, dass die nicht befallene, gesunde und noch stehende Fichte die Ausnahme wurde. In Teilen der Bevölkerung stieß die verordnete Tatenlosigkeit auf Unverständnis; die angrenzenden Waldbauern fürchteten um ihren eigenen, wirtschaftlich genutzten Bestand.

Der Streit ging immer darum, ob die befallenen Bäume abgeholzt werden und der Borkenkäfer gezielt bekämpft wird, oder ob man zulässt, dass die Natur eigenständig und ohne menschliche Hilfe damit fertig wird. Ob der Borkenkäfer nicht vielmehr ein Helfer ist, der die ungünstige Umwandlung von kräftigen und gesunden Mischwäldern in anfällige Monokulturen korrigiert. Der Borkenkäfer befällt nämlich nur die Fichten – andere Bäume tastet er nicht an.

Nachdem die alten Fichtenwald-Monokulturen im Nationalpark inzwischen weitgehend tot sind, gehen die Borkenkäferzahlen seit einigen Jahren auch wie erwartet deutlich zurück. Mit dem Nachwachsen von jungen Ebereschen, Fichten, Tannen und Buchen ist an vielen Stellen wieder ein Jungwald entstanden, der sich in einigen Bereichen sogar eine unberührte urwaldähnliche Landschaft formt.

Das Ergebnis gefällt vielen Einheimischen nicht, auch weil eine andere Art von Wald entsteht. Zudem haben die Waldbauern, die zum Teil nur von der Waldwirtschaft leben, natürlich Angst, dass der Borkenkäfer vom Nationalpark aus auf ihre Wälder zugreift. Um das zu verhindern, wird der Borkenkäfer in einem 500 Meter breiten Schutzstreifen

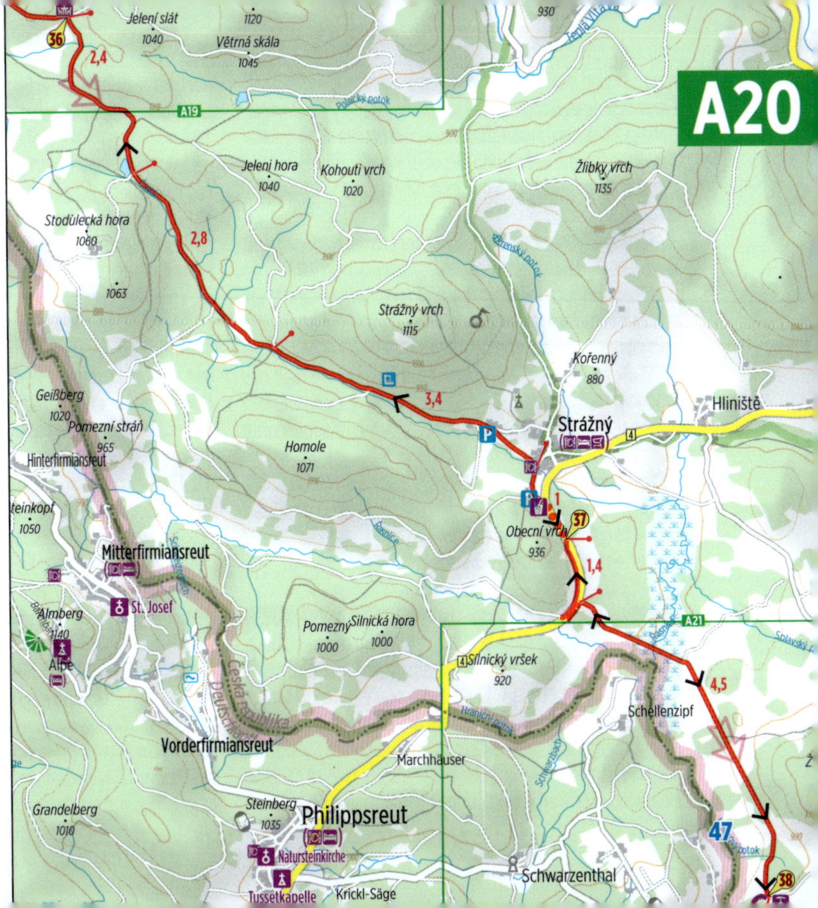

rund um den Nationalpark immer bekämpft – die maximale Flugweite eines Borkenkäfers soll geringer sein. Außer im Nationalpark müssen in ganz Bayern per Gesetz vom Borkenkäfer befallene Bäume gefällt und aus dem Wald entfernt werden! Diese unterschiedliche Rechtslage führt verständlicherweise zu großem Unmut.

In großen Teilen des Erweiterungsgebiets des Nationalparks wird deshalb der Borkenkäfer auf Bestreben der einheimischen Waldbauern noch bekämpft, was immer wieder auf Kritik von Befürwortern des Nationalparkgedankens „Natur Natur sein lassen" stößt. Jedoch werden stufenweise auch hier bis 2027 die Naturzonen eingerichtet sein, was zum Erhalt des Prädikats Nationalpark unbedingt notwendig ist. Denn in einem Nationalpark müssen 75 Prozent des Gebietes sogenannte Naturzonen sein.

Die Chance bleibt also gewahrt, dass im Nationalpark Bayerischer Wald die Natur sich selber mit den geänderten Umweltbedingungen auseinandersetzt und die durch den Menschen verursachten Probleme zukunftsträchtig löst.

Von Modrava (CZ) nach Haidmühle (D) 42 km

34 Von Modrava geht der Radweg am Ortseingang nach Süden, ist als **1023** nach Bučina ausgeschildert und führt ganz sanft aufwärts am Fluss **Modravský potok** (Maderbach) entlang. An der nächsten Kreuzung geht es links ab und bergauf in den **1042** in Richtung Horska Kvilda. An der nächsten Kreuzung geht es rechts ab. Der **1023**, eine Mischung zwischen Asphalt und Schotter, ist ausgeschildert nach Nové Údolí – leider fehlt der Hinweis auf den deutschen Ort Haidmühle. Zunächst geht es ganz schön bergauf bis zum höchsten Punkt, wobei der Weg später auch asphaltiert ist. **35** Nach der Abfahrt geht es an der nächsten Kreuzung rechts ab nach Bučina.

AUSFLUG: Man sollte sich aber die **Moldauquelle** anschauen und deshalb 700 m auf ebener asphaltierter Strecke geradeaus weiterradeln.

Die Moldau

Die Moldau, aus dem germanischen Wilth-ahwa, was so viel wie „wildes, reißendes Wasser" heißt, auch als „Böhmisches Meer" bezeichnet, ist der längste und symbolträchtigste Fluss in Tschechien. Aus ihrem Schlamm wurde der Golem erschaffen, in ihren Fluten der heilige Nepomuk ertränkt. Bei Mělník fließen die 430 Kilometer lange Moldau und die bis dahin erst 258 Kilometer lange Elbe zusammen. Normalerweise wird der Name des längeren Quellflusses übernommen., hier aber nicht. Denn Ausnahmen wie bei Warthe und Oder sowie Havel und Spree bestätigen die Regel. Wäre die Namenswahl regelgerecht erfolgt, lägen Dresden und Hamburg an der Moldau.

Die Moldau ist 440 Kilometer lang und entwässert ein Gebiet von 28.000 km². Sie entspringt in zwei Quellflüssen, der Warmen Moldau in der Nähe von Aussergefild (Kvilda) im Šumava und 50 Kilometer weiter der Kalten Moldau in der Nähe von Haidmühle im Bayerischen Wald, in dem sie auch kleine Zuflüsse aus Bayern aufnimmt. Die Grasige Moldau (Rasnice) ist ein Zufluss zur Warmen Moldau.

Bis auf Teilstücke im oberen Moldautal bei Oberplan (Horní Planá) und um Budweis und Prag fließt sie durch ein meist schmales Tal. Früher herrschte dort rege Flößerei und Wassertouristik. Ab 1936, aber hauptsächlich zwischen den Jahren 1954 und 1962, entstanden mehrere Stauseen, wie zum Beispiel der Stausee Lipno - Tschechiens größter Stausee - und die Orlík-Talsperre, die mit einer Gesamtlänge von 190 Kilometern dem Fluss einen völlig anderen Charakter geben. Man bezeichnet diese Stauseen als Moldau-Kaskade. Die in den Wasserkraftwerken installierte Leistung von insgesamt 700 MW wird überwiegend kurzfristig zur Deckung der Spitzenlast verwendet. Ab der vorletzten Staustufe rund 20 Kilometer nördlich von Prag ist die Moldau schiffbar. In dem Buch von Uwe Rada „Die Elbe" wird „Europas Geschichte im Fluss" eindrucksvoll beschrieben.

Die Moldau von Bedřich Smetana

Der Lauf der Moldau bot die Vorlage für die gleichnamige und bekannteste romantische sinfonische Dichtung aus dem Zyklus „Mein Vaterland" von Bedřich Smetana (1824-1884). Im „Die Moldau" genannten Teil stellt er unter anderem mit zwei Flöten die beiden Quellen dar, ihren Lauf durch die böhmische Landschaft, das tosende Wasser in den mittlerweile versunkenen St.-Johann-Stromschnellen, die breite untere Moldau, ihren Lauf am Vyšehrad vorbei durch Prag und ihre Mündung in die Elbe. Smetana nimmt auch Bezug auf die den Fluss begleitende Kultur. So werden z. B. die Jagd und eine Bauernhochzeit dargestellt.

Grenzübergang bei Bischofsreut

Von der Moldauquelle zurückgekehrt, folgt man dem Weg nach Bučina. Es geht bergauf und man sieht die durch Borkenkäfer abgestorbenen Fichten, aber auch schon die neu gewachsenen Bäume.

ACHTUNG ⚠ Der Weg nach Bučina ist aber eine Zumutung, man muss sehr vorsichtig fahren.

Endlich geht es auch wieder bergab und man biegt am nächsten Abzweig rechts ab in den **Moldau-Radweg**.

In Bučina angekommen, kreuzt man den asphaltierten Radweg 331, der auch als Nationalparkradweg ausgeschildert ist.

Bučina (Buchwald)

Gedenkstätte Eiserner Vorhang: Am Grenzübergang wurden Teile des Eisernen Vorhangs mit Wachtürmen wieder aufgebaut, Einkehrmöglichkeit.

Dieser Ort wurde nach der Vertreibung zur militärischen Sperrzone erklärt und durfte nicht mehr besiedelt werden. Die einst 26 Gebäude wurden 1956 mit Ausnahme eines Hotels abgerissen. Der zerstörte Friedhof und die kleine Kapelle wurden nach der Grenzöffnung wieder aufgebaut und letztere 1992 eingeweiht. Nach dem Aufschwung dank vieler Wanderer kann man in dem 2010 von Grund auf renovierten Hotel wieder übernachten.

AUSFLUG Ein kleiner Abstecher zur Gedenkstätte Eiserner Vorhang lohnt sich.

ANSCHLUSS In Bučina besteht die Möglichkeit, mit dem „Igelbus" zum Bahnhof nach Spiegelau zu fahren. Der Bus nimmt Fahrräder mit, er gehört zum öffentlichen Nahverkehr, der kostenlos für alle Feriengäste ist, die auf der deutschen Seite in einer Nationalparkgemeinde übernachtet haben.

Zurück an der Kreuzung, biegt man rechts ab und radelt auf dem asphaltierten **1023** weiter bis zur nächsten Kreuzung in **Knížecí**

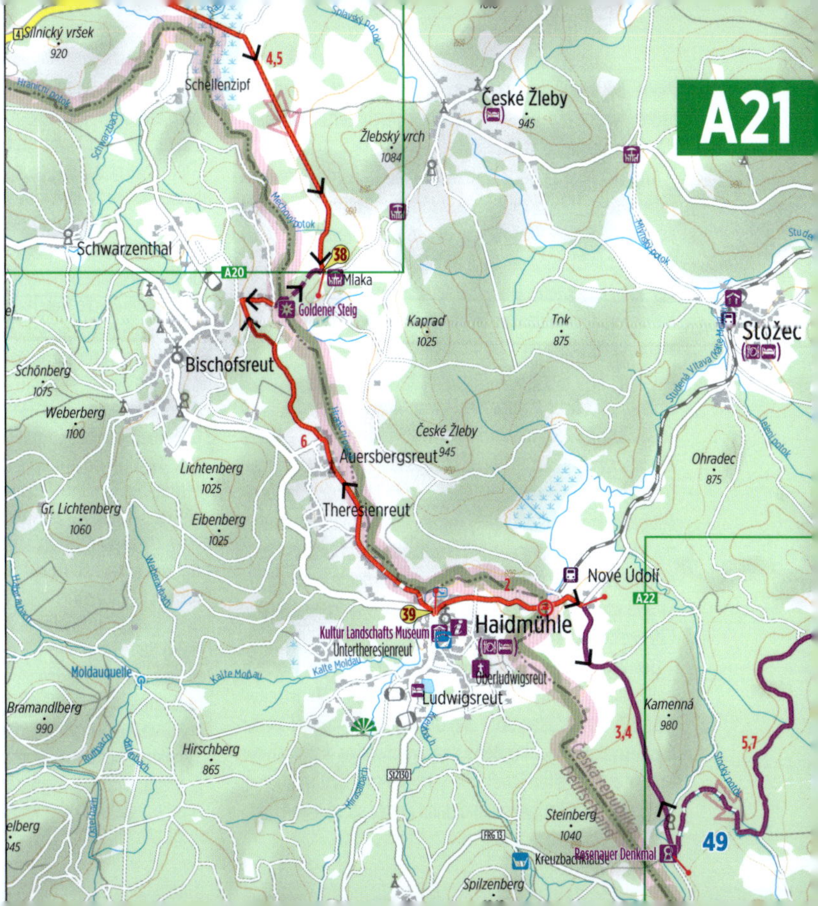

Pláně. **36** Man biegt rechts ab, passiert ein Restaurant und radelt weiter auf dem als 1023 ausgeschilderten Moldau-Radweg. Leider fehlt ein Hinweis auf die Stadt Strážný.

Am nächsten Dreieck biegt man rechts ab und folgt dem zum ersten Mal in das neun Kilometer entfernte Strážný ausgeschilderten **1023**, der in einem wunderbaren Zustand ist. Man bleibt auf ihm auch an der nächsten Kreuzung, an der ein Haus steht. Dort biegt man rechts ab, kann dem Rauschen der Moldau auf der westlichen Seite lauschen und kommt in Strážný an.

Strážný @

Strážný (früher Kunžvart, deutsch Kuschwarda) liegt am Fuße des 1.115 Meter hohen Strážný (Schlösselberg), hat 472 Einwohner und seit 1844 das Marktrecht. Die Gemeinde am Goldenen Steig entstand 1672/1689. Die 1781 errichtete Dreifaltigkeitskirche wurde 1965 wegen Baufälligkeit gesprengt und der Friedhof eingeebnet. Heute gibt es im Ort ein Fischrestaurant und einige Geschäfte. Die noch heute bedeutende Straße von Passau nach Prag (B 12 in D, Nationalstraße 4 in CZ) existiert seit 1833.

Der Weg von Strážný zum **1023** geht nur über die sehr gefährliche Schnellstraße, an der es keinen Radstreifen gibt. **37** Da der Weg über den Unterquerungstunnel weder ausgeschildert noch ausgebaut ist, empfiehlt es sich, nach der Brücke auf der alten Straße die Schnellstraße zu überqueren, ein Stück zurückzufahren und dann rechts abzubiegen.

Der Weg ist leidlich asphaltiert und nach Nové Údolí ausgeschildert. Ein Hinweis auf den Grenzübergang würde nicht schaden. Es geht leicht auf und ab.

Bei **Mlaka** steht eine große Tafel. **38** Dort biegt man rechts ab nach Bischofsreuth in den befestigten Waldweg und radelt abwärts auf dem eintausend Jahre alten **„Goldenen Steig“** über die Grenze nach Deutschland. Ein Grenzstein, gefördert von der Europäischen Union, und gute Erläuterungen auf den Tafeln erklären die Geschichte.

TIPP: Der Weg über den „Goldenen Steig“ lohnt sich – auch wenn der Belag verbesserungsfähig ist.

Man überquert den Harlandbach über die historische Steinerne Brücke. Es geht wieder bergauf, der Weg ist asphaltiert und man biegt links ab in den ausgeschilderten Weg in den Donau-Nationalpark nach Haidmühle. Ab hier geht es bergab. An der nächsten Ecke geht es links ab auf dem nicht asphaltierten, aber gut befahrbaren Weg und man folgt an der nächsten Ecke nach rechts dem ausgeschilderten Weg nach Haidmühle. Kurz vor der Straße bei den Häusern ist der Weg auch asphaltiert. Man biegt links ab, kann von der Straße aus unten den Bach sowie die Grenzschilder sehen und erreicht Haidmühle.

Haidmühle

KUlturLAndschaftsMUseum Grenzerfahrung (KULAMU). Das 2003 gegründete Museum ist das erste seiner Art und gibt auf verschiedenen Wegen einen interessanten Einblick in die Prägung einer Kulturlandschaft, die durch den Kalten Krieg getrennt wurde. Die aus der Grenzsituation entstandenen Relikte sollen grenzübergreifend erhalten werden. Nähere Infos bei der Tourist-Information in Haidmühle unter ✆ 08556/19433, @ tjm512

Die Gemeinde hat eine relativ junge Geschichte, sie existiert erst seit 1770. Der Ort liegt an der Kalten Moldau und ist ein staatlich anerkannter Erholungsort in 830 Metern Höhe. Entsprechend vielfältig ist das Angebot an Unterkünften.

Von Haidmühle (D) nach St. Oswald b. Haslach (AT) — 52 km

39 Am Ortseingang biegt man zunächst links in die **Max-Pangert-Straße** und abermals nach links in die **Neuthaler Straße** ab, die zum Grenzübergang für Wanderer und Radfahrer führt. Hier sieht man auch eine Eisenbahnbrücke mit der kürzesten Strecke der Welt.

Die kürzeste Eisenbahnstrecke der Welt

Die Bahnlinie wurde 1990 von tschechischer Seite wieder bis an die Grenze herangeführt, die Fortsetzung nach Passau ist jedoch wegen der Entwidmung auf deutscher Seite schwierig. Das führte zur kürzesten internationalen Eisenbahnstrecke der Welt mit einer Streckenlänge von 105 Metern. Auf dem Reststück des alten Bahndamms kann man mit einem Bähnchen von Tschechien aus einige Meter nach Deutschland hineinfahren – allerdings ohne dort aussteigen zu können. Die Fahrtdauer beträgt ganze 24 Sekunden! In drei alten Güterwagen ist hier auch ein kleines Eisenbahnmuseum untergebracht.

Hinter der Grenze liegt der tschechische Bahnhof, von dem Züge nach Čičenice und Volary fahren. Die Verbindung nach Waldkirch ist auch 30 Jahre nach dem Fall des Eisernen Vorhangs noch nicht wiederhergestellt.

Ilztalbahn

Es war der 2006 gegründete „Förderverein Ilztalbahn“, der gegen enorme Widerstände zwischen Passau und Freyung 2011 einen Regelverkehr auf der umweltfreundlichen Schiene durchgesetzt hat. Vor dem Krieg war dieser Abschnitt Teil der Direktverbindung von München über Passau nach Prag. Vom tschechischen Grenzbahnhof Nové Údolí fahren zwar die Züge auch heute wieder über České Budějovice (Budweis) nach Prag, für den 20 Kilometer langen Lückenschluss auf deutscher Seite fehlt aber angeblich ebenso das Geld wie für die neun Kilometer zwischen Holzhau und Moldava oder die sieben Kilometer zwischen Altenberg und Dubí. Die 660 Meter (!) lange Lücke zwischen Sebnitz und Dolní Poustevna wurde erst 2014 geschlossen und die zehn Kilometer zwischen Selb und Aš sind erst seit 2015 wieder befahrbar. Auch hier muss zusammenwachsen, was zusammengehört.

Man fährt rechts am Bahnhof aufwärts vorbei, stößt auf die Straße, die nach Stožec führt und biegt dort rechts ab. Man passiert links einen Gedenkstein für das Dorf **Nové Údolí Laikal**, 1795–1956, das nach dem Krieg geschleift wurde und von dem heute nur noch der Name als Grenzübergang übrig geblieben ist.

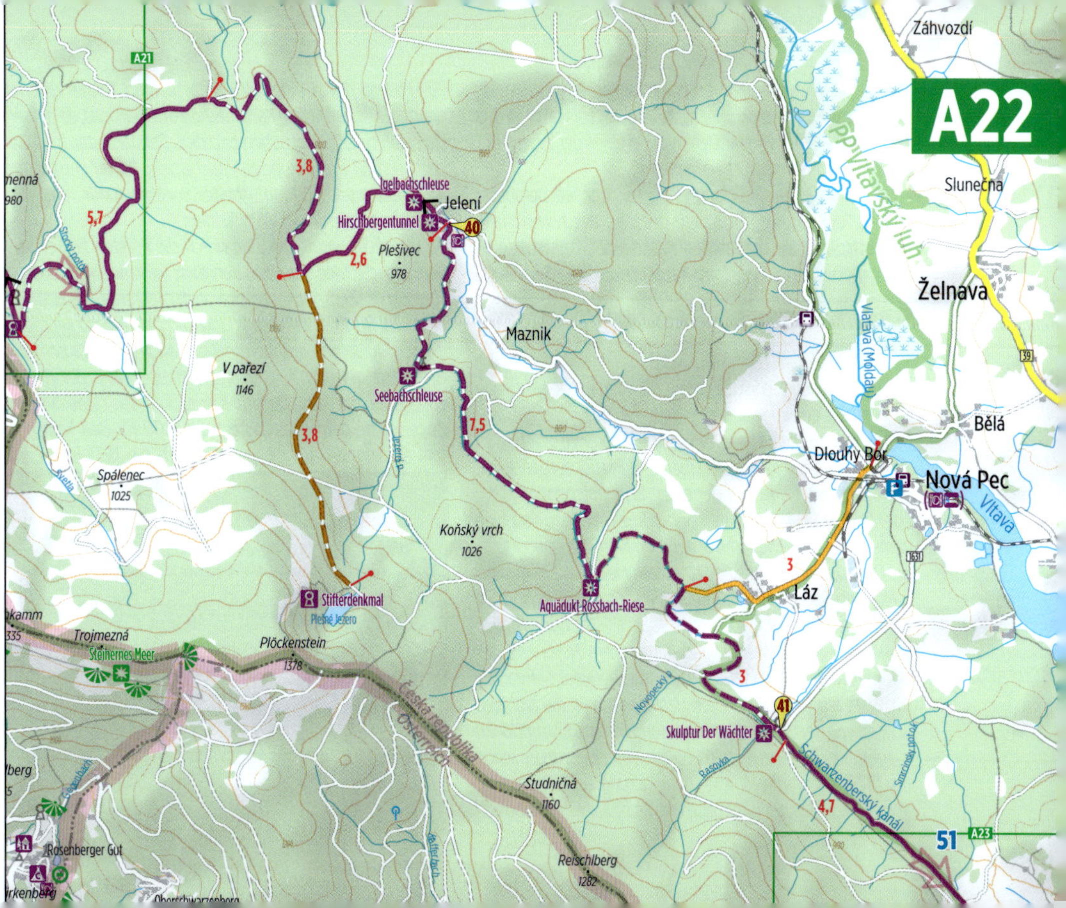

Weil der Weg aufwärts auch für Radfahrer gesperrt ist, geht die Route links ab. Man sollte aber 20 Meter rechts abbiegen zum **Rosenauer Denkmal** für einen der Ingenieure des Schwarzenberger Schwemmkanals.

Nach einer Weile wird der Weg breiter, ist besser befahrbar und als Radweg ausgeschildert. Der Weg durch den Wald, der nach der ersten großen Kurve auch asphaltiert ist, liegt in 850 m Höhe. Man befindet sich auf der linken Seite des Kanals.

Schwarzenberger Schwemmkanal /Schwarzenberský plavební kanál

Diese ingenieurtechnische Meisterleistung wurde einst – wie allerdings auch einige andere Bauwerke des 18. und 19. Jahrhunderts – als das „achte Weltwunder" gefeiert, vollbrachte sie doch nicht weniger als die Überwindung der europäischen Hauptwasserscheide. Auf der einen Seite entspringen Main, Eger und Saale, deren Wasser über Rhein, Moldau und Elbe in die Nordsee fließt, auf der anderen Seite die Naab, die in die Donau mündet bis zum Schwarzen Meer.

Mit dem Bau wurde 1789 begonnen. Zunächst begann der Kanal – gespeist von mehreren Bächen – im nordwestlich gelegenen Jelení Vrchy (Hirschbergen) am Nordhang des Böhmerwaldes, der nun zum wichtigsten Brennholzlieferanten für Wien wurde. Nördlich von Haslach wurden die klobigen Scheite von der Großen Mühl übernommen und bis zur Donau mitgeführt. Das Geschäft blühte so sehr, dass man schon um 1820 eine nordwestliche Verlängerung auf 52 Kilometer vornahm, wobei der Kanal in Jelení Vrchy auf einer Höhe von 790 Metern durch einen 419 Meter langen Tunnel geleitet wurde. Es war der erste Kanaltunnel Mitteleuropas, an dessen Bau waren 1.200 Menschen beteiligt. Forstarbeiter mussten angeworben werden und zahlreiche neue Dörfer entstanden im Grenzraum. 300 Triftarbeiter sorgten dafür, dass die Holzscheite auch ihren Weg fanden.

Ermöglicht wurde der Bau durch die Fürsten zu Schwarzenberg, die Idee stammte von dem Forstingenieur Joseph Rosenauer (1735-1804), an den auch mehrere Gedenksteine erinnern. Bis 1892 wurde das Holz nach Wien geschwemmt.

Nach 100 Jahren, in denen fleißige Hände 8 Mio. Raummeter Brennholz auf den Weg gebracht hatten, sank der Bedarf zugunsten der schlesischen Kohle. Auf der tschechischen Seite wurde daher das System um 1900 für den Transport von Stammholz ausgebaut und noch bis 1961 betrieben.

Schwemmkanal-Tunnel

Heute sind große Teile als Baudenkmal restauriert und werden für Touristen zum Schauschwemmen und für Flößerfeste genutzt. Die Steilstufen in Morau, östlich von Sankt Oswald, gehören zu den eindrucksvollsten Partien, weil das Wasser hier besonders kraft- und geräuschvoll herabschießt. Die historische Begleitstraße des Kanals ist als Radweg markiert, zahlreiche Schrifttafeln informieren über die Geschichte dieses Meisterwerks, das durch die schönsten Bereiche der beiden Nationalparks führt.

AUSFLUG **Über dem Plöckensteinsee, etwa ein Kilometer nordöstlich vom Dreiländereck Deutschland-Österreich-Tschechien, erinnert ein Denkmal an Adalbert Stifter.**

Adalbert Stifter

Der Maler, Schriftsteller und Pädagoge (1805-1868) („Malerpoet") wurde in Horní Planá (Oberplan) geboren, das 13 Kilometer östlich des Denkmals am Moldau-Stausee liegt. Er veränderte die Literatur, indem er die Landschaft in den Mittelpunkt der Erzählung stellte und der Natur selbst eine Stimme gab. In langen Schachtelsätzen hat er seine Heimatliebe zu Papier gebracht und „das Wehen der Luft, das Rieseln des Wassers, das Wachsen der Getreide, das Grünen der Erde, das Glänzen des Himmels" beschrieben. Von zeitgenössischen Kritikern wurde er anfangs als harmloser „Käferschilderer" diskreditiert. Das heutige Denkmal, das aus einem 14,5 m hohen Obelisken aus Granit besteht, wurde 1877 zu seinem zehnjährigen Todestag eingeweiht.

Nach dem Zweiten Weltkrieg und mit Beginn des Kalten Krieges wurde die Grenze der damaligen Tschechoslowakei zu Österreich und Deutschland geschlossen und befestigt. Der Grenzzaun befand sich teils mehrere hundert Meter von der Grenze entfernt. Das Denkmal lag nun wenige Meter vor dem Zaun zwischen Grenze und Grenzbefestigung. Damit war der Ort jahrzehntelang für die Öffentlichkeit nicht erreichbar. Erst 1989/90 wurde der Zugang wieder möglich. Heute ist das Denkmal aus allen drei Ländern über Wanderwege zu erreichen.

Man passiert die **Igelbachschleuse** und erreicht einen Platz, an dem der Kanal durch den **Hirschbergen-Tunnel** geführt wird. **40** Dort biegt man rechts aufwärts ab. Auf der anderen Seite des Tunnels, an der **Schauschwemme**, befindet sich ein Gasthaus. Auf der Straße geht es ein bisschen bergab, man biegt aber sofort rechts ab und radelt parallel zum Kanal. An der Abbiegung ist auch ein Ausstellungsraum über den Schwarzenberg-Kanal, der hier im ursprünglichen Zustand wieder restauriert wurde.

Der Weg am Kanal entlang ist jetzt nicht mehr asphaltiert, aber sehr gut befahrbar. Man passiert die **Seebachschleuse** und später das **Aquädukt Rossbach-Riese**. Der Kanal kreuzt über eine Brücke den quer verlaufenden Bach.

AUSFLUG Wer zum 3,5 Kilometer entfernten **Nová Pec** möchte – dort gibt es Restaurants und Übernachtungsmöglichkeiten – biegt am nächsten Abzweig links ab.

Nová Pec ⓘ

Nach mündlicher Überlieferung soll hier das erste Haus schon 1577 gestanden haben. Erstmals urkundlich erwähnt wurde der seinerzeit lediglich aus zwei Höfen bestehende Ort 1653. Die Eisenbahn fuhr erstmals 1892 von Budweis nach Salnau und ab 1910 bis Haidmühle. Um 1900 bestand Nová Pec/Neuofen aus 66 Häusern und hatte 476 Einwohner.

Lipno-Stausee (Moldau-Stausee)

Im Gebiet der oberen Moldau befand sich ein natürlicher See, der mit seinen mächtigen Steinblöcken ein Wildwasser war. Zwischen der Teufelswand (certova stena) und dem Berg Luc durchbrach dieser See im Tertiär die Felsen und schuf das Flussbett der Moldau.

Der von 1952-1959 gebaute Stausee ist 48 Kilometer lang, bei Černá 10 Kilometer breit und damit der flächenmäßig größte See der Tschechischen Republik. Der Staudamm

Skulptur an der Grenze bei Dolní Hranična

hat eine Länge von 296 Metern und ist 25 Meter hoch. Er soll die Region, insbesondere aber die flussabwärts gelegenen Städte České Budějovice und Prag, vor Hochwasser schützen.

Das unter dem Damm liegende Speicherkraftwerk Lipno I hat eine Leistung von 120 MW.

Große Teile der steilen Abhänge dieser Schlucht sind mit Schotter bedeckt und die Höhen von mächtigen Felsgebilden gekrönt. Das Ganze genießt mit seiner einzigartigen Tier- und Pflanzenwelt höchsten Schutz als nationales Landschaftsreservat, ist jedoch für Fußgänger von einem Parkplatz aus zugänglich.

Der Radweg am Schwemmkanal ist jetzt nicht mehr in gutem Zustand, vor allen Dingen nicht, nachdem es geregnet hat. **41** Man passiert die Skulptur **„Der Wächter"** und stößt auf einen asphaltierten Weg, in den man links einbiegt. Das Einzige, was noch an die Grenztruppen erinnert, sind verlassene Gebäude, die einst von den Militärs genutzt wurden.

Vor der nächsten Kreuzung ist der asphaltierte Weg mit **1033** ausgeschildert. Man passiert die **Hüttenhöfer-Bach-** und die **Bärenloch-Bach-Schleuse**. Danach ist der Weg nicht mehr asphaltiert.

Überraschend taucht auf der linken Seite eine restaurierte Kirche auf mit einem weiteren Gebäude, das an das geschleifte **Glöckelberg** erinnert.

Zadní Zvonková/Glöckelberg

Als das Dorf 1939 noch Glöckelberg hieß, bestand es aus 1.352 Einwohnern, die in 200 Häusern wohnten. Im Mai 1945 wurde der Ort von amerikanischen Truppen befreit. In den Folgejahren verließen die von den tschechoslowakischen Machthabern schikanierten deutschen Bewohner das Dorf. Deren Häuser wurden 1950 geschleift, weil im Grenzstreifen niemand wohnen sollte.

Nach der „Samtenen Revolution" wurden die Kirche und das ehemalige Mesnerhaus wieder aufgebaut. Dort befindet sich heute das Urzidil-Museum. Johannes Urzidil (1896-1970) ist ein deutscher Dichter aus Prag, der mit der Tochter eines Rabbiners verheiratet war und dem 1939 die Flucht vor den Nationalsozialisten gelang.

42 Hinter der Kirche kreuzt man den Weg nach Přední Zvonková (Vorderglöckelberg) und kommt zum Grenzübergang an der **Rotbach-Schleuse**. 200 Meter weiter – am österreichischen **Radweg R 27** – befindet sich ein Restaurant, in dem man auch Informationen bekommt.

Der Zustand des Weges ist in Österreich erheblich besser, auch wenn er nicht asphaltiert ist. Man passiert die Skulptur **„Schwimmerin"**, danach die **Kesselbachschleuse**, die **Wessenbachschleuse**, die **Landsknechtinschleuse** und die Skulptur **„Die 7 Raben"**. **43** An der **Schrollenbachschleuse** biegt man links ab auf den **R 803**, passiert die **Glöcklschleuse** und eine Tafel, die über die Pflastersteine informiert, die alle zwei Kilometer gesetzt wurden.

Grenzübergang Iglbach

Man überquert die Grenze bei einer Tafel, auf der der Ingenieur geehrt wird, der mit dem Kanalbau angefangen hat. Man radelt am Rosenhügel/Koranda und der Skulptur **„Wasserscheide"** vorbei und folgt dem asphaltierten Weg mit dem blauen Schild beim Rastplatz rechts über die Brücke.

An der tschechisch-österreichischen Grenze bei Sankt Oswald erinnert ein Kunstwerk an den Eisernen Vorhang, die unterbrochene Verlängerungsschnur.

Hinter dem Grenzübergang geht es auf asphaltiertem Weg abwärts nach Sankt Oswald.

Sankt Oswald bei Haslach Ⓐ

Die Geschichte von Österreich

Vorfahren der heutigen Bevölkerung Österreichs sind bajuwarische und alemannische Stämme, die sich auf dem Territorium des heutigen Staates nach dem schrittweisen Niedergang des Römischen Reichs dauerhaft niederließen. Ab dem 8. Jahrhundert gehörte das Gebiet größtenteils zum Fränkischen Reich von Karl dem Großen. Ab 1278 erlangte das

Herzogtum der Habsburger eine besondere Stellung und avancierte zu einem Machtfaktor im Heiligen Römischen Reich.

Vom späten 15. bis Ende des 17. Jahrhunderts waren die Gebiete des heutigen Österreichs ständigen Angriffen ausgesetzt, vor allem seitens des Osmanischen Reichs, das von Ungarn aus westwärts strebte. Doch die Expansionsversuche der Osmanen scheiterten nach dem ersten Versuch 1529 auch bei der zweiten Belagerung Wiens im Jahre 1683.

Nach zahlreichen internen Auseinandersetzungen gründete Franz II. 1804 das „Kaisertum Österreich" und nahm als Franz I. den Titel Kaiser von Österreich an, um die

Restaurierte Kirche in Glöckelberg

Gleichrangigkeit mit dem neuen französischen Kaiser zu wahren. Er war davor bereits Kaiser des Heiligen Römischen Reiches Deutscher Nation. Diesen Titel musste er jedoch auf Druck Napoleons 1806 abgeben, womit das Heilige Römische Reich Deutscher Nation zu bestehen aufhörte.

Das neue österreichische Kaisertum umspannte ein Fünftel von Europa und war ein Vielvölkerstaat mit 50 Millionen Einwohnern der unterschiedlichsten Nationalitäten und Religionen, der von Staatskanzler Metternich streng geführt wurde. Ziel der Staatsführung war nach den revolutionären Unruhen des späten 18. Jahrhunderts die Restauration der alten Ordnung, was in der Allianz mit Preußen und Russland weitgehend gelang.

Die Unfähigkeit, sich an die tief greifenden Veränderungen des 19. Jahrhunderts anzupassen, führte 1848 zur Revolution. Die Ära Metternich war beendet. Letztlich verhinderte die Armee aber den Sieg demokratischer Kräfte. Der Kaiser verlor jedoch zunehmend an Macht, musste den Staat gegen seinen Willen in eine konstitutionelle Monarchie umwandeln und Ungarn im Ausgleichsvertrag von 1867 neue Rechte einräumen.

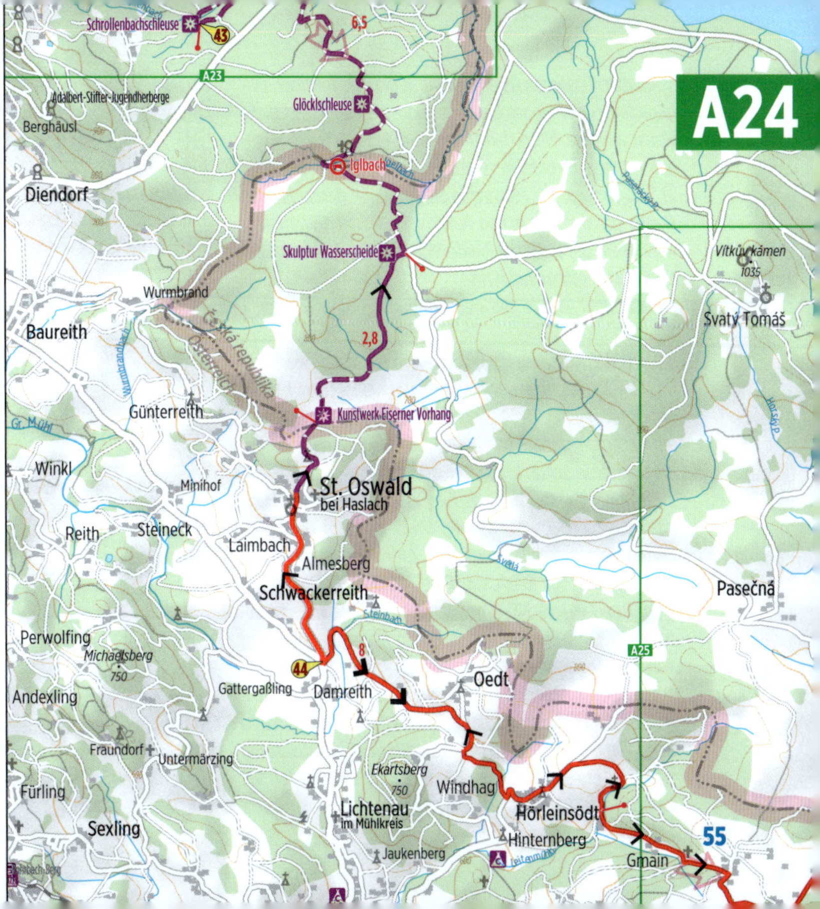

Aus dem Kaisertum Österreich wurde die Österreichisch-Ungarische Doppel-Monarchie, die in Südosteuropa beträchtliche Macht ausübte. Nach dem Attentat auf den österreichisch-ungarischen Thronfolger Franz Ferdinand am 28. Juni 1914 in Sarajevo war die Monarchie aufgrund der geschlossenen Beistandspakte eng in den Ausbruch des Ersten Weltkriegs verwickelt, der nach der Niederlage 1918 zur Auflösung der Habsburger Monarchie führte.

Nachfolger wurde die neue Republik Österreich unter Staatskanzler Karl Renner. Sie war demokratisch organisiert, schaffte den Adel ab und stieß bedeutende soziale Fortschritte an. Die junge Republik war jedoch nicht von langer Dauer. Unter Engelbert Dollfuß, der 1932 noch auf demokratischem Weg ins Kanzleramt gelangte, wurde 1933 eine Diktatur errichtet, die unter Kurt Schuschnigg fortgesetzt wurde.

Die mittlerweile im Deutschen Reich regierenden Nationalsozialisten übten massiven Druck aus und gliederten Österreich im März 1938 durch den „Anschluss" als integralen Bestandteil in ihr Reich ein. Fast 700.000 Mitglieder der NSDAP und anderer NS-Organisationen sowie über ein Drittel der 60.000 SS-Einsatztruppen in den Konzentrations- und Vernichtungslagern stammten aus Österreich. Auch deshalb erinnerten die Alliierten in ihrer „Moskauer Erklärung" vom 1. November 1943 Österreich daran, „dass es für die Teilnahme am Kriege an der Seite Hitler-Deutschlands eine Verantwortung trägt, der es nicht entrinnen kann". Zudem bekundeten sie, dass der „Anschluss" Österreichs „ungültig ist" und die Absicht besteht, „nach dem Zweiten Weltkrieg den souveränen Staat Österreich wiederherzustellen".

Am 27. April 1945 unterzeichneten die Partei-Vorsitzenden von SPÖ, ÖVP und KPÖ mit der Sowjetunion eine Unabhängigkeitserklärung, die mit London und Washington nicht abgesprochen war. Der frühere Staatskanzler Karl Renner (SPÖ) wurde am 20. Dezember 1945 der erste Bundespräsident der „Zweiten Republik". Es kam sehr bald auch zur Errichtung der Volksgerichtshöfe, die 43 Todesurteile fällten, von denen 30 vollstreckt wurden.

Der eigenständige, demokratische Staat Österreich war jedoch noch bis 1955 in Besatzungszonen unterteilt, von denen die sowjetische die größte war. Im Unterschied zu Deutschland blieb Österreich aber eine Spaltung erspart. Nach der Unterzeichnung des Staatsvertrages am 15. Mai 1955 und der (nicht im Vertrag verankerten) Zusicherung der Neutralität gegenüber dem westlichen und dem östlichen Lager erlangte die Republik 1955 ihre volle Souveränität zurück. Das Prinzip der Bündnisfreiheit verankerte Österreich in einem „Beschluss über immerwährende Neutralität" und befolgte es bis zum Ende des Kalten Krieges.

Die Gesellschaft und die offizielle Politik in Österreich verstanden sich viele Jahre nach dem Zweiten Weltkrieg als „erstes Opfer Adolf Hitlers" und waren überzeugt, ohne Mitschuld zu sein. Das änderte sich durch die „Waldheim-Affäre" von 1986, als die internationale Presse berichtete, dass der UN-Generalsekretär (1972-1981) und Bundespräsident (1986-92) Kurt Waldheim Mitglied der SA und von 1942-1944 ein Offizier der Deutschen Wehrmacht gewesen war - mit Detailkenntnissen von Mordbefehlen, Deportationen und Morden in seiner Umgebung, was er immer verschwiegen hatte.

Deshalb bekam er kurz nach seiner Wahl zum Bundespräsidenten ein Einreiseverbot in die USA und wurde auch von den westlichen Staaten nicht eingeladen. Da er sich weigerte zurückzutreten, war er bis zum Ende seiner Amtszeit ein einsamer Mann auf der Wiener Hofburg.

Infolge dieser Affäre diskutierte Österreich erstmals öffentlich die Beteiligung von Österreichern an den NS-Verbrechen und öffnete sich der Auseinandersetzung mit der eigenen Vergangenheit, was eine Abkehr von der Opferthese bewirkte. Auch Kurt Waldheim erklärte 1988 anlässlich des 50. Jahrestags vom „Anschluss" die Mitschuld vieler Österreicher an NS-Verbrechen. Der Nationalrat beschloss dann auch die Entschädigung vertriebener Juden und Zwangsarbeiter.

Es dauerte aber 67 Jahre, bis 2012 der 8. Mai 1945 endlich als „Tag der Befreiung" anerkannt wurde und die jährliche Kranzniederlegung der deutschnationalen Burschenschaften zum „Totengedenken der Helden der Wehrmacht" und zur „Trauer über die Niederlage" abgeschafft wurde.

Nach dem Fall des Eisernen Vorhangs lockerte das Land seine Neutralitätspolitik und orientierte sich deutlicher nach Westen, was nicht zuletzt der EU-Beitritt 1995 zum Ausdruck brachte. Bis heute jedoch ist Österreich kein Mitglied der NATO - ein Resultat seiner besonderen Rolle im Kalten Krieg.

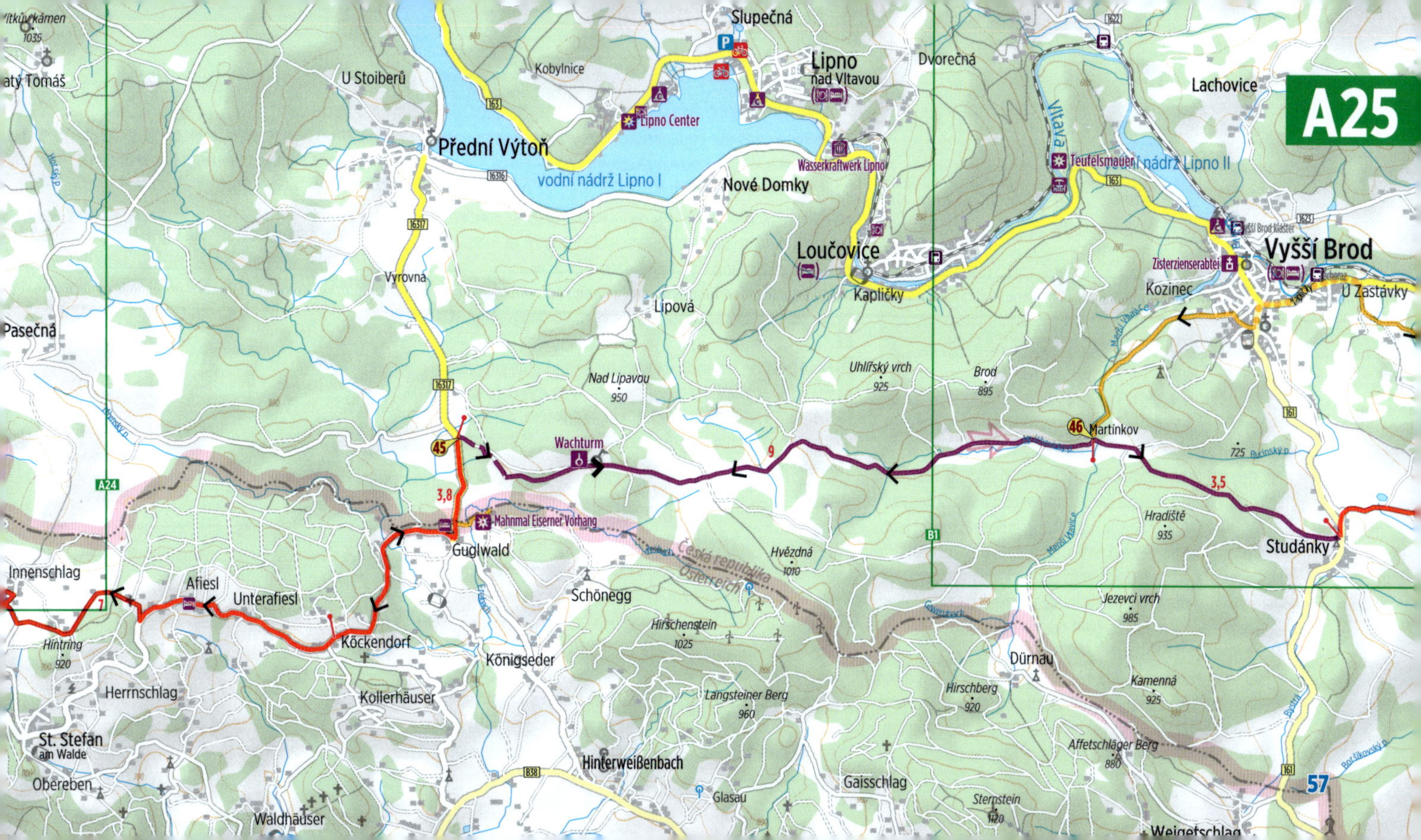

A25
Slupečná
Lipno nad Vltavou
Dvorečná
Lachovice
Kobylnice
U Stoiberů
Lipno Center
Přední Výtoň
vodní nádrž Lipno I
Nové Domky
Wasserkraftwerk Lipno
Vltava
Teufelsmauer
nádrž Lipno II
Vyšší Brod
Zisterzienserabtei
Loučovice
Kapličky
Kozinec
U Zastávky
Vyrovna
Lipová
Pasečná
Nad Lipavou
950
Uhlířský vrch
925
Brod
895
Martínkov
Wachturm
Mahnmal Eiserner Vorhang
Guglwald
Hradiště
935
Studánky
Hvězdná
1010
Česká republika
Österreich
Innenschlag
Afiesl
Unterafiesl
Köckendorf
Schönegg
Hirschenstein
1025
Jezevci vrch
985
Hintring
920
Herrnschlag
Königseder
Kollerhäuser
Dürnau
Kamenná
925
Langsteiner Berg
960
Hirschberg
920
St. Stefan am Walde
Obereben
Hinterweißenbach
Affetschläger Berg
880
Gaisschlag
Glasau
Waldhäuser
Sternstein
1120
Weigetschlag
45
46
57
3,8
3,5
9
7
A24
B1

Mahnmal Eiserner Vorhang in Guglwald

Von Sankt Oswald (AT) nach Vyšší Brod (CZ) 34 km

Der „Europa-Radweg Eiserner Vorhang“ führt nun südlich sanft bergab über **Almesberg** bis kurz vor **Damreith**, wo er auf den **R 5** Grenzlandweg nach Guglwald stößt, in den man links abbiegt **44**. Es geht drei Kilometer ziemlich steil bergauf.

Man bleibt auf der Straße – biegt also in **Kasbach** nicht links ab in den Vossweg – und radelt bergab. Wo es rechts nach Haslach geht, hält man sich links und radelt ein kurzes Stück bergauf. Man quert den Bach in einer scharfen Rechtskurve und bleibt auf dem R 5. Es geht nur kurz bergauf.

Hörleinsödt

Man hält sich rechts und bleibt auf dem **R 5**. Nach einer weiteren kleinen Steigung geht es links ab, die Schilder sind leider versteckt. Es geht weiter über **Gmain**, **Innenschlag**, **Hintring** und **Afiesl** sanft bergauf nach Guglwald.

Guglwald

Dieser Ort scheint fast gänzlich aus einer Hotelanlage zu bestehen, bei der Pagodenstil, Mittelaltersehnsucht und Folklore eine Verbindung eingegangen sind.

Hinter einem Hotelkomplex – der Weg ist nur von der anderen Seite und auch nicht zum Grenzübergang, sondern nur zum Moldau-Stausee ausgeschildert – geht es links ab zum Grenzübergang.

AUSFLUG Etwas später zweigt rechts ein Fußweg zu einem Mahnmal ab, das an die Geschichte des Eisernen Vorhangs erinnert.

VARIANTE Es wäre schön, wenn dieses Mahnmal in die Route integriert würde. Das wäre auf asphaltiertem Weg möglich, wenn man am Hotel nicht links abbiegt, sondern geradeaus weiterfährt. Was fehlt, ist die Verbindung vom Mahnmal zur Straße, die zur Grenze führt.

Mahnmal Eiserner Vorhang

Unter einem Betondach gibt es verschiedene Infotafeln und Originalteile des ehemaligen Sperrzaunes. Das Mahnmal wurde 1999 auf Initiative des ehemaligen Außenministers Alois Mock errichtet, der am 27. Juni 1989 mit seinem ungarischen Amtskollegen Gyula Horn in der Nähe von Sopron den Eisernen Vorhang durchschnitten hatte.

45 Auf der tschechischen Seite biegt man an der ersten Möglichkeit rechts ab in den anfangs nicht asphaltierten Weg, der ebenfalls nur von der anderen Seite ausgeschildert ist. Es geht etwa zwei Kilometer bergauf, der Weg ist als **1033** ausgeschildert.

46 Plötzlich sieht man einen alten Beobachtungsturm und die Ruine einer Kapelle mit einem Kreuz und dem Hinweis: „Zum Friedhof - Gedenkmarterl“. Von dort geht es bergab in Richtung Kapličky.

AUSFLUG Wer ins drei Kilometer entfernte Vyšší Brod radeln möchte, bleibt auf dem Radweg 1033, der vor Martínkov links abgeht. Man erreicht den Ort nach einer schönen Abfahrt.

Vyšší Brod (Hohenfurth)

Unterhalb des kleinen Ausgleichbeckens, das als Lipno II bezeichnet wird, liegt das Städtchen Vyšší Brod (Hohenfurth). Es ist vor allem durch sein Kloster bekannt. Die Siedlung an einer Furt über die Moldau diente ab Mitte des 13. Jahrhunderts der Bewachung eines Handelsweges. Ihr Schicksal war eng mit dem des reichen Klosters verbunden, zu dem sie bis 1848 gehörte. Dessen wirtschaftliche Aktivitäten umfassten Anfang des 20. Jahrhunderts den Bau eines Elektrizitätswerkes und die Beteiligung am Bau und Betrieb der elektrischen Bahn. Nach der Annektierung des Sudetenlandes wurde es aufgehoben, nach dem Krieg aber zunächst wieder gegründet. Geschwächt auch durch die Vertreibung der deutschen Konventsangehörigen, konnte es den Anfeindungen von staatlicher Seite nicht standhalten, so dass es 1950 erneut aufgehoben wurde. Die Gebäude dienten als Kaserne und wurden später teilweise dem Verfall preisgegeben. Nach einem bescheidenen Neubeginn können Besucher heute die gotische Kirche, den Kreuzgang, den Kapitelsaal, die Barockbibliothek und Kunstgegenstände der Stiftssammlungen besichtigen.

Vom hiesigen Bahnhof fahren Direktzüge nach Rybník.

on Vyšši Brod nach Bratislava

452 km

M/km: ⬀ 5,4 (2.420m) ⬂ 6,5 (2.918m) Radweg: 61 % Unbefestigt: 12 % Verkehr: 4 %

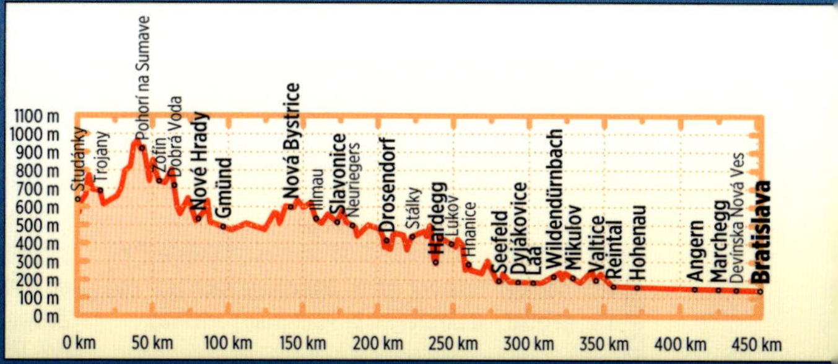

Gerstner-Gedenktafel

Von Vyšší Brod (CZ) nach Zofin (CZ) — *55 km*

Vom Zentrum Richtung Bahnhof und bergab an der Kirche vorbei. Links geht es zum Bahnhof, man biegt aber rechts ab in die **Kapličky** in Richtung Horni Dvorište. Man bleibt auf der als **34** ausgeschilderten **Ausfallstraße 163** parallel zur Eisenbahn und Moldau. Hinter einer Tankstelle geht es rechts ab nach Horní Dvořiště. Die Radroute **Šumavská magistrála (34)** entpuppt sich als leidlich asphaltierter Weg bergauf. Bei einer Weggabelung hält man sich links auf dem Schotter und fährt durch ein Wäldchen und über eine Bergwiese.

Dolní Drkolná @

1 Hier hält man sich links und erreicht nach vier Kilometern Horní Dvořiště (Oberhaid), dabei quert man die Trasse der ersten Eisenbahn in Kontinentaleuropa.

Horní Dvořiště @

ANSCHLUSS: Vom dortigen Bahnhof fahren Direktzüge nach Linz und man gelangt mit Umsteigen in Summerau nach Prag.

Die erste Eisenbahn in Europa

Die 1832 eröffnete Eisenbahn wurde von Pferden gezogen und verkehrte vom oberösterreichischen Linz bis zum böhmischen Budweis. Mit ihr wurden Personen und Güter befördert – vor allem, um das Salz nach Budweis zu transportieren und von dort über Moldau und Elbe nach Prag und Hamburg zu schiffen. 1872 wurde der Pferdebahnbetrieb eingestellt und auf der erweiterten Trasse nach Süden durch die Dampflokomotive ersetzt.

In Horní Dvořiště hält man sich rechts, fährt nach dem dreieckigen Dorfplatz geradeaus an der Kirche vorbei, bleibt auf dem **34** und kommt nach **Český Heršlák**, wo sich der letzte Bahnhof vor der österreichischen Grenze befindet. Von hier fahren Direktzüge nach Linz.

Man radelt auf dem ehemaligen Kolonnenweg, der leidlich asphaltiert ist, bergauf und bergab und sehr nahe an der Grenze entlang, quert die Straße 163 und erreicht auf dem **34** den Ort Rybník.

Rybník @

Man passiert den Bahnhof, von dem Direktzüge nach Prag und Linz fahren.

Ein Gedenkstein erinnert an Franz Josef Ritter von Gerstner.

Josef Ritter von Gerstner (1756-1832)

Der Mathematiker und Physiker gilt als Erfinder der Pferdeeisenbahn. Nach seinem Studium war er einige Zeit als Professor an der Karls-Universität in Prag tätig. Im 18. Jahrhundert war Budweis-Linz eine wichtige Route für den Salztransport. Gerstner (1756-1832) wurde beauftragt, günstige Transportwege zu finden. Ursprünglich war eine Wasserlösung angedacht. Vo allem aufgrund der dafür nicht wirklich abschätzbaren Koste setzte er auf die damalige Novität der (Pferde-) Eisenbahn. E veröffentlichte außerdem diverse wissenschaftliche Werke wi die „Zwey Abhandlungen über Frachtwägen und Straßen".

Auch nach deren Querung radelt man an den Gleisen entlan und erreicht Trojany.

Trojany @

2 Man biegt mit dem **34** rechts ab, quert auf einer schöne Brücke die Eisenbahn und erreicht Dolní Dvořiště (Unterhaid

Dolní Dvořiště @

Ägidienkirche. Die spätgotische Kirche wurde 1507 vollendet.

Brunnen, Marktplatz. Mit Statue des Hl. Nepomuk

VARIANTE: Der beste Weg wäre der über den früheren Kolonnenweg Leider ist aber die Brücke über einen Bach verschwunden Würde sie noch existieren, radelte man an der Kirche nac rechts und führe durch den Ort in Richtung Grenze. Wo recht die Hauptstraße abgeht, würde man links abbiegen. Auf relati gut asphaltiertem Weg würde man den Bach überqueren un den 34 wieder erreichen.

Weil dem aber nicht so ist, biegt man an der Kirche, w sich auch ein Restaurant befindet, links ab und stößt auf de 1018, der auf einer Brücke über den Bach führt. Dieser We ist eigentlich nicht zu empfehlen, weil er schwer zu befahre und sehr steinig ist und teilweise über Wiesen verläuft, bis e den ehemaligen Kolonnenweg erreicht. Die Sanierung diese Weges wäre sicherlich viel teurer als die abgerissene Brück über den Bach neu zu bauen.

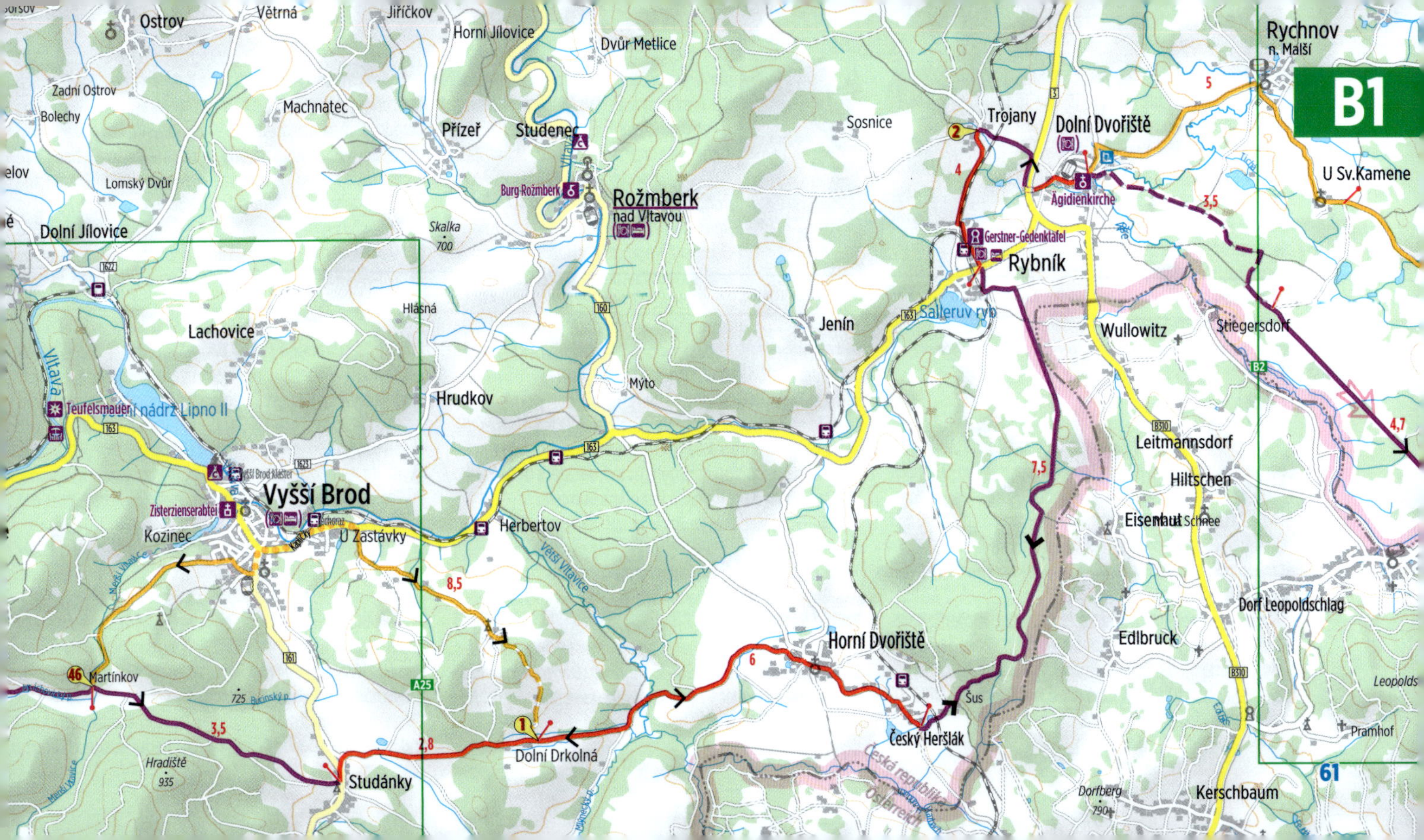
B1
Ostrov
Větrná
Jiřičkov
Horní Jílovice
Dvůr Metlice
Rychnov n. Malší
Zadní Ostrov
Bolechy
Machnatec
Přízeř
Studenec
Sosnice
Trojany
Dolní Dvořiště
U Sv.Kamene
Lomský Dvůr
Burg Rožmberk
Rožmberk nad Vltavou
Ägidienkirche
Skalka 700
Dolní Jílovice
Gerstner-Gedenktafel
Rybník
Hlásná
Lachovice
Jenín
Salleruv ryb.
Wullowitz
Stiegersdorf
Vltava
Mýto
Teufelsmauer
Vodní nádrž Lipno II
Hrudkov
Leitmannsdorf
Hiltschen
Vyšší Brod
Vyšší Brod klášter
Zisterzienserabtei
Herbertov
Eisenhut
Kozinec
U Zastávky
Kaplický
Větší Vltavice
Menší Vltavice
Dorf Leopoldschlag
Edlbruck
Horní Dvořiště
Martínkov
Šus
725
Český Heršlák
Dolní Drkolná
Studánky
Hradiště 935
Česká republika
Österreich
Dorfberg 790
Kerschbaum
Pramhof
Leopolds
4
5
3,5
4,7
7,5
8,5
6
2,8
3,5
1
2
46
163
160
161
162
1622
1623
3
B2
B310
A25

VARIANTE Wer auch diesen Weg nicht wählen möchte, bleibt auf der EV 13, die in einem großen Bogen über Rychnov zum ehemaligen Kolonnenweg führt.

Auf ebener asphaltierter Strecke geht es nun auf dem Kolonnenweg an der Grenze entlang. Auf der rechten Seite sieht man die österreichische Ortschaft **Leopoldschlag**. Wenn links die EV 13 abzweigt, biegt man rechts ab und radelt bergab zur aufgelösten Gemeinde **Cetviny (Zettwing)** unmittelbar an der Grenze zu Österreich, die hier durch die Maltsch markiert wird.

Gedenkstein in Cetviny (Zettwing)

Cetviny (Zettwing)

Das historische Zettwing war ein wichtiger Ort an der Grenze zwischen Böhmen und Oberösterreich. Hier standen 1930 noch 121 Häuser mit 552 Bewohnern. Nach dem Münchener Abkommen (30.09.1938) wurde das mehrheitlich von Deutschen besiedelte Gebiet von den Nazis besetzt. Die Tschechen, die antifaschistischen Deutschen und die Juden wurden vertrieben oder mussten fliehen.

Nach der Niederlage des Deutschen Reiches wurde die deutsche Bevölkerung vertrieben und in den verlassenen Häusern wurden rumänische Tschechen und Slowaken einquartiert.

Da die Ortschaft im Grenzstreifen lag, wurde sie 1955/56 entvölkert und die Häuser zerstört. Was übrig blieb, wurde von der Grenzpolizei genutzt – einschließlich des Kirchturms, der als Wachturm diente.

Persönlichkeiten und Organisationen aus Tschechien und Österreich sorgten ab 1995 für den Wiederaufbau der 1384 errichteten frühgotischen Kirche der Geburt der Jungfrau Maria, einer der ältesten Kirchen dieser Gegend. Man ging dabei sehr sorgfältig vor und legte bisher unbekannte Fresken frei. Die Wiedereinweihung des Gebäudes erfolgte 2003, es soll künftig verschiedenen Nutzungsmöglichkeiten von beiden Seiten der Grenze offen stehen.

AUSFLUG Die ausgeschilderte EV 13 geht hinter der Kirche rechts ab über die 2006 errichtete „Steinerne Brücke" über die Maltsch in das oberösterreichische Maierspindt und Unterwald nach Sandl. Von dort geht es auf der stark befahrenen Straße 38 über Karlstift nach Pohoří na Šumavě.

3 Die beschriebene Route bleibt auf dem asphaltierten **34**.

Dolní Příbraní

Man biegt rechts ab und dann sofort wieder nach links in den **1193**. Es geht zunächst bergab und dann weiter auf ebener Strecke.

Pohoří na Šumavě @

Hier steht eine Kirchenruine, daneben ist ein Mahnmal, das an den Ersten Weltkrieg 1914-18 erinnert: „Den treuen Helden die dankbare Heimat". Darunter steht dann aber auch: „Nie wieder Krieg".

4 Am Ortsausgang biegt man links ab in die EV 13. Nach Querung des Baches geht es auf nicht asphaltiertem Weg bergab und später an der Grenze entlang. Dort biegt man hinter dem Bach links ab und radelt auf der östlichen Seite um den See herum, der Weg ist wieder asphaltiert. Am Ende des Sees geht die EV 13 rechts ab und man erreicht Žofín.

Žofín

TIPP Hier kann man in der Hauptsaison speisen und übernachten. Auch im nächsten Ort **Černé Údolí** gibt es eine kleine Pension.

Von Zofin (CZ) nach České Velenice (CZ) 42 km

5 An der Gabelung bei der Ansiedlung hält man sich geradeaus. Es folgt eine längere Waldpassage, bis sich die Landschaft kurz vor Horní Stropnice (Strobnitz) öffnet.

Horní Stropnice @

Hl. Nikolaus. Im Ursprung romanisch, mit umfassend restaurierter Innenausstattung, Renaissance-Altar, barocken Nebenaltären und einer Rokoko-Kanzel.

Mariensäule. Die Mariensäule auf dem Marktplatz stammt aus dem Jahr 1765.

Die Gemeinde, auf deren langgestreckten alten Dorfanger man einmündet, ist seit dem Ende des 12. Jahrhunderts belegt. Wirtschaftlich waren zwei Mühlen, eine Maschinenfabrik und eine Brauerei von Gewicht, aber ab ca. 1850 auch schon der Tourismus.

Von der Hauptstraße biegt man vor der **Kirche** rechts ab und hinter dem Bach ist die **34** auch wieder ausgeschildert.

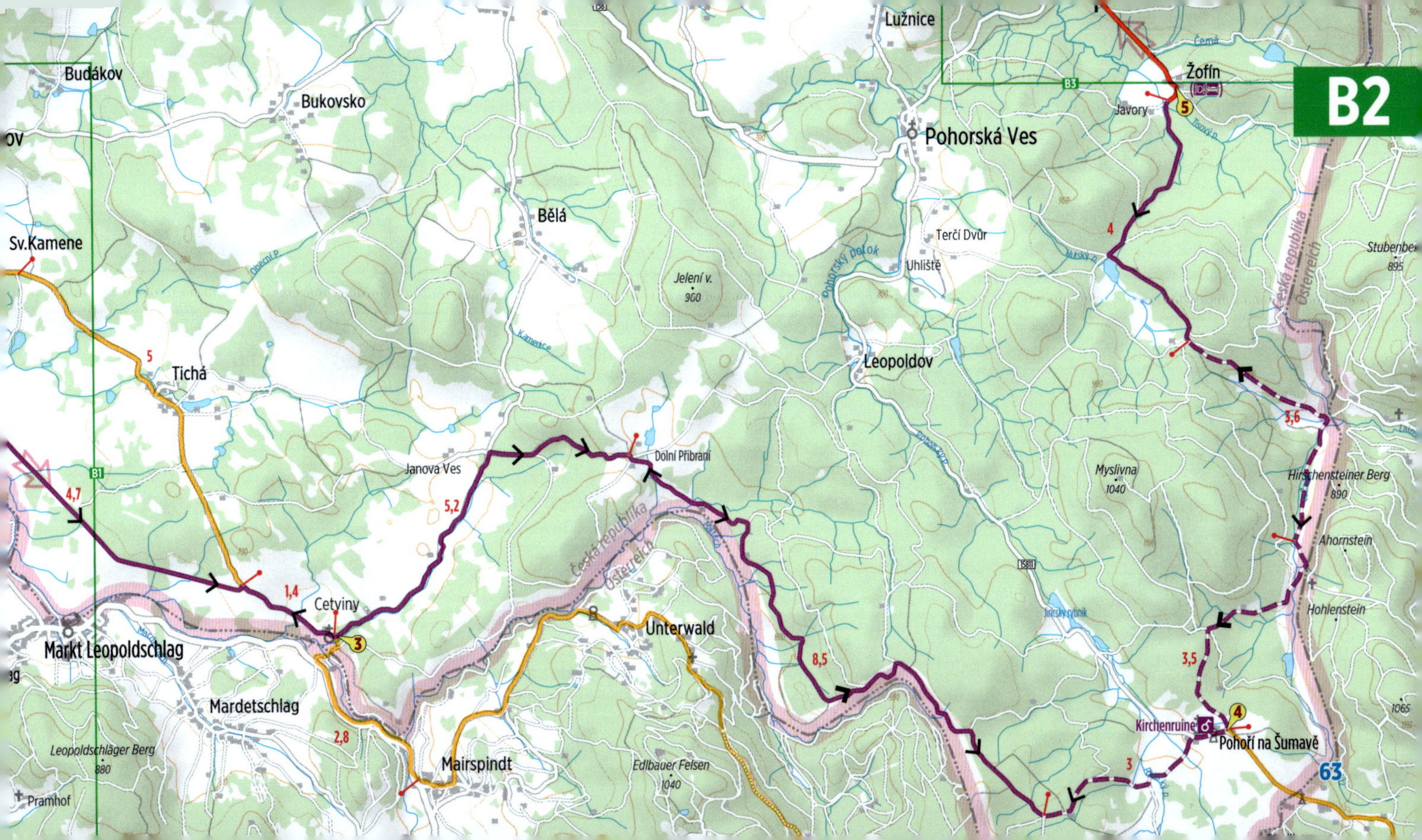
B2
Lužnice
Žofín
Javory
Pohorská Ves
Budákov
Bukovsko
Bělá
Terčí Dvůr
Uhliště
Sv.Kamene
Jelení v.
960
Tichá
Leopoldov
Dolní Příbraní
Janova Ves
Myslivna
1040
Hirschensteiner Berg
890
Ahornstein
Hohlenstein
Stubenberg
895
Česká republika
Österreich
Cetviny
Markt Leopoldschlag
Unterwald
Mardetschlag
Mairspindt
Leopoldschläger Berg
880
Edlbauer Felsen
1040
Pramhof
Kirchenruine
Pohoří na Šumavě
1065
63
4,7
5,2
1,4
2,8
8,5
3,6
3,5
4
3
5
B1
B3

Auf der wenig befahrenen Straße radelt man am Bach entlang und verlässt die Straße, indem man links der **34** in den nicht asphaltierten Weg bergauf folgt **6**. Nach der nächsten Linkskurve ist sie wieder asphaltiert. Es geht bergab, man passiert einen Campingplatz und erreicht Nové Hrady (Gratzen). Man umfährt die ringförmige, namensgebende Burg.

AUSSICHT **Von ihr hat man einen guten Überblick über die mittelalterliche Anlage der kleinen Stadt zu ihren Füßen.**

Schnurgerade geht es von der Burg zum Marktplatz.

Rathaus in Nové Hrady

Nové Hrady @

- **St. Peter und Paul.** Die barocke Kirche erhielt in der zweiten Hälfte des 17. Jhs. ihre heutige Form. Das Kloster diente während des Kalten Krieges als Unterkunft für die Grenzwache.
- **Burg**, Komenského. Der größte Burggraben Böhmens konnte die Anlage aus dem 13. Jh. nicht vor mehrfacher Brandschatzung bewahren. Sie wurde saniert. @ jha337
- **Neues Schloss** Für das neue Schloss mit seinem Garten wurde die innerstädtische Residenz 1810 aufgegeben. Die Anlage liegt zwischen Alt- und Neustadt. @ fwm124
- **Alte Schmiede**, Jižní město 143, ✆ 777763000. Das niedrig hingeduckte viertletzte Haus rechts vor dem Burgtor ist die 300 Jahre alte Schmiede der Familie Gossinger (Novohradská kovárna), die ebenfalls saniert wurde und zu Vorführungen des alten Handwerks genutzt wird. @ lea687
- **Marktplatz.** Die Stadt besitzt einen beeindruckend großen Marktplatz: Auf der Westseite das Renaissance-Rathaus mit dem Touristen-Informationsbüro, gegenüber die frühbarocke Residenz der Grafen Bucquoy (Verbindung ursprünglich selbstständiger Herrenhäuser zu einem Komplex, heute ein Wellness-Hotel), eine Barock-Apotheke und ein spätbarocker Brunnen.

Vom Marktplatz fährt man gegenüber vom **Rathaus** die **Ceska** in Richtung Österreich und passiert das Hotel Máj sowie eine auffällige **Friedhofskirche**. **7** Kurz vor der Grenze folgt man der **EV 13** links ab und erreicht auf dem ehemaligen Kolonnenweg České Velenice. Dort biegt man links ab in die Wielands, überquert die Gleise der Schmalspurbahn und biegt rechts ab über die Grenze nach Gmünd.

Der Europa-Radweg vor Nové Hrady

Die „Waldviertler Schmalspurbahnen“

Die „Waldviertler Schmalspurbahnen“ bilden ein Netz von drei zusammenhängenden Eisenbahnstrecken mit einer Spurweite von 760 Millimetern, die von Gmünd aus das nordwestliche Waldviertel auf Strecken nach Litschau, Heidenreichstein und Groß Gerungs erschließen.

Im Personenverkehr kamen ab 1904 Dampftriebwagen zum Einsatz. Der Verkehr entwickelte sich den Erwartungen entsprechend und brachte der Region den erhofften Anschluss an die wirtschaftliche Entwicklung dieser Zeit. Neben dem Holzreichtum der Region, der für stetiges Frachtaufkommen sorgte, konnte sich auch die lokale Textil- und Glasindustrie dank des neuen Transportmittels wieder als konkurrenzfähig behaupten.

Nach dem Ersten Weltkrieg wurde Gmünd geteilt, sämtliche Bahnanlagen und die ersten Kilometer der Nordstrecke befanden sich nun in der Tschechoslowakei, der tschechische Teil von Gmünd wurde in České Velenice umbenannt.

Auf mehreren Nebenbahnen wurde 1986 im Waldviertel der Personenverkehr eingestellt, auch auf den Nordästen der Schmalspurbahn. Der Güterverkehr blieb vorerst in vollem Umfang erhalten und war der letzte Bahnbetrieb Österreichs, auf dem fahrplanmäßig reguläre Dampflokomotiven im Einsatz waren. Diese Züge waren kein Nostalgie- oder Tourismusangebot, sondern Leistungen, die erst 1996 aufgegeben wurden. Der Gesamtverkehr zwischen Litschau und Gmünd wurde 2001 eingestellt. Alle Streckenäste werden heute ausschließlich touristisch genutzt.

Man quert den Grenzfluss Lainsitz auf einer nur dem Fuß- und Radverkehr freigegebenen Brücke. In die ausgeschilderte **EV 13** biegt man links ab und radelt parallel zur Bahn, später auch auf der anderen Seite. Nach abermaliger Querung der Bahn biegt man links ab in die Hauptstraße, die zum Zentrum führt.

Gmünd Ⓐ

Vorwahl: 02852

- **Gemeindeamt**, Schremser Str. 6, ☎ 52506-100, @ tyr728
- **Glas- und Steinmuseum**, Stadtpl. 34, ☎ 52506100, ⏲ Mo-Fr 10-13 Uhr und 14-16.30 Uhr, Sa, So 9-12 Uhr, @ tfp267
- **Stadtmuseum**, Stadtpl. 26, ☎ 52506100, ⏲ Mai-Sept., Mo-Fr 10-16.30 Uhr, Sa, So/Fei 9-12 Uhr. Das Museum ist im 1.= Stock des Alten Rathauses untergebracht, dort wo früher die Ratssitzungen stattgefunden haben. @ tij125
- **Stadtplatz**. Der denkmalgeschützte Stadtplatz, mit dem Alten Rathaus aus der frühen Renaissance und gegenüber den architektonischen Highlights des Ortes, zwei Sgraffito-Häusern (16. Jh.). Die linke Fassade ist – einmalig in Österreich – mit reicher Diamantierung überzogen, die andere mit antiken Sagenthemen, und beide sind mit Zinnen gekrönt.
- **Naturpark Blockheide**, Eibenstein-Gmünd, ☎ 52506-38 (24), @ mgd648

Gmünd und České Velenice waren bis 1989 wie Berlin durch den Eisernen Vorhang geteilt. Mitten durch die Stadt stand aber keine Mauer, sondern ein Stacheldrahtzaun und Wachtürme.

Wer sich für besondere geologische Formationen begeistern kann, sollte einen Ausflug über den östlich der Altstadt dahinfließenden Braunaubach hinweg in die Blockheide machen, die ihrem Namen alle Ehre macht. Sie ist

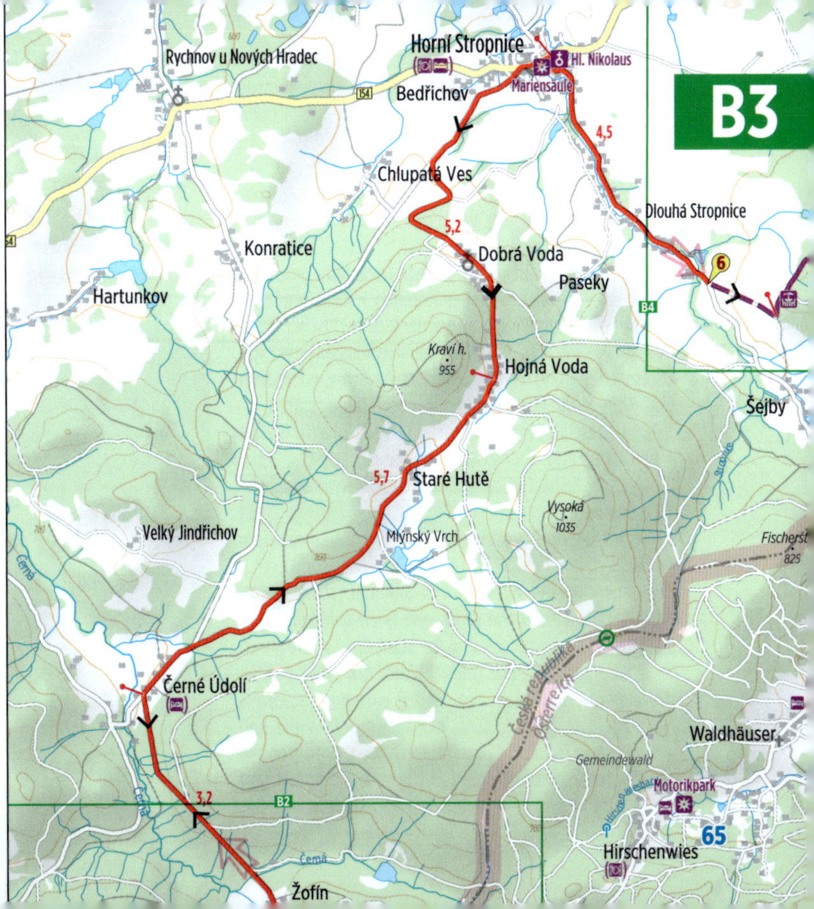

nämlich durch mächtige, oft wackelig übereinander getürmte Granitblöcke gekennzeichnet, die unterirdisch geformt und dann an die Oberfläche gehoben wurden. Der Aufstieg zum Aussichtsturm erfolgt über unterirdische Räume mit der Erlebnisausstellung „Die Geburt der Wackelsteine". Vom hiesigen Bahnhof fahren Direktzüge nach České Budějovice (Budweis) und Wien.

VARIANTE Von Gmünd aus ist die EV 13 nach Radschin - entgegen der im Vorwort erwähnten Kriterien - nicht grenznah ausgeschildert, sondern nur auf der österreichischen Seite. Deshalb passiert man auch nicht den nördlichsten Punkt von Österreich. Sie führt über Litschau nach Radschin, wo sie dann über Staré Město pod Landštejnem nach Slavonice führt.

Auf der beschriebenen Route erreicht man hinter der Grenze nach Querung der Schmalspurbahn das tschechische České Velenice, das früher Gmünd-Bahnhof und Unterwielands hieß.

České Velenice @

Was sich heute als eine eigene Stadt mit 3.400 Einwohnern präsentiert, entstand 1870 auf den Fluren des südwestlich gelegenen Dorfes Wielands als Bahnbetriebswerk der Kaiser-Franz-Josef-Bahn (zwischen Wien und Prag) und als Bahnhof für die österreichische Stadt Gmünd, die gleich gegenüber, jenseits der Lainsitz liegt. Aus einer kleinen Ansiedlung entwickelte sich schnell ein neuer Stadtteil. Nach Auflösung der k. u. k. Monarchie bekam die neu entstandene Tschechoslowakei 1920 noch Grenzgebiete zugesprochen, wodurch die Lainsitz zum Grenzfluss und Gmünd-Bahnhof zu einer tschechischen Stadt wurde. Der größte Arbeitgeber ist noch immer die Bahn, aber mit einem grenzüberschreitenden Gewerbepark hofft man auf zusätzliche wirtschaftliche Impulse.

Im 1869-71 errichteten riesengroßen Bahnhof gibt es ein Restaurant, in dem sich auf jeder Wandseite etwa acht Wappen und viele Dekorelemente befinden. Dieser Wappensaal dokumentiert die Bedeutung, die der Bahnhof für die Franz-Josephs-Bahn vor 1918 hatte.

Marktplatz in Gmünd

Etwas außerhalb der Stadt befindet sich der Friedhof, dessen verputzte Ziegelmauer 40 Jahre lang den Eisernen Vorhang bildete.

Von České Velenice (CZ) nach Nová Bystřice (CZ) 46 km

8 Hinter den Bahngleisen biegt man links ab, passiert den großen Bahnhof und biegt ihm gegenüber rechts ab in den **341**. Am Ortsausgangsschild geht es rechts ab in den nicht befestigten, aber gut befahrbaren Weg und man quert die Gleise. Der gut ausgeschilderte Weg stößt auf den asphaltierten ehemaligen Patrouillenweg, dem man am Fluss entlang folgt.

Nová Ves nad Lužnicí @

9 Hier stößt man auf eine Straße, in die man rechts abbiegt und die über die Lainsitz führt. Am Ortsausgang hinter der Kirche folgt man der links abbiegenden Straße. Kurz vor der Grenze ist der Weg auch ausgeschildert. **10** Man biegt links ab und sieht auf der österreichischen Seite die stark befahrene Straße. Auf ihr muss man etwa 150 Meter nach links fahren und kann sie dann wieder nach rechts verlassen.

Der **341** quert den **Halámecký potok** über eine schöne Brücke und man radelt an der Grenze entlang bis **Nová Hut'**. Kurz vorher biegt man rechts ab auf den **1010** und fährt auf einem nicht asphaltierten, aber sehr gut befahrbaren Weg bis zur Grenze. Dort passiert man einen Turm, von dem man nicht weiß, ob es ein Wachturm war, oder ob er zum Beobachten von Tieren aufgestellt wurde. **11** Hinter dem Turm biegt man links ab zum See, hinter dem der Weg asphaltiert ist, und radelt geradeaus bis zum **1014**.

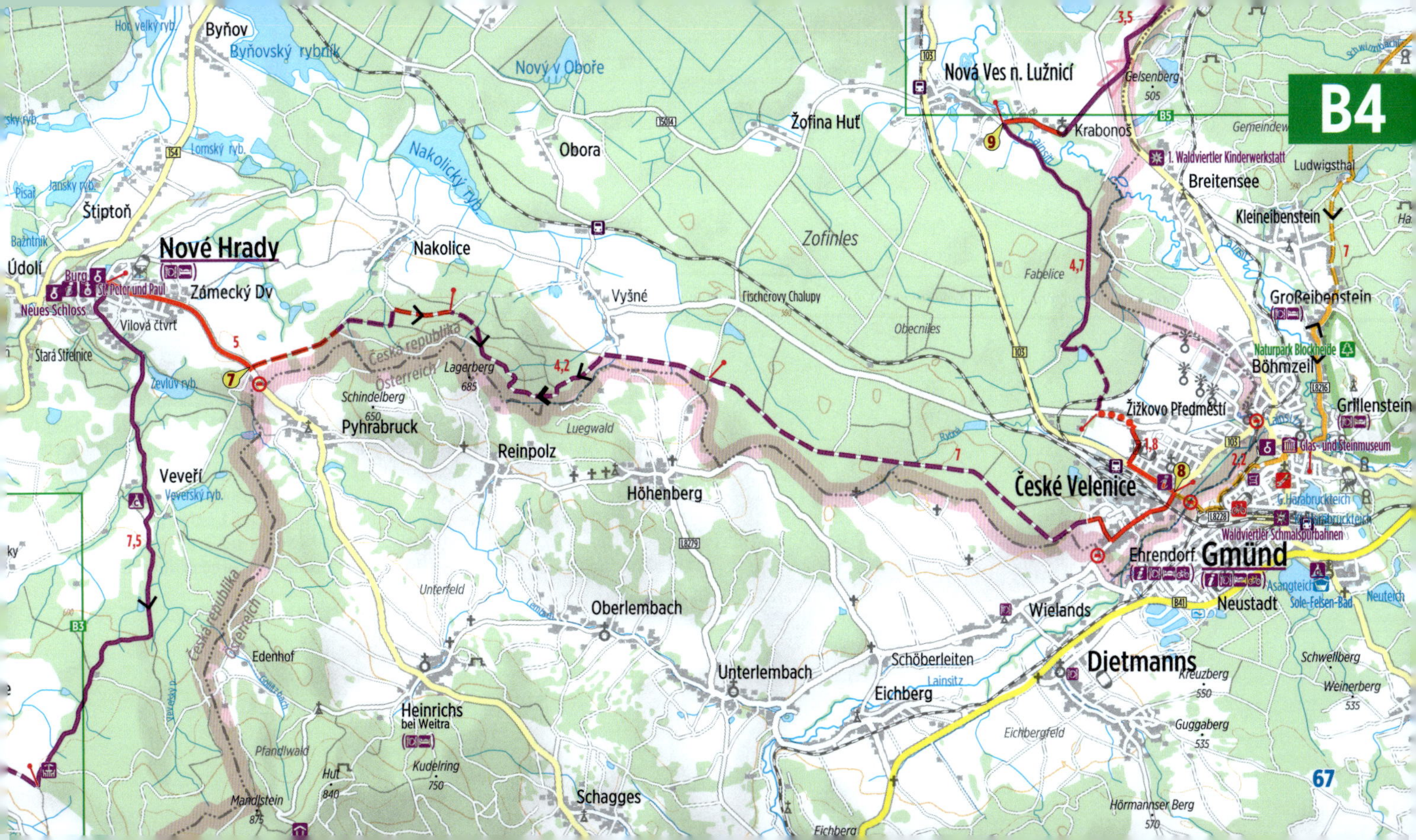
Byňov
Byňovský rybník
Nový v Oboře
Nová Ves n. Lužnicí
Krabonoš
Gelsenberg
505
Žofina Huť
Obora
Nakolický ryb.
Lomský ryb.
Jansky ryb.
Štiptoň
Nové Hrady
Údolí
Burg
St. Peter und Paul
Neues Schloss
Zámecký Dv
Vilová čtvrť
Stará Střelnice
Zevlův ryb.
Nakolice
Vyšné
Fischerovy Chalupy
Zofinles
Fabelice
Obecniles
Česká republika
Österreich
Lagerberg
685
Schindelberg
650
Pyhrabruck
Reinpolz
Luegwald
Höhenberg
Veveří
Veverský ryb.
1. Waldviertler Kinderwerkstatt
Breitensee
Ludwigsthal
Kleineibenstein
Großeibenstein
Naturpark Blockheide
Böhmzeil
Grillenstein
Žižkovo Předměstí
Glas- und Steinmuseum
České Velenice
G. Harabruckteich
Waldviertler Schmalspurbahnen
Ehrendorf
Gmünd
Neustadt
Asangteich
Sole-Felsen-Bad
Wielands
Unterfeld
Oberlembach
Edenhof
Unterlembach
Schöberleiten
Eichberg
Lainsitz
Dietmanns
Kreuzberg
550
Schwellberg
Weinerberg
535
Guggaberg
535
Eichbergfeld
Heinrichs bei Weitra
Kudelring
750
Pfandlwald
Hut
840
Mandlstein
875
Schagges
Hörmannser Berg
570
Eichberg

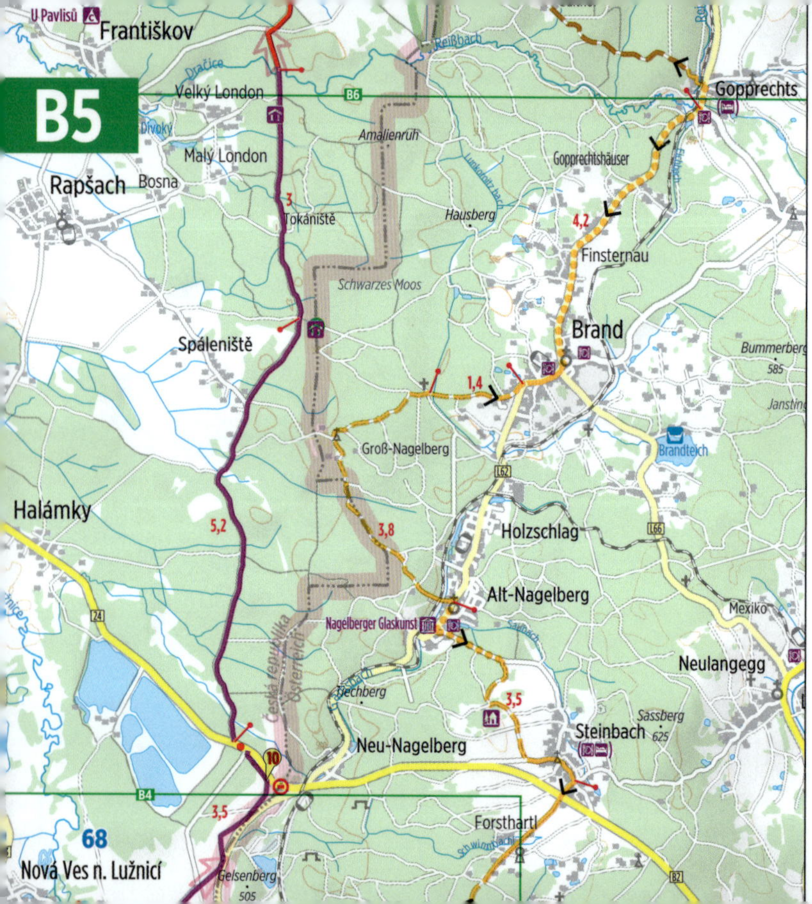

Kirche in Chlum u Třeboně (Chlumetz)

AUSFLUG **Wer nach Chlum u Třeboně, die Stadt der Teiche, radeln möchte, biegt links ab und radelt an der südlichen Seeseite entlang.**

Chlum u Třeboně @

Die Geschichte dieses Grenzortes zwischen Tschechien und Österreich mit etwa 2.100 Einwohnern lässt sich bis 1399 zurückverfolgen. In einem Becken liegend ist er von Teichen umgeben, hat eine gewisse touristische Bedeutung und eignet sich aufgrund der Vielzahl von Campingplätzen und anderen Übernachtungsmöglichkeiten auch gut als Etappenort. Hinter der Kirche ist eine Statue, die an die Weltkriege erinnert.

Die Hauptroute biegt rechts ab und folgt der **1014** bis zum Grenzübergang. Danach biegt man vor dem Haus links ab nach Josefsthal und Haugschlag.

AUSFLUG **Wer nach Litschau radeln möchte, bleibt auf der Straße und erreicht nach elf Kilometern die nördlichste Stadt Österreichs.**

Litschau Ⓐ

Vorwahl: 02865

- **Tourismusbüro Litschau**, Stadtpl. 25, ✆ 21924, @ wme811
- **Heimatmuseum**, Stadtpl. 63, ✆ 5385, ⌚ Juni-Sept., Sa 10-12 Uhr

- **St. Michael**, Stadtpl. Spätgotische 3-schiffige Hallenkirche (14. und 15. Jh., 1685 barockisiert) mit Wandmalereien.
- **Schloss Litschau**. Die Anlage verfügt über einen markanten Turm (Bergfried aus dem 13. Jh.). Das Schloss befindet sich in Privatbesitz und ist nicht öffentlich zugänglich.
- **Stadtmauer**. Von der Befestigungsanlage sind u. a. das Stadttor (1685) und der Pranger (1688) noch erhalten.
- **Strandbad am Herrensee**, Strandbadstr. 19

Die Pfarrkirche ist das Zentrum des langgestreckten Stadtplatzes, der von Ackerbürgerhäusern aus dem 19. Jahrhundert gesäumt wird. Dem steilen Platz stehen auch zwei Schlösser gegenüber. Als Endstation der im Sommer als Museumseinrichtung betriebenen Schmalspurbahn hält der Ort einige Einkaufs- und Einkehrmöglichkeiten bereit. Der Reißbach ist hier aufgestaut und bildet nach Norden den lang gewundenen und reizvollen Herrenteich.

Josefsthal

12 Von Josefsthal fährt man auf der kaum befahrenen Straße geradeaus leicht bergauf in Richtung Haugschlag. Am nächsten Abzweig geht es links ab auf den asphaltierten Güterweg, der nach Rottal, der nördlichsten Ortschaft Österreichs, ausgeschildert ist. Am Jagdschloss hält man sich rechts und biegt in der scharfen Rechtskurve links ab, ausgeschildert nach Peršlák. Kurz bevor der Asphalt aufhört, sieht man auf der rechten Seite ein etwas eigenwillig gebautes Haus, an dem man vorbeifährt.

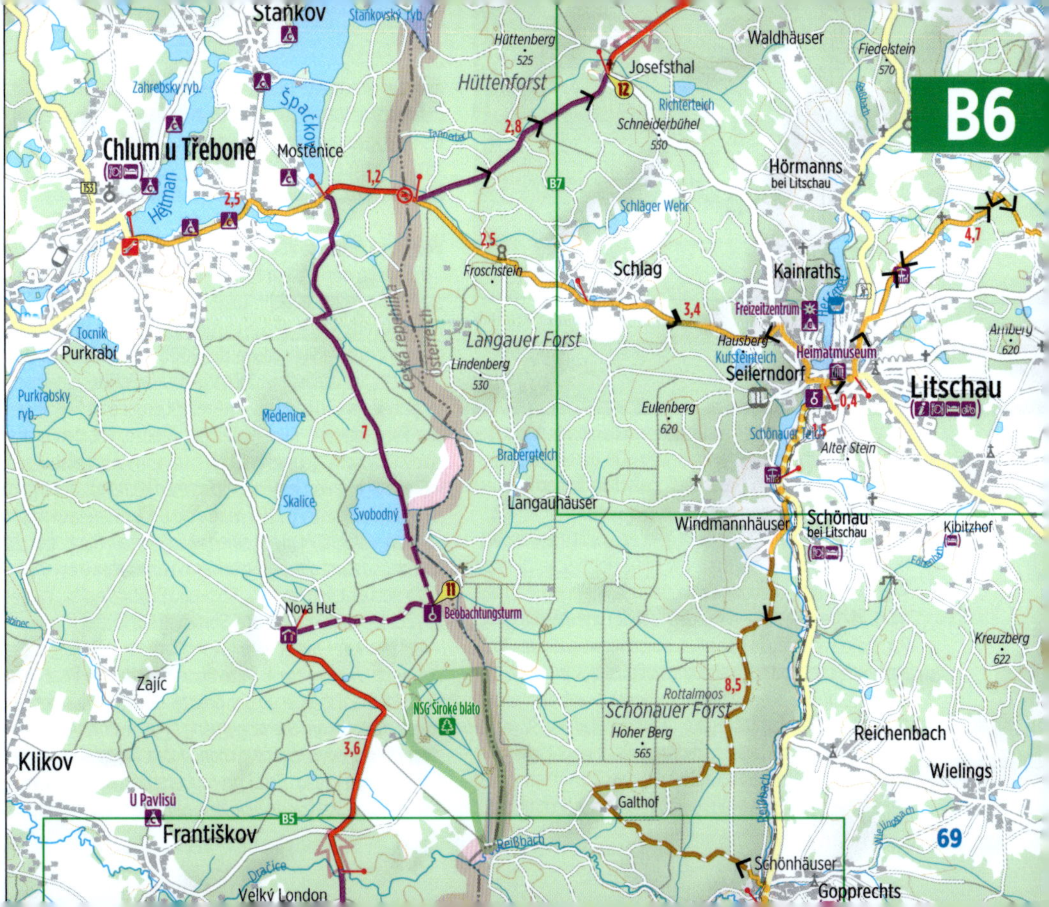

Staatsgenze bei Nová Bystřice

AUSFLUG **Wer zum nördlichsten Punkt Österreichs möchte, biegt hier links ab und folgt dem Wanderweg 608, der einigermaßen befahrbar ist. Zum Grenzbach zwischen Tschechien und Österreich geht es jedoch etwas steiler bergab.**

An diesem eigenwilligen Haus geht es – nicht mehr asphaltiert – bergab zur Staatsgrenze, wo eine Holzbrücke, die vom Waldhotel Peršlák gebaut wurde, über den kleinen Grenzbach führt. **13** Der Weg ist ein bisschen sandig und man biegt am Parkhotel rechts ab in den alten Kolonnenweg, der als **1007** ausgeschildert und auch als Langlaufloipe ausgewiesen ist.

Man folgt der ausgeschilderten Route – auf dem Schild steht jetzt **1022** – leicht bergauf, quert den Radweg 32 rechts versetzt und fährt weiter geradeaus. Nach einer Linkskurve radelt man ein kurzes Stück auf einem klassischen Plattenweg ohne Löcher. Wenn man aus dem Wald heraus kommt, stößt man auf eine breite Lichtung, an der sich auch ein Golfplatz befindet. Die Kirche von Nová Bystřice ist schon zu sehen und bis dahin geht es schön abwärts.

Nová Bystřice @

Touristinformationszentrum, Mírové nám. 54, ✆ 384386909, @ jmj134

Von Nová Bystřice (CZ) nach Slavonice (CZ) 31 km

Vorbei an der großen Kirche. **14** Wenn am Ortsausgang die Straße rechts abgeht, folgt man geradeaus dem **1007**. Hinter **Artolec** verlässt man ihn und biegt rechts ab in den für motorisierten Verkehr gesperrten **1008** nach Hirschenschlag.

Man fährt an verlassenen Militärgebäuden vorbei, radelt weiter geradeaus und passiert den Grenzübergang für Fußgänger und Fahrradfahrer. Kurz hinter der Grenze, vor den ersten beiden Häusern, geht es links ab zu einem **Aussichtsturm**.

Er wurde kurz vor dem Fall des Eisernen Vorhangs, am 3. April 1989, dort aufgestellt. 1995 wurde die Gedenktafel auf einem Stein angebracht. Man hat einen wunderbaren Blick über die Grenze und kann die weiß markierten Grenzsteine erkennen.

Die Route ist von Karten-, Text- und Bildtafeln des „Weges des 20. Jahrhunderts" in drei Sprachen flankiert.

Auf der Tafel hinter dem Wachturm ist z.B. Folgendes vermerkt: „Bereits am 4. Dezember 1989 fiel die Visapflicht für ČSSR-Staatsbürger an der Grenze. Die neue Reisefreiheit wurde zunächst am Grenzübergang Neubriestritz von insgesamt 15 Personen genutzt. Schon in den Tagen darauf stieg jedoch der Andrang. Erste grenzüberschreitende Aktionen, etwa eine Spielzeugverteilung am Grenzübergang Grametten, zeugten von der Freude über die Öffnung der Grenzen. Schon bald besuchten vereinzelt Politikerdelegationen die jeweiligen Nachbargemeinden. Stark frequentiert waren auch die neu eingerichteten Sprachkurse. Aber auch der Einkaufstourismus florierte, viele Tschechen deckten sich in Österreich mit in ihrer Heimat nur schwer erhältlichen Konsumgütern ein. Einige Österreicher nutzten die niedrigen Preise zu Hamsterkäufen. Und am Horizont zeichnete sich bereits ein Streitpunkt ab, der Bau des Kernkraftwerks Temelín."

Die Region hatte besonders unter den Entwicklungen des 20. Jahrhunderts zu leiden. Das von Sudetendeutschen geprägte Nová Bystřice wurde nach dem Ersten Weltkrieg der Tschechoslowakei, im Münchener Abkommen 1938 dem Deutschen Reich und nach dem Zweiten Weltkrieg wiederum der Tschechoslowakei zugesprochen. Dem folgten jeweils kollektive Vertreibungen.

Beim nördlichsten Punkt Österreichs

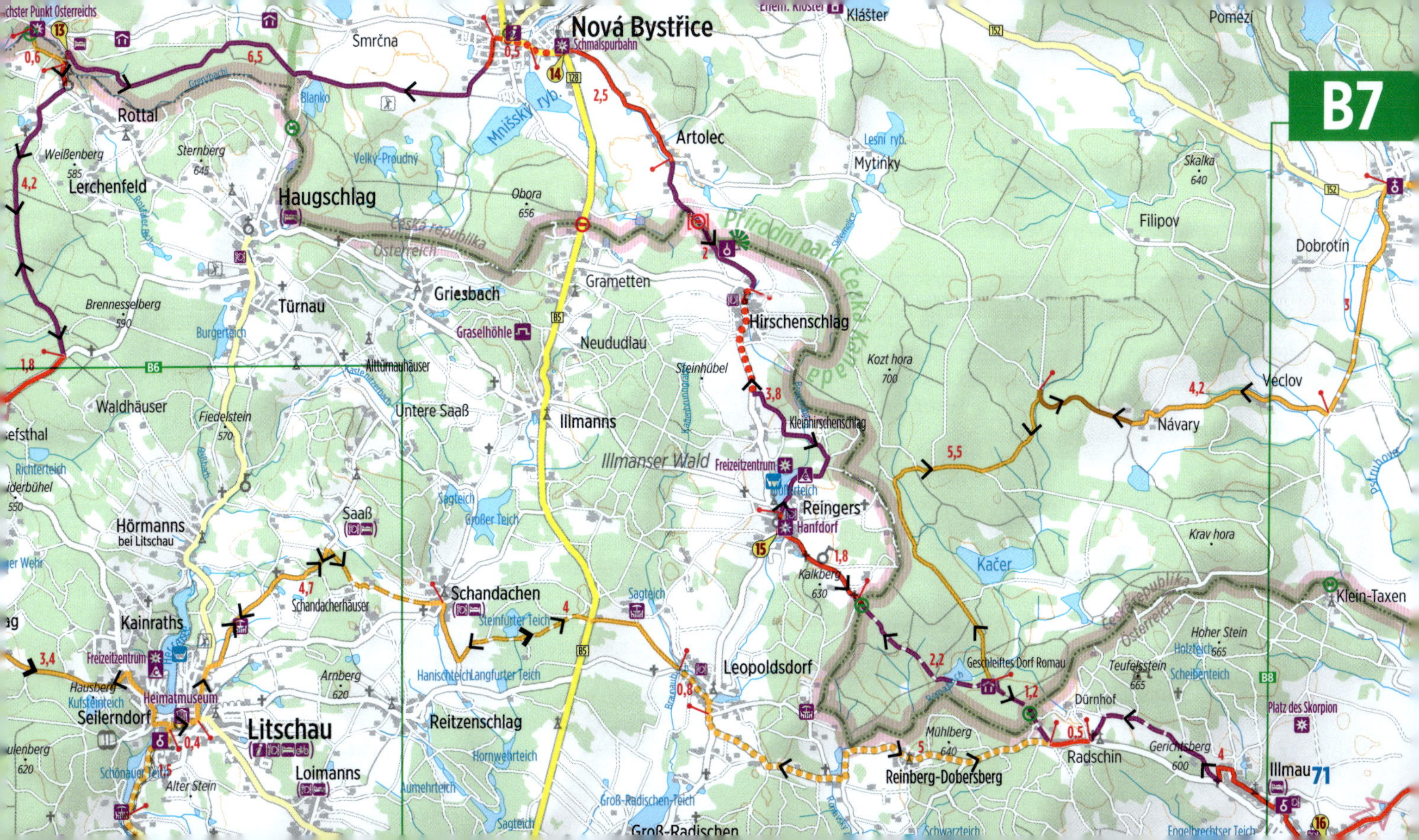
B7
Nová Bystřice
Schmalspurbahn
Smrčna
Klášter
Pomezí
Rottal
Weißenberg
Sternberg
Lerchenfeld
Haugschlag
Blanko
Mnišský ryb.
Velký Proudný
Obora
Artolec
Lesní ryb.
Mytinky
Skalka
Filipov
Dobrotín
Česká republika
Österreich
Přírodní park Česká Kanada
Grametten
Griesbach
Türnau
Brennesselberg
Burgerteich
Graselhöhle
Neududlau
Hirschenschlag
Steinhübel
Kozt hora
Veclov
Návary
Alttürnauhäuser
Waldhäuser
Fiedelstein
Untere Saaß
Illmanns
Kleinhirschenschlag
Illmanser Wald
Freizeitzentrum
Reingers
Hanfdorf
Richterteich
Hörmanns bei Litschau
Saaß
Sagteich
Großer Teich
Krav hora
Kačer
Kalkberg
Schandachen
Schandacherhäuser
Steinfurter Teich
Kainraths
Klein-Taxen
Hohe Stein
Holzteich
Teufelsstein
Scheibenteich
Geschleiftes Dorf Romau
Leopoldsdorf
Arnberg
Hanischteich
Langfurter Teich
Heimatmuseum
Hausberg
Kufsteinteich
Seilerndorf
Litschau
Reitzenschlag
Dürnhof
Radschin
Mühlberg
Reinberg-Dobersberg
Gerichtsberg
Platz des Skorpion
Illmau
Loimanns
Schönauer Teich
Alter Stein
Hornwehrteich
Aumehrteich
Groß-Radischen-Teich
Groß-Radischen
Schwarzteich
Engelbrechtser Teich
Pstruhový

Hirschenschlag

Man stößt auf die kaum befahrene Straße, der man bergab folgt und biegt später links ab auf den ausgeschilderten Grenzlandweg 8 zum Wald und radelt an einem See vorbei.

Reingers

Im Ort findet man auch ein Kreuz mit der Inschrift: „Gedenke der Opfer der Heimatvertreibung aus Neubiestritz, Umgebung und Suedmähren, 1945".

15 Hinter der Kirche macht die Straße eine Rechtskurve, und die neu gebaute und kaum befahrene Straße links ab ist zum Grenzübergang Kalkberg/Romau als **1007** ausgeschildert. Hinter der Grenze ist der Weg nicht asphaltiert, aber sehr gut befahrbar. Man fährt geradeaus bis zum See, überquert das Bächlein, radelt am Seeufer entlang und gelangt zur Wüstung Romau.

Romau (Romava)

Bei der letzten Volkszählung 1939 hatte das Dorf 259 Einwohner. Nach 1945 wurden die Deutschen ausgesiedelt. Die Kapelle des Heiligen Kreuzes, die sich hier befand, stammte aus der 2. Hälfte des 19. Jahrhunderts. Wie das ganze Dorf wurde auch sie zerstört.

VARIANTE: Die als EV 13 ausgeschilderte Route biegt hier links ab und führt über Staré Město pod Landštejnem nach Slavonice.

Die beschriebene Route biegt rechts ab. Hinter der Grenze, in Österreich, geht ein asphaltierter Weg hinunter nach **Radschin**, wo man links abbiegt in den ausgeschilderten **Waldviertelradweg**. Am nächsten Abzweig biegt man wieder links ab in den ausgeschilderten **Grenzlandradweg**. Nach der ersten Rechtskurve ist der Weg nicht mehr asphaltiert, aber gut befahrbar und es geht bergab. Kurz vor der Straße biegt man links ab in den **Kneippweg**. Durch den Ortsteil **Illmau** – Übernachtungsmöglichkeit an der Kirche – folgt man dem Schild **Grenzlandradweg 8**. Man stößt bei einer weiteren Übernachtungsmöglichkeit auf die Hauptstraße von Kautzen, in die man links abbiegt.

Kautzen Ⓐ

Vorwahl: 02864

- **Gemeindeamt**, Waidhofner Str. 14, ☎ 2241, @ cee463
- **Heimatmuseum**, Waidhofnerstr. 9, ☎ 2442, ⏲ Mitte April-Mitte Okt. sowie in der Adventszeit So/fei 9-12 Uhr und 14-16 Uhr. Attraktiv ist das „Lebende Museum" bei dem an jedem ersten Sonntag im Monat von 9-12 Uhr die alten Handwerkstechniken vorgeführt und erklärt werden. Zudem finden laufend Dauerausstellungen statt. @ xpd857
- **Schloss Illmau**, Schlossg. Das erstmals 1337 erwähnte Schloss diente ursprünglich als Grenzfeste. Der heutige Renaissance-Bau stammt aus dem 16. Jh. Zwischen 1914 und 1917 war es das Internierungslager Illmau, heute befindet es sich in Privatbesitz.

Kautzen erwarb sich einige Verdienste durch seine Bemühungen um Dorferneuerung und erneuerbare Energieträger (Europäischer Dorferneuerungspreis, Europäischer Solarpreis, Niederösterreichischer Umweltpreis).

16 Man fährt an der Kirche vorbei, hält sich dann links und folgt dem Radwanderweg auf der Straße.

Groß-Taxen

Man fährt über den Taxenbach, folgt dem Schild nach **Brunn**, biegt dort links ab und radelt geradeaus zur Grenze. Wenn die kaum befahrene Straße eine scharfe Rechtskurve nach Reinolz und Rudolz macht, biegt man links ab in den nicht asphaltierten von Birken gesäumten Weg. Man stößt später auf den asphaltierten ehemaligen Kolonnenweg, der auch als Langlaufloipe und als Radweg **1003** ausgewiesen ist. Hinter den Teichen bei **Maříž** wird er zur kaum befahrenen Straße.

17 Man biegt dann rechts ab in die stark befahrene Straße nach Slavonice mit dem Schild der EV 13. Man quert die Gleise und passiert den Bahnhof, von dem Direktzüge nach Dačice und Kostelec u Jihlavy fahren.

Slavonice Ⓒ

- **Tourist-Information**, nám. Míru 476, ☎ 720280183, @ hiv274
- **Himmelfahrt der Jungfrau Maria**, Horní náměstí. Die Kirche wurde zwischen 1503 und 1549 erbaut, das barocke Dach stammt aus dem Jahr 1750.
- **Wallfahrtskirche**. Die Fronleichnamskirche wird auch Heiliggeistkirche genannt. Die Ursprünge des Gotteshauses reichen bis in das 13. Jh. zurück.
- **Synagoge**, J. Švermy 494. Die ehemalige Synagoge wurde 1894/95 errichtet.
- **Diamantgewölbe**. Die Diamant- oder Zellengewölben, wie sie auch noch genannt werden, sind eine Spezialität in der Geschichte der Gewölbe.

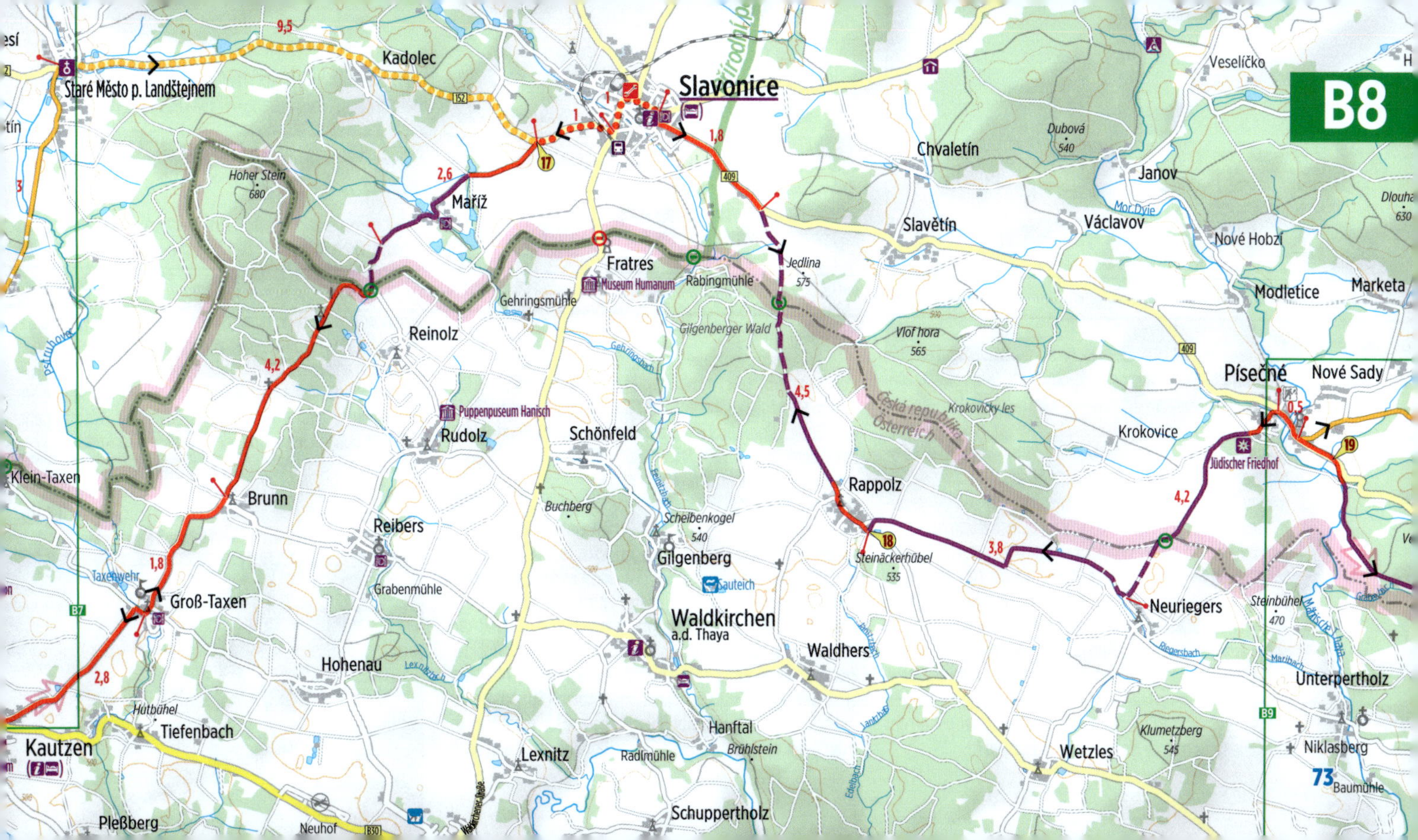

B8
Slavonice
Staré Město p. Landštejnem
Kadolec
Chvaletín
Veselíčko
Dubová
540
Janov
Slavětín
Václavov
Nové Hobzí
Dlouhá
630
Modletice
Marketa
Mařiž
Hoher Stein
680
Fratres
Museum Humanum
Rabingmühle
Jedlina
575
Gehringsmühle
Reinolz
Gilgenberger Wald
Vlčí hora
565
Písečné
Nové Sady
Puppenmuseum Hanisch
Rudolz
Schönfeld
Krokovický les
Česká republika
Österreich
Krokovice
Jüdischer Friedhof
Klein-Taxen
Brunn
Rappolz
Buchberg
Scheibenkogel
540
Reibers
Gilgenberg
Steinäckerhübel
535
Neuriegers
Steinbühel
470
Taxenwehr
Groß-Taxen
Grabenmühle
Sauteich
Waldkirchen
a.d. Thaya
Waldhers
Hohenau
Unterpertholz
Hutbühel
Tiefenbach
Kautzen
Lexnitz
Hanftal
Radlmühle
Brühlstein
Wetzles
Klumetzberg
545
Niklasberg
Baumühle
Pleßberg
Neuhof
Schuppertholz
9,5
1
1
1,8
2,6
4,2
4,5
3,8
4,2
0,5
1,8
2,8
17
18
19

Historische Hausfassaden. In der Stadt gibt es zahlreiche Hausfassaden aus der Gotik und der Renaissance mit ornamentalen und manchmal figuralen Sgraffiti.

Aufgrund ihrer Grenznähe hat die Stadt mit knapp 3.000 Einwohnern eine äußerst bewegte Vergangenheit. Sie gehörte mal zu Österreich und mal zu Tschechien. Wegen der exponierten Lage wurde Slavonice schnell befestigt und hat einen gut erhaltenen mittelalterlichen Stadtkern, der 1961 zum städtischen Denkmalreservat erklärt wurde. Hier wurde im 16. Jahrhundert die erste Poststation zwischen Wien und Prag errichtet. Die Stadt erhielt – heute ein Kuriosum – ein Entwässerungssystem, das vor allem auch der Verteidigung diente. Es gibt einen wunderschönen Marktplatz mit eindrucksvollen Fassaden von Renaissance-Häusern. Die Stadt hat eine sehr ausgeprägte Kulturszene und einen Bahnhof, der gut an das restliche tschechische Bahnnetz angebunden ist.

Thayatalbahn

Die eingleisige Nebenbahn von Schwarzenau über Waidhofen an der Thaya nach Slavonice wurde 1903 eröffnet und 1945 durch den Eisernen Vorhang unterbrochen. Nach dessen Fall war die Revitalisierung im niederösterreichischen Landesverkehrskonzept mit höchster Priorität vorgesehen, weil die Region stark von der Waldwirtschaft abhängig ist. Leider wurde sie nicht umgesetzt. Gegen den massiven Schwerlastverkehr auf der Straße wehrt sich die Bevölkerung. Die Bürgerinitiative „Neue Thayatalbahn" setzt sich für die unverzügliche Wiederinbetriebnahme ein.

Von Slavonice (CZ) nach Hardegg (AT) 67 km

Vom Marktplatz fährt man auf der ausgeschilderten EV 13 nach Süden, überquert die Grenze bei **Rabingmühle** und biegt hiner dem Ort links ab. Man radelt zunächst an der Grenze entlang und erreicht dann Rappolz.

Rappolz

Es geht geradeaus durch den Ort an einer kleinen Kirche vorbei und hinter dem Ortsausgangsschild links ab in den asphaltierten Weg, der als **EV 13** ausgeschildert ist **18**. Man hält sich immer geradeaus, später ist der Weg nicht mehr asphaltiert. Man biegt links ab, quert den Bach und die Hauptstraße von **Neuriegers** und fährt geradeaus. Auf der linken Seite befindet sich ein Stall und auf der rechten das erste Gebäude des Dorfes. Nach einem kurzen Stück hört der Asphalt auf, der Weg bleibt aber einigermaßen befahrbar. In einer S-Kurve geht es an der Grenze entlang und dann nach Tschechien. Wenn der 1002 links abgeht, fährt man geradeaus. Bei der nächsten Kreuzung mit zwei asphaltierten Feldwegen biegt man rechts ab und folgt sofort wieder nach rechts dem kleinen Hinweisschild auf den jüdischen Friedhof.

Jüdischer Friedhof

Auf dem ziemlich verfallenen Friedhof von Písečné ist das jüngste Grab von 1931. Die jüdische Gemeinde hatte von 1727 bis 1920 eine Synagoge, eine einklassige Schule und diesen jüdischen Friedhof. Die jüdische Bevölkerung fiel fast ausnahmslos dem Holocaust zum Opfer. Die oben genannten Gebäude wurden später von den tschechoslowakischen Behörden abgerissen.

In die Stadt hinein geht es bergab. An der Linkskurve am Ortseingang, an der rechts ein asphaltierter Weg abgeht, befindet sich in einem Dreieck ein kleines Denkmal.

Písečné @

Man fährt durch den Ort, quert den Bach und biegt rechts ab in die Straße, die als **48** nach Rancířov ausgewiesen ist **19**. Danach quert man zum ersten Mal die Thaya.

Thaya

Die Thaya (Dyje) ist ein Nebenfluss der March und wird aus zwei Quellen (Schweiggers und Telč) gespeist, die sich in Raabs vereinigen und bei Hohenau in die March münden. Ihr Verlauf ist auf einer Länge von 235 Kilometern durch sehr eigenwillige Kurven gekennzeichnet. Ob sie sich vor Schmerz oder vor Freude windet, bleibt ihr Geheimnis. Sie überquert häufig die Staatsgrenze zwischen Österreich und Tschechien, die sie über weite Strecken auch bildet. Im Mittellauf hat sich der Fluss etwa 100 Meter tief in die Landschaft eingegraben, was den Bau zahlreicher Burgen und Schlösser hoch über dem Ufer begünstigt hat. Die Thaya wird von der 1871 eingeweihten Eisenbahnbrücke überquert, die 1988 als technisches Denkmal unter Schutz gestellt wurde.

VARIANTE Hinter der Thayabrücke biegt die als EV 13 ausgeschilderte Route links ab und führt über Desná und Rancířov nach Schaditz, wo sie weiter südlich über Drosendorf und Oberthürnau in Vratěnín wieder auf die beschriebene Route stößt.

Die beschriebene Route biegt hinter der Thayabrücke rechts ab in die als **48** ausgeschilderte Straße nach Vratěnín. Wenig später biegt man ebenfalls rechts ab in den als **1001** ausgeschilderten und asphaltierten Kolonnenweg entlang der Thaya zur österreichischen Grenze. Nach einer S-Kurve radelt man ganz dicht an der Grenze entlang, an der mitten in den Feldern, die von beiden Seiten bestellt werden, die Grenzschilder stehen. Der Kolonnenweg weist einige Schwachstellen auf, die Schilder werden von Grenzsteinen abgelöst. Die Straße auf der westlichen Seite gehört zu Österreich. Man bleibt auf dem Kolonnenweg, radelt entlang der Grenze und stößt auf eine kaum befahrene Straße, an der man wieder auf die ausgeschilderte EV 13 trifft, rechts abbiegt **20**, die Grenze überquert und Schaditz erreicht.

Schaditz

Dort hält man sich rechts und erreicht auf der EV 13 über **Rabesreith** und **Nonndorf** den Ort Drosendorf.

Drosendorf Ⓐ

Vorwahl: 02915

Tourismus Waldviertel-Pur, Hauptpl. 1, ✆ 2213, @ imn726

Schloss Drosendorf, Schlosspl. 1, ✆ 23210. Das Schloss besitzt einen romanisch-gotischen Gebäudekern und wurde im Renaissancestil erbaut. Seit 1978 beherbergt das historische Gebäude die Bil-

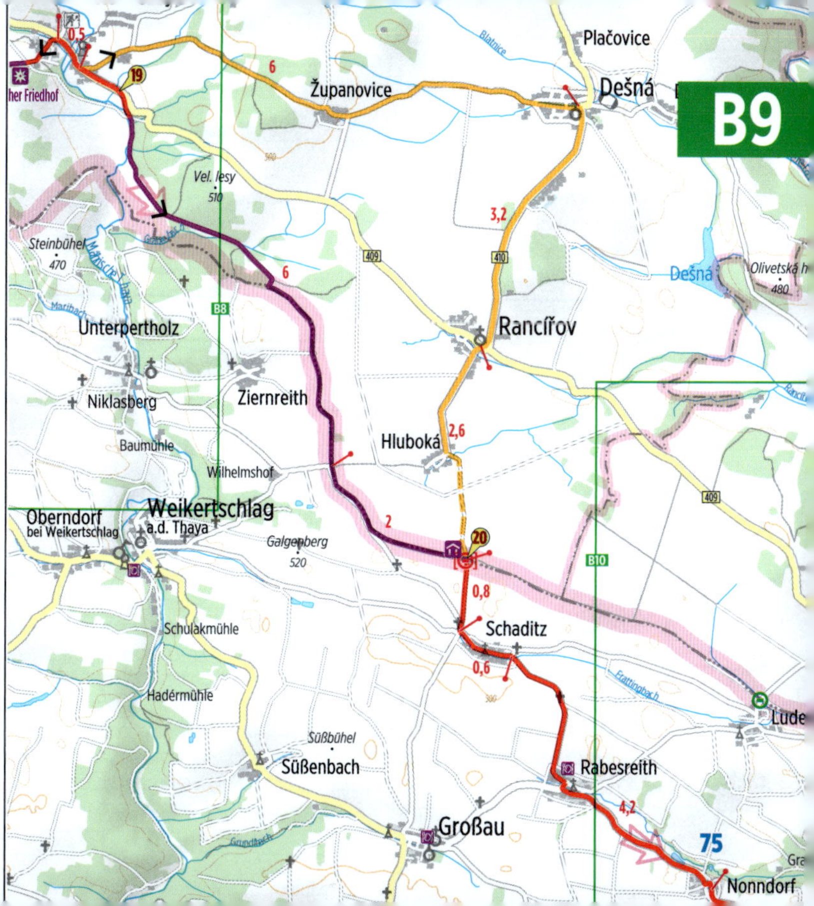

dungsstätte der NÖ Landarbeiterkammer. Eine Besichtigung ist daher nur von Außen möglich.

- **Reblaus-Express**, ✆ 0664/6176579. Erleben Sie Natur und Kultur bei einer Fahrt von Drosendorf nach Retz durch Waldviertler Weinberge und Wälder. Fahrten von Drosendorf nach Retz und retour – Fahrradtransport gratis. @ fiy844
- **Terrassenbad**, Badstr. 25, @ are123
- **Kneipp-Aktiv-Thayabad**, Sebastian Kneipp Pl. 1, @ mkk715

Die Besiedlungsspuren um Drosendorf gehen bis in die Jungsteinzeit zurück, erstmals urkundlich erwähnt wurde die Siedlung im Jahr 1188.

Drosendorf war ursprünglich eine Burgstadt zur Grenzsicherung gegen Böhmen. Auf einem Felsrücken über der Thaya gelegen und von ihr gleich auf drei Seiten umspült, ist Drosendorf ein bezaubernder Ferienort.

Diese Lage hatte vor allem strategischen Wert, nach dem Dreißigjährigen Krieg jedoch erlosch diese Bedeutung Drosendorfs nach und nach.

21 Man folgt der EV 13, quert hinter Oberthürnau die Grenze und erreicht Vratěnín.

Vratěnín @

Die Gemeinde mit ihren heute 300 Einwohnern hat schon bessere Zeiten erlebt. Im Mittelalter mit den Stadtrechten ausgestattet, war der Ort Sitz einer Adelsherrschaft und Umspanne mit Herberge und später Hauptpoststation auf der Poststraße von Wien nach Prag. Die neue Kaiserstraße führte dann aber weit nördlich vorbei, so dass manche schmucke Einrichtung verfiel oder Denkmalcharakter erhielt, wie die ehemalige Umspanne (heute ein Gasthaus), das Postamt (heute die Gemeindeverwaltung) oder das Schloss. Eifrige Bemühungen führten zu umfangreichen Verschönerungsmaßnahmen und 1996 zu dem Titel „Dorf des Jahres". In alle Richtungen führen seit einiger Zeit neu angepflanzte Obstbaumreihen ins Umland.

Bunker bei Vratěnín

Vor der Kirche geht die EV 13 rechts ab, passiert die Bunker und erreicht Uherčice.

Die Bunker bei Vratěnín

Diese Bunker wurden nicht nur östlich der March und in Südmähren, sondern auch an den Grenzen zu Deutschland und Polen errichtet und sollten wie ein Ring die Außengrenze der ersten tschechoslowakischen Republik umschließen. Sie gehörten zum Verteidigungskonzept, für das sich der tschechoslowakische Generalstab 1935/36 entschieden hatte. Damit wollte man dem drohenden Überfall durch das Deutsche Reich militärisch begegnen. Die Befestigungen wurden unter Anleitung französischer Offiziere errichtet – bereits 1925 hatte die tschechoslowakische Republik mit Frankreich ein Militärbündnis geschlossen. Weil sie den Stellungen ähnelten, die die Franzosen gegen das Deutsche Reich errichtet hatten, werden sie oft als tschechische Maginot-Linie bezeichnet. Natürlich glaubten die Tschechen nicht daran, die deutschen Truppen aufhalten zu können. Bunker und Schützengräben sollten aber den Einmarsch der Nazis verzögern, um mit Frankreich und Großbritannien eine Gegenoffensive zu starten. Der Bau der Bunker – auf tschechisch pechotni sruby (Infanterieblockhaus) – wurde im Jahr 1936 begonnen. Die Deckenstärke betrug 200 cm, die Vorderfront war 225 cm stark. Sie wurden durch massive Erdaufhäufungen getarnt.

Uherčice @

Hier befindet sich ein prachtvolles, mehrflügeliges Renaissanceschloss, das nach 1945 als Kaserne und Frauengefängnis genutzt wurde. Es drohte zu verfallen, wurde 2002 zum Volkskulturdenkmal erklärt und wird seit einigen Jahren renoviert.

22 In einer großen Rechtskurve passiert man das Schloss, radelt am Fluss entlang und hält sich immer geradeaus, wobei man sich von den Querungen nicht irritieren lassen darf. Es geht schön bergab.

Mitrov

Dahinter quert man die Thaya (Dyje) und biegt hinter der Brücke rechts ab. Es geht sanft bergauf an einem Bach entlang.

Stálky @

Das langgezogene Dorf durchzieht ein rechtwinkliger Anger. Es hat einen wehrhaft wirkenden Kirchturm und ähnelt dem nächsten Ort.

VARIANTE **Kurz vor Šafov biegt die ausgeschilderte EV 13 direkt vor dem See rechts ab, quert die Grenze und führt über ein Freizeitzentrum nach Riegersburg.**

23 Die beschriebene Route geht direkt vor dem See links ab nach Šafov.

Šafov @

Das Anlageprinzip eines Angers findet sich auch hier, wobei die Häuser hier allerdings viel kompakter zusammengedrängt stehen. Und das ist auch kein Wunder, denn dieses Dorf mit seinen 170 Einwohnern galt einst als stadtähnliche Ansiedlung. Als solche hat sie eine ganz besondere Geschichte, die im Kleinen die großen Zeitläufte widerspiegelt. Nachdem der prosperierende Marktort im Dreißigjährigen Krieg schwer gelitten hatte, ließ man sich in Wien und Niederösterreich einfallen, die ansässigen Juden zu vertreiben. Darin sah der Besitzer von Vranov (Frain) eine Chance und siedelte 85 jüdische Familien in Šafov an, das zu seinem Herrschaftsbereich gehörte. Schon bald beherrschten die Schaffinger Juden im weiten Umkreis den Handel mit Leinen, Leder, Wolle und weiteren Rohstoffen. Nach der Emanzipation der Juden 1848, die Freizügigkeit mit sich brachte, und dem Eisenbahnbau, der die direkte Belieferung von Fabriken und Märkten ermöglichte, wanderten viele Juden ab. 1938 waren von ehemals 650 noch 68 jüdische Einwohner übrig geblieben, von denen etwa die Hälfte sich nicht vor dem Nazi-Terror retten konnte. Die Tschechen mussten nach dem Einmarsch der Deutschen den Ort verlassen, und die Deutschen wurden nach dem Krieg vertrieben. Šafov hatte 1843 exakt 1251 Einwohner, 1994 nur noch 169. Der große Bau mit dem grünen Walmdach, den man bei der Einfahrt in die Gemeinde rechts von sich sieht, ist die ehemalige Synagoge von 1785. Der gut

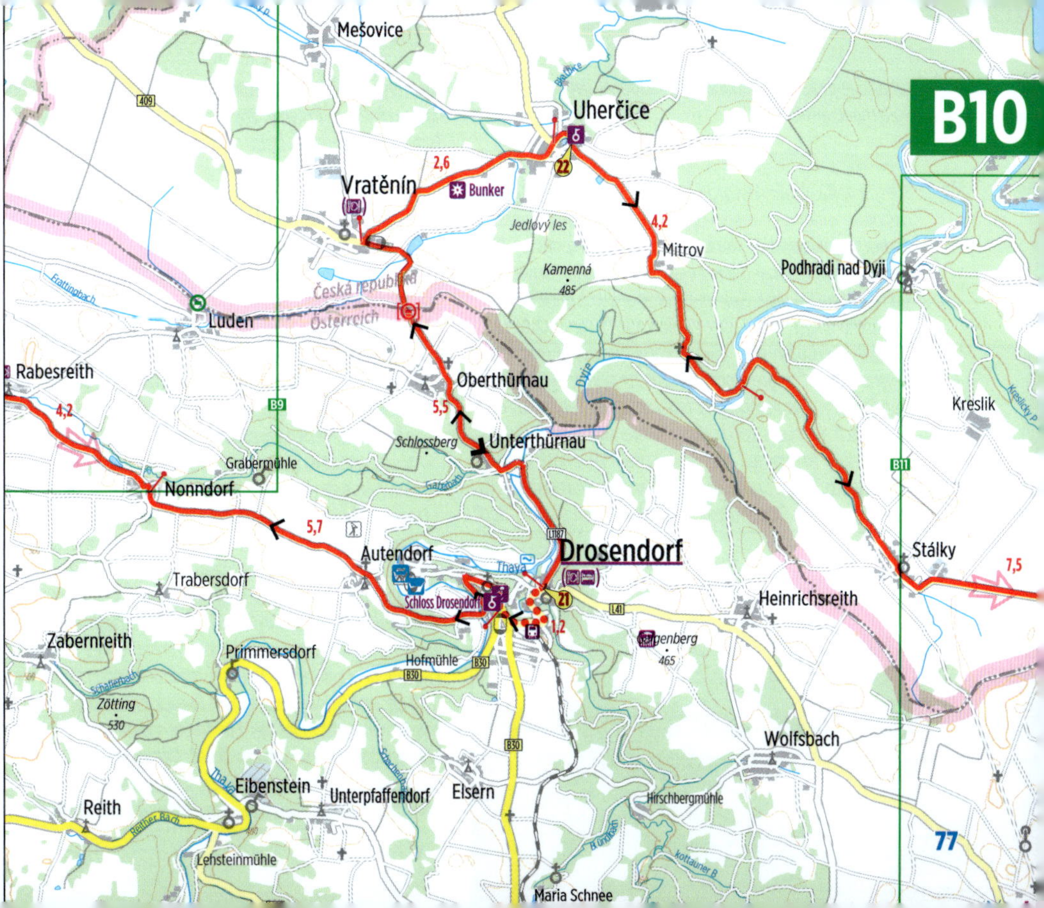

erhaltene jüdische Friedhof liegt diagonal gegenüber, also linkerhand am Ortsende.

Ludwig Winder

In Schaffa (Šafov) wurde Ludwig Winder (1889-1946) geboren, einer der meist gelesenen Autoren der ersten Tschechoslowakischen Republik, deren Staatspreis er 1934 erhielt. Manche seiner Bücher erschienen erst auf Tschechisch und dann auf Deutsch. Bekannt wurde er durch seine Romane „Jüdische Orgel“ oder „Der Thronfolger“, der in Österreich übrigens verboten war. Sein Theaterstück „Die Frau ohne Eigenschaften“ regte Robert Musil zu seinem 1.000-seitigen Roman „Der Mann ohne Eigenschaften“ an. Nach dem Einmarsch der Nazis floh Ludwig Winter mit seiner Frau und der ältesten Tochter auf abenteuerlichem Weg nach London. Die jüngere Tochter und seine Verwandten wurden von den Nazis ermordet. Beppo Beyerl schildert ihn in seinem Buch „Achtung Staatsgrenze“ folgendermaßen: „Ludwig Winder hatte das Pech, in einer doppelten Falle zu landen. Für die Tschechen war er ein Deutscher, also vergiß ihn. Und für die das Geschichtsbild der Grenzregion bis heute bestimmenden Vertreter der Sudetendeutschen war er ein Linker und noch dazu ein Jude, also vergiß ihn doppelt.“

Burg Hardegg

Vor dem Stadteingang von Šafov biegt man rechts ab in die wenig befahrene und kurz vor der Grenze nicht mehr asphaltierte Straße und erreicht Riegersburg.

Riegersburg (Hardegg) Ⓐ

Schloss Ruegers, Riegersburg 1, ✆ 0664/2145855. Seit über 280 Jahren befindet sich das ehem. Wasserschloss in Familienbesitz und wurde durch Franz Anton Pilgram, einen niederösterreichischen Landschaftsbaumeister, zu einem Barockschloss umgestaltet. Bei einem Schlossbesuch entdecken Sie die prunkvollen Räume, die Schlossgeschichte und vieles mehr. @ xqb427

Um einen burgartig befestigten Gutshof entstand das erstmals urkundlich 1212 als „De Ruggers“ erwähnte Dorf. Nach Erwerb des Riegersburger Lehens samt Dorf ließ Reichsgraf Sigmund von Hardegg-Prueschenk die Burg 1580 zu einem Wasserschloss umbauen, welches jedoch nach dem Dreißigjährigen Krieg mehr und mehr verfiel. Unter Reichsgraf Khevenhüller baute der Baumeister Franz Anton Pilgram ab 1730 das alte Gemäuer zu einem Barockschloss um. Berühmt wurde vor allem einer der Fürsten aus dem Geschlecht der Khevenhüller, Fürst Johann Josef. Der einstige Obersthofmarschall der Kaiserin Maria Theresia hinterließ ein Tagebuch über das Österreich des 18. Jahrhunderts. Es diente Hugo von Hofmannsthal als Anregung für sein Libretto zum Rosenkavalier. In der Strauß-Komposition wird der Khevenhüller-Fürst als Baron Ochs verewigt.

Nach den Zerstörungen des Zweiten Weltkrieges und den anschließenden langandauernden Renovierungsarbeiten, präsentieren sich die glanzvoll als Museum ausgestatteten Repräsentationsräume des Barockschlosses heute als „Adeliger Landsitz des 18. Jahrhunderts“. An die Zeiten des Wasserschlosses erinnern heute noch die Fischteiche, die das Schloss Riegersburg umgeben. Jedes Jahr im Herbst wird hier, wie auch sonst überall im Waldviertel, das Wasser abgelassen und daraufhin abgefischt. Neues Lebenselixier für neue Fische spendet ausschließlich das Grundwasser.

In Riegersburg biegt man links ab, folgt der ausgeschilderten EV 13 und passiert das **Schloss**, das auch über ein Gartencafé verfügt. Hinter den beiden Seen biegt man links ab und erreicht Felling.

Felling (Hardegg) Ⓐ

Perlmuttmanufaktur, Nr. 37, ✆ 02916/203. In Österreichs einziger Perlmuttmanufaktur erwartet Sie ein Museum, eine Ausstellung der Handwerkskunst und auf Wunsch eine Betriebsbesichtigung. @ yql561

Dort geht es zunächst bergauf, man wird anschließend aber mit einer tollen Abfahrt belohnt. Unten angekommen hat man einen wunderbaren Blick auf die Burg Hardegg. Man fährt auf der Hauptstraße in Richtung Burg und folgt der EV 13 in Richtung Čížov. An einem Café geht es rechts ab.

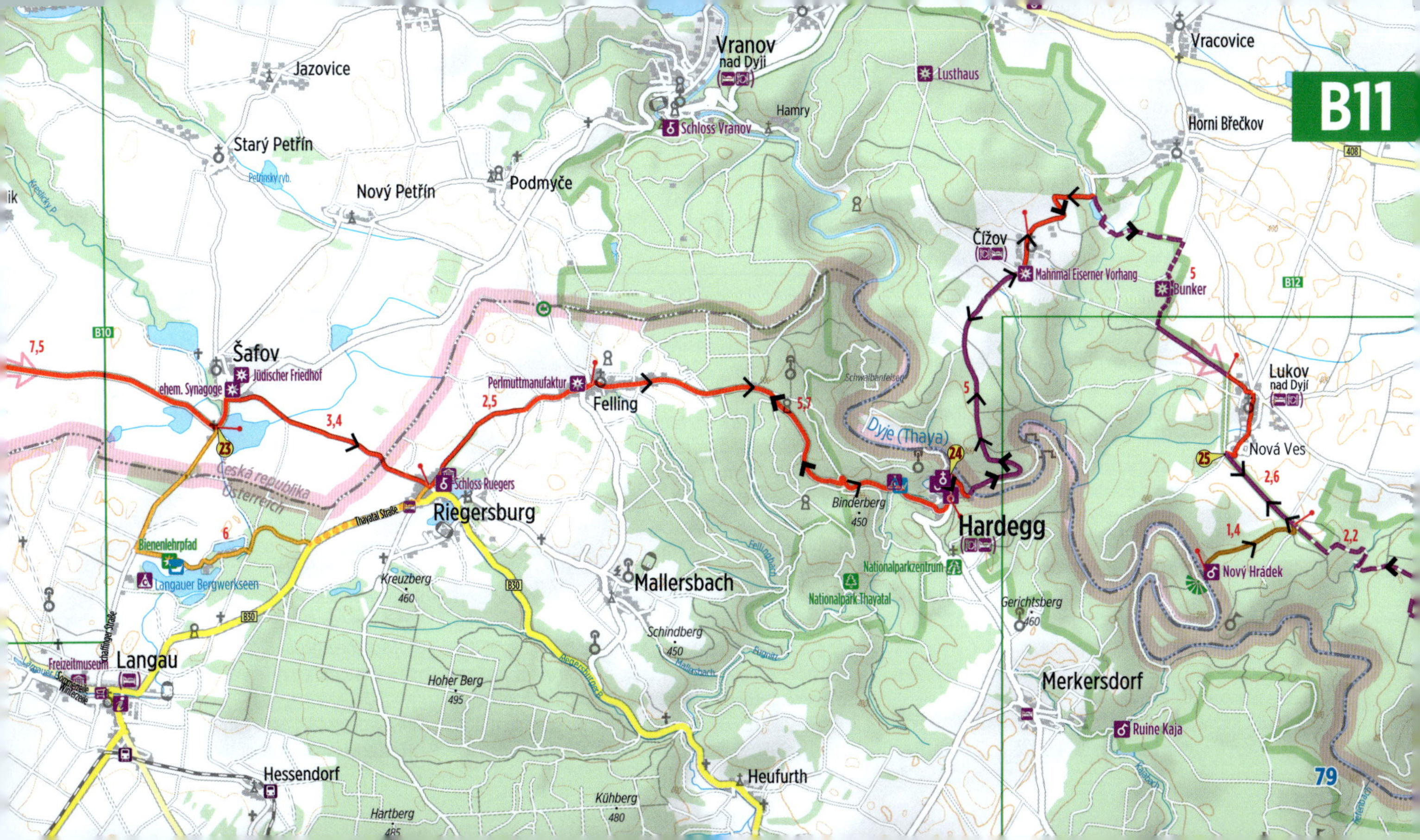

B11
Vranov nad Dyjí
Jazovice
Vracovice
Lusthaus
Hamry
Schloss Vranov
Horni Břečkov
Starý Petřín
Podmyče
Nový Petřín
Čížov
Mahnmal Eiserner Vorhang
Bunker
Šafov
Jüdischer Friedhof
ehem. Synagoge
Perlmuttmanufaktur
Felling
Schwalbenfelsen
Lukov nad Dyjí
Nová Ves
Dyje (Thaya)
Česká republika
Österreich
Schloss Ruegers
Riegersburg
Thayatal Straße
Binderberg
Hardegg
Nový Hrádek
Bienenlehrpfad
Langauer Bergwerkseen
Kreuzberg
Mallersbach
Nationalparkzentrum
Nationalpark Thayatal
Gerichtsberg
Schindberg
Freizeitmuseum
Langau
Hoher Berg
Merkersdorf
Ruine Kaja
Hessendorf
Heufurth
Kühberg
Hartberg
79

TIPP Beide Wege führen über die Thayabrücke, der rechte ist kürzer, aber der linke geht durch das Zentrum.

Hardegg Ⓐ

Vorwahl: 02948

- **Stadtgemeindeamt**, Pleissing 2, OT Pleissing, ✆ 8450, @ hot367
- **GK Museum**, Stadt 36, in der ehem. VS, ✆ 8450. Im Guckkasten Museum können Geschichts-Interessierte durch Gucklöcher sechs historische Fotopräsentationen und zwei kurze Filme betrachten. Im Zuge des Themenweges zu besichtigen. @ lmi258
- **Hl. Vitus**, Kircheng. 1, ✆ 0664/2202860. An die barocke Pfarrkirche schmiegt sich der Karner, einer der wenigen romanischen Gebeinhäuser (1160) in Niederösterreich. @ xri363
- **Burg Hardegg**, Stadt 38, ✆ 0664/2145855 Seit dem 11. Jh. befindet sich die Burg im idyllischen Thayatal zur Sicherung der Thayagrenze, heimgesucht von Zerstörung und Wiederaufbau. Besonders sehenswert ist die romanisch-gotische Kapelle, das Verlies, der Waffensaal und die Kaiser Maximilian von Mexiko-Ausstellung sowie der Ortsturm, der sich gegenüber des dreieckigen Burghofes befindet. @ qgx345
- **Uhrturm**, Hardegg 39, direkt an der Ortseinfahrt. Hier befindet sich auch der Eingang zur Burg. Der mehrmals renovierte Stadtturm ist mit seinem steilen Walmdach Teil der Befestigungsanlage.
- **Nationalparkzentrum Thayatal**, Nationalparkhaus, ✆ 02949/70050. Ausstellungen, Wildkatzengehege, Naturforscherwerkstätte, Abenteuerspielplatz, Café. @ bqh458
- **NSG Nationalpark Thayatal**, ✆ 02949/70050. Entdecken Sie die einzigartige, artenreiche Tallandschaft Europas und den Zauber des Thayatales sowie die Vielfalt an Pflanzen und Tieren. Das Thayatal zählt zu den außergewöhnlichsten Durchbruchstälern in Europa. @ jcf775

- **Waldbad**, Vorstadt, ✆ 8450, ✆ 0680/2171808, @ dkm784

Nur wenige Einwohner zählt die kleinste Stadt Österreichs. Zur Zeit des „Eisernen Vorhangs“ lag sie lange nur am Rande des Geschehens. Dadurch hat sich das landschaftlich so reizvoll gelegene Städtchen im wildromantischen Thayatal viel von seiner Ruhe und Beschaulichkeit bewahrt.

24 Unten in der Stadt hält man sich rechts und fährt an der Thaya entlang bis zur Brücke, wo es einen Gasthof gibt.

Die Brücke von Hardegg

Mit der berühmten Brücke über die Thaya war die große Politik in der kleinsten Stadt Österreichs sehr präsent. Die eine Hälfte, die abgerissen wurde, gehörte zur damaligen Tschechoslowakei, die andere, die notdürftig instandgehalten wurde, gehörte zu Österreich. Die neue Brücke wurde 1990 als Bestandteil des Nationalparks Thayatal errichtet. Deshalb ist sie nur für den Fuß- und Radverkehr geöffnet. Hinter der Brücke beginnt der Nationalpark.

Nationalpark Thayatal (Národní park Podyjí)

Der im österreichischen Durchbruchstal der Thaya gelegene Nationalpark bildet zusammen mit dem 1991 gegründeten tschechischen Národní park Podyjí eine 45 Quadratkilometer große Einheit. Durch die Grenznähe konnten sich Flora und Fauna über die letzten Jahrzehnte nahezu ungestört entwickeln. Deshalb sind in dieser Region viele verloren geglaubte Pflanzenarten und Tiere wie Elch, Siebenschläfer und die als ausgestorben gedachte Wildkatze noch immer zu finden.

Der im Jahr 2000 gegründete Nationalpark mit einer Größe von 1.330 Hektar, ist der kleinste und versteckteste in Österreich und besteht zu 92 Prozent aus Bäumen. Weil hier zwei Klimazonen aufeinandertreffen, ist die Natur so reizvoll. Der Westen ist vom kontinental kühlen Klima bestimmt, das Rotbuchen, Bergahorn, Eiben und Bergulmen mögen, der Osten vom trockenen und warmen pannonischen Klima mit Hainbuchen und Eichen.

Von den 3.000 in Österreich bestimmten Pflanzenarten findet man hier fast die Hälfte, was auch für Insekten, Vögel und Säugetiere gilt. Im Kajabach sind Edelkrebs und Tausende von Glühwürmchen zu sehen.

Von Hardegg (AT) nach Satov (CZ) — 23 km

Hinter der Brücke geht es steil bergauf.

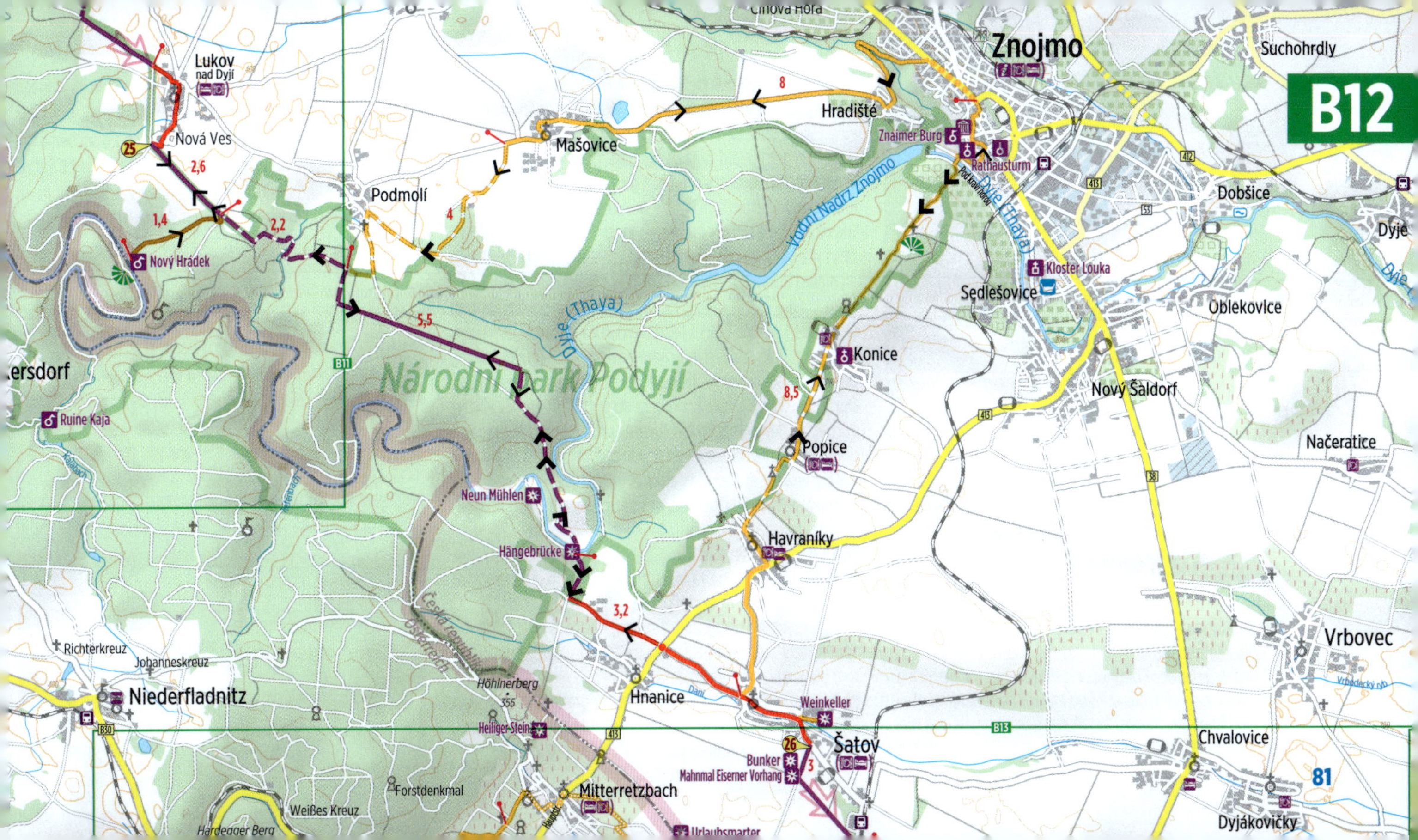

B12
Znojmo
Znaimer Burg
Rathausturm
Suchohrdly
Dobšice
Hradiště
Mašovice
Podmolí
Lukov nad Dyjí
Nová Ves
Nový Hrádek
Vodní Nádrž Znojmo
Dyje (Thaya)
Kloster Louka
Sedlešovice
Oblekovice
Konice
Národní park Podyjí
Nový Šaldorf
Popice
Načeratice
Ruine Kaja
Neun Mühlen
Hängebrücke
Havraníky
Vrbovec
Richterkreuz
Johanneskreuz
Niederfladnitz
Höhlnerberg
355
Hnanice
Weinkeller
Heiliger Stein
Šatov
Bunker
Mahnmal Eiserner Vorhang
Chvalovice
Forstdenkmal
Mitterretzbach
Weißes Kreuz
Hardegger Berg
Urlaubsmarter
Dyjákovičky
Česká republika
Österreich
81

Stadttheater in Znojmo

Čížov @

Mahnmal Eiserner Vorhang. Gegenüber dem ehemaligen Zollhaus, das renoviert und seit 2017 der Infopunkt des Nationalparks Podyji ist, sieht man einen alten Beobachtungsturm und Panzersperren auf dem früheren Patrouillenweg. Eine Hinweistafel gibt die notwendigen Informationen. Aufgebaut wurde auch eine Nachbildung des Eisernen Vorhangs. Sogar ein Tor für die Grenzpolizisten wurde angelegt, durch welches die Soldaten einst auch die andere Seite kontrollieren konnten.

TIPP: Leider ist der Kolonnenweg nicht durchgängig befahrbar, weshalb man nach der Besichtigung wieder zur Straße zurückkehren muss.

Man passiert einen Friedhof und eine Kirche, vor der sich ein Restaurant befindet, das nur von Mai bis November geöffnet hat. Man folgt der Straße, radelt ein Stück bergab und biegt bei einer Brücke rechts ab Richtung Lukov. Der Weg ist nicht asphaltiert, aber gut befahrbar. Man radelt an dem Bach entlang, der später ein See wird. Nachdem man abermals einen Bach überquert hat, steigt der Weg wieder an. Wenn man aus dem Wald heraus kommt, geht es am Ende des Weges rechts ab, ausgeschildert nach Lukov. An der nächsten Kreuzung hält man sich links – dort fehlt das Schild, aber am Baum ist das Zeichen eingetragen. Nach einer Rechtskurve fährt man auf einem wunderschönen Weg durch den Wald an einem Bunker vorbei und stößt auf den Kolonnenweg. Es wäre schön, wenn dieser Kolonnenweg mit dem Mahnmal verbunden würde. Leider fehlt die dafür notwendige Brücke. Man biegt links ab in den Kolonnenweg und erreicht **Lukov**, dessen Kirche schon früh zu sehen ist. Man radelt durch das Dorf, biegt am Restaurant rechts ab und fährt an der Kirche vorbei, an der sich auch ein Restaurant befindet. Man radelt durch **Nová Ves** und stößt am Ende des Ortes wieder auf den Kolonnenweg, in den man links einbiegt **25**.

Man radelt am **Nationalpark** entlang auf dem asphaltierten Kolonnenweg.

AUSFLUG: An der nächsten Kreuzung geht ein Weg zwei Kilometer rechts ab zur Ruine Nový Hrádek, einem wunderschönen Aussichtspunkt über die Thaya.

An diesem Abzweig radelt man geradeaus und folgt der später nicht mehr asphaltierten EV 13. Man quert einen Fluss und biegt dann rechts ab.

VARIANTE: Die ausgeschilderte EV 13 geht weiter geradeaus und dann links ab. Nach zwölf Kilometern erreicht man über Podmoli, Mašovice und Hradisté die Stadt Znojmo.

Die beschriebene Route biegt rechts und kurz danach wieder links ab und man bleibt im Nationalpark auf dem Kolonnenweg bis zur Thaya. Man quert den Fluss, biegt die nächste Möglichkeit links ab und radelt auf dem **48** nach Šatov.

AUSFLUG: Wer nach Znojmo radeln möchte, biegt vor Šatov links ab in den als EV 13 ausgeschilderten Weg.

Znojmo (Znaim) @

Městský úřad, Obroková 10, ✆ 515216111

Südmährisches Museum, Přemyslovců 129/8, ✆ 515282211. In der Krypta der Kirche des ehemaligen Minoritenklosters befindet sich das Grab von König Přemysl Ottokar II. @ hjh752

Hallenkirche St. Nikolaus, Mikulášské nám. Die heute dreischiffige Hallenkirche (14. Jh.) ist markant am hohen Ufer gelegen. Trotz einer barocken Umgestaltung (Kanzel in Form einer Weltkugel) sind noch gotische Fresken vorhanden.

Gedenkstein für Anton Vrbka

St.-Michael-Kirche, Jezuitské nám., an der Nordspitze der Altstadt. Der Turm der barock überbauten Kirche wurde nach einem Einsturz an der Chorseite, abgetrennt durch eine Straße, neu errichtet.

Kloster Louka/Bruck, Loucká. Die Stiftskirche des ansonsten etwas verfallenen, 1190 gegründeten, Klosters ist äußerst sehenswert. Der prachtvolle Barockbau wurde von Lukas von Hildebrandt und Anton Maulpertsch gestaltet. @ xcb667

Burg, Hradní 84/10, ✆ 515282211, ⏲ Mi-Mo 9-17 Uhr. Die Burg ersetzte Ende des 12. Jhs. die gegenüber liegende unmodern gewordene Burg von Hradiště. Die im 13. Jh. durch einen Halsgraben abgetrennte innere Burg wurde später zu einem Barockschloss umgebaut. Zu den ältesten Teilen der Vorburg gehört die Rotunde der Hl. Katharina, die als das wertvollste Kulturgut der Stadt gilt. Sie enthält einzigartige Wandmalereien, einen Bilderzyklus biblischer Motive, verwoben mit einer Galerie von Přemysliden-Herrschern.

Rathausturm, Obroková 1/12. Der markante Turm wurde in den 1440er Jahren errichtet.

Unterirdische Kellergänge, Slepici trh. Ein weitreichendes Netz von Kellern durchzieht den Untergrund der Stadt. Von deren 27 Kilometern Länge, verteilt auf 3 Etagen, bekommt man bei der Besichtigung rund einen Kilometer zu sehen.

Der Ort mit dem sehr gut erhaltenen mittelalterlichen Stadtkern liegt auf einem Felsenplateau über der Thaya. „Hier möchte ich wohl wohnen, so lieblich und freundlich ist die Gegend", soll der Schriftsteller Johann Gottfried Seume auf seinem „Spaziergang nach Syrakus im Jahre 1802" über Znojmo gesagt haben.

Das Gymnasium in der Nähe des Bahnhofs hat einer der populärsten Unterhaltungskünstler, der österreichische Sänger Peter Alexander (1926-2011), besucht. Wegen diverser Streiche hatte ihn das Humanistische Gymnasium Wien-Döbling der Schule verwiesen. Da seine Mutter aus Budweis stammte, konnte er nach Znojmo wechseln und dort – kriegsbedingt – 1944 das Notabitur ablegen.

Vom Bahnhof fahren Direktzüge nach Wien und Břeclav.

Vom Bahnhof in Znojmo geht es links ab, auf der rechten Seite der **Dr. M. Horákové** ist ein schöner Radweg in beiden Fahrtrichtungen. An ihrem Ende biegt man rechts ab in die **Vídeňská tř**. und an der übernächsten Möglichkeit links ab in die **Dyjská**. Die **EV 13** geht kurvenreich bergab zur Thaya und bietet einen reizvollen Blick auf die Eisenbahnbrücke. An der Ecke, an der links der Radweg 126 ausgeschildert ist, geht es rechts ab auf der **Koželužská** entlang der Thaya bis zur Brücke (Auto-Museum und ein Restaurant mit Terrasse), auf deren rechter Seite ein großer Staudamm ist.

Nach Querung der Thaya folgt man der Beschilderung Richtung Unterretzbach, biegt hinter der Brücke links und sofort wieder rechts ab und radelt steil bergauf. Der Weg ist nur ein kurzes Stück asphaltiert und entwickelt sich später zu einem schwer befahrbaren befestigten Feldweg. Man hat einen wunderbaren Blick auf die Stadt, quasi auf Augenhöhe von der anderen Seite. Der schmale Feldweg rechts für Mountainbiker wird ignoriert, man bleibt auf der ziemlich breiten, nicht so gut befahrbaren **EV 13**. An der Dreieckskreuzung

Bunker von Šatov

biegt man rechts ab. Oben angekommen, sieht man einen Gedenkstein mit einer Tafel.

Anton Vrbka (1860–1939)

Der Pädagoge und Heimatforscher war ein Liebhaber von Znojmo und dessen Geschichte. Wegen seiner Verdienste für das Geschichtsmuseum wurde anlässlich seiner Pensionierung 1925 hier ein Gedenkstein errichtet. Später weigerte er sich, den Nazis Exponate aus seinem Museum zu geben, die Adolf Hitler geschenkt werden sollten. Weil die tschechoslowakischen Grenztruppen nach 1945 den Gedenkstein zu Schießübungen missbrauchten, wurde er zertrümmert und 2005 erst wieder aufgebaut. Es ist schon befremdlich, dass die tschechoslowakischen Kommunisten keinen Respekt hatten vor einem mutigen Menschen wie Anton Vrbka (1860–1939), der gegenüber den Nationalsozialisten Zivilcourage gezeigt hat.

Kurz hinter dem Gedenkstein stößt man auf den ausgeschilderten Weg nach Znojmo, in den man links abbiegt nach Konice. Der ebene Weg ist gut befahrbar und man sieht schon die Weinberge eines sehr berühmten Weines. An der nächsten Dreieckskreuzung fährt man geradeaus. Eine Tafel gibt – leider nur in Tschechisch – Auskunft über den Sobes genannten Weinberg in der Thayaschleife.

Konice (Konitz)

Man fährt nicht links bergab zur Kirche, sondern geradeaus auf der nach Havraníky ausgeschilderten und kaum befahrenen asphaltierten Straße.

Popice @

Man hält sich geradeaus und radelt auf dem ausgeschilderten Radweg Richtung Unterretzbach. Anfangs ist der Weg noch asphaltiert, dann geht es aber ein bisschen rechts ab und etwas mühsam, aber fahrbar über Felsen. Eine Tafel weist auf eine Schlange hin, die auf Tschechisch „užovka stromová" heißt. Vor einer Statue geht der Weg links ab. Man passiert eine Kapelle.

Wallfahrtskapelle der Schmerzhaften Mutter Gottes

Hier, auf der Kaitlinger Heide, steht in Deutsch und Tschechisch zu lesen: „Liebes Kind, wo gehst du hin, weißt du nicht, dass ich deine Mutter bin? Ich liebe dich ganz inniglich, drum stehe still und grüße mich." Vermutlich ist diese Kapelle 1993 saniert worden.

Mahnmal Eiserner Vorhang in Šatov

Der Weg wird wieder etwas besser. An der nächsten Kreuzung geht es geradeaus, wobei der Weg durch die Weinberge mit einem Symbol ausgeschildert ist. In Gegenrichtung ist die Wegmarkierung detaillierter.

Havraníky @

Man biegt am Kreuzungsdreieck links ab in die asphaltierte Straße nach Šatov. Rechts geht es nach Sobes zu den berühmten Weinbergen. An der Hauptstraße, an der sich auch eine Pension mit Restaurant befindet, biegt man rechts ab und stößt auf die Hauptroute, in die man links einbiegt.

Šatov @

Der Ort hat eine wechselvolle Geschichte hinter sich. In den 1930er Jahren wurde die tschechische Bevölkerung vertrieben und nach dem Münchener Abkommen verkündete man auf einer Tafel: „Am 4. Dezember 1938 haben sich die Einwohner des Marktes Schattau - mit 100 Prozent - zu Adolf Hitler, ihrem Führer u. Befreier, bekannt!" Die Nachkriegszeit und die Kollektivierung der Landwirtschaft hat nur ein einziger Weinkeller überstanden. Vom Bahnhof fahren Direktzüge nach Wien und Znojmo.

Von Satov (CZ) nach Laa an der Thaya (AT) 42 km

AUSFLUG Wenn man links dem Pfeil folgt, geht es auf der asphaltierten Straße Richtung Kirche und kurz vorher links ab in den Schotterweg zum Star unter den Weinkellern.

Weinkeller Malovaný sklep

Maximillian Appeltauer (1904-1972) bemalte die Sandsteinwände in diesem Weinkeller von 1930 bis 1968. Als er 1945 aus dem Krieg mit nur noch einer Hand zurückkam, malte er weiter mit in Kalkmilch aufgelösten Farbpigmenten. Man sieht naive Volkskunst, Landschaften und in einem der fünf Separées auch Aktmalereien.

Am Ende des ausgeschilderten Weges sieht man den Elektrizitätsturm und biegt rechts ab über die **Daniž**. Auf der EV 13 sieht man auf der linken Seite ein Restaurant mit Übernachtungsmöglichkeit, in dem Radfahrer willkommen sind. Geradeaus ist der Radweg 48 Prag-Wien ausgeschildert.

26 Auf dem „Europa-Radweg Eiserner Vorhang" geht es rechts ab zum Bunker.

Der Bunker von Šatov

Dieser Bunker, der heute poppig bemalt ist, hat Geschichte geschrieben, als die Tschechoslowakei in den 1930er Jahren die einzige Demokratie in Mitteleuropa war. Wegen Hitlers Drohungen, er werde die hussitischen Tschechen vernichten und Prag aus der Luft bombardieren, bauten die Tschechen mithilfe des Bündnispartners Frankreich an der Grenze zu

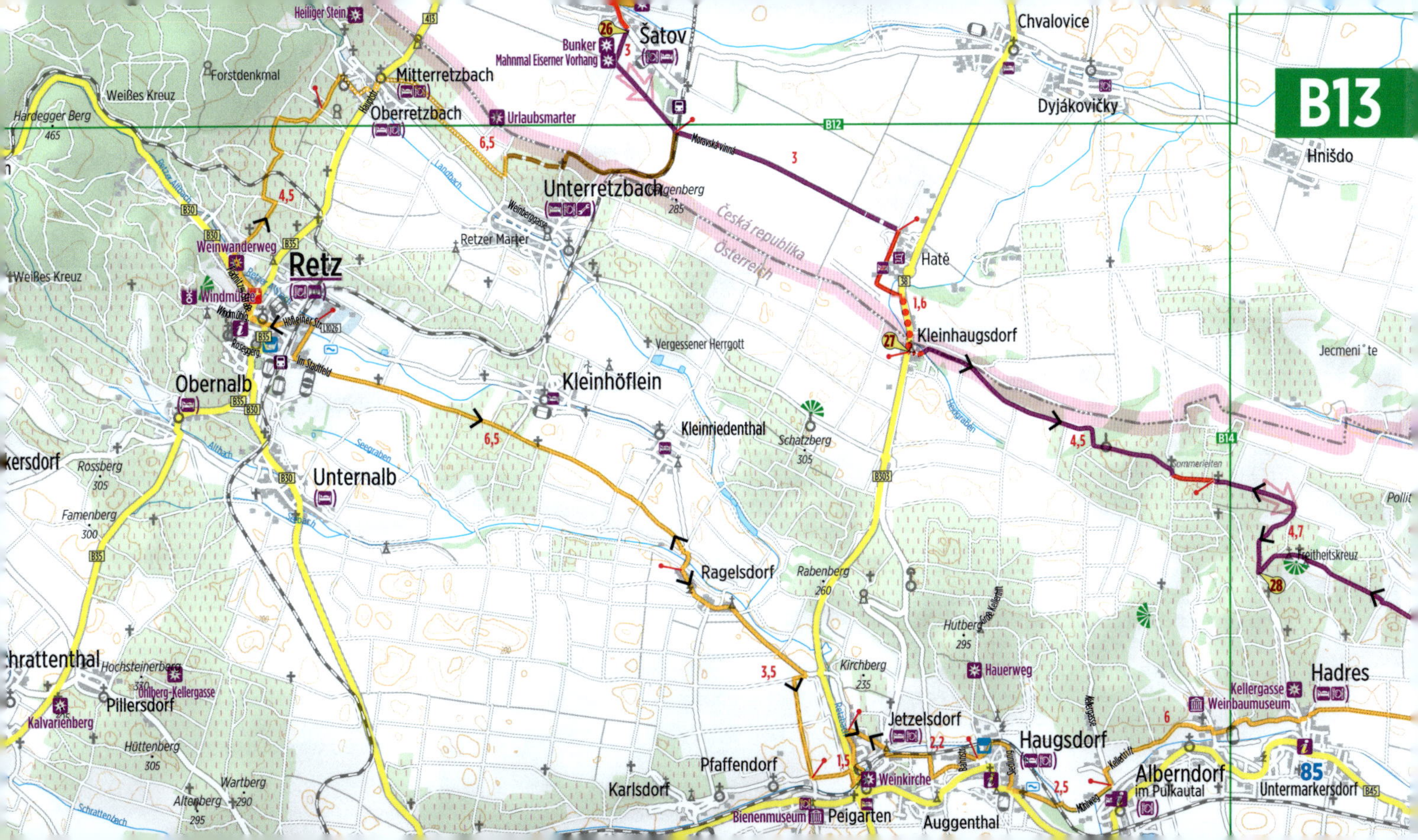
B13
Šatov
Chvalovice
Dyjákovičky
Hnišdo
Heiliger Stein
Bunker
Mahnmal Eiserner Vorhang
Mitterretzbach
Oberretzbach
Urlaubsmarter
Forstdenkmal
Weißes Kreuz
Hardegger Berg
465
Unterretzbach
Retzer Marter
Česká republika
Österreich
Hatě
Weinwanderweg
Retz
Windmühle
Weißes Kreuz
Kleinhaugsdorf
Vergessener Herrgott
Jecmeni ˚te
Obernalb
Kleinhöflein
Kleinriedenthal
Schatzberg
305
Unternalb
Rossberg
305
Famenberg
300
Sommerleiten
Pollit
Freiheitskreuz
Ragelsdorf
Rabenberg
260
Hutberg
295
Kirchberg
235
Hauerweg
Schrattenthal
Hochsteinerberg
Öhlberg-Kellergasse
Pillersdorf
Kalvarienberg
Hüttenberg
305
Wartberg
290
Altenberg
295
Jetzelsdorf
Haugsdorf
Hadres
Kellergasse
Weinbaumuseum
Alberndorf im Pulkautal
Untermarkersdorf
Pfaffendorf
Karlsdorf
Weinkirche
Bienenmuseum
Peigarten
Auggenthal
85

Deutschland eine geschlossene Kette von Bunkern, von denen heute noch viele existieren. Nach dem „Anschluss" Österreichs an das Deutsche Reich rechnete man mit einem massiven Angriff in Richtung Znojmo (Znaim), weshalb in diesem Bereich diese Anlagen verstärkt wurden. Sie sollten die deutschen Truppen solange aufhalten, bis die Bündnispartner Frankreich und Großbritannien zur Hilfe kommen konnten.

Diese Verteidigungsmaßnahmen erwiesen sich als vergeblich. Die Mehrheit der Sudetendeutschen wollte „heim ins Reich" und terrorisierte die tschechische Minderheit in den mehrheitlich von Deutschen besiedelten Gebieten. Am 29. September 1938 unterschrieben die tschechoslowakischen Bündnispartner Großbritannien und Frankreich – die Vertreter der Tschechoslowakei waren nicht zugelassen – sowie Deutschland und Italien das „Münchener Abkommen", das tschechische Historiker als „Münchener Diktat" bezeichneten. Es wurde 1973 im „Prager Vertrag" von der Bundesrepublik Deutschland „für nichtig" erklärt.

Nach dem „Münchener Abkommen" marschierte die Deutsche Wehrmacht in die tschechoslowakischen Randgebiete ein und die demokratischen Sudetendeutschen, die Juden und die Tschechen wurden in die „Rest-Tschechei" vertrieben. Hitler inspizierte den Bunker von Šatov und setzte die Fotos vom „siegreichen Führer" propagandistisch ein. Viele der noch Unentschlossenen traten der NSDAP oder gleich der SS bei.

Zehn Jahre später spielte der Bunker wieder eine Rolle: Nach der Kollektivierung der Landwirtschaft wurden viele alte Grenzraine entfernt. Der erste kommunistische Staatspräsident, Klement Gottwald, ging die wenigen Schritte von der Hauptstraße zum Bunker und planierte demonstrativ den Grenzrain. 30 Jahre lang trug dieser Weg dann seinen Namen.

Vor ein paar Jahren wurde der Bunker mit bunten Farben poppig bemalt. Gleichzeitig wurden der Stacheldraht des Eisernen Vorhangs wieder aufgebaut und Panzersperren aufgestellt. Dass hier die Erinnerung an den Bunker, der gegen den äußeren Feind gerichtet war, und an den Eisernen Vorhang, der die eigene Bevölkerung einsperrte, nebeneineinander existiert, ist zumindest erklärungsbedürftig.

Man radelt am Bunker vorbei, biegt links ab und bleibt auf dem asphaltierten Kolonnenweg bis zu den Bahngleisen.

VARIANTE **Die ausgeschilderte EV 13 geht vor den Bahngleisen rechts ab entlang der Gleise bis zur Grenze und führt dann über Unterretzbach, Mitterretzbach, Retz, Jetzelsdorf und Haugsdorf nach Seefeld.**

Auf der beschriebenen Route quert man die Gleise, hält sich links und radelt auf der **Moravská vinná** geradeaus, die nach dem nächsten Abzweig nicht mehr asphaltiert ist. An deren Ende biegt man rechts ab und passiert eine riesige Shopping Mall sowie das Hotel Savannah. Nach einer Linkskurve stößt man auf die stark befahrene Straße, die geradewegs zum nicht mehr kontrollierten Grenzübergang von Haté führt.

Freiheitskreuz und Hubertuskapelle

Gelungene Flucht von Milan Horáček und František Dražny

Nach dem „Prager Frühling" gelang in der Nähe dieses Ortes Anfang September 1968 Milan Horáček und František Dražny, der zuvor dort zwei Jahre lang Grenzsoldat war und sich bestens auskannte, in der Nacht die Flucht nach Österreich.

Milan Horáček wurde von 1965-67 als „politisch unzuverlässig" eingestuft, zeitweise inhaftiert und lebte nach seiner Flucht in Frankfurt am Main. Er war 1979 Gründungsmitglied der Grünen, die er als Abgeordneter von 1983-85 im Bundestag und von 2004-09 im Europäischen Parlament vertrat.

Hatě (Kleinhaugsdorf)

Dieser Ort wurde international bekannt durch das symbolträchtige Durchschneiden des Grenzzaunes durch die Außenminister Österreichs und Tschechiens, Alois Mock und Jiří Dienstbier, am 17. Dezember 1989.

27 Direkt hinter dem Grenzübergang biegt man links ab in die Kopfsteinpflasterstraße, die später schön asphaltiert ist. Der Weg auf der österreichischen Seite geht direkt an der Grenze entlang, man sieht auf der tschechischen noch den alten Kolonnenweg. Dazwischen steht das Schild „Grenze". Es wäre schön, wenn es eine Informationstafel aus einer Zeit gäbe, als diese beiden Wege noch durch den Eisernen Vorhang getrennt waren. Dieser Güterweg entlang der Grenze ist übrigens von der EU gefördert worden. Man folgt dem

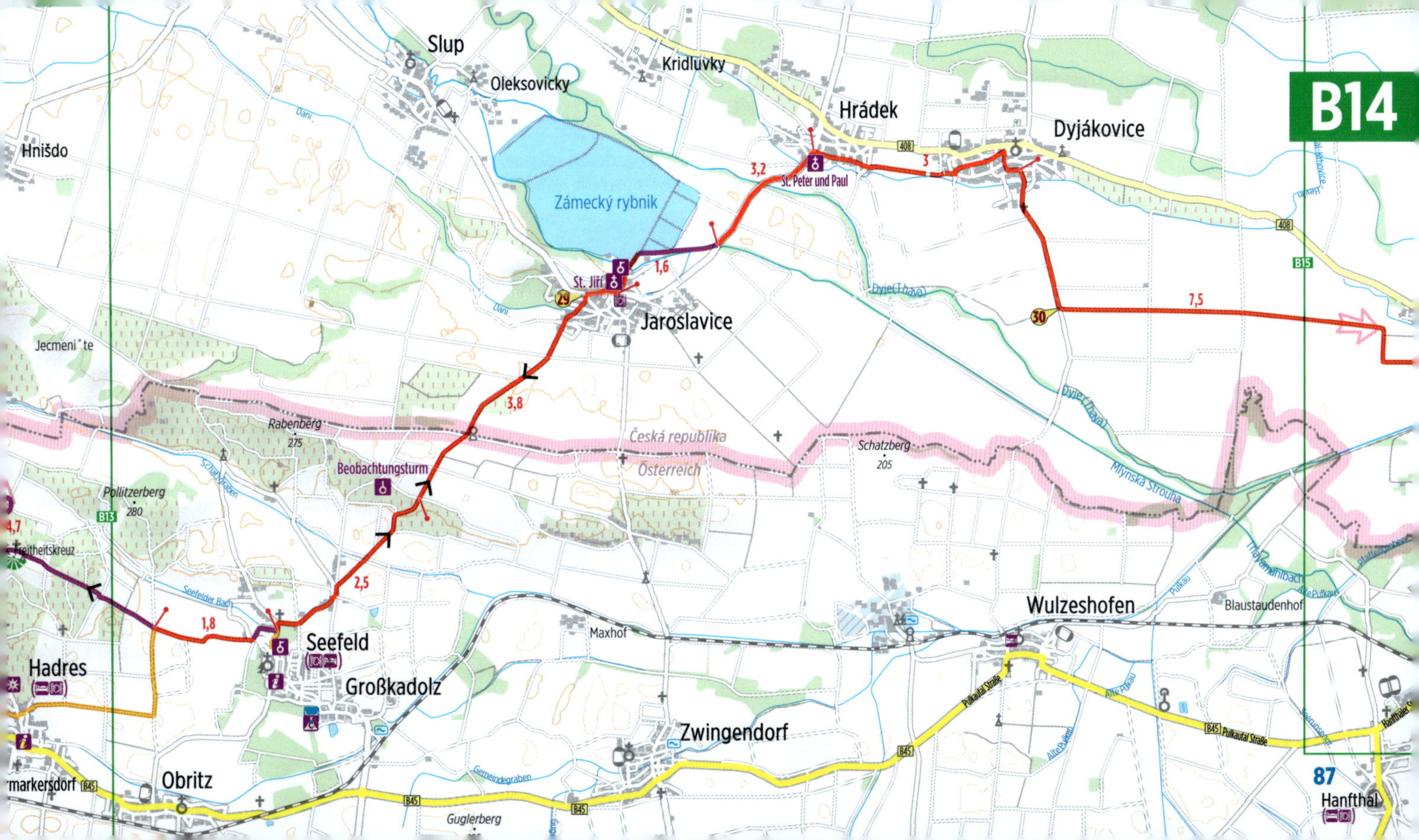
B14
Slup
Oleksovicky
Kridlůvky
Hrádek
Dyjákovice
Hnišdo
Zámecký rybník
St. Peter und Paul
St. Jiří
Jaroslavice
Dyje (Thaya)
Jecmeni te
Rabenberg
275
Česká republika
Österreich
Schatzberg
205
Beobachtungsturm
Pollitzerberg
280
Freitheitskreuz
Seefelder Bach
Mlýnská Strouha
Thayamühlbach
Alte Pulkau
Blaustaudenhof
Wulzeshofen
Maxhof
Seefeld
Hadres
Großkadolz
Zwingendorf
Pulkautal Straße
Obritz
Gemeindegraben
Guglerberg
Hanfthal
3,2
3
1,6
7,5
3,8
2,5
1,8
4,7
29
30
B13
B15
B45
408

Radweg 8 nach Laa an der Thaya jetzt etwas bergauf. Oben angekommen geht es auf einem nicht asphaltierten Weg rechts ab, der nach links wieder auf einen Güterweg führt. Dort befindet sich ein Aussichtsturm. An der nächsten Kreuzung, an einem großen Baum, zweigt der ausgeschilderte 8 rechts ab. An der nächsten Ecke fährt man geradeaus bergab. **28** Etwas später biegt er spitzwinkelig links ab zur **Hubertuskapelle** mit dem Freiheitskreuz.

Freiheitskreuz und Hubertuskapelle

Auf der Fahne steht: „Vergiss nie die Heimat, wo deine Wiege stand! Du findest in der Fremde kein zweites Heimatland." Unterzeichnet mit Öller. Auf einem Gedenkstein steht: „Zum Gedenken an das Treffen der Gerstenfelder aus Suedmaehren 1976. Die 1945 aus ihrer Heimat vertrieben wurden." Auf dem Kreuz erinnert die Jahreszahl 1955 an den Rückzug der sowjetischen Truppen: „Österreich ist frei! Gott sei Dank!"

Der Weg führt auf der nördlichen Seite an der Kapelle vorbei durch die Weinberge immer geradeaus. Dem **8** folgend geht es bergab auf dem asphaltierten Güterweg nach Seefeld. Am Abzweig nach Hadres radelt man auf der EV 13 geradeaus nach Seefeld, an dessen Ortseingang ein Gästehaus Maresi mit einem Fahrrad auf sich aufmerksam macht. Dort biegt man links ab und radelt an der Schlossmauer entlang um das Schloss herum.

INS ZENTRUM Wer ins Zentrum (mit Einkehrmöglichkeit) möchte, biegt hier rechts ab.

Seefeld-Großkadolz Ⓐ

Vorwahl: 02943

- **Marktgemeindeamt**, Seefeld 39, ✆ 2201, @ liv375
- **Schloss Seefeld**, Seefeld 39. Die dreigeschossige Anlage befindet sich auf einer kleinen Anhöhe in Seefeld und ist nur von außen zu besichtigen.
- **Freibad**, Großkadolz 1, ✆ 2540, ✆ 0664/2422931, ✆ 0664/5388667, @ alu552

Der Ort hat etwa 1.000 Einwohner und wurde bereits 1108 als Markt erwähnt. Das Schloss ist noch heute im Besitz der Familie Hardegg. Seefeld-Kadolz wurde 1992 zum jugendfreundlichsten Ort Niederösterreichs gewählt.

Hinter Seefeld folgt man der ausgeschilderten **EV 13**, passiert einen Beobachtungsturm und erreicht die Grenze. Dort steht ein Grenzstein mit der Inschrift: „Freundschaftsplatz. Namesdi Pratelstvi. Seefeld-Kadolz Jaroslavice. 13. 05. 2006". Man quert den 5007 und fährt weiter geradeaus nach Jaroslavice. Dort geht es über den Bach und man biegt an der Hauptstraße rechts ab **29**.

Jaroslavice Ⓒ

- **St. Jiří-Kirche.** Das imposante Gotteshaus aus dem 18. Jh. liegt oberhalb des Ortes und ist über eine Stiege mit dem Schloss verbunden.
- **Renaissanceschloss.** Die Anlage aus der Zeit 1730-36 versteckt sich hinter wuchernden Bäumen. Die renovierungsbedürftige Vierflügelanlage ist auf einer Seite mit einem eleganten Arkadengang über kräftigen Stützgewölben geschmückt, auf der Rückseite des Gebäudes befindet sich ein Schlossteich.

Nach der Kirche biegt man links ab, radelt rechts am Schloss vorbei und geradeaus zum See (**Zámecký rybník**). An der nächsten Weggabelung hält man sich rechts und fährt zur Straße nach Hrádek. Man überquert zunächst die Thaya, dann einen kleinen Bach und man sieht bereits von weitem die Kirche am Ortseingang von Hrádek (Erdberg).

Hrádek Ⓒ

- **St. Peter und Paul.** Die mit bunten Fresken ausgemalte Barockkirche wird von den Wehrmauern der verschwundenen Burg umgeben. Auf demselben Gelände steht auch eine alte Rotunde aus romanischer Zeit. Vor der Kirche erinnert ein Kriegerdenkmal an den Ersten Weltkrieg.

Hinter der Kirche biegt die EV 13 rechts ab. Am Ende des Dorfes wird die Straße immer schlechter und geht dann in einen befestigten Feldweg über, der an einem Weinfeld vorbei führt. Man fährt geradeaus an einem kleinen Bach entlang.

Dyjákovice Ⓒ

Man folgt der EV 13 und biegt vor der Kirche rechts ab. Nach einer Links- und einer Rechtskurve verlässt man den Ort. **30** Vor der Thaya biegt man links ab. Man radelt durch die Felder auf Hevlín zu, die Kirchturmspitze im Blick. Vor **Hevlín** biegt man rechts und kurz danach links ab und stößt auf die Straße nach Laa, in die man rechts abbiegt **31**. Dort benutzt man den separaten Radweg, quert die Thaya, die Grenze sowie den Pfaffengraben und fährt auf der **Hauptstraße** geradeaus in die Innenstadt.

Laa an der Thaya Ⓐ

Vorwahl: 02522

Tourismus- und Innovationsverein Land um Laa, Stadtpl. 43, ✆ 250129, @ xed848

Biermuseum, Burgpl. 23, in der Burg Laa, ✆ 85142 Die Geschichte, die Zubereitung und die Vermarktung des beliebten Hopfentees sind die Themen des Museums. @ agj673

Kutschenmuseum, Bürgerspitalg. 4 Die Privatsammlung zeigt die vielfältigen Transportmittel der Adeligen, der Gewerbetreibenden und der Bauern vom Barock bis zur Moderne. @ otp774

Südmährermuseum Thayaland, Stadtpl. 17, Altes Rathaus, ✆ 0676/7536902 Volkskundliches Museum, das anhand von Exponaten aus dem täglichen Leben und dem Brauchtum die Geschichte der Deutsch-Südmährer dokumentiert. @ ygs418

Stadtpfarrkirche St. Vitus, Kirchenpl. Die spätromanische Basilika verfügt über eine barocke Ausstattung. @ eot111

Burg Laa, Burgpl. Errichtet wurde der imposante Bau im 13. Jh. Nach einem Brand 1564 wurde beinahe die gesamte Stadt und Teile der Wehranlage sowie der Burg eingeäschert. Derzeit wird das Bauwerk renoviert. @ tuq677

Stadtplatz. Seine Größe diente einst militärischen Zwecken. Er sollte in Kriegszeiten der Versammlung von Heereseinheiten und von geflüchteter Bevölkerung des Umlandes dienen. Seit gut hundert Jahren wird er von dem eklektischen Neuen Rathaus beherrscht. Neben dessen prunksüchtiger Überladenheit wirkt das Alte Rathaus in Höhe der Prangersäule (1575) geradezu gemütlich.

Zwiebelfest, Stadtpl., ✆ 250191. Das 3-Tages-Fest findet alljährlich im August statt. Ganz im Zeichen der Zwiebel stehend, erwarten Sie diverse Kunstausstellungen, regionale Zwiebelschmankerl und ein einmaliges Unterhaltungsprogramm. @ pke732

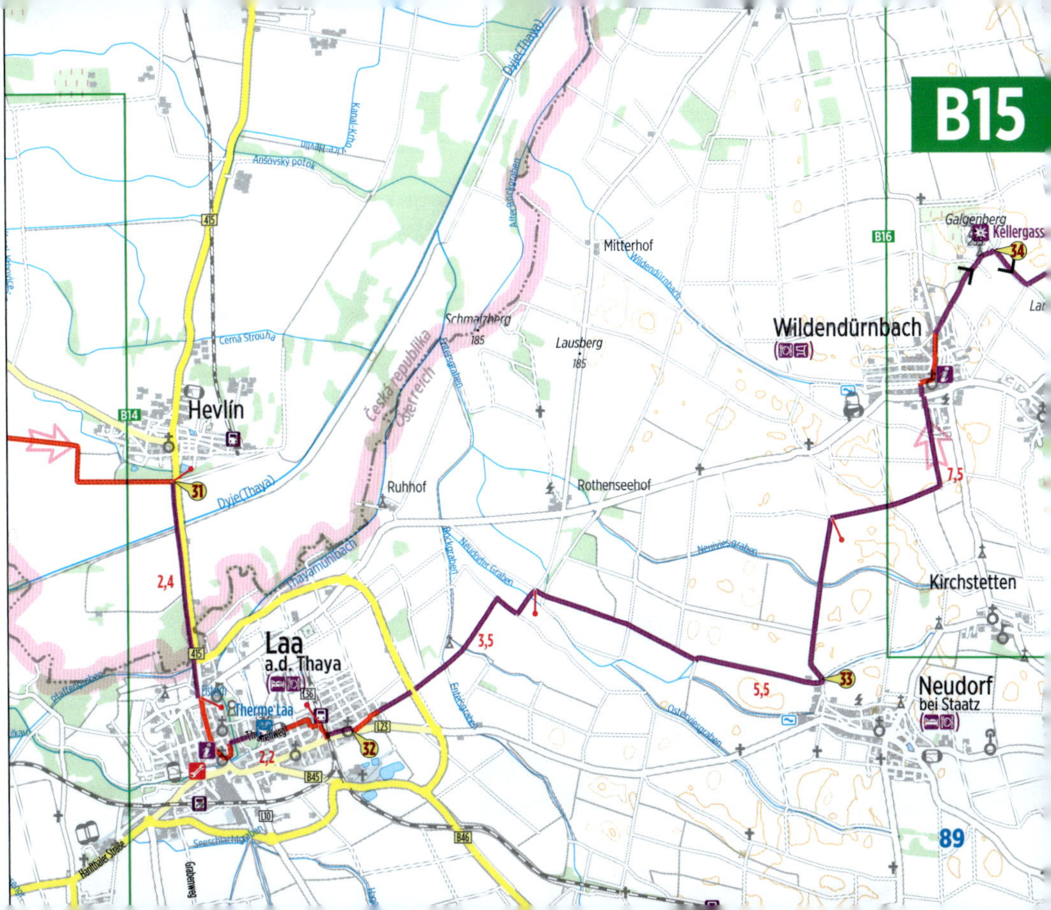

Therme Laa, Thermenpl. 1, ✆ 84700750, @ jco555

Der Kirchenplatz stößt mit seiner Nordostecke an den spitzwinkligen Burgplatz, der einst den ganzen linksseitigen Häuserkomplex bis zur Breiten Gasse mit umfasste und ebenfalls zur Sammlung von Truppen angelegt war. Über ihn gelangt man zur Burg, die ursprünglich von Wasser umgeben und nur als letzte Zuflucht eingerichtet war. Erst später wurden der runde Butterfassturm und Wohngebäude hinzugefügt. Hier gibt es auch einen Doppelfriedhof, auf der südlichen Seite einen österreichischen, auf der nördlichen

Rathaus in Laa an der Thaya

einen sowjetischen Friedhof mit etwa eintausend in den letzten Kriegstagen gefallenen Soldaten. Dort befindet sich auch das zentrale Denkmal. Die um 1230 mit militärischen Absichten gegründete Stadt wurde durch kriegerische Einwirkungen immer bedeutungsloser. Das verschlimmerte sich noch, als sie mit Gründung der Tschechoslowakei 1918 einen Großteil ihres Hinterlandes verlor. Seit der Grenzöffnung hat sich einiges geändert: Die Einwohnerzahl nimmt zu, die Besucherzahlen steigen, besonders seit der Eröffnung der Therme. Eine elektrifizierte Schnellbahn fährt nun direkt nach Wien – drei Jahrzehnte nach der Grenzöffnung aber noch immer nicht über die Grenze nach Tschechien.

Laaer Ostbahn

Die zweigleisige Eisenbahnstrecke führte seit 1870 von Wien über Laa an der Thaya nach Brno in Tschechien. Nach Ende des Zweiten Weltkriegs wurde sie durch den Eisernen Vorhang unterbrochen und ist nach mehr als 30 Jahren noch immer nicht wieder aufgebaut. Die Infrastruktur in Gestalt der Gleise und einer Brücke ist noch vorhanden und führt über den Mühlbach und die Thaya nach Hevlín.

Der Abschnitt von Wien nach Laa wurde 2006 elektrifiziert - aber die zwei Kilometer lange grenzüberschreitende Lücke nach Hevlín wurde ignoriert. Das führte dann dazu, dass auch der Abschnitt von Hevlín nach Hrušovany nad Jevišovkou 2010 stillgelegt wurde und die Vorkriegs-Verbindung von Wien über Laa nach Brno kaum mehr möglich ist.

Grenzübergang Ottenthal-Mikulov

Von Laa an der Thaya (AT) nach Valtice (CZ) 39 km

Am **Stadtplatz** fährt man geradeaus in die **Staatsbahnstraße** und biegt dann vor der Brücke links ab zum **Marktplatz**. Man radelt rechts an der Grünfläche vorbei und biegt rechts ab in den **Thermenweg**.

Nach Querung vom Thayamühlbach geht es geradeaus über die Goethestraße und über den Sieglißgraben. Nach einer Rechts-Linkskurve fährt man geradeaus in die **Grillparzerstraße**. Im Rechtsbogen geht es in die **Johann-Strauß-Gasse**, danach biegt man links ab in die **Anton-Bruckner-Straße**. An deren Ende, am **Bahnhof**, biegt man rechts ab in die Straße **Am Ostbahnhof** und an der nächsten Möglichkeit links ab, quert die Gleise und folgt der EV 13.

32 Dann geht es links ab in die **Johann Kuba-Gasse**, die in den **Kellerweg** und später in den **Güterweg** übergeht. Man quert zwei Bäche und fährt immer geradeaus.

Hinter dem Neudorfer Graben geht die **EV 13** rechts ab. **33** Kurz vor Neudorf biegt man links ab, quert den Neuwiesgraben und gelangt nach einer Rechts- und einer Linkskurve über **Wildendürnbach** zur **Kellergasse** auf dem 256 Meter hohen **Galgen** **34**, auf dem bis 1828 ein Galgen stand. Sie besteht aus 184 Presshäusern

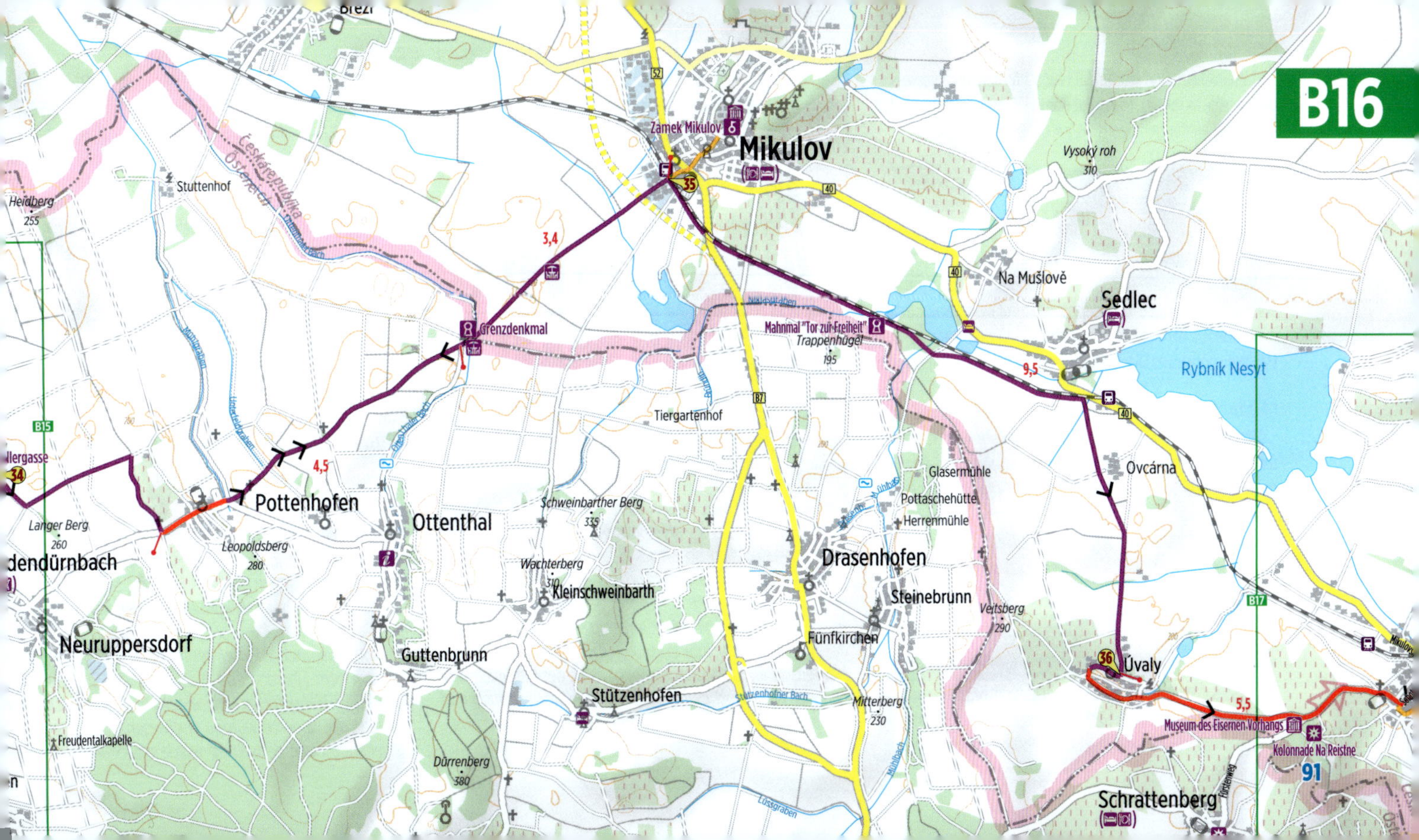
B16
Mikulov
Zámek Mikulov
35
Stuttenhof
Heidberg
255
Česká republika
Österreich
3,4
Grenzdenkmal
Mahnmal "Tor zur Freiheit"
Trappenhügel
195
Na Mušlově
Sedlec
Vysoký roh
310
Rybník Nesyt
9,5
Tiergartenhof
Ovcárna
34
4,5
Pottenhofen
Ottenthal
Langer Berg
260
Leopoldsberg
280
Schweinbarther Berg
335
Wachterberg
310
Kleinschweinbarth
Glasermühle
Pottaschehütte
Herrenmühle
Drasenhofen
Steinebrunn
Veitsberg
290
Fünfkirchen
36
Úvaly
5,5
Museum des Eisernen Vorhangs
Kolonnade Na Reistne
Neuruppersdorf
Guttenbrunn
Stützenhofen
Mitterberg
230
Freudentalkapelle
Dürrenberg
380
Schrattenberg
B15
B17
52
40
B7

und Weinkellern und wurde 2013 zur schönsten Kellergasse Niederösterreichs gekürt. Man folgt der EV 13, erreicht **Pottenhofen** und radelt weiter geradeaus bis zur tschechischen Grenze.

Grenzübergang Ottenthal-Mikulov

Hier wurde 2006 mit Unterstützung der EU von dem Bildhauer Josef Zahradník ein Rastplatz mit Sonnenuhr, Fahrradabstellplätzen, Tischen und Bänken gestaltet. Einige Betonklötze wurden ebenfalls dort hingesetzt. Wenig später kommt ein vom selben Künstler gestalteter weiterer Rastplatz.

Geradeaus erreicht man auf der EV 13 den Bahnhof von **Mikulov**, von wo es Direktzüge nach Břeclav und Znojmo gibt.

Eisenbahn von Znojmo nach Břeclav

Der Verlauf dieser Eisenbahntrasse spielte nach dem Ersten Weltkrieg in den Friedensverhandlungen von Saint Germain eine Rolle, weil ein Abschnitt nach Gründung der ersten tschechoslowakischen Republik über österreichisches Territorium führte. Deshalb verschoben die alliierten Siegermächte die Grenze nach Süden.

INS ZENTRUM

Hinter der Eisenbahnquerung beginnt die Straße, auf der man ins Zentrum von Mikulov gelangt.

Mikulov @

Schloss, Zámek. Sehenswerter Bau, in dem sich heute ein regionales Museum befindet. Der Großteil des Schlosses wurde am 20. April 1945 durch einen Brand zerstört und in den 1950er Jahren restauriert.

Denkmal „Tor zur Freiheit"

Wo der Heilige Berg Svatý Kopeček mit der Rosalienkapelle brüsk in die Hügellandschaft des Vorlandes abfällt, breitet sich die Stadt mit ihren altertümlichen Gassen und Plätzen aus. Die weit sichtbaren weißen Felsen mit den silbern scheinenden Rissen und der einzigartigen Flora und Fauna unterstreichen, dass Mikulov zu den interessantesten und schönsten Städten Mährens zählt. Viele Veranstaltungen wie der Kultursommer und das Winzerfest bieten willkommene Abwechslung und besondere Anlässe, die Stadt aufzusuchen, in der es viele Übernachtungsmöglichkeiten und Restaurants zum Einkehren gibt.

Interessant ist auch die Geschichte des jüdischen Lebens. Um 1550 wurde hier die erste Synagoge gebaut, seit 1653 war die Stadt Sitz des mährischen Oberrabbinats. 1868 standen in Nikolsburg 12 Synagogen. 1938 bestand die jüdische Gemeinde aus 500 Mitgliedern. Sie wurden fast alle von den Nazis ermordet. Der bis heute existierende Jüdische Friedhof wurde schon im 15. Jahrhundert angelegt, der älteste Grabstein – von fast 4.000 im Stil von Renaissance, Barock und Klassizismus – stammt von 1600.

Das schöne Rathaus auf dem Marktplatz schrieb leider auch braune Geschichte, als die Bevölkerung am 27. Oktober 1938 nach dem Einmarsch deutscher Truppen dem auf dem Balkon stehenden Adolf Hitler zujubelte. Hitler ließ sich auch in Nikolsburg vor einem Bunker ablichten. Als dieses Foto in den Zeitungen erschien, traten am selben Abend 450 Männer freiwillig der SA bei. Aber es gab natürlich auch Gegner der Nazis.

Die republikanische Wehr

Auf dem Friedhof gibt es eine Grabstätte der Familie Mährischl. Bedřich Mährischl (1912-1977) gehörte zur republikanischen Wehr, die als kleine Minderheit mit den Tschechen zusammen gegen die Nazis kämpfte. Sie schützten die tschechischen Häuser in Nikolsburg vor den Übergriffen der fanatischen Henleins. Das waren die Gefolgsleute des Führers der Sudetendeutschen Partei, des Turnlehrers Konrad Henlein, der nach dem Einmarsch auch Gauleiter des Sudetenlands war. Bedřich Mährischl hat als Einziger die Zeit der Okkupation überlebt, alle anderen wurden erschossen, erschlagen oder aufgehängt. Nach dem Krieg wurde die deutschsprachige

Bevölkerung – bis auf Bedřich Mährischl – aus Mikulov nach Österreich vertrieben.

35 Die EV 13 biegt vor den Bahngleisen - links ist der Bahnhof - rechts ab. Man radelt entlang der Gleise, unterquert die stark befahrene B 7 und erreicht das Denkmal, das an die Grenztoten erinnert.

„Tor zur Freiheit"

Das 2014 eingeweihte Denkmal kurz vor der Grenze zu Österreich mit den acht Meter hohen Eisenstelen soll an die Grenztoten erinnern. Die Idee stammt von der Bürgerinitiative Paměť (Erinnerung) und Mikulov wurde ausgewählt, weil dort besonders viele Menschen ihre Flucht mit dem Leben bezahlt haben.

In die Stelen sind insgesamt 53 Namen eingraviert – es sind all jene, die in Mähren die Grenze nach Österreich passieren wollten und dabei ums Leben kamen.

Einer der tragischsten Vorfälle war der Tod dreier junger Männer, die hier über die Grenze wollten. Sie starben, weil sie von einem Verräter in eine Falle gelockt wurden. Dieser hatte ihnen versprochen, sie über die Grenze zu führen. Er ließ sie jedoch allein im Todesstreifen. Dort konnten sie nicht mehr fliehen und die Grenzer erschossen sie.

Auf einer Tafel sind aber auch 5 Jugendliche zu sehen, denen die Flucht durch einen selbst gegrabenen Tunnel gelungen ist.

Brünner Todesmarsch

Am 30. Mai 1945 mussten bis zu 30.000 deutschsprachige Bewohner der Stadt Brünn - überwiegend Frauen, Alte und Kinder, weil die Männer im wehrfähigen Alter gefallen, in Kriegsgefangenschaft oder noch nicht zurückgekehrt waren - binnen weniger Stunden ihr Haus verlassen und wurden in einer Marschkolonne über die Grenze zwischen Mikulov und Drasenhofen nach Österreich vertrieben. Dabei kamen 5.200 Menschen ums Leben.

Zum 70. Jahrestag verabschiedete der Stadtrat von Brünn eine „Erklärung der Versöhnung und der Zukunft". Darin heißt es; „Die Stadt Brünn bedauert aufrichtig die Ereignisse vom 30. Mai 1945 und der folgenden Tage, wo Tausende Menschen aufgrund des Prinzips der Kollektivschuld oder ihrer Sprache zum Verlassen der Stadt gezwungen wurden." Der Bürgermeister Petr Vokal sagte, dass es „das erste Mal (sei), dass der Stadtrat sein Bedauern ausgedrückt hat".

Man radelt weiter über den Niklasgraben, quert den Mühlbach und erreicht **Sedlec**. Beim

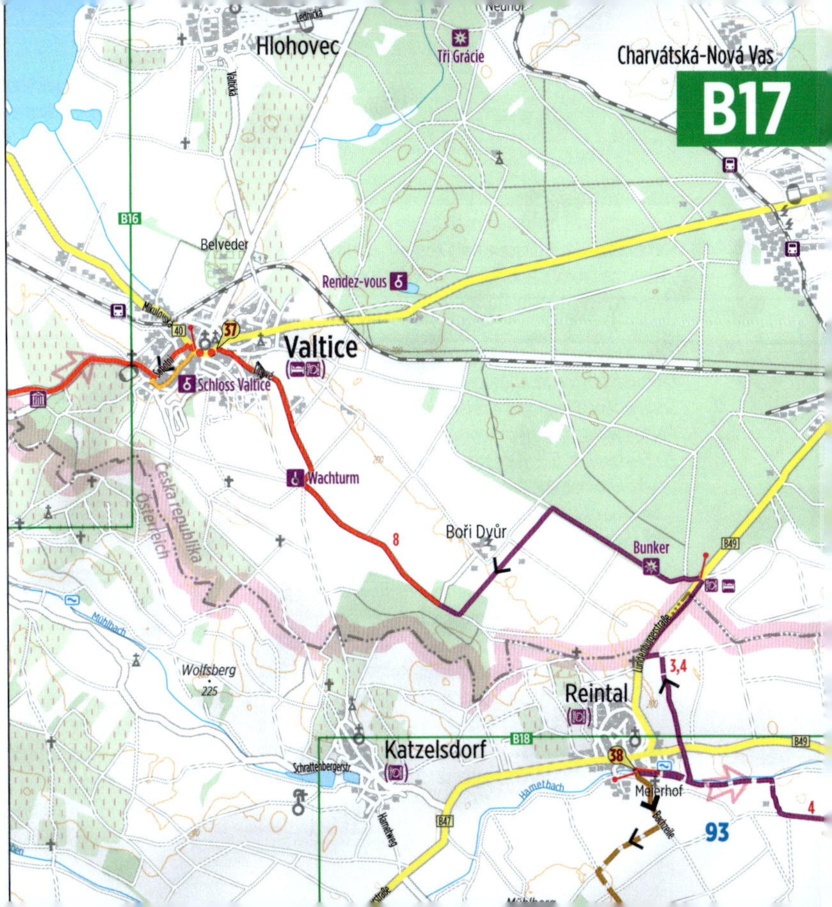

Bunker auf der slowakischen Seite bei Hohenau

ausgeschilderten Abzweig nach Valtice und Reintal biegt man rechts ab und trifft nach einem Anstieg auf einen Güterweg, in den man rechts einbiegt und erreicht kurz vor der Grenze Úvaly, das „verbotene Dorf".

Úvaly @

Die Ortschaft lag direkt an der Grenze, war durch einen umrundeten Zaun abgesperrt und konnte nur mit einer Sondergenehmigung betreten werden. Jede eintreffende Person wurde gründlich kontrolliert. Trotzdem gelang es am 20. September 1985 vier jungen Männern, sich unter den Drähten des Eisernen Vorhangs nach Schrattenberg durchzugraben.

36 In Úvaly geht es rechts ab zur Kirche, man umrundet das Dorf, bleibt auf der EV 13 und radelt ganz dicht an der Grenze entlang. Am alten Grenzübergang stößt man nicht nur auf die Straße nach Valtice und Schrattenberg, sondern auch auf das „Museum des Eisernen Vorhangs".

Museum des Eisernen Vorhangs (Valtice) @

Muzeum železné opony (Museum des Eisernen Vorhangs), ✆ 519340130, März, April, Okt., Nov., Sa, So/Fei 10-17 Uhr, Mai-Juni, Sept., Fr-So 10-17 Uhr, Juli-Aug., tägl. 10-17 Uhr, @ nmg123

Das Museum wurde am 1. Mai 2011 im Gebäude des ehemaligen tschechischen Grenzpostens eröffnet. Neben einer großen Anzahl von Uniformen, Waffen und Ausrüstungsgegenständen werden auch Fotos und Dokumente gezeigt. Interessant ist auch die Rekonstruktion des Eisernen Vorhangs und einer richtigen Zelle. Man findet zudem eine Liste von Todesopfern, die beim versuchten illegalen Grenzübertritt - zum Teil sogar auf österreichischem Boden - erschossen wurden.

VARIANTE Die ausgeschilderte EV 13 biegt vor dem Museum rechts ab, stößt nach einer Links- und einer Rechtskurve auf die Lipová, in die man links einbiegt. Am Wachturm geht es dann rechts ab.

Zwischen Mikulov und Valtice werden hauptsächlich Weißweine angebaut, wobei Welschriesling, Grüner Veltliner und Spätburgunder die bevorzugten Sorten sind. In Valtice befindet sich in der Schlosskellerei das nationale Weinbauzentrum. Dort ist auch die Höhere Fachschule für Weinbau in Tschechien.

Die beschriebene Route führt am Museum geradeaus weiter durch den Ort mit einer sehr großen Kirche und schönen Restaurants.

Valtice @

Turistické informační centrum, Náměstí Svobody 4, ✆ 734256709, ✆ 731164599, @ oat166

Schloss Valtice, Zámek 1, ✆ 778743754. Die renovierte Anlage zählt zu den schönsten Barockschlössern Tschechiens und wurde 1996 in die Weltkulturerbeliste der UNESCO aufgenommen. In den Kellergewölben befindet sich ein bedeutender Weinkeller, wo jährlich neu prämierte Weine (Siegel „Salon") zur Verkostung und zum Kauf angeboten werden. @ nrc761

Die Stadt mit knapp 4.000 Einwohnern gehörte bis 1919 zu Niederösterreich. Sie wurde nach dem Ersten Weltkrieg weniger aus ethnischen, sondern aus verkehrstechnischen Gründen der Tschechoslowakei zugesprochen, weil durch das Gemeindegebiet die Bahnlinie Mikulov–Břeclav (Nikolsburg–Lundenburg) verläuft. Nach dem Münchener Abkommen 1938 gehörte die Stadt wieder zum Deutschen Reich, nach 1945 aber wieder zur Tschechoslowakei. Die letzten Einwohner der deutschmährischen Bevölkerung wurden 1946 vertrieben. Sehenswert sind auch der Stadtplatz und die Pfarrkirche.

Zwei UNESCO-Gebiete

Mit den Pollauer Bergen in Mikulov und der Parkanlage von Lednice-Valtice treffen zwei Weltkultur- und Naturerbe-Gebiete zusammen. Das enge Nebeneinander von zwei UNESCO-Gebieten ist ein weltweites Unikat.

Der „Garten Europas"

Die Fürsten von Liechtenstein verwandelten zwischen dem 17. und 20. Jahrhundert ihre Domäne zwischen Lednice und Valtice zu einem großen Park, in dem barocke und neugotische Schlossarchitektur mit kleinen Bauten im romantischen Stil und einer nach englischem Vorbild gestalteten Landschaft harmonisieren. Diese Kulturlandschaft wurde 1996 in das UNESCO-Weltkulturerbe eingetragen.

Von Valtice (CZ) nach Hohenau an der March (AT) 26 km

37 Hinter der Kirche biegt man beim Restaurant von der Hauptstraße rechts ab. Am Ortsausgang steht auf der rechten Seite noch ein originalgetreuer Wachturm, der heute mit Satellitenschüsseln ausgestattet ist und wahrscheinlich zu einem Kasernengebäude gehört. Dort biegt man in die EV 13 links ab, radelt weiter geradeaus direkt an der Grenze entlang und biegt etwas später links ab in den Güterweg, an dessen Ende man rechts abbiegt. Nach einer Kreuzung steht mitten auf dem Weg ein **Bunker**, der in den 1930er Jahren gebaut wurde. Man stößt auf die Straße nach Reintal, in die man rechts abbiegt.

Hier war früher die Zollabfertigung, heute befinden sich hier ein Hotel und ein Restaurant. Hinter dem Grenzgebäude kreuzt man die Straße, weil der Radweg auf der linken Seite etwas tiefer angelegt wurde. Direkt hinter der Grenze in Österreich biegt die EV 13 von der Straße links ab, wobei der Weg nicht mehr asphaltiert, aber gut befahrbar ist. Kurz nach der Rechtskurve ist er wieder asphaltiert und es geht bergab. Man quert die B 49 links versetzt, biegt vor dem Hametbach rechts ab und erreicht **Reintal**, wo man links ab den Hametbach überquert **38**.

VARIANTE Die ausgeschilderte EV 13 geht hinter der Brücke geradeaus weiter, führt über Altlichtenwarth nach Hausbrunn und von dort einige Kilometer auf einer stark befahrenen Straße ohne Radweg nach Hohenau.

Die beschriebene Route geht hinter der Brücke links ab in die **Bachzeile** am Hametbach entlang. Nach einer Rechtskurve stößt man auf den **Kobelweg**, in den man links einbiegt. An der **B 49** geht es rechts ab und man erreicht **Bernhardsthal**.

Dort biegt man rechts ab in die Hauptstraße, radelt durch den Ort und biegt dann rechts ab in die **Friedhofstraße**, die

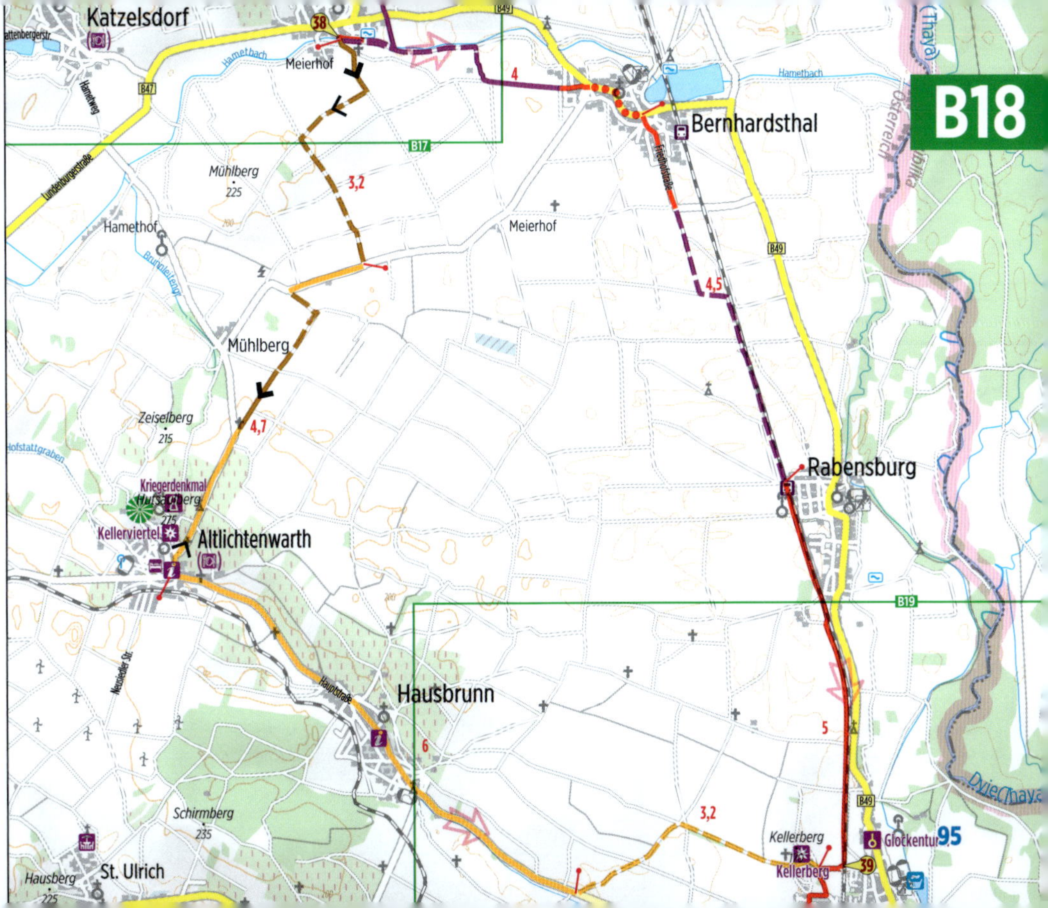

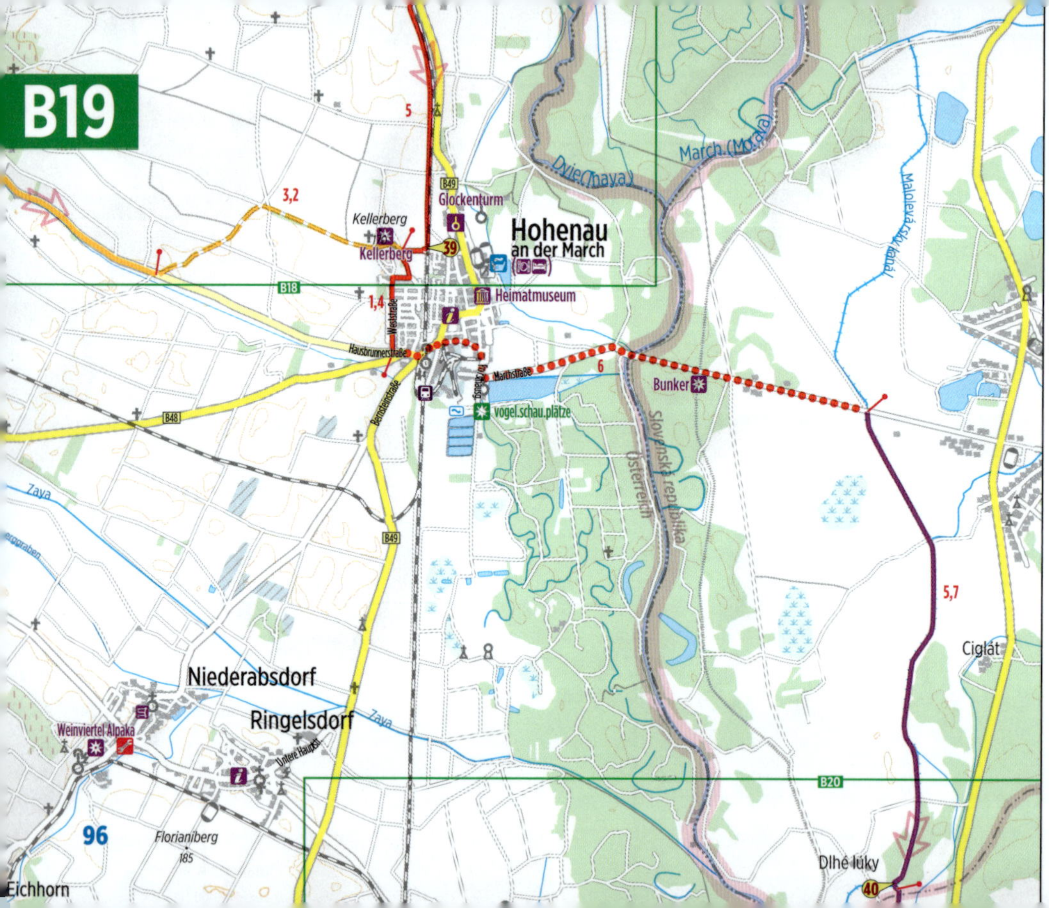

später in einen nicht asphaltierten Weg entlang der Bahngleise übergeht, auf dem man Rabensburg erreicht.

Rabensburg Ⓐ

Dort ist der Weg wieder asphaltiert und man erreicht den Ortseingang von Hohenau. **39** Dort biegt man rechts ab in die Straße **Adamstal**, an deren Ende dann links in die **Weststraße**. Man stößt auf die **Hausbrunnerstraße**, in die man links einbiegt und auf der ausgeschilderten EV 13 die Bahnlinie quert.

ZUM BAHNHOF Auf der südlichen Seite ist der Bahnhof, von dem Direktzüge nach Wien, Břeclav und Gänserndorf fahren.

Hohenau an der March Ⓐ

Vorwahl: 02535

- **Regionalverband March-Thaya-Auen**, Rathauspl. 1, ✆ 31161, @ tdk224
- **Marktgemeindeamt**, Rathauspl. 1, ✆ 2307, @ pxw452
- **Heimatmuseum**, Hauptstr. 12, ✆ 0677/62365061, ⌚ April-Okt., Sa, So/Fei 14-17 Uhr und nach Vereinb. Themenschwerpunkte: Ortsgeschichte, Ausstellung über Oskar Sima, Eisenbahnexponate. @ bsw123
- **March-Thaya-Zentrum**, Parkg. 1a, ✆ 31161. Die March-Thaya-Auen beheimaten eine große Anzahl gefährdeter und seltener Arten, die Ausstellung Fauna und Flora bietet einen Einblick in dieses faszinierende Feuchtgebiet. @ tbe841
- **Glockenturm**, Glockenturmg., ✆ 2551. Das Wahrzeichen des Ortes lässt mittels 13 Glocken über ein Schaltwerk das „Hohenauer Heimatlied" ertönen; täglich um 10, 12 und 15 Uhr.
- **Kellerberg**, Kellerbergweg, ✆ 0664/3571201. Der urige Kellerberg bietet herrlichen Ausblick über Weinrieden und bei einer Führung

(auch mit Traktorrundfahrt) können Sie bei den verschiedenen Heurigen gustieren. @ ncf185

- **vogel.schau.plätze**, Forsthausg., ✆ 0650/2734965, ✆ 0664/9418881 (24) Das 55 ha große, von Menschenhand geschaffene Absetzbecken Hohenau bietet über 230 Vogelarten Unterkunft. Beobachtungspunkte: Turm am Kühlteich, Versteck an den Anlandebecken, Beringungsstation. @ wgc234
- **Aubad**, ✆ 2307. Die gepflegte Parkanlage und die ausgedehnte Liegewiese (6,7 ha) grenzen an die Einrichtungen des Freizeitareals: Tennisplätze, Streetballplatz, Beachvolleyballplatz u.v.m. @ lxk772
- **Flussabenteuer**, ✆ 0699/13363361. Geführte Kanutouren in den March-Thaya Auen. @ imc554

In dieser gering besiedelten Region und verkehrsstrategisch wenig vorteilhaften Lage will sich nach der Öffnung der Grenzen noch kein wirtschaftlicher Aufschwung einstellen. Seit Schließung der 140 Jahre alten Zuckerfabrik 2006 ist die Lage wirtschaftlich noch ungünstiger. Auch von der neu gebauten Brücke über die March, der einzigen nördlich der Donau, scheint man nicht viel zu erwarten, begnügte man sich doch 2005 mit einer einspurigen Hubbrücke.

Von Hohenau an der March (AT) nach Záhorská Ves (SK) *38 km*

Der EV 13 folgend stößt man auf die zum Grenzübergang ausgeschilderte **Forsthausgasse**, in die man rechts einbiegt und fährt an einem Aussichtsturm und dem großen ehemaligen Kühlwasserbecken vorbei. Über die blaue, die einzige Brücke über die March quert man den Grenzfluss.

TIPP Der Übergang kann allerdings schon bei leichtem Hochwasser überflutet und gesperrt sein. Wer auf der österreichischen Seite bleiben möchte kann in Angern an der March versuchen, mit der - dann vielleicht ebenfalls eingestellten - Fähre überzusetzen. Man kann aber auch auf dem Kamp-Thaya-March-Radweg weiterfahren bis zur neu gebauten Schlosshof-Brücke, auf der man dann sicher Devínska Nová Ves erreicht.

March (Morava)

Die March (Morava) war mehr als 1.000 Jahre die natürliche Grenze zwischen den „Deutschen" und den „Slawen" und ist heute der Grenzfluss der Slowakei mit Tschechien (50 Kilometer) und Österreich (91 Kilometer). Sie ist ein linker Nebenfluss der Donau,

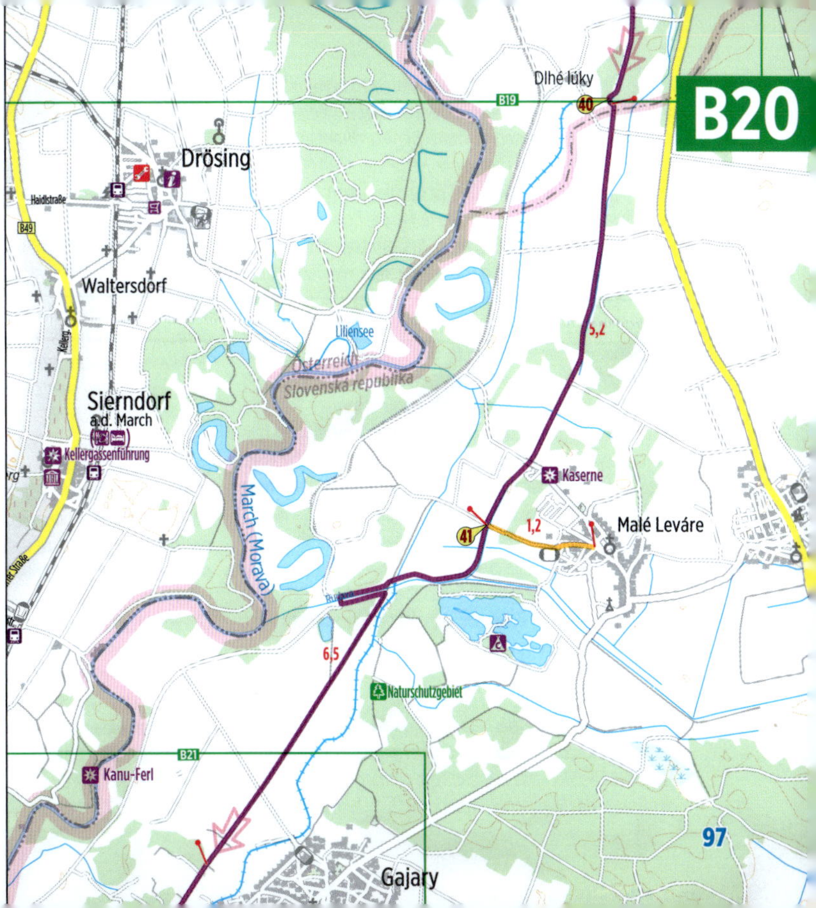

wird in ihrem Unterlauf auf beiden Seiten von einem Damm gegen Hochwasser begleitet und entwässert etwa drei Viertel des nach ihr benannten Mähren. Die March entspringt im Glatzer Schneegebirge auf einer Höhe von 1.194 Metern an der Grenze zwischen Polen und Tschechien und mündet nach 358 Kilometern bei Devín (Slowakei) in die Donau.

Einige Kilometer nördlich, beim Zusammenfluss von Thaya und March, befindet sich das Dreiländereck von Tschechien, Österreich und der Slowakei.

Die Brücke bei Hohenau ist neben der 2012 eröffneten Schlosshof-Brücke für den Fuß- und Radverkehr die einzige zwischen Österreich und der Slowakei nördlich der Donau. Bis zum Ende des Zweiten Weltkriegs gab es mehrere Brücken, die teils von der deutschen Wehrmacht auf dem Rückzug, teils später gesprengt wurden. Die Steinbrücke zwischen Schlosshof und Devin wurde von tschechoslowakischen Kommunisten nach dem Krieg gesprengt. Sie wurde als Radfahrerbrücke wieder aufgebaut und 2012 in Betrieb genommen.

Der zweisprachig ausgeschilderte Radweg heißt auf slowakisch „Moravská cyklistická cesta" und auf Englisch „Iron Curtain Greenway". Zwei alte Panzersperren erinnern noch an den Eisernen Vorhang.

Die Geschichte der Slowakei

Die Kelten im Gebiet der heutigen Slowakei wurden im ersten nachchristlichen Jahrhundert von den germanischen Quaden abgelöst. Die Slowakei war dann ein germanisches Gebiet an der Grenze des Römischen Imperiums (1.-5. Jahrhundert), auf

Marchbrücke bei Hohenau

dem sich zahlreiche römisch-quadische Kriege abspielten. Um 500 kamen die slawischen Vorfahren der heutigen Slowaken. Im 7. Jahrhundert war die Slowakei Teil des Hauptgebietes des Reiches des Samo, im 8. Jahrhundert entstand hier das Neutraer Fürstentum, das 833 Bestandteil des Hauptgebietes Großmährens wurde.

Im 11. Jahrhundert wurde das Gebiet der heutigen Slowakei Bestandteil des Königreichs Ungarn, das seit 1526 Bestandteil der Habsburger Monarchie, seit 1804 des Kaisertums Österreich und seit 1867 von Österreich-Ungarn war.

Nach dem Ersten Weltkrieg entstand 1918 die Erste Tschechoslowakische Republik, die de facto bis 1938 bestand, als im Münchener Abkommen die Gebiete mit mehrheitlich deutscher Bevölkerung (Sudetenland) dem Deutschen Reich zugesprochen wurden. Der südliche Teil der Slowakei und die Karpatoukraine fielen an Ungarn, das Teschener Gebiet wurde von Polen besetzt.

Die Slowakei wurde unter dem Faschisten Jozef Tiso erstmals von 1939 bis 1945 selbstständig, war faktisch aber ein Satellitenstaat von Hitler-Deutschland. Nach dem Zweiten Weltkrieg wurde sie wieder Bestandteil der Tschechoslowakei.

Der „Prager Frühling" 1968 unter Alexander Dubček verkörperte den Versuch eines „Sozialismus mit menschlichem Antlitz". Er wurde durch die militärische Intervention der Warschauer Pakt-Staaten niedergeschlagen, für Herbert Marcuse das „tragischste Ereignis seit dem Zweiten Weltkrieg" und für Jean-Paul Sartre ein Kriegsverbrechen. Die reformwillige Regierung wurde danach durch eine linientreue ersetzt.

Doch der Widerstand war nur vorübergehend gebrochen: Eine Bürgerrechtsbewegung mit dem Namen „Charta 77" unter Führung des Schriftstellers Václav Havel (1936-2011) stellte sich dem Regime weiterhin entgegen. Als 1989 Michael Gorbatschow für Glasnost (Offenheit) und Perestroika (Umbau) eintrat, wurde die kommunistische Regierung durch die „Samtene Revolution" zum Rücktritt gezwungen. Václav Havel wurde zum ersten Präsidenten der von April 1990 bis Ende 1992 existierenden Tschechischen und Slowakischen Föderativen Republik (SFR) gewählt.

Der Innenminister der Slowakischen Teilrepublik, Vladimír Mečiar, wurde im Juni 1990 der erste aus freien Wahlen hervorgegangene Ministerpräsident des Teilstaates. Am 23. April 1991 wurde er vom Parlament abgesetzt und durch Ján Čarnogurský ersetzt. Daraufhin gründete er die „Bewegung für eine demokratische Slowakei" (HZDS), mit der er im Juni 1992 die Parlamentswahlen gewann.

Die Verhandlungen des slowakischen Ministerpräsidenten Vladimír Mečiar mit seinem Kollegen aus der tschechischen

Teilrepublik, Václav Klaus, führten am 1. Januar 1993 zur Teilung der Tschechoslowakei in die beiden unabhängigen Staaten Tschechien und Slowakei. Die Slowakei wurde 2004 Mitglied der NATO und der Europäischen Union.

Auf der Straße nach Moravský Svätý Ján trifft man zunächst auf den Flussdeich. Hier steht auch eine informative Karte über den Iron Curtain Greenway und auf der rechten Seite ist schon der erste Bunker.

TIPP Es ist geplant, den „Europa-Radweg Eiserner Vorhang" auf den Damm zu verlegen.

Man fährt aber weiter auf der EV 13 und biegt vor dem Kanal rechts ab, ausgeschildert nach Malé Leváre. **40** Man quert den Malolevársky Kanál bei Dlhé Lúky und wird an der Brücke auch über Biber aufgeklärt. Es ist ein gleichmäßig asphaltierter Weg,

Dammradweg an der March

der durch Mais-, Weizen- und Kohlfelder führt und gelegentlich von Baumgruppen gesäumt wird.

Die Landschaft ist anregend und ruhig, und nicht selten fliegen bis Malé Leváre Fischreiher und Störche über die Köpfe der Radler hinweg. Mehr als 200 Arten überwintern, brüten und jagen hier oder ziehen durch dieses Vogelparadies in Sichtweite des Auwaldes entlang der March. Gelegentlich auftauchende Bunkeranlagen gehören zu dem beim tschechischen Horní Vltavice bereits erwähnten Tschechoslowakischen Wall, dessen weiterer Ausbau 1939 endgültig aufgegeben werden musste.

TIPP Zwischen Drösing und Velke Leváre verkehrte 300 Jahre lang eine Gierseilfähre und es gab je eine Kneipe auf den Uferseiten.

Man kreuzt den ehemals verbindenden Schotterweg hinter der Abzweigung, die links nach Velke Leváre führt. Wenig später passiert man eine alte Grenztruppenkaserne, die gegenwärtig die größte militärische Hundeschule der Slowakei beherbergt.

INS ZENTRUM Später geht es links ab zum Zentrum von Malé Leváre.

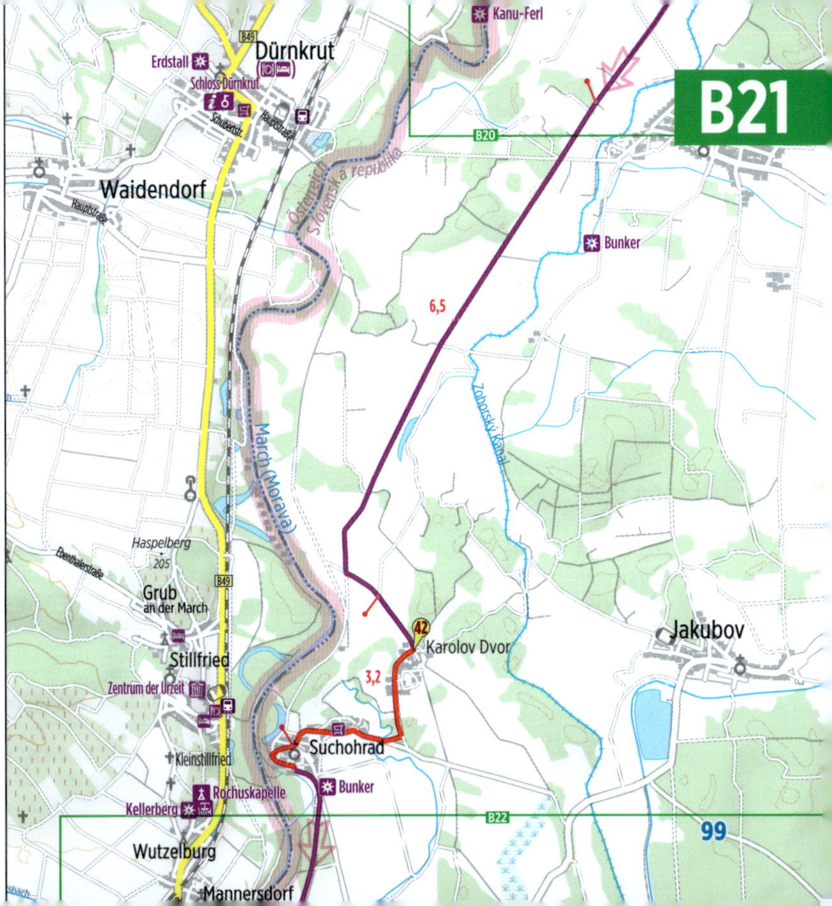

Malé Leváre (SK)

41 Man radelt aber geradeaus und folgt der Beschilderung nach Gajary. Der Weg auf dem Damm parallel zum Kanal nach Westen, in den man rechts abbiegt, hat einige Schwachstellen. Man quert den Rudava Kanal und sieht einige Betondreiecke, die früher als Panzersperren angelegt worden waren. In der Nähe befinden sich auch ein See und ein Campingplatz.

Hinter der Brücke ist der Weg wieder sehr gut.

TIPP Im Naturschutzgebiet sind Schilder nicht erlaubt, weshalb das „C" für den „Iron Curtain Trail" (EuroVelo 13) an die Bäume gemalt wurde.

Kurz hinter **Gajary** stehen mehrere Ölpumpen.

Man bleibt auf dem Damm und erreicht auf der EV 13 Karolov Dvor.

Karolov Dvor (Meierhof)

Das Dorf entstand rund um den Hof der Adelsfamilie Pálffy. Das Gut wurde in den 1950ern in eine Genossenschaft umgewandelt, Reste der stattlichen Besitzungen sind jedoch noch immer erkennbar.

42 Auf der Straße radelt man durch den Ort, folgt an der nächsten Kurve dem ausgeschilderten „C" rechts ab bis Suchohrad, wo man links abbiegt und ins Zentrum gelangt.

Suchohrad (SK)

Der Gemeinde wurde nach 1948 jede Entwicklungsperspektive verwehrt, weil Neubauten und Neuansiedlungen unzulässig waren. Besucher benötigten eine Sondererlaubnis für das Gebiet und Grenzsoldaten kontrollierten die Zufahrtstraßen. Unter diesen Umständen sank die Bevölkerungszahl bis 1989 auf die Hälfte.

An der Kirche biegt man rechts ab in einen schmalen asphaltierten Weg zum Damm. Man bleibt auf dem Damm und sieht neben der Straße den Bunker von Suchohrad. Der Weg ist in einem ausgezeichneten Zustand. Man sieht schon die Kirche von Záhorská Ves, biegt aber nach dem letzten Poller für die Autos links ab und trifft auf eine Straße, auf der die EV 13 ausgeschildert ist und die rechts abgeht ins Zentrum von Záhorská Ves **43**.

Záhorská Ves (SK)

Auch die deutlich größere Gemeinde Záhorská Ves, der westlichste Ort der Slowakei, litt unter dem Grenzregime. Wechselvolle Ansprüche und Schicksale zeigen sich – wie auch bei anderen Orten dieser Region – schon in den häufig geänderten Ortsnamen, bei denen die ungarische, tschechische, slowakische und deutsche Sprache eine Rolle spielten. Als „Ort ohne Entwicklungsperspektive" verlor die Gemeinde ihre Industrie und drei Fünftel der Bevölkerung.

Vor dem Krieg war der Ort durch eine Holzbrücke über die March mit Angern verbunden und durch eine weitere Brücke an das österreichische Eisenbahnnetz angeschlossen. Im Mai 1945 zerstörten Nazi-Truppen, ehe sie sich nach Westen absetzten, beide Brücken. Seither verband oder besser, trennte diese beiden Ortschaften eine „brückenlose Ko-Existenz" (Beppo Beyerl). Obwohl Záhorská Ves nur auf Steinwurfweite von dem verkehrstechnisch gut angebundenen österreichischen Angern getrennt war, wurde erst 2001 eine Gierseilfähre eingerichtet, mit der die beiden Orte wieder verbunden sind.

In der Hauptstraße befindet sich ein Kriegerdenkmal. Die Opernsängerin Lucia Popp (1939-1993) wurde in Záhorská Ves geboren, sie starb in Wien. Sie dürfte sich eher als Bratislaverin gefühlt haben, denn von ihr stammt der Satz: „Jeder richtige Pressburger hat in Wien eine Tante".

In Záhorská Ves geht der ausgeschilderte Weg links ab, man radelt aber trotzdem auf der Straße geradeaus und fährt über die alte Zollstation links ab auf den Damm **43**. Auf der rechten Seite sieht man die Fähre, auf der man Angern erreicht. Dort kann man einkehren und übernachten.

Angern an der March (A)

Vorwahl: 02283

Marktgemeindeamt, Bahnstr. 5, 2241, @ pnr755

Fähre Angern-Záhorská Ves, Zollamtsstr. 2261, beim ehem. Zollamt
Die Fähre bietet die Möglichkeit zwischen der slowakischen und österreichischen Seite zu wechseln. Kein Betrieb bei Hochwasser. Fahrradmitnahme möglich. @ bqj856

Zur Kreuzauffindung, Kircheng. Im Inneren der Kirche von 1958 befindet sich ein barockes Kruzifix (17. Jh.) aus der ehemaligen Schlosskapelle.

Die Gemeinde mit 3.000 Einwohnern wurde 1260 erstmals urkundlich erwähnt und bekam 1465 und 1819 das Marktrecht, das 1970 neu verliehen wurde. Das örtliche Schloss wurde 1945 zerstört und später abgetragen. Ein kleiner Teil der Mauer steht noch als Erinnerung.

Der Grenzfluss March trennt die Ortschaft von der Slowakei. Früher verband eine Brücke die beiden Länder und seit einigen

Jahren gibt es eine Fähre, die jedoch im Falle von Hochwasser gesperrt werden muss.

Auch auf der österreichischen Seite kann man auf dem ausgeschilderten **KTM-Radweg** 30 Kilometer entlang der March bis zur Schlosshof-Brücke radeln.

Von Záhorská Ves (SK) nach Bratislava (SK) — 43 km

Man radelt auf dem Damm und trifft etwas weiter wieder auf einen Bunker.

VARIANTE **Die als EV 13 ausgeschilderte Route geht weiter auf dem Damm.**

Die beschriebene Route geht vom Damm herunter auf den parallel zur Grenze verlaufenden ausgeschilderten und asphaltierten früheren Kolonnenweg. Es geht durch Mais- und Weizenfelder, bis man den Rand des Naturschutzgebiets Horný les (Oberer Wald) erreicht hat.

Naturschutzgebiet Horný les (Oberer Wald)

Dieses Auwaldgebiet von 543 Hektar Größe besteht aus Hart- und Weichhölzern, Sanddünen sowie Zuflüssen und Altarmen der March. Auf dem Deich oder entlang der March kann man sich mitten hinein begeben. Das Naturschutzgebiet ist Teil des Landschaftsschutzgebietes Záhorie, zu dem auch die Nationalen Naturreservate Abrod (92,37 ha, seit 1964), Červený rybník (118,91 ha, 1966), Dolný les (186,26 ha, 1981) und Zelienka (82,52 ha, 1980) sowie die Naturreservate Bogdalický vrch (33,2 ha, 1993) und Šmolzie (45,59 ha, 1993) gehören.

Man sieht den Kirchturm von Vysoká pri Morave und fährt an einem Erdgasspeicherwerk und ganz dicht am Damm vorbei. Man biegt rechts ab in die Straße und passiert die Kirche, an der es links ab zu einem Restaurant und einer Pension geht.

Vysoká pri Morave (SK)

Hier durchtrennte früher der Stacheldraht des Eisernen Vorhangs regelrecht die Gärten. Anders als bei den nördlichen Nachbarn ist dieser Ort heute im Wachstum begriffen. Neue Unternehmen haben sich angesiedelt, und aus Bratislava kommen zahlreiche Urlauber. Vielfältig sind die kulturellen Aktivitäten und Festveranstaltungen.

Man ist jetzt am Fluss und damit direkt an der Grenze. In der Linkskurve der Vorfahrtsstraße hält man sich rechts und bleibt in Flussnähe. **44** An der Weggabelung am

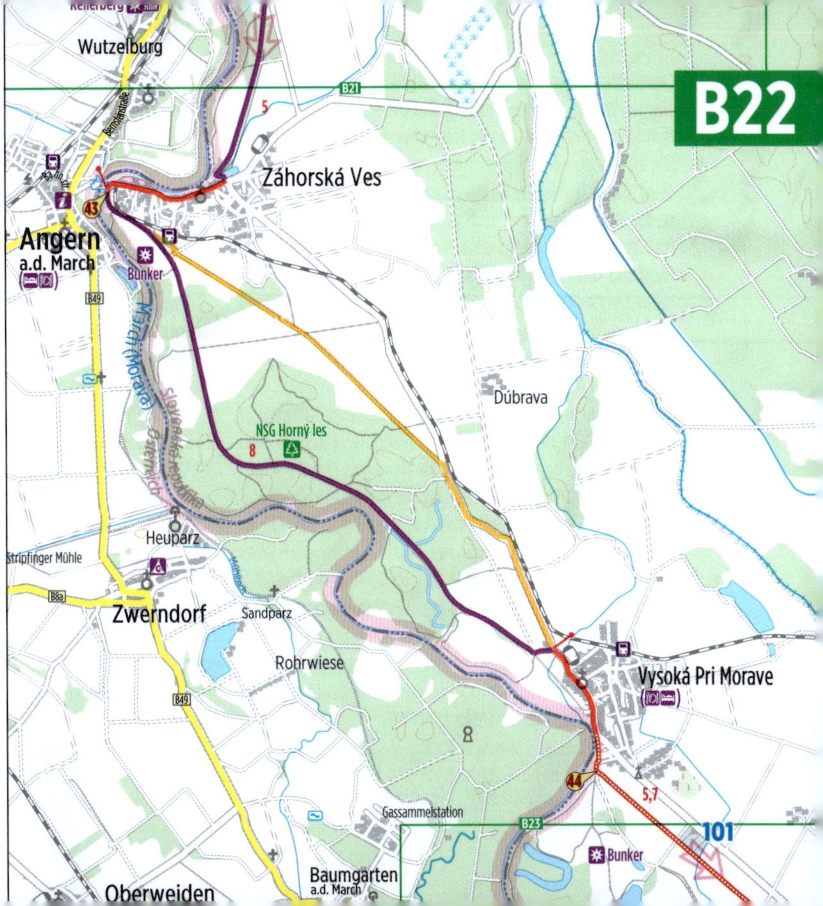

Ortsausgang nimmt man den linken Weg, der auch als EV 13 ausgeschildert ist. Man passiert die Förderanlage, überquert den Kanal und biegt an der folgenden Kreuzung rechts ab. Bei Marchegg kommt man wieder ganz nah zum Fluss. Man sieht die Schilder „Achtung Staatsgrenze", den Fluss und einen Bunker. Auch ein Storchennest passiert man. **45** Am nächsten Abzweig geht es vor der Eisenbahn rechts ab in Richtung Devinska Nová Ves. Man passiert den ersten und dann den zweiten **Bunker**, wo es ein wenig abwärts geht. Man radelt an den Gleisen entlang und am südöstlichen Rand des **Naturschutzgebietes Dolný les (Unterer Wald)** geht es dicht am Ufer der March entlang.

Nach der kleinen Ansiedlung **Devinske Jazero** sieht man auf der linken Seite das riesige Werksgelände von Volkswagen Slovakia – das bereits zu Devínska Nová Ves gehört – und rechts die weit weniger moderne, aber eindrucksvolle, lange steinerne Bogenbrücke, die die Bahnverbindung zwischen Bratislava und Wien gewährleistet. Wenn man aus dem Wald herauskommt, sieht man den Zusammenfluss der beiden March-Flüsse Rud Morava und Malina. Man bleibt auch am nächsten Abzweig direkt am Fluss und kann die Eisenbahnbrücke über die March bewundern. Auf einem kleinen Hügel steht ein Betonhaus, das früher von der Armee genutzt wurde. Danach erreicht man Devínska Nová Ves.

Devínska Nová Ves (Bratislava) (SK)

Heiliggeistkirche. Das Gotteshaus aus dem Jahr 1581 ist das älteste historische Denkmal der Stadt.

Ehemals war der Ort Bestandteil der Herrschaft von Devin, die erste schriftliche Erwähnung stammt aus dem Jahr 1451. Nach der Schlacht bei Mainz hatten sich die Kroaten, die vor den Türken geflohen waren, hier angesiedelt und die Kirche gebaut. Seine Bedeutung stieg, als Bratislava nach der Türkeninvasion zur Residenz- und Krönungsstadt von Groß-Ungarn wurde. Vor allem zur Zeit Maria Theresias (1740–1780) wurde die Stadt besonders gefördert. Der kürzeste Weg von Wien nach Bratislava führte über die Marchbrücke, es war im 18. Jahrhundert auch ein strategisch wichtiger Grenzübergang zwischen Ungarn und Österreich, wobei das jetzige Rathaus als Zollamt diente. Das 19. Jahrhundert brachte bedeutende Änderungen durch die Eröffnung der Bahnverbindung Wien-Bratislava (1848), die Gründung der Ziegelei und die Eröffnung des Steinbruchs. 1972 wurde Devínska Nová Ves an Bratislava angegliedert, mehrere Bereiche mit Hochhausgebieten verliehen danach dem Ort städtischen Charakter. Heute ist das große VW-Werk der wichtigste Arbeitgeber.

Zum Schloss Hof hatte es eine alte Brücke gegeben, deren Neubau 2012 als Fahrrad- und Fußgängerbrücke eingeweiht wurde. In einem Bürgerentscheid wurde über den Namen der Brücke abgestimmt. Die Stadtverwaltung favorisierte den Namen „Freiheitsbrücke", die Bevölkerung jedoch schien einen Schalk im Nacken gehabt zu haben und entschied sich mehrheitlich für den amerikanischen Filmhelden und nannte sie „Chuck-Norris-Brücke". Ein Teilstück des Eisernen Vorhangs wurde hier ebenfalls aufgestellt.

Hinter dem Abzweig in das österreichische Groißenbrunn stehen noch ein alter Bunker und die Fahrrad- und Fußgängerbrücke. **46** Der Radweg verläuft jetzt zwischen Straße und Fluss, wobei man die Schilder an der Grenze sehen kann. Etwas oberhalb ist die Straße.

Zwischen dem Sandberg zur Linken und der March geht es hinter dem Ort weiter nach Süden, und nach drei Kilometern auf einem breiten Asphaltweg ist Devín erreicht. Bei den Resten einer Brücke über die March steht ein von der Konföderation der ehemaligen politischen Häftlinge errichtetes Mahnmal.

Das Tor zur Freiheit

Das leuchtend weiße Denkmal „Tor zur Freiheit" mit Hunderten von eingravierten Namen erinnert an die 400 Frauen und Männer, die in der CSSR bei Fluchtversuchen am Eisernen Vorhang getötet wurden, damit deren „Opfer für die Freiheit nächste Generationen inspirieren kann".

Devín (Bratislava) (SK)

Burgruine Devín, Muránska ulica 1, 02/6570105 Die Burg thront westlich von Bratislava an der Mündung der March in die Donau. Als Symbol der „ruhmreichen slawischen Vergangenheit" spielte sie bei der Erweckung des slowakischen Nationalbewusstseins Mitte des 19. Jhs. eine Rolle. Besondere militärische Bedeutung erlangte sie im 16. Jh. im Zuge der türkischen Belagerung Wiens und Bratislavas. Seit der Sprengung durch die Franzosen im Jahr 1809 ist die Anlage eine Ruine. @ jqe328

Mahnmal "Tor zur Freiheit"

Devín (Theben) liegt am Zusammenfluss von Donau und March (Morava). Die Burgruine – den imposanten Burgfelsen konnte man schon seit vielen Kilometern sehen – scheint noch immer die ehemalige Porta Hungarica zu bewachen, die Engstelle der Donau an der Einmündung der March. Die Stromenge wird von den Slowaken als eine Art Nationalheiligtum betrachtet. Sie hatte schon im 9. Jahrhundert während des Großmährischen Reiches – aus dem letztlich die modernen Staaten Tschechien und Slowakei hervorgingen – eine identitätsstiftende und strategische Bedeutung. Besiedlungen des Hügels sind seit der Jungsteinzeit nachgewiesen. Die ersten waren die Kelten und germanische Stämme, ihnen folgten die Römer und danach die Slawen. Die Reste des römischen Forts Gerulata, eines Teils des Limes, der das Römische Reich vor den Barbaren schützen sollte, sind die ältesten Nachweise der Bebauung in der Slowakei.

Die Aussicht von der Ruine ist spektakulär und reicht bei klarer Sicht manchmal sogar bis zum Wienerwald.

Hinter dem Mahnmal biegt man rechts ab von der Straße und erreicht die Mündung der March in die Donau.

Man folgt der EV 13 auf einem wunderbar angelegten Radweg am Donauufer entlang in Richtung Bratislava. Leider ist dieser schöne Radweg sehr bald zu Ende.

VARIANTE **Kurz vorher kann man links ab in die ausgeschilderte EV 13 abbiegen, auf der man über Záluhy und Karlova Ves Bratislava erreicht.**

Um sowohl diesen Umweg als auch die nächsten fünf Kilometer auf der stark befahrenen Straße ohne Radweg am Karlovesky-Kanal entlang zu vermeiden, wird seit Jahren versprochen, diesen Abschnitt, der einen Donaubogen abschneidet, fahrradfreundlich zu gestalten. Weil das noch immer nicht realisiert wurde, radelt man derzeit auf der stark befahrenen Straße weiter, unterquert eine Straßenbrücke und erst danach entfernt sich die Route wieder von der Straße. Der als EV 13 ausgeschilderte Weg führt zur Autobahn über die Lafranconi-Brücke, von der die Aussicht

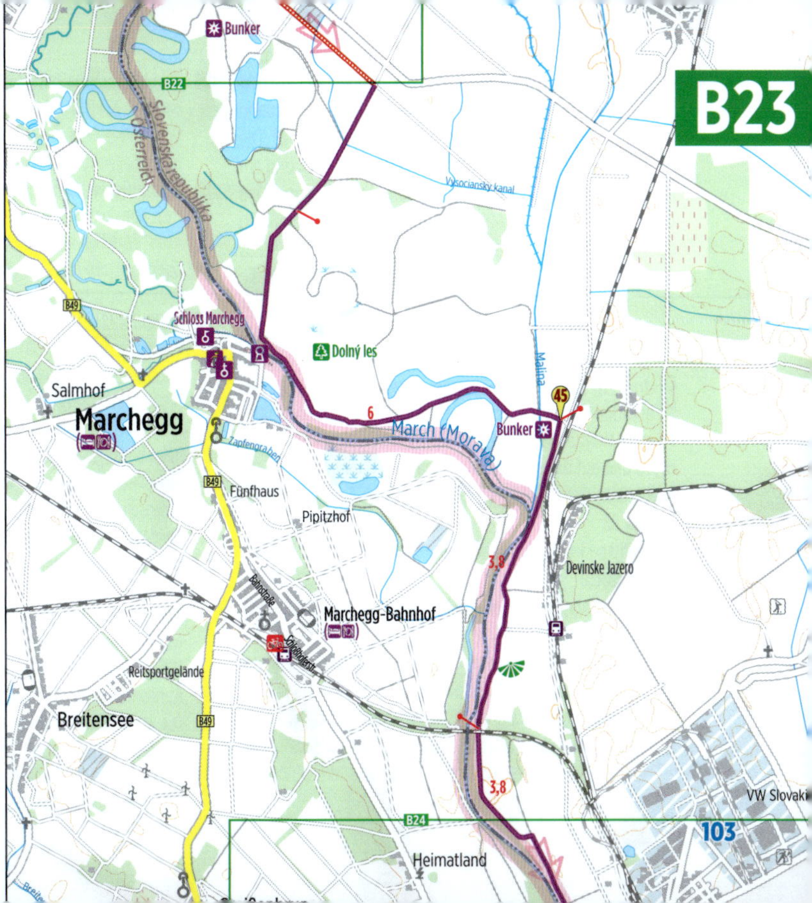

auf den majestätischen Fluss und die Hauptstadt prächtig ist. Sie hat auf der westlichen Seite unterhalb der Fahrbahn einen Fußweg und auf der östlichen einen Radweg. **47** Die beschriebene Route führt unter der Brücke hindurch und am nördlichen Ufer bis zur nächsten Brücke. Diese unterquert man und biegt links ab, um auf dem Zebrastreifen die Straße zu überqueren. Voraus ist die Starý most zu sehen. Die Brücke aus dem Jahr 1890 ist die älteste Donaubrücke der Stadt. Für die Weiterfahrt zweigt man scharf links ab, radelt auf der Rampe zur Brücke hinauf und überquert auf dem Radweg unterhalb der Straße die Donau.

INS ZENTRUM Um zum Bahnhof zu kommen, fährt man an der Rampe geradeaus weiter, biegt rechts ab in die **Panská**, dann links in die **Ventúrska**, geradeaus in die **Michalská**, vor zur **Suché mýto** und auf der **Štefánikova ulica** zum Bahnhof.

Bratislava (SK)

Vorwahl: 02

- **Bratislava Information Service**, Klobučnícka 2, ✆ 16186, ✆ 54419410, @ gpa638
- **Galéria mesta Bratislavy - Mirbach Palace (Galerie der Stadt Bratislava)**, Františkánske nám. 11, ✆ 54431556 Die Ausstellungen befinden sich in zwei historischen Gebäuden im Zentrum von Bratislava - dem Mirbach Palast gegenüber der Franziskanerkirche und dem Pálffy Palast in der Panská Straße gegenüber der Britischen Botschaft. @ esj578
- **Galéria mesta Bratislavy - Pálffy Palace**, Pánska 19, ✆ 54433627 Mittelalterliche Malerei und Bildhauerei, die Kunst des 20. Jhs. und zeitgenössische Künstler. @ upj622
- **Historické múzeum (Historisches Museum)**, Bratislavský hrad, Burgpalast, ✆ 20483104. Die Exponate des Museums rekonsturieren die Geschichte der Slowakei und des slowakischen Volkes vom Mittelalter bis zur Gegenwart. @ aio727
- **Múzeum Hodín (Uhrenmuseum)**, Židovská 4716/3, ✆ 54411940 Das Haus zum Guten Hirten aus dem Rokoko überlebte die „Flurbereinigung" der 1970er Jahre, die besonders das jüdische Viertel betraf und präsentiert sich heute als einer der besterhaltenen Rokokobauten Europas und beherbergt das Uhrenmuseum. @ oxa882
- **Múzeum mesta Bratislavy (Museum der Stadt Bratislava)**, Radničná ul. č. 1, im Alten Rathaus, ✆ 59100812 Das Museum wurde 1868 gegründet und ist heute das älteste noch bestehende Museum der Slowakei. Das Museum betreibt Dauerausstellungen an acht verschiedene Standorten. Die Hauptausstellung befindet sich im Alten Rathaus. @ hui255
- **Slov. národná galéria (Slowakische Nationalgalerie)**, Námestie Ľudovíta Štúra, Palais Esterházy, ✆ 20476111 Präsentiert werden zahlreiche Malereien und Skulpturen aus verschiedenen Epochen. Geführte Rundgänge sind nach Voranmeldung möglich. @ twy735
- **SNM-Prírodovedné múzeum (Naturhistorisches Museum)**, Vajanského nábrežie 2, ✆ 20469122 Mit seiner Sammlung von rund 3,8 Mio Objekten zählt dieses Museum zu einem der bedeutendsten Naturhistorischen Museen Europas. Es dokumentiert und präsentiert die natürliche Umwelt mit Schwerpunkt auf die Slowakei. @ qyi523
- **Waffenmuseum im Michaelertor**, Michalská ulica 22, ✆ 54433044 Das letzte Tor der Stadtbefestigung, ursprünglich ein gotischer Bau aus dem 14. Jh., beherbergt heute das Waffenmuseum. @ yms721
- **Dom sv. Martina (St. Martinsdom)**, Rudnayovo námestie 1, ✆ 54431359 Der dreischiffige gotische Bau aus dem 14./15. Jh. diente zwischen 1563 und 1830 als Krönungskirche ungarischer Könige, erfuhr baulich zunächst eine Barockisierung und im 19. Jh. sogar eine Regotisierung. Reiche Innenausstattung. @ tti736
- **Franziskanerkirche**, Františkánska 439/2. Im Jahre 1297 geweiht, wurde die Kirche im 17.-18. Jh. im Stil des Barock umgebaut.
- **Hrad (Burg)**, ✆ 20483110, ✆ 0915/993301 Die im 12. Jh. angelegte Burg wurde 1430 im gotischen Stil umgebaut und wurde zur wichtigsten Festung Ungarns. Zur Zeit Maria Theresias erhielt die Anlage einen Repräsentationspalast, durch den Aufstieg Budapests als ungarische Hauptstadt verlor sie an Bedeutung. Heute Sitz des Slowakischen Nationalrates. @ isd557
- **Palais Grassalkovich**, Hodžovo námestie 2978/1, ✆ 57888155 Das Palais (1760) ist Sitz des Präsidenten der Slowakei und deswegen nicht zu besichtigen. Die Gartenanlagen sind allerdings öffentlich zugänglich und sind ein Naherholungsgebiet für die Bevölkerung. @ fjg752
- **Burgruine Devín**, Muránska ulica 1, Devín (Bratislava), ✆ 6570105 Die Burg thront westlich von Bratislava an der Mündung der March in die Donau. Als Symbol der „ruhmreichen slawischen Vergangenheit" spielte sie bei der Erweckung des slowakischen Nationalbewusstseins Mitte des 19. Jhs. eine Rolle. Besondere militärische Bedeutung erlangte sie im 16. Jh. im Zuge der türkischen Belagerung Wiens und Bratislavas. Seit der Sprengung durch die Franzosen im Jahr 1809 ist die Anlage eine Ruine. @ jqe328
- **Kriegerdenkmal Slavín**, Pažického 3, im Nordwesten der Stadt Einst Ehrenmal für die 1945 bei der Befreiung der Stadt gefallenen sowjetischen Soldaten, heute auch noch Denkmal der kommunistischen Ära mit prächtiger Aussicht. @ udq576

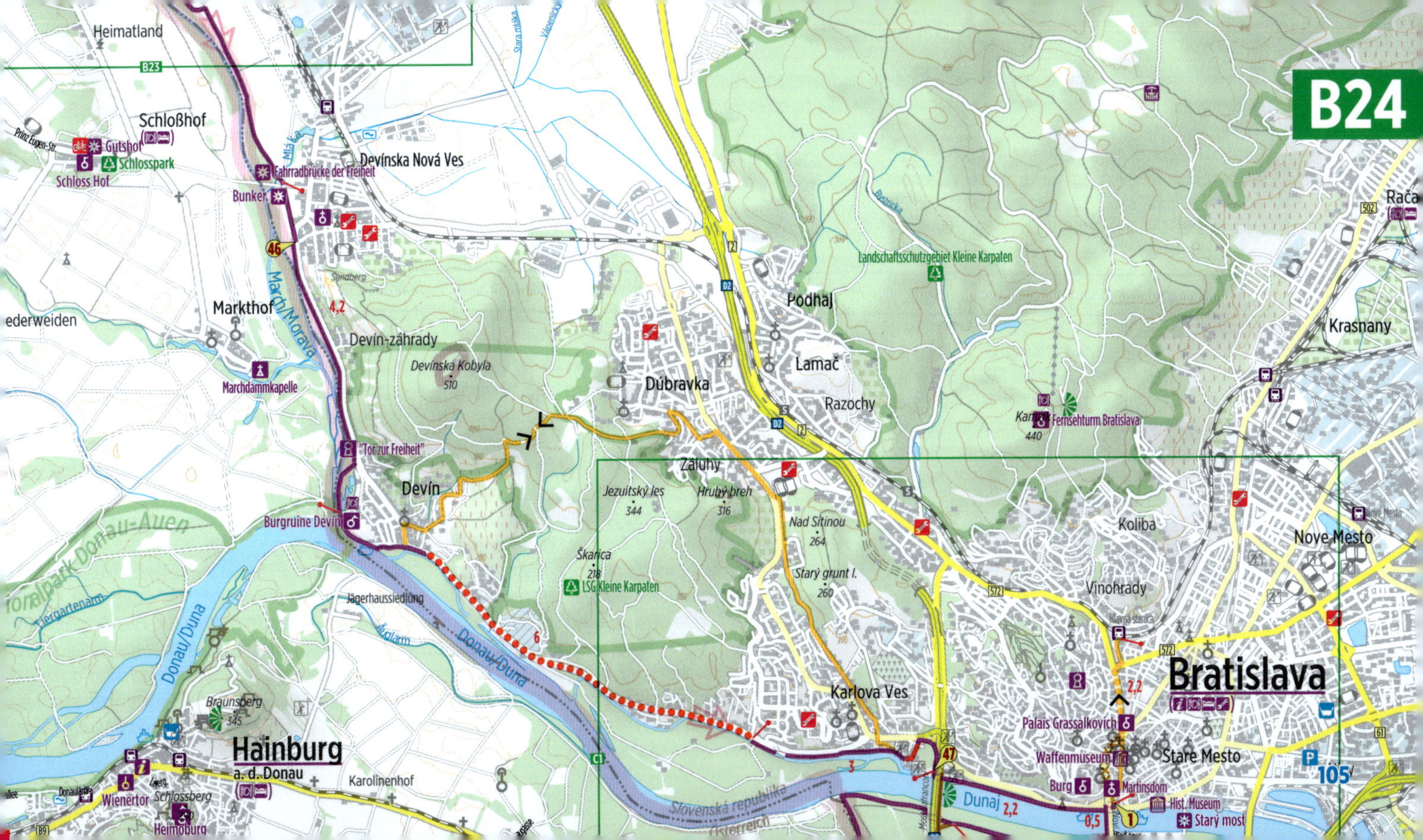
B24
Heimatland
B23
Schloßhof
Gutshof
Schlosspark
Schloss Hof
Prinz Eugen-Str.
Fahrradbrücke der Freiheit
Bunker
Devínska Nová Ves
Markthof
ederweiden
Marchdammkapelle
March/Morava
Sandberg
Devín-záhrady
Devínska Kobyla
510
"Tor zur Freiheit"
Devín
Burgruine Devín
Dúbravka
Podhaj
Lamač
Razochy
Landschaftsschutzgebiet Kleine Karpaten
Kamzík
440
Fernsehturm Bratislava
Rača
Krasnany
Záluhy
Jezuitský les
344
Hrubý breh
316
Nad Sitinou
264
Škarica
218
LSG Kleine Karpaten
Starý grunt I.
260
Koliba
Nove Mesto
Vinohrady
Bratislava
Karlova Ves
Palais Grassalkovich
Waffenmuseum
Stare Mesto
Burg
Martinsdom
Hist. Museum
Starý most
Dunaj
Donau/Duna
Jägerhaussiedlung
Nationalpark Donau-Auen
Donau/Duna
Braunsberg
345
Hainburg
a. d. Donau
Karolinenhof
Wienertor
Schlossberg
Heimoburg
Slovenská republika
Österreich
105

Stará radnica (Altes Rathaus), Hlavné námestie, ☎ 59100847 In der Renaissance umgestaltetes gotisches Gebäude mit malerischem Innenhof und Stadtturm. @ pdo582

Die einzige Hauptstadt der Welt, die an zwei Staaten grenzt, ist das politische, wirtschaftliche und kulturelle Zentrum der Slowakei und mit ca. 430.000 Einwohnern die größte Stadt des Landes. Seit Anfang des 10. Jhs. unter ungarischer Herrschaft, war sie ab 1536, als Ungarn von den Osmanen dezimiert worden war, bis 1848 Hauptstadt des Königlichen Ungarn. Als solche erlebte sie eine Blütezeit, die noch heute in Gesamtanlage und Architektur lebendig ist. Nach Verlegung der Verwaltung ins heutige Budapest wurde sie zum Zentrum der slowakischen Nationalbewegung. Seit 1918 Hauptort des slowakischen Teilstaates, ist Bratislava seit 1993 Hauptstadt der unabhängigen Slowakei. Die Region profitiert von der Nähe zu den Westeuropäischen Märkten – gemeinsam mit dem nur 60 Kilometer entfernten Wien verfolgt man das Entwicklungskonzept der Twin City – und erwirtschaftet allein 25 Prozent des Bruttoinlandproduktes des Landes. Der günstigen Lage und der hohen Dichte an Universitäten und Forschungseinrichtungen ist auch die Niederlassung von zahlreichen Weltkonzernen zu verdanken.

Wer auch nur die wichtigsten historischen und modernen Attraktionen würdigen will, kommt mit einem Tag bei Weitem nicht aus. Zur ersten Orientierung sei hier ein kleiner Einstieg empfohlen, der am Hlavné námestie (Hauptplatz) in der denkmalgeschützten Altstadt seinen Ausgang nimmt. Auffälligstes Gebäude ist hier das alte Rathaus, das aus drei der ältesten noch erhaltenen Bauten der Stadt gebildet wird und sich mit einem barocken Turm schmückt. Es beherbergt heute das Stadtmuseum. Gegenüber, vor der Sedlárska ulica (Sattlergasse), steht der Maximiliansbrunnen, dahinter das auffällig goldverzierte Rolandpalais. Die rechte Straßenecke wird von dem weißen Esterházy-Palais im Rokokostil eingenommen und die linke von dem architektonisch ähnlich erscheinenden, aber eher klassizistischen berühmten Café Mayer. Der Platz wird häufig für verschiedene Konzerte, Feiern und Märkte genutzt.

Die Sedlárska führt nach rechts (NW) auf die von Straßencafés gesäumte Michalská ulica. Aus 100 Metern Entfernung grüßt von rechts das wie ein barocker Kirchturm wirkende Michalská brána (Michaeltor), das einzige erhaltene mittelalterliche Stadttor. Von seiner Aussichtsgalerie im sechsten Stockwerk kann man über die Altstadt sehen. Gleich neben dem Tor steht das mit einer Breite von nur 1,30 Metern schmalste Haus Europas. Wer sich nach Süden wendet, kommt kurz vor der Einmündung der Straße in den riesigen, promenadenartigen Hviezdoslavovo namestie – dort befindet sich außer dem Nationaltheater übrigens auch die deutsche Botschaft – an der Kreuzung mit der Panská ulica, durch die man nach rechts zum gotischen Martinsdom gelangt. Die Bedeutung dieser Kirche für das Selbstbewusstsein der Nation zeigt sich in der Nachbildung der ungarischen Stephanskrone, die die Turmspitze anstelle eines Kreuzes schmückt. Von 1563 bis 1830 fand hier die Krönung der ungarischen Könige statt – die zugleich deutsche bzw. österreichische Kaiser waren.

Auf der anderen Seite der Schnellstraße, die vor dem Kirchturm herführt, verläuft die Židovská ulica am Fuße des Burgberges. Der Name verweist auf die im Mittelalter hier angesiedelten und unter dem Schutz der Burg stehenden Juden. Ein Teil des jüdischen Friedhofes ist heute restauriert und liegt kurioserweise unterirdisch in der Nähe des Straßenbahntunnels. Der Name erinnert aber auch an die Juden, die 1939 nach dem Anschluss Österreichs und der Annektion von Böhmen und Mähren von dem ersten slowakischen Staat an das damals gleich südlich der Donau beginnende nationalsozialistische Deutschland ausgeliefert wurden.

Idyllische steile Gassen und Treppen ziehen sich zum Burgberg hinauf. Die im Ursprung gotische Vierflügelanlage auf dem Felsen 85 Meter über der Donau war zu Beginn kaum weniger bedeutsam als Devín. Sie wurde nach mehrmaligem Umbau 1811 von den Franzosen niedergebrannt und erst nach dem 2. Weltkrieg im Barockstil wieder aufgebaut. Ihre architektonische Erscheinung ist weniger spektakulär als ihre Lage und der Ausblick.

Die Stadt zu ihren Füßen ist von zahlreichen Barockpalais geprägt, weist aber auch kühne und interessante Konstruktionen der letzten Jahrzehnte auf. Eine Besonderheit zwischen Tradition und Moderne stellt die Kostol svätej Alžbety (Elisabethkirche) mit ihrem eigenwillig durchgeformten ungarischen Jugendstil dar, bei dem rosa und blaue Pastelltöne dominieren. Man findet sie in der Bezručova ulica in der südöstlichen Altstadt.

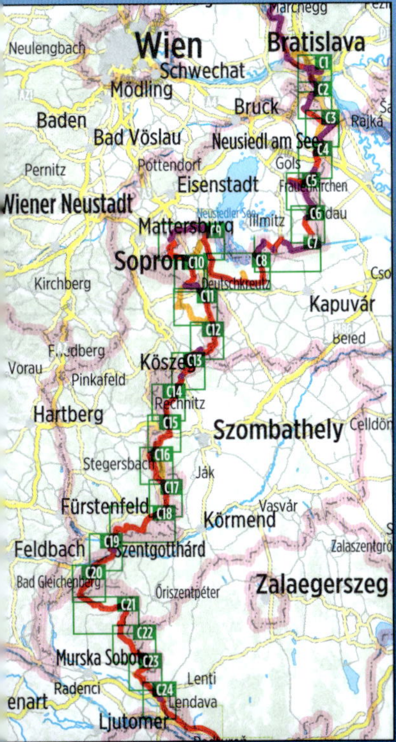

Von Bratislava nach Lendava

383 km

HM/km: ↗ 3,9 (1.500m) ↘ 3,8 (1.472m) Radweg: 34 % Unbefestigt: 5 % Verkehr: 1 %

Die Donau

Die Römer nannten den Fluss mit Bezug auf den fast gleichnamigen römischen Flussgott Danubius und betrachteten ihn als Limes, die Grenze zwischen dem Imperium Romanum und der Welt der Barbaren. Die Donau ist nach der Wolga mit 2.888 Kilometern der längste Fluss in Europa. Sie entspringt bei Donaueschingen im Schwarzwald, durchquert das nördliche Alpenvorland, die Pannonische Tiefebene sowie das Rumänische Tiefland und mündet in einem ausgedehnten Delta in das Schwarze Meer. Weil der genaue Ort der Quelle umstritten ist, wird sie von der Mündung aus kilometriert. Die Donau nimmt hunderte Nebenflüsse in sich auf, die in den Ostalpen und den Karpaten sowie auf der Balkanhalbinsel entspringen und ihr Wasservolumen flussabwärts um zwei Drittel erhöhen. An ihren Ufern leben etwa 100 Millionen Menschen, sie fließt mit Deutschland, Österreich, Slowakei, Ungarn, Kroatien, Serbien, Bulgarien, Rumänien, Moldawien und Ukraine durch 10 Länder und bildet auf 1.071 Kilometern – das sind 37 Prozent ihrer Länge – zugleich auch eine Staatsgrenze. In ihrer Geschichte war sie oft auch ein „mörderischer Grenzfluss“, dessen Wasser sich häufig mit Blut füllte.

Die Donau verlieh einst einer Monarchie ihren Namen und hat Literatur und Musik inspiriert. Der weltbekannte Walzer von Johann Strauß (Sohn) „An der schönen blauen Donau“ wurde 1867 in Wien uraufgeführt, wo die “heimliche Hymne Österreichs“ regelmäßig zum Jahreswechsel gespielt wird.

Von Bratislava (SK) nach Nickelsdorf (AT) 40 km

Vom Hauptbahnhof in Bratislava fährt man auf der **Pražská** und **Štefánikova** geradeaus und dann geradewegs durch die Altstadt. **1** Kurz vor der Donau radelt man rechts die Rampe hoch und überquert die Donau.

Direkt hinter der Brücke geht es westwärts in den ausgeschilderten Radweg auf der Straße, der in den Damm des südlichen Donauufers übergeht. Vor der Autobahnbrücke fährt man geradeaus in den Plattenweg, unterquert die Autobahn, biegt an dessen Ende rechts und dann links ab und erreicht die Grenze. Dort passiert man nach einer Linkskurve mehrere Info-Tafeln über die Befestigungsanlagen sowie von dem Wald von 1952-89 mit dem Zaun vom Eisernen Vorhang. Nach dieser Tafel geht es links ab zum Bunkermuseum BS 8.

Michael Cramer und Johann Bernhardt mit dem Kajak auf der Donau, 1984

Man sieht die Grenzsteine und kommt vor der großen Straßenkreuzung wieder zum Radweg auf dem Damm, in den man rechts einbiegt. Man fährt parallel zur Staatsstraße 61 bis zum Grenzübergang Petržalka–Berg und quert sie direkt vor der Grenze hinter dem Restaurant Monaco.

Es geht rechts und dann links ab zur Grenze. Hinter dem früheren Zollgebäude geht es weiter rechts ab auf dem ehemaligen Kolonnenweg, der für die nächsten fünf Kilometer exakt dem Grenzverlauf folgt. Der streckenweise von Bäumen begleitete Fahrweg ist in einem ausgezeichneten Zustand.

2 Man passiert ein weiteres Bunkermuseum mit dem Friedhof, auf dem sich Massengräber von mehr als 500 Leichen befinden.

Der Todesmarsch

Auf diesem Gelände befand sich das Lager Engerau, wo neben Angehörigen der Hitlerjugend, der ortsansässigen Bevölkerung auch 30.000 ungarische Juden zur Zwangsarbeit herangezogen wurden, um den Südostwall der Nazis zu errichten. Für Letztere – so die Historikerin Eleonore Lappin - war das „Vernichtung durch Arbeit".

Als die Häftlinge am 29. März 1945 evakuiert und in das KZ Mauthausen getrieben wurden, war bereits ein Viertel der ungarischen Juden tot: umgekommen vor Hunger und Kälte, erschossen, erschlagen oder von den Wachmannschaften zu Tode gequält.

Als die Rote Armee bereits vor Petržalka stand, begann an diesem Gründonnerstag um 22 Uhr vor dem damaligen Semperit-

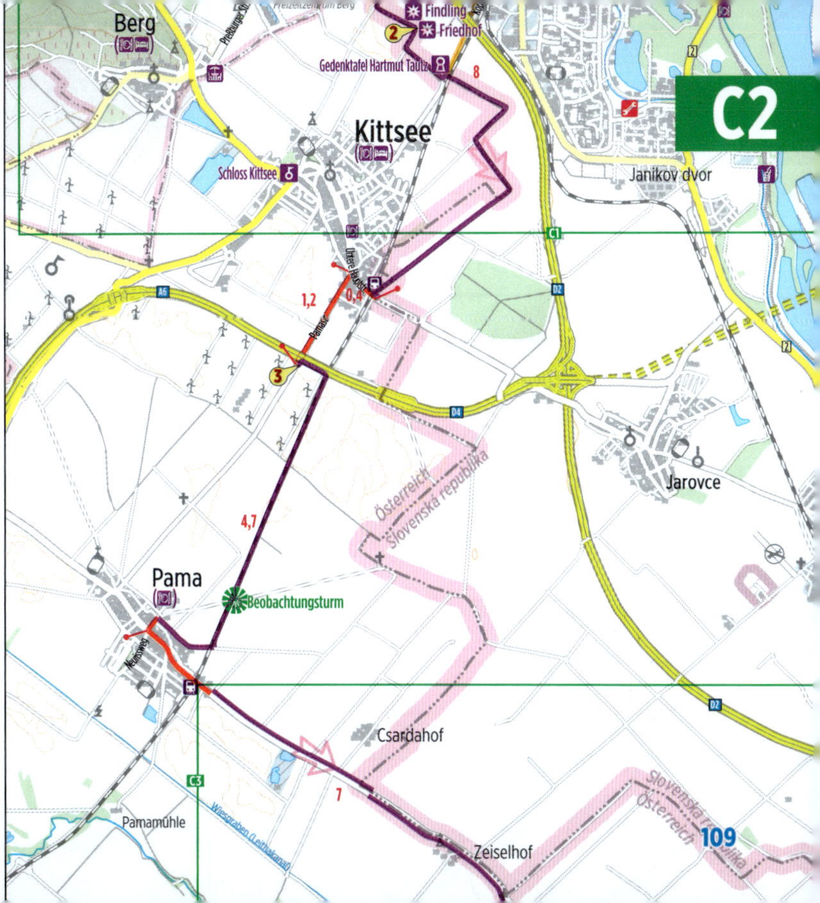

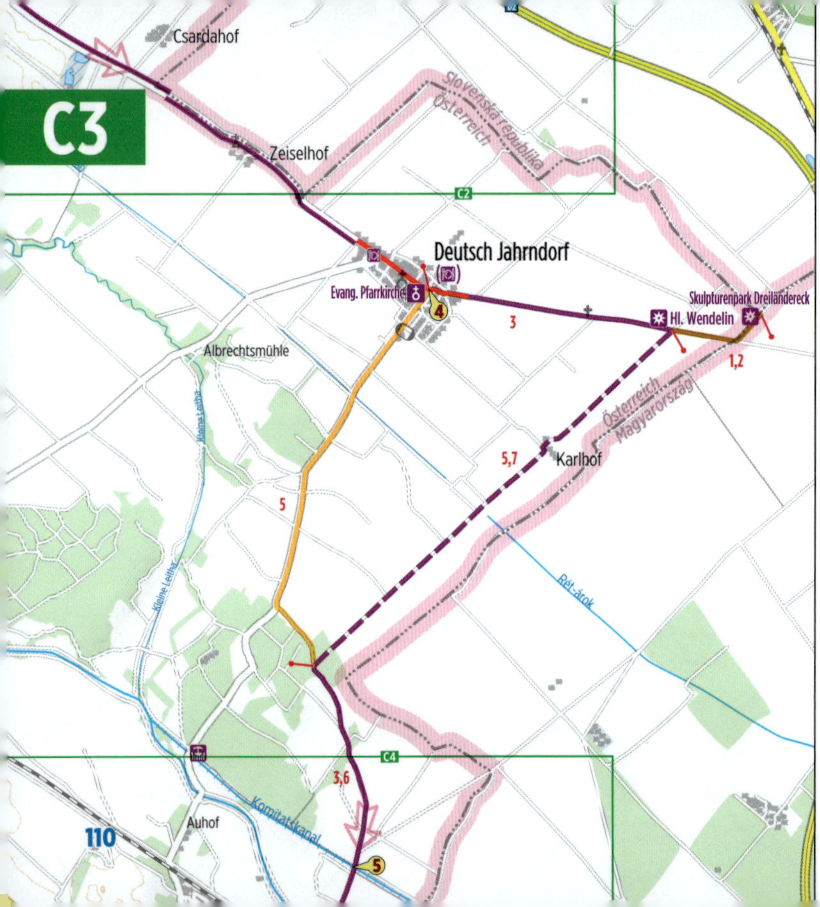

Gebäude der Todesmarsch von etwa 2.000 Juden, der sie über Wolfsberg nach Deutsch-Altenburg führte. Schon zu Beginn wurde von den österreichischen Nationalsozialisten wahllos in die Menge gefeuert. Während des folgenden Marsches wurden vermeintliche Alte und Kranke erschossen, sie blieben im Straßengraben liegen.

Wegen dieser Verbrechen wurden nach dem Krieg zahlreiche Prozesse geführt. Die bedeutendsten waren die sechs „Engerauer Prozesse" von 1945-54, in denen 21 SA-Männer angeklagt wurden. Neun österreichische Staatsbürger wurden zum Tode verurteilt und hingerichtet. Die zu lebenslänglicher respektive 19 Jahre Haft verurteilten Täter, die überwiegend aus Wien stammten, wurden später vorzeitig freigelassen. Dabei wurden einige Erschießungen als „Gnadenschüsse" dargestellt.

Man erreicht die **Pressburger Straße (Kopčianska ulica)** und sieht kurz vor dem Ortseingangsschild eine Gedenktafel, die an Hartmut Tautz erinnert.

Hartmut Tautz

Weil er Verwandte in der Bundesrepublik hatte, durfte er nach dem Abitur in der DDR

Grenzreste vor Deutsch-Jahrndorf

nicht Musik studieren. Deshalb versuchte er über Österreich in den Westen zu gelangen. Er reiste über Prag nach Bratislava und versuchte am Abend des 8. August 1986 bei Petržalka über die Grenze nach Österreich zu fliehen.

Das österreichische Dorf Kittsee schien so nah zu sein. Er überwand die Drahtzäune und rannte durchs hohe Maisfeld auf Kittsee zu. Beim Durchtrennen der sog. Signalwand löste er einen elektrischen Alarm aus. Die tschechoslowakischen Grenzsoldaten ließen daraufhin zwei speziell abgerichtete selbstständig angreifende Hunde los, die ihn am Ende des Feldes, nur 22 Meter von der Grenze entfernt, einholten. Die Hunde fügten ihm massive Biss- und Rissverletzungen zu. Als die Grenzsoldaten bei ihm eintrafen, leisteten sie keine erste Hilfe, sondern durchsuchten und verhörten den Flüchtling. Erst anderthalb Stunden später wurde er ins Militärkrankenhaus in Bratislava eingeliefert, wo er wenige Stunden später verstarb.

Die für den Tod des 18-jährigen Verantwortlichen wurden bis heute nicht zur Rechenschaft gezogen. Dafür setzt sich die Organisation Platform of European Memory and Conscience ein.

Am 9. August 2016, seinem 30. Todestag, wurde für Hartmut Tautz an dieser Stelle die Gedenktafel eingeweiht. Sein Name steht auf der Tafel spiegelverkehrt, weil man einen Flüchtenden nur von hinten sehen kann.

VARIANTE Biegt man links ab in die Kopčianska ulica, kommt man zum Bahnhof Bratislava-Petržalka. Dort ist die Endstation für die Direktzüge vom Wiener Hauptbahnhof.

Petržalka (Bratislava) (SK)

Der Stadtteil an der Donau hieß früher Engerau und ist heute der fünfte Bezirk der slowakischen Hauptstadt. Nach dem Zweiten Weltkrieg wurde die ungarisch-deutsche Bevölkerung vertrieben. In den 1960er Jahren entstand die größte Plattenbausiedlung Zentraleuropas für 120.000 Menschen in über 40.000 Wohnungen.

Man bleibt auf dem slowakischen ehemaligen Kolonnenweg - vorher und nachher verläuft er parallel zum österreichischen Güterweg - und quert die Straße sowie die Gleise. Am Bahnhof in Kittsee biegt man links und sofort wieder rechts ab in die **Untere Hauptstraße**, quert abermals die Gleise und erreicht das Zentrum von Kittsee.

Kittsee (A)

In dieser östlichsten Gemeinde Österreichs ließen sich im 16. Jahrhundert viele Kroaten nieder, die vor den türkischen Invasoren geflohen waren. Sie pflegen noch heute ihre Sprache und Kultur.

Heute ist Kittsee mit 30.000 Marillenbäumen Österreichs größte Marillengemeinde und Zentrum der Genussregion Kittseer Marille. Sehenswert sind die Dreifaltigkeitssäule, der Heideturm und der Jüdische Friedhof hinter dem Alten Schloss. Im Neuen Schloss Bathyány am entgegengesetzten Ortsrand befand sich bis zu seiner Schließung 2008 das Ethnographische Museum.

Vom Bahnhof fahren die Züge direkt nach Wien Hauptbahnhof und Bratislava-Petržalka. Die Stadt erinnert aber auch an Emil Švec.

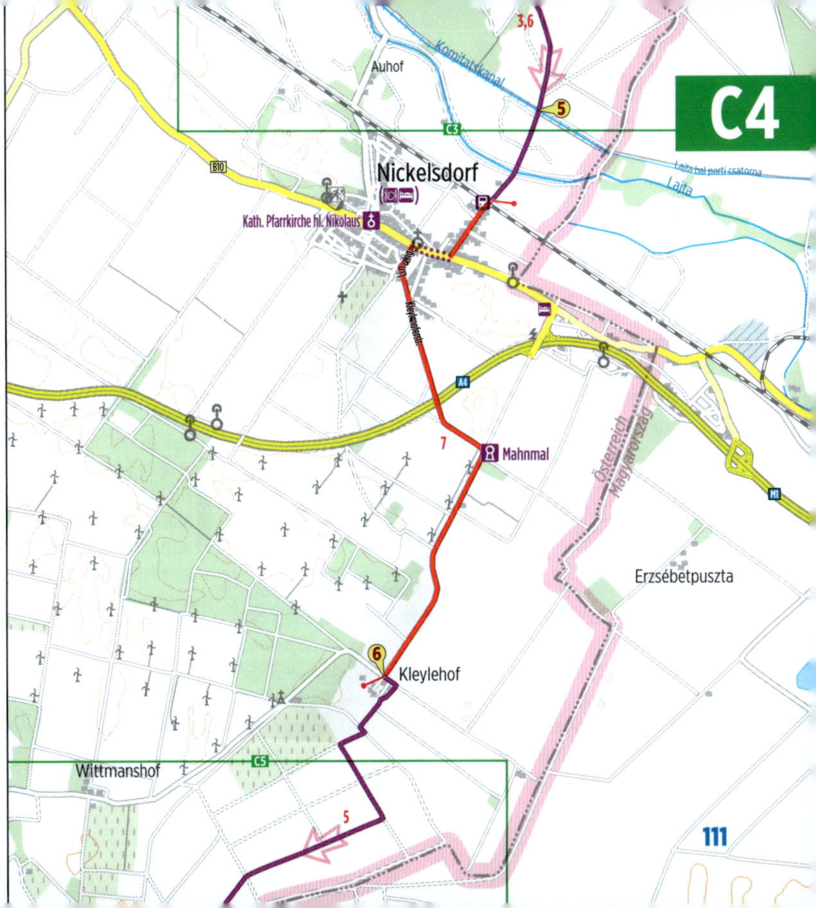

Emil Švec (1925-2010)

Dem beim tschechoslowakischen Militär ausgebildeten Piloten gelang am 2. August 1959 mit einem Flugzeug die Flucht aus der ČSSR. Er hatte einen „Fieseler Storch" gekapert, ein Militärpropeller-Flugzeug, das zum Besprühen von Feldern umgerüstet worden war. Später erfuhr er, dass schon ČSSR-Jagdflugzeuge gestartet waren, um ihn abzuschießen. Wegen Hochverrats wurde er in Abwesenheit zu 15 Jahren Haft verurteilt.

Emil Švec (1925-2010) wurde im Oktober 1962 vom Geheimdienst der ČSSR (ŠtB) in eine Falle gelockt. In Kittsee, auf österreichischem Gebiet, wurde er von Geheimdienstlern festgenommen und über die Grenze in die CSSR geschleppt. Dort wurde er gezwungen, die Strafe in verschiedenen Haftanstalten abzusitzen. In der Zeit vom „Prager Frühling" wurde er nicht wie andere politische Häftlinge amnestiert. Erst 1969 wurde er rehabilitiert und frei gelassen. Drei Jahre später jedoch wurde diese Entscheidung revidiert. Er wurde wieder verhaftet und blieb bis 1977 eingesperrt.

Nach 1989 bemühte sich der „Fliegende Flüchtling" um eine offizielle Rehabilitierung und eine Anerkennung als Opfer des Kommunismus. Dies wurde jedoch immer wieder abgelehnt. Als er das in einem Beschwerdebrief kritisierte und der Justiz vorwarf, dass sie immer noch von exkommunistischen Seilschaften dominiert würde, verurteilte man ihn zu bedingter Haft wegen „Beleidigung eines Amtsträgers". Keiner der an der Entführung beteiligten Agenten des ŠtB musste sich vor Gericht verantworten.

Hinter den Gleisen geht es links ab in die **Pamastraße**.
3 Nach Unterquerung der Autobahn biegt man links ab, quert abermals die Bahnschienen und dann rechts ab in die ausgeschilderte EV 13. Man radelt parallel zu den Gleisen und einem Windpark, passiert einen Beobachtungsturm für Großtrappen und folgt der Beschilderung rechts ab über die Bahngleise nach Pama, wo man links in die Hauptstraße abbiegt.

Pama Ⓐ

Hier liegt der Anteil biologisch bewirtschafteter Fläche bei 80 Prozent. Man radelt durch den Ort, danach auf separatem Radweg über Zeiselhof nach Deutsch-Jarhndorf.

Deutsch Jahrndorf Ⓐ

Man radelt durch Österreichs östlichste Gemeinde zur Grenze.

TIPP **Die als EV 13 ausgeschilderte Route ignoriert den Skulpturenpark am Dreiländereck und biegt an der Kirche rechts ab nach Nickelsdorf.**

4 Auf der beschriebenen Route geht es weiter geradeaus, man passiert das weiße Denkmal auf der linken Seite, das an den Heiligen Wendelin erinnert, und biegt direkt hinter der Grenze links ab in den Feldweg zum Skulpturenpark am Dreiländereck.

Skulpturenpark Dreiländereck

Zur Erinnerung an den Fall des Eisernen Vorhangs wurden hier 1989 von internationalen Künstlern verschiedene Skulpturen geschaffen. Gedenksteine, Grenzsteine und Stacheldrahtreste vom Eisernen Vorhang gestalten das „Internationale Symposium", das für Besucher aus den drei Staaten zum Anziehungspunkt geworden ist. Ein dreieckiger Stein mit den nationalen Flaggen der drei Länder steht genau auf der Grenze. Die Skulpturen mit den Künstlern sind auf einer Tafel erklärt.

Die Hinweistafel in drei Sprachen über die Trappen ist leider nicht mehr lesbar und es wäre gut, wenn dort auch die EV 13 erklärt würde.

Skulpturenpark Dreiländereck

Großtrappen

Obwohl die Landschaft in diesem Grenzgebiet durch intensiven Ackerbau geprägt ist, konnten hier mit den Großtrappen die schwersten flugfähigen Vögel unseres Planeten überleben. Bis in die 1960er Jahre wurden sie noch als Trophäen gejagt. Ende der 1980er Jahre gab es nur noch 20 Exemplare. Nach der Grenzöffnung wurden auch mit EU-Geldern Brachflächen geschaffen, in denen sich die Männchen bei der Balz aufplustern können, um der Damenwelt zu gefallen. Nachdem nicht nur in Österreich, sondern auch in Ungarn und der Slowakei zahlreiche Maßnahmen ergriffen wurden, leben hier heute über 400 Großtrappen, die von vielen Aussichtstürmen rund um Andau beobachtet werden können.

Vom Dreiländereck radelt man zurück, biegt rechts ab in die Straße und vor dem weißen Denkmal links ab in den nicht asphaltierten, aber gut befahrbaren Weg.

Man radelt an der Grenze entlang, kann Hasen und Rehe beobachten und erreicht Karlhof, wo 1855 mehrere keltische Münzen aus Gold und Silber und in den 1980er Jahren Werkzeuge und Skulpturen aus der Römerzeit gefunden wurden. Links versetzt geht es weiter geradeaus, man quert den Leithakanal und stößt auf einen asphaltierten Güterweg, in den man links einbiegt. **5** Man quert den Komitatskanal sowie die Leitha (Lajta) und passiert den Bahnhof Nickelsdorf, von dem Direktzüge nach Wien und Bruck/Leitha fahren. Danach stößt man auf die B 10, in die man rechts nach Nickelsdorf einbiegt, wo auf der Rad- und Sonderkarte der Iron Curtain Trail leider nicht zu sehen ist.

Nickelsdorf Ⓐ

Nickelsdorf hat wie einige andere Orte am „Europa-Radweg Eiserner Vorhang" eine, auch bezüglich ihrer Zugehörigkeit zu unterschiedlichen Nationalstaaten, bewegte Geschichte. Wie das gesamte Burgenland gehörte es bis zum Abschluss der Verträge von St. Germain und Trianon (1920) unter dem Namen Miklóshalma zu Ungarn. Seit 2005 ist Nickelsdorf Gastgeber des Rockmusikfestivals „Nova Rock", das sehr schnell zum größten in Österreich wurde.

Nickelsdorf erinnert aber auch den Todesmarsch der Budapester Juden im November 1944, auf dem auch der jüdisch-ungarische Schriftsteller Miklós Radnóti ums Leben kam.

Miklós Radnóti (1909-1944)

Miklós Radnóti (1909-1944) war einer der größten ungarischen Dichter des 20. Jahrhunderts. Nachdem er wegen seiner jüdischen Abstammung schon mehrfach zum Arbeitsdienst eingezogen worden war, wurde er im Mai 1944 zunächst an die ukrainische Front beordert und später im Lager Bor in Serbien interniert. Die dort entstandenen Gedichte – Bori notesz (Notizen aus Bor) – konnte er illegal nach Budapest schicken.

Als Titos Truppen vorrückten, wurde er zusammen mit mehreren tausend jüdischen Zwangsarbeitern in Gewaltmärschen quer durch Ungarn zur österreichischen Grenze getrieben. Als er wegen der Strapazen zusammenbrach, wurde er am 9. November 1944 auf dem Weg nach Hegyeshalom mit 21 seiner Mitgefangenen von den ungarischen Aufsehern

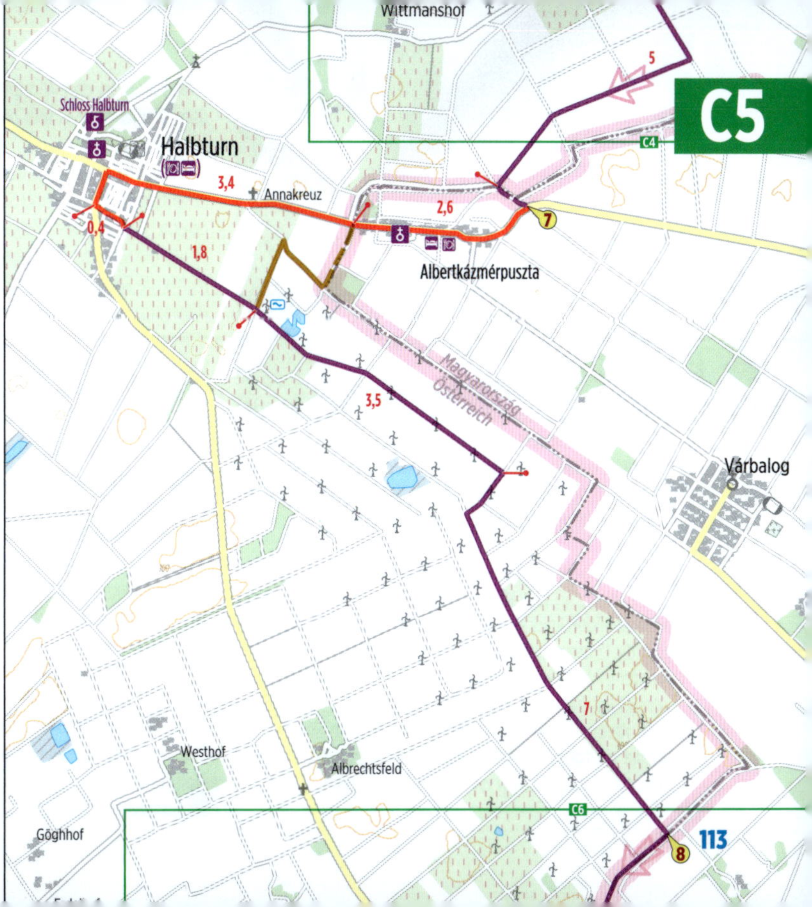

Kirche in Albertkázmérpuszta

erschossen. Das Massengrab wurde 1946 exhumiert. Dabei fand man seine während des Todesmarsches geschriebenen letzten Gedichte in der Tasche seiner Windjacke. Sie erschienen 1948 in der Sammlung Tajtékos ég (Sky With Clouds).

Von Nickelsdorf (AT) nach Andau (AT) 34 km

Man biegt an der Kirche von der Unteren Hauptstraße ausgeschildert links ab in Richtung Kleylehof und dann rechts ab in die **Lindengasse**, die in die **Kleylehoferstraße** übergeht. Auf der EV 13 überquert man die Autobahn auf einer Brücke, von der aus man das Gelände der Rockkonzerte überschauen kann. Kurz hinter der Brücke erinnert seit 2019 ein Gedenkstein an die weltgeschichtlichen Ereignisse von 1989, als viele Flüchtlinge aus der DDR nach Nickelsdorf geflohen sind.

Man umfährt den Windpark Nickelsdorf und **6** biegt vor dem **Kleylehof** links und nach 400 Metern rechts ab in die ausgeschilderte EV 13.

Man radelt durch eine Landschaft, die von Beppo Beyerl in seinem Buch „Achtung Staatsgrenze, Auf den Spuren des Eisernen Vorhanges" folgendermaßen beschrieben wird: „Links die Streifen der Felder, die bis zum Horizont reichen, rechts die Streifen der Felder, die bis zum Horizont reichen". Aber auch viele Windräder sind dort zu sehen.

Wenn man die Grenze erreicht, biegt man später in einer Rechtskurve - leider nicht ausgeschildert - links ab in den Schotterweg über die Grenze. **7** Nach 400 Metern geht es rechts ab in die asphaltierte Straße und man erreicht Albertkázmérpuszta, wo man einkehren und übernachten kann.

Albertkázmérpuszta (Várbalog) (H)

St. Stephan. Die neugotische Kirche aus dem Jahr 1897 ist der Wiener Votivkirche nachgebaut.

Am Ortsende radelt man abermals über die Grenze auf dem als EV 13 ausgeschilderten Weg nach Halbturn.

TIPP: Wer nicht nach Halbturn radeln möchte - was keinesfalls zu empfehlen ist - biegt links ab in die gut befahrbare Schotterstraße entlang der Grenze. Nach 800 Metern biegt man rechts ab in den asphaltierten Güterweg, dann wieder links ab an den Weinstöcken entlang zum Güter- und Radweg B 22, in den man links abbiegt.

Halbturn (A)

Gemeindeamt, Wiener Str. 3, ✆ 8645, @ ycd616

Infeld - Haus der Kultur, Parkstr. 13, ✆ 02172/20123 Das alte Jägerhaus des Schlosses Halbturn ist Treffpunkt internationaler und heimischer Künstler. Hier präsentiert der Kunstmäzen Peter Infeld seine gesammelten Werke der Öffentlichkeit. @ dug515

Schloss Halbturn, Parkstr. 4, ✆ 02172/8594 Der bedeutendste Barockbau des Burgenlandes wurde 1711 von Lucas v. Hildebrandt errichtet und befindet sich heute in Privatbesitz. Die ausgedehnte Schlossanlage ist sehr gepflegt, bietet Platz für Ausstellungen und ist gelegentlich auch Spielstätte für Konzerte. @ mov565

Kirche in Andau

In Halbturn folgt man der EV 13, biegt zweimal links ab und folgt dem asphaltierten Güterweg. Er führt an einer Kläranlage mit Windrad vorbei, biegt nach 3,5 Kilometern rechts ab und nach einer Linkskurve immer geradeaus bis zur Grenze. **8** Dort geht die EV 13 rechts ab an der Grenze entlang bis zur **Andauer Landesstraße**, in die man rechts einbiegt und ausgeschildert über den **Zollweg** und die **Höchtlgasse** den **Raiffeisenplatz** in Andau erreicht.

Andau Ⓐ

Hl. Nikolaus, Hauptg. Die Pfarrkirche liegt in der Mitte des sehenswerten ehemaligen Dorfangers. Die Kombination aus barocken und modernen Elementen hat der eigenwilligen Kirche zwei minarettartige Rundtürme beschert. Was außen noch stimmig wirkt, erscheint innen etwas gewöhnungsbedürftig. Vor der Kirche erinnert ein Grabstein an die „Helden der beiden Weltkriege".

Von Andau (AT) nach Hegykő (HU) *50 km*

Am Raiffeisenplatz geht die EV 13 links ab in den Dammweg und man passiert den Friedhof. Am Ende der Straße befindet sich auf der rechten Seite das Mahnmal „Stein der Freiheit", das an die 200.000 Flüchtlinge aus Ungarn erinnert, die 1956 von Österreich übernommen wurden.

9 Man biegt links ab in den Skulpturenweg, der zur berühmten Brücke führt.

Skulpturenweg

Zwischen 1992 und 1996 wurde vom Hrdlicka-Schüler Franz Gylocs ein Symposium organisiert, zu dem Bildhauer aus Ungarn, Österreich und der Slowakei eingeladen wurden. Entlang der so genannten „Fluchtstraße", der knapp neun Kilometer langen Strecke von Andau zum Einserkanal, haben zahlreiche Künstler mit Skulpturen und Installationen aus Holz und Stein eine eindrucksvolle Freiluftgalerie geschaffen und erinnern an die damaligen Geschehnisse.

Brücke von Andau

Die unscheinbare hölzerne Brücke diente den örtlichen Bauern dazu, ihre häufig beiderseits des eingedeichten Einserkanals – und damit auch beiderseits der Grenze – liegenden Felder zu erreichen. 1956 kam es im Verlauf des Ungarn-Aufstands zu einer Flüchtlingswelle. Eine der letzten Möglichkeiten, den Westen zu erreichen, bot sich mit diesem abseits gelegenen kleinen Bauwerk.

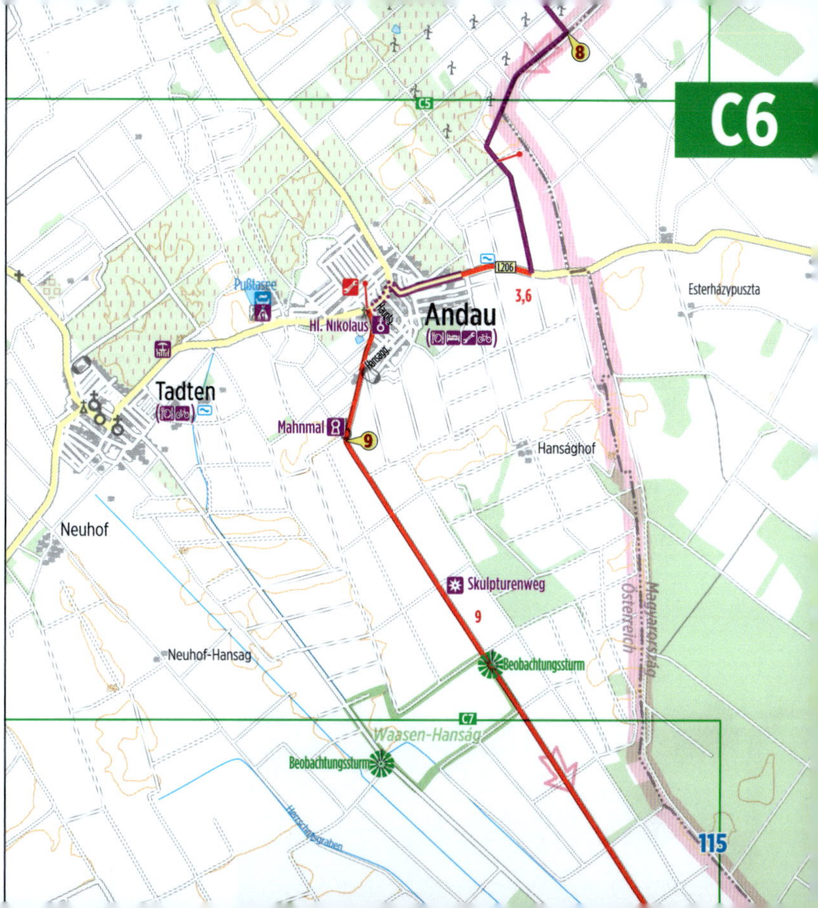

70.000 Menschen flohen am 4. November 1956 über diese Brücke, die wenige Tage später von ungarischen Soldaten gesprengt wurde.

In Zusammenarbeit ungarischer und österreichischer Soldaten wurde 40 Jahre später eine neue Brücke errichtet. Mit dem Begriff „Brücke von Andau" gelangte sie zu literarischem und filmischem Ruhm. So war sie Mittelpunkt des 2000 von Franz Antel gedrehten, dritten Teils des österreichischen Spielfilms „Der Bockerer" über die Revolution in Ungarn. Die Stelle ist heute mit einem Aussichtsturm markiert.

10 Man radelt über die Brücke und biegt auf der ungarischen Seite rechts ab in den nicht asphaltierten, aber fahrradfreundlich ausgebauten Weg.

Die Geschichte von Ungarn

Die Geschichte der Ungarn beginnt weit entfernt vom heutigen Staatsgebiet. Die Magyaren, die Vorfahren der Ungarn, verließen ihr westsibirisches Siedlungsgebiet und ließen sich nach jahrhundertelangen Völkerbewegungen schließlich dort nieder, wo um das Jahr 1000 das Königreich Ungarn entstand. Der „Heilige Stephan I." (Szent István), der von 969 bis 1038 lebte, war der erste König Ungarns und ist heute der Nationalheilige des Landes.

Brücke von Andau

Mit der Niederlage gegen die Türken bei Mohacs (1526) geriet das christianisierte Reich unter osmanische Herrschaft und wurde aufgeteilt. Der größte Teil wurde dem osmanischen Reich einverleibt, der kleinere geriet unter österreichischen Einfluss. Unmittelbar nach der Niederlage der Türken vor Wien in der „Schlacht am Kahlen Berg" (1683) eroberten habsburgische Truppen das gesamte Territorium. Unabhängigkeitsbestrebungen wurden anschließend mehrmals blutig niedergeschlagen, bis Ungarn 1867 zum zweiten Hauptbestandteil der kaiserlich und königlichen (k. u. k.) Doppelmonarchie gemacht wurde, um die Spannungen im Vielvölkerstaat zu entschärfen.

Im Ersten Weltkrieg (1914-18), den die von den USA unterstützten Ententemächte Frankreich und England für sich entschieden, kämpften die Soldaten der Doppelmonarchie gegen Serbien, Russland, Rumänien und Italien. Am 16. November 1918 wurde eine demokratische Republik ausgerufen, deren erster Präsident Mihály Károlyi war. Seine Regierung wurde von den Kommunisten unter Béla Kun gestürzt, dessen Räterepublik am 1. August 1919 ebenfalls gestürzt wurde. Am 1. März 1920 führte der „Reichsverweser" Miklós Horthy (1868-1957) die Monarchie wieder ein. In dem am 4. Juni 1920 im Versailler Palais Grand Trianon unterzeichneten „Friedensvertrag von Trianon" wurde die Restauration der Habsburger Monarchie verboten. Ungarn verlor mehr als 60 Prozent seiner Bevölkerung und - wie Polen - zwei Drittel seines Territoriums, darunter die Karpato-Ukraine und Nordungarn an die Tschechoslowakei, Siebenbürgen und das östliche Banat an Rumänien, das westliche Banat und die Batschka an Jugoslawien sowie das Burgenland an Österreich. Seitdem gibt es den uralten Witz, dass „Ungarn das einzige Land der Welt ist, das von sich selbst umgeben ist."

In den Jahren zwischen den beiden Weltkriegen näherte sich Ungarn zunehmend dem faschistischen Italien Mussolinis und dem von den Nazis beherrschten Deutschen Reich an, mit denen Ungarn verschiedene Pakte schloss.

Während der Regierungszeit von „Reichsverweser" Miklós Horthy (1920-1944) - nach eigener Aussage lebenslanger Antisemit - wurde 1920 das erste antijüdische Gesetz im Europa des 20. Jahrhunderts erlassen, dem 1938, 1939 und 1941 noch drei weitere Judengesetze folgten. Das letzte - so Raoul Hilberg - war noch härter als die Nürnberger Rassegesetze. In den letzten Kriegsjahren wurden mit Unterstützung der faschistischen ungarischen Regierung 600.000 ungarische Juden getötet. Allein vom15. Mai bis zum 12. Juli wurden 1944 in Rekordzeit 438.000 Juden nach Auschwitz deportiert, von denen mehr als 300.000 sofort vergast wurden. Und all dies wäre ohne die Hilfe der ungarischen Polizei nicht möglich gewesen. Am 70. Jahrestag der Befreiung von Auschwitz hat Ministerpräsident Viktor Orbán erstmals die Beteiligung seines Landes am Holocaust anerkannt und sie als „nationale Tragödie für Ungarn" bezeichnet.

Im Budapester Szent-István-Park sollte 2015 ein Denkmal für Bálint Hóman (1899-1951) errichtet werden. Der Ideologe des Horthy-Faschismus war als Religions- und Bildungsminister mitverantwortlich für antisemitische Maßnahmen und für die Deportation von 400.000 Juden nach Auschwitz. Nach internationalen Protesten wurde es abgeblasen.

Im Zweiten Weltkrieg unterstützten ungarische Truppen aktiv die deutschen Feldzüge auf dem Balkan und gegen die Sowjetunion, entschieden sich nach schmerzhaften Niederlagen jedoch für eine Annäherung an die Alliierten. Daraufhin besetzten am 19. März 1944 deutsche Truppen mit dem „Unternehmen Margarethe" das Land.

Schließlich eroberte die Rote Armee Ungarn und die Hauptstadt Budapest. Die Hoffnung der West-Alliierten auf eine demokratische Verfassung wurde schnell zerstört, weil 1949 das Land eine Verfassung nach sowjetischem Vorbild erhielt. Mátyás Rákosi, der „ungarische Stalin", übernahm bis 1956 die Macht und Ungarn wurde 1955 Gründungsmitglied des Warschauer Paktes.

Die anfangs erfolgreiche „Ungarische Revolution" - für Hannah Ahrend war sie der Aufstand eines ganzen Volkes „für die Freiheit und sonst nichts" - wurde 1956 durch sowjetische Truppen blutig niedergeschlagen, weshalb etwa 200.000 Menschen aus Ungarn flohen. Der reformorientierte Ministerpräsident Imre Nagy wurde mit vielen anderen Unterstützern der Revolution unter seinem Nachfolger János Kádár zum Tode verurteilt und am 16. Juni 1958 hingerichtet.

Ab 1968 erfolgten Wirtschaftsreformen und eine vorsichtige innenpolitische Öffnung. Unter dem Begriff „Gulaschkommunismus" galt Ungarn als „fröhlichste Baracke im Ostblock". Dort galt der Spruch: "Wer nicht gegen uns ist, ist für uns". In den anderen Ostblockstaaten galt der alte Stalinsche Grundsatz: „Wer nicht für uns ist, ist gegen uns". János Kádár musste am 27. Mai 1988 als ungarischer Parteichef zurücktreten, sein Nachfolger wurde Károly Grósz, der am 23. November 1988 durch Miklós Németh ersetzt wurde.

Zusammen mit Imre Pozsgay setzte ein friedlicher Systemwechsel ein und Wirtschaftsreformer übernahmen das Ruder. Am 10. und 11. Februar 1989 widersprach das Zentralkomitee (ZK) der kommunistischen Partei öffentlich der Doktrin von der „Konterrevolution von 1956" und sprach sich für die Einführung eines Mehrparteiensystems aus. Zudem wurde am 2. Mai 1989 mit dem Abbau des Eisernen Vorhangs begonnen.

Am 16. Juni 1989, genau 31 Jahre nach der Hinrichtung von Imre Nagy, gedachten über 200.000 Kundgebungsteilnehmer in Budapest der nach der Revolution von 1956 Ermordeten und würdigten den früheren Ministerpräsidenten mit einem Ehrengrab. Sie begruben - so der Historiker Ilko-Sascha Kowalczuk - zugleich den Kommunismus. Am 6. Juli 1989 wurde Imre Nagy vom Obersten Gericht in Ungarn posthum in allen Punkten rehabilitiert - am selben Tag starb János Kádár.

Am 23. Oktober 1989, dem Jahrestag der Revolution von 1956, wurde Ungarn als demokratische und parlamentarische Republik ausgerufen, wurde 1999 Mitglied der NATO und am 1. Mai 2004 der Europäischen Union.

Der Eiserne Vorhang in Ungarn

Nach dem Zweiten Weltkrieg wurden an der scharf bewachten, 356 Kilometer langen Grenze zu Österreich und der 630 Kilometer langen zu Jugoslawien 291 Beobachtungstürme aufgestellt. Im Frühjahr 1949 begann man auch mit dem Bau von Drahthindernissen und dem Verlegen von Landminen. Österreich und Ungarn trennten 1,6 Millionen Personenminen. Zudem wurde in den 1950er Jahren auch ein Verteidigungssystem ausgebaut, von dem einige Bunkerreste heute noch vorhanden sind.

Bereits 1987 wollten die Militärs den Eisernen Vorhang abbauen. Nur zehn Prozent der Alarme wurden nämlich durch Flüchtlinge ausgelöst, der Rest durch Wind und Tiere. Der Eiserne Vorhang diente auch nicht dazu, die Ungarn im Land zu halten, weil 90 Prozent der ungarischen Bevölkerung *mit ihrem „Weltpass" problemlos ausreisen konnten. Die meisten Flüchtlinge kamen aus der DDR. Der Neubau hätte 20 Mio. Euro gekostet, der Abbau 3,5 Mio. Deshalb übernahm das Innenministerium die Position der Grenztruppen und sprach sich für den Abbau aus.*

Der Abbau des Eisernen Vorhangs

Nach der Entscheidung der ungarischen Regierung und der Militärs, aus Kostengründen den Eisernen Vorhang abzubauen, anstatt ihn teuer zu sanieren, wurden das elektronische Signalsystem und die Grenzsperren schon Ende Februar 1989 demontiert und am 18. April 1989 das erste Stück des Grenzzauns in Györ entfernt. Offiziell begannen ungarische Soldaten die systematische Demontage des Eisernen Vorhangs am 2. Mai 1989 zwischen Hegyeshalom (Ungarn) und Nickelsdorf (Österreich).

Weil diese Öffnung aber von der Öffentlichkeit kaum zur Kenntnis genommen wurde, durchtrennten am 27. Juni 1989 der österreichische Außenminister Alois Mock und sein ungarischer Amtskollege Gyula Horn – nunmehr publikumswirksam – gemeinsam den Grenzzaun in der Nähe von Klingenbach bei Sopron. Zwar wurde die Grenze auch ohne Zaun noch weiter kontrolliert, aber am 19. August rannten Hunderte Ostdeutsche bei dem „Paneuropäischen Picknick" an ungarischen Grenzschützern vorbei nach Österreich. Am 10. September 1989 öffnete Ungarn dann offiziell die Grenze was fast 50.000 DDR-Flüchtlingen ermöglichte, bis zum Fall der Mauer am 9. November 1989 nach West-Deutschland zu gelangen. Im selben Jahr hat der deutsche Bundeskanzler Helmut Kohl den Ungarn dafür gedankt, „den ersten Stein aus der Mauer geschlagen" zu haben.

Man radelt durch den erst 1993 gegründeten **Nationalpark Fertö-Hanság**, von dem sich 23.000 Quadratmeter in Ungarn und 10.000 in Österreich befinden. Auf dem früheren Patrouillenweg am Einserkanal (Hansági-föcsatorna) entlang radelt man in der fast baumlosen Niedermoorfläche um einen alten Wachturm herum und gelangt auf der 2013 neu gebauten Baron Gustáv Berg Brücke über den Kanal auf die österreichische Seite, radelt dort weiter am Kanal entlang und folgt dem Schild rechts ab nach Wallern.

TIPP **Der nach Pamhagen ausgeschilderte Weg endet nach wenigen Metern im Gestrüpp.**

Der asphaltierte Güterweg geht später in eine Straße über und man erreicht Wallern, mit 120 Metern Seehöhe einer der tiefstgelegenen Orte Österreichs, der auch als „der" Gemüsegarten gilt.

Wallern im Burgenland Ⓐ

11 Man stößt auf die **B 51**, in die man links abbiegt und radelt auf dem separaten **„Jubiläumsradweg"-R 1** nach Pamhagen. Am Kreisverkehr fährt man geradeaus bis zum **Stephansplatz** und biegt dort rechts ab in die Hauptstraße.

Pamhagen Ⓐ

Vorwahl: 02174

Türkenturm, Hauptstr. Der allein stehende, quadratische Glockenturm ist zehn Meter hoch und hat eine sechsseitige Pyramide als Turmspitze. Auf ihr wurde eine Fahne des Propheten mit Halbmond, Stern und Rossschweif montiert und mit dem Namen „Mosco Pascha" sowie der Jahreszahl „1683" versehen. Über die Entstehung des Turmes gibt es verschiedene Legenden. @ wba833

Hinter dem „Türkenturm" biegt man rechts ab, verlässt die **Hauptstraße** am **Kirchenplatz** und fährt geradeaus auf die Kirche zu, an der man links vorbeiradelt. Rechts versetzt geht es weiter geradeaus bis zur **Bahnstraße**, in die man links einbiegt. Man überquert die Gleise – rechts liegt der Bahnhof, von dem Direktzüge nach Wien und Fertöszentmiklos fahren – und radelt auf dem separaten **B 10** bis zur Grenze. **12** Hinter dem Bach geht es links ab in den Schotterweg, der nach wenigen Metern asphaltiert ist.

Fertöújlak

Man stößt auf eine Straße, in die man rechts einbiegt. Man durchquert den Ort, sieht eine Kirche und ein Gasthaus und biegt an deren Ende kurz vor der Grenze links ab. Man radelt durch ein Vogelparadies und sieht eine alte Grenzkaserne, die zu einem Umweltzentrum umgebaut wurde. **13** Über den Einser-Kanal (Hansági föcsatorna) kommt man zum Besucherzentrum des Nationalparks in Laszlomajor. Man quert wieder die Eisenbahn und kommt in den nächsten Ort.

Sarród Ⓗ

Hier heißt der Weg dann **Fö utca**. Nach einer scharfen Rechtskurve geht es links ab in die **Petöfi tér**, die als **Kossuth Lajos utca** und **Sarródi út** nach Fertöd führt.

Fertőd Ⓗ

Vorwahl: 099

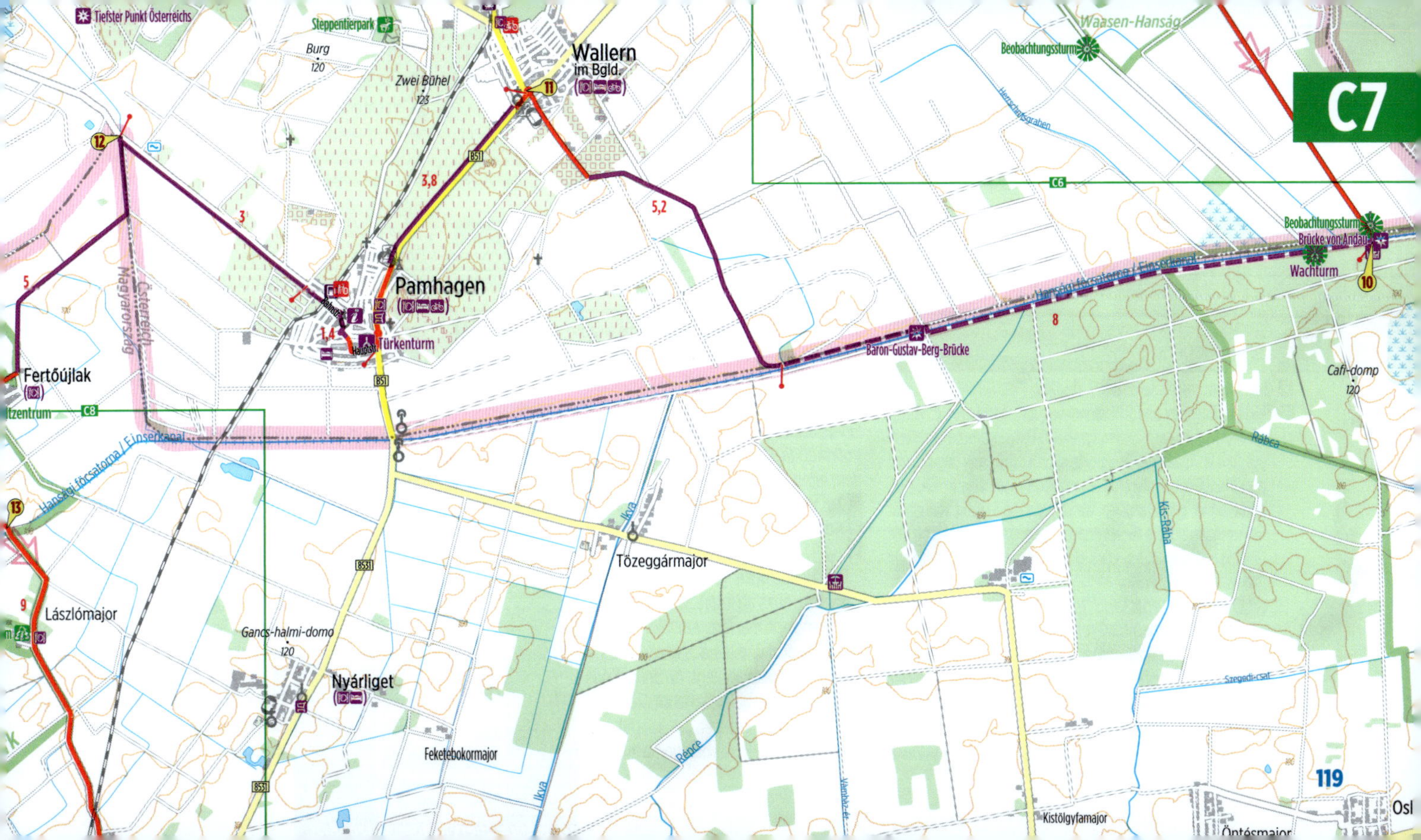

C7
Tiefster Punkt Österreichs
Steppentierpark
Burg
120
Zwei Bühel
123
Wallern
im Bgld.
Waasen-Hanság
Beobachtungsturm
Herrschaftsgraben
C6
12
3
3,8
5,2
11
5
Österreich
Magyarország
Pamhagen
Türkenturm
1,4
Fertőújlak
C8
Beobachtungsturm
Brücke von Andau
Wachturm
10
Hansági főcsatorna / Einserkanal
8
Baron-Gustav-Berg-Brücke
Cafi-domp
120
Rábca
13
Hansági főcsatorna / Einserkanal
Ikva
Tőzeggármajor
Kis-Rába
9
Lászlómajor
Gancs-halmi-domb
120
Nyárliget
Feketebokormajor
Répce
Szegedi-csat.
Kistölgyfamajor
Öntésmajor
Osl
B51
B531

Schloss Esterházy in Fertöd

Tourinform, Joseph Haydn utca 3, ✆ 537140, ✆ 01/4388080, @ usc348

Schloss Esterházy und Schlossmuseum, Joseph Haydn út, ✆ 537640 (7d) Besichtigung nur mit Führung möglich. Das „ungarische Versailles" aus dem 18. Jh. zählt zu den größten Rokokoschlössern Ungarns und zum UNESCO-Weltkulturerbe. Joseph Haydn komponierte hier zahlreiche seiner bedeutendsten Werke. Dass der Umbau von einem kleineren Jagdschloss 46 Jahre dauerte, möchte man angesichts von Umfang und Ausstattung schon glauben. Ausgedehnte Garten- und Parkanlagen. @ dhl663

Der Ortsname entstand erst 1950 nach ungarisch fert=Sumpf, ist jedoch für Freunde der klassischen Musik untrennbar mit dem Schloss Esterházy und dem Hofkomponisten Joseph Haydn verbunden. Der Park bildet zusammen mit dem Hanság, der Niedermoorlandschaft südlich des Neusiedler Sees, einen Nationalpark, der wiederum mit Österreichs einzigem Steppen-Nationalpark Neusiedler See-Seewinkel zum UNESCO-Weltnaturerbe gehört.

14 Die EV 13 stößt auf die **Joseph Haydn út**, in die man rechts abbiegt. Auf separatem Radweg fährt man über die Gleise in die Nachbargemeinde Fertöszéplak, wo man vor der Kirche geradeaus auf die **Nagy Lajos utca** fährt.

Fertőszéplak (H)

Allerheiligenkirche. Die doppeltürmige Barockkirche beherbergt einen geschnitzten Hauptaltar, zwei Nebenaltäre und eine handgeschnitzte Kanzel.

Széchenyi Burg. Gegenüber der Kirche liegt der alte Stammsitz der Adelsfamilie Széchenyi.

Man wird hier begrüßt von einer Perlenschnur weißer, giebelständiger Gebäude im ungarischen Bauernbarock. Einige dieser schönen Arkadenhäuser bilden zusammen das Volkskunde-Freilichtmuseum, das sich dem alten Handwerk widmet.

AUSFLUG **Zur Kirche geht es links bergauf in die Ady Endre utca.**

Die Hauptroute geht von der Nagy Lajos utca links ab in die **Széchenyi utca**, an deren Ende man ausgeschildert rechts in die **Rákóczi** und danach wieder links in die **Hunjagy utca** abbiegt. An deren Ende biegt man rechts ab in die Hauptstraße, auf der man Hegykö erreicht, das sich mit dem Thermalbad einen Namen gemacht hat.

Die Uferschnepfe genießt den Blick übers Naturschutzgebiet

TIPP **Wer die Gedenkstätte des Eisernen Vorhangs mit dem Wachturm und den drei unterschiedlichen Varianten des Grenzzauns besichtigen möchte, biegt hinter der Kirche rechts ab zum Neusiedler See. An der Kreuzung hält man sich links und erreicht die Gedenkstätte.**

Hegykő (H)

Der Radweg um den Neusiedler See, auf dem man in den Ort gefahren ist, existiert bereits seit den visafreien „spätsozialistischen" Zeiten und erfreut sich seitdem großer Beliebtheit. So nimmt es nicht wunder, dass die anliegenden Gemeinden gut für den Touristenverkehr gerüstet sind. In Hegykö gibt es neben einem Campingplatz auch ein Thermalbad, gepflegte Unterkünfte und zahlreiche Einkehrmöglichkeiten.

Von Hegykő (HU) nach Sopron (HU) 50 km

Auf separatem Radweg geht es durch Hegykö, man passiert den Friedhof, der auch ein jüdischer Friedhof ist, und erreicht über **Fertöhomok** und **Hidegség** den Ort Fertöboz.

Fertőboz (H)

Gloriette (24) Aussichtspavillon im Rundtempelstil, der 1801 auf einer Bergkuppe mit wunderbarem Ausblick erbaut wurde. @ ysm514

AUSFLUG **Die „Gloriette" befindet sich südlich der Gemeinde nach einem Anstieg über wenige hundert Meter Wegstrecke.**

C8
Nationalpark Neusiedler See-Seewinkel
Fertő-Hansági Nemzeti Park
Fertő-Hanság Nemzeti Park
Hansági főcsatorna / Einserkanal
Lászlómajor
NP-Besucherzentrum
Gancs
Trinkbrunnen
Badkapelle
Balf
Fertőboz
Csucsos-szőlő
Gloriette
Gedenkstätte Eiserner Vorhang
Nationalparkdirektion
Sarród
Hidegség
Kisboz
Kövecses-hegy
Heimatmuseum
Hegykő
Vogelbeobachtung
Fertőszéplak
Freilichtmuseum
Eisenbahnlaternen-Museum
Schloss Esterházy
Schlosspark
Fertőd
Fertőhomok
Széchenyi-Museumsbahn
Modelleisenbahn-Ausstellung
Széchenyi-Schloss
Kiscenk
Nagycenk
Cseralja
Ikva
Bozi-csatorna
Fő utca
Petőfi tér
Fő út
Kismartoni-Dalok
za
C9
C7
8518
8531
85
1,8
0,5
0,6
0,4
1,2
2,2
3
4,2
2,5
5,7
9
13
14
15
185
165

Von Fertöboz radelt man auf dem separaten Radweg Richtung Balf, wo der „Europa-Radweg Eiserner Vorhang" eine Schleife nach Norden macht.

VARIANTE Wer direkt nach Sopron radeln möchte, hält sich weiterhin geradeaus.

15 Die Hauptroute biegt rechts ab in die **Bozi ut**.

Balf (Sopron) Ⓗ

Die drei Literaten von Balf

Die drei Literaten jüdischer Abstammung wurden im Juli 1944 zum Bau des Südostwalls von Budapest nach Balf deportiert. Der Literaturprofessor Antal Szerb (1901–1945) ist in Ungarn einer der meistgelesenen Autoren des 20. Jahrhunderts. Sein bekanntestes Werk ist die 1934 erschienene und bis heute gelesene „Ungarische Literatur". György Sárközy hatte „Joseph und seine Brüder" von Thomas Mann und den „Faust" ins Ungarische übersetzt. Gábor Halász ist ein bekannter Dichter und Essayist.

Antal Szerb wurde am 27. Januar 1945 im Lager Balf, in dem sich 30.000 Zwangsarbeiter befanden, von minderjährigen ungarischen paramilitärischen Aufsehern mit Gewehrkolben erschlagen. Halász und Sárközi starben einige Wochen später an Hunger.

Zwischen Weinanbauflächen und dem Feuchtgebiet des Sees hindurch geht es, vorbei an einem hohen metallenen Grenzwachturm, nach Fertörákos (Kroisbach). Die langgestreckte Gemeinde stellt geradezu eine Aufreihung von Sehens- und Denkwürdigkeiten verschiedenen Alters dar. Hinter der rechtsabbiegenden Strand út befindet sich das Iron Curtain Museum.

Fertörákos

Die **Kirche**, ein Barockbau mit älterem, wehrhaftem Turm, ist von Grabsteinen und -säulen umgeben, deren Kunststile von Barock bis Klassizismus reichen.

Bischofspalast. Stattlicher Barockbau mit Innenhof auf älteren Fundamenten, umgeben von einem gepflegten Garten im französischen Stil.

Steinbruch, dzt. wg. Einsturzgefahr gesperrt. In jahrhundertelanger Tätigkeit wurde hier in einen Hügel eine Schlucht mit gezacktem Grundriss und senkrechten Wänden gegraben. Auf der Südseite höhlte man diese Wände aus, so dass das Deckgestein auf mächtigen Säulen erhalten blieb – eine spektakuläre Kulisse für das Höhlentheater, das mit Musikdarbietungen besonders von Wagner und Liszt seit 1970 europaweit bekannt wurde. Das Gelände wurde aber auch wie eine naturgegebene Zwingburg genutzt. Nach der Annexion Ungarns 1944 richteten deutsche Behörden hier ein Übergangs- und Arbeitslager ein, in dem Tausende ungarische Juden und politische Häftlinge ermordet wurden. Viele wurden in die KZs nach Deutschland und Polen verschleppt. Die als Hinrichtungsstelle dienende Kaverne zeigt noch heute die zahlreichen Einschusslöcher und ist mit einer Gedenktafel versehen. Leider wird auf diese leidvolle Vergangenheit in der deutschsprachigen Reiseliteratur nur selten hingewiesen.

Etwa 150 Meter nach Beginn der geschlossenen Bebauung findet sich links an einer Straßeneinmündung, dicht neben einem neuen Wohngebäude, eine kleine Kapelle aus dem Jahr 1714, die durch ihre schlichte Bauart und die unverputzten Steinquader archaisch anmutet. Der Ort war Teil eines bischöflichen Gutes und wurde im Mittelalter durch eine Burg geschützt. Zwei kräftige Mauerpartien davon sind noch erhalten und tauchen 300 Meter weiter nach einer leichten Linkskurve auf. Davor stehen seit 1996 drei weiße Statuen, eine davon die Kroisbacher Madonna, die das Aussiedlungsdenkmal des Bildhauers Örsi András bildet. Es trägt die Namen der fünfzig Jahre zuvor vertriebenen Personen. Es folgt der Bischofspalast. An dem Platz auf der rechten Straßenseite, der sich auf den Mittelrisalit ausrichtet, ist die Touristeninformation untergebracht. Die Mitte des Platzes wird von dem Denkmal der Volksbefragung von 1921 eingenommen, das einem durchgestalteten Taufstein ähnelt. (Die Umgebung von Sopron blieb nach dieser Volksabstimmung beim ungarischen Staat.)

Hinter dem nächsten Häuserblock öffnet sich links ein kleiner Platz, der zum 1989-Park gestaltet wurde. „Das Denkmal der Grenzöffnung" besteht aus einem Steinblock mit quer angedeuteten Stacheldrahtreihen. Er wird von oben her aufgespalten durch einen Keil mit der Jahreszahl 1989. Im selben Bereich liegt auch die barocke Wassermühle. Der schlichte Pranger auf dem schmalen Dorfanger stand als Zeichen der Gerichtsbarkeit einst über einem unterirdischen Gefängnis. Die Weiterfahrt nach der Kirche ist rechterhand von Denkmälern begleitet: Auf Friedrich von Kreuzpeck, den Haudegen aus der für Kroisbach namengebenden Adelsfamilie, folgt die Erinnerung an den Ersten Weltkrieg und mit der Dreifaltigkeitsstatue das Gedenken an die Errettung Wiens vor den Türken, bevor man kurz vor der Einmündung in eine Querstraße auf das Gelände eines alten Steinbruchs einschwenkt. Auf dem nördlichen Hügel ragt ein überdimensionales Stück Stacheldraht in den Himmel. Es handelt sich um das Paneuropäische Denkmal von Gabriela von Habsburg zur Erinnerung an das Paneuropäische Picknick von 1989, zu dessen Schauplatz die weitere Route noch führt. Es trägt ein Band mit dem lateinischen Wahlspruch der Paneuropa-Union: In neccessariis unitas in dubiis libertas in omnibus caritas (In der Not Einheit – im Zweifel Freiheit – in allem Liebe).

16 Von Fertőrákos radelt man weiter auf dem **Radweg B 10** und biegt rechts ab.

VARIANTE Wer nach Sopron radeln möchte, folgt am Abzweig nach Mörbisch dem ausgeschilderten Radweg nach links und erreicht die Stadt nach acht Kilometern.

Die Hauptroute führt Richtung Grenze und passiert knapp vorher das Mithräum.

Mithräum (Fertőrákos) H

Mithräum, ✆ 020/3559999 Der römische Tempel aus dem frühen 3. Jh. ist unmittelbar am heutigen Grenzübergang gelegen. @ qid812

Im Römischen Reich hatte sich bis zum 4. nachchristlichen Jahrhundert der Mithraskult entwickelt, eine Mysterienreligion, über die zu berichten verboten war. Weil sie vor und nach der Einführung des Christentums von der römischen Staatsreligion abwich, wurde sie meistens heimlich ausgeübt und war, da sie ausschließlich auf Männer abstellte, besonders unter den Legionären verbreitet. Ein Tempel dieses Kultes wurde 1866 zufällig unter wucherndem Gestrüpp am Verbindungsweg zwischen Mörbisch am See und Fertörákos entdeckt. Das in den Untergrund vertiefte restaurierte Gebäude – der „felsengeborene" Mithras wurde meistens in Höhlen verehrt – enthält außer drei Altären das für diesen Kult typische Relief der Stiertötung. Diese wird heute mehrheitlich astronomisch gedeutet: als Ende eines Zeitalters und Beginn eines machtvollen neuen.

Ausblick von einem ehemaligen Wachturm bei Sopron

Anlässlich des 20. Jahrestags vom Paneuropäischen Picknick wurde hier am 19. August 2009 die 9. Sinfonie von Ludwig van Beethoven aufgeführt.

Weiter geht es nach Mörbisch am See.

Mörbisch am See

Dieser Ort ist bekannt für seine Festspiele auf der Seebühne im Neusiedler See. Dort kann man auch Wohnungen und Häuser direkt am See mieten.

Man erreicht die Seebühne, wenn man rechts abbiegt in die **Seestraße**.

Neusiedler See

Das „Meer der Wiener" auf österreichischem (80 Prozent) und ungarischem (20 Prozent) Staatsgebiet ist wie der Plattensee einer der wenigen Steppenseen in Europa und flächenmäßig der größte See in Österreich. Die in eiszeitlichen Bodenmulden ohne Abflüsse übriggebliebenen Teiche werden von den Einheimischen „Lacke" (Pfütze) genannt. Der westlichste Steppensee Europas mit etwa 320 Quadratkilometern ist nirgendwo tiefer als 1,80 Meter und der allergrößte dieser Lacken. Er hat nur winzige Zuflüsse und speist sich zu 80 Prozent aus Regenwasser. Die Schilfgürtel, die geringe Tiefe und das milde und windige Klima sind charakteristisch für diesen See, mit 114 Metern der tiefste Punkt Österreichs.

In diesem heißesten und trockensten Winkel von Österreich - 300 Sonnentage pro Jahr - gedeihen auch einige der besten Weine, weil der Schiefer- und Muschelkalkboden für den Weinbau besonders gut geeignet ist. Der See, der die Wärme speichert und die Sonne auf die Weinstöcke reflektiert, garantiert die Spitzenqualität. Zudem schneiden die Winzer vor der Vollreife jeder Traube mehr als die Hälfte ab, wobei der geringere Ertrag durch die bessere Qualität mehr als ausgeglichen wird.

Nationalparks Neusiedler See

Die beiden Nationalparks Neusiedler See-Seewinkel und Fertő-Hanság gehören seit 2001 mit ihrer einzigartigen Flora und Fauna zum UNESCO-Weltkulturerbe. Dort findet man dicht beieinander die unterschiedlichsten Lebensräume: den Wald des Leithagebirges, ein flacher und mit einigen der besten Weinlagen Österreichs bestückter Bergrücken als letzter Ausläufer der Alpen. Außerdem befinden sich dort Trockenrasen, Salz- und Sandlebensräume, Weingärten,

enkmal „Umbruch“

Straßendörfer, Seerandwiesen, Schilfgürtel und das Wasser des jüngsten und westlichsten Steppensees Europas. Dieser biologische „Vielvölkerstaat“ liegt zwischen Alpen und Puszta und beherbergt Arten aus alpinen, pannonischen und mediterranen Landschaften. Die Wiesen des Hanság gehen über in den breiten Schilfgürtel, der den nur 1,80 Meter tiefen See säumt und nach dem Donaudelta die größte Schilffläche Europas bildet.

Die Liste der Nationalparks verzeichnet 370 Vogelarten vom Seeadler bis hin zum Bienenfresser oder dem Pelikan. Hier kann man neben Uferschnepfe, Rohrdommel und Großtrappe auch die seltene Brandgans und Kanadagans beobachten. Die Laubfrösche, Sumpfrohreulen und Kolbenenten machen durch ihr Quaken, Zwittern und Schnattern auf ihre Existenz aufmerksam.

In Mörbisch biegt man hinter der Kirche links ab in die **Eschengasse**, an deren Ende man links und danach sofort wieder rechts in die **Rosengasse** abbiegt, die in den **Triftweg** übergeht. Man radelt geradeaus auf dem asphaltierten Radweg, kommt am Waldrand zu einem Rastplatz, an dem man sich links hält und erreicht dann den „Platz der Freiheit“, auf dem das Paneuropäischen Picknick stattfand. Die Straße rechts führt nach Sankt Margarethen.

Das Paneuropäische Picknick

Am 19. August 1989 veranstaltete die Paneuropäische Union, die mit Oppositionellen des Ostblocks in Kontakt war, an der Grenze nördlich von Sopron gemeinsam mit dem ungarischen Demokratischen Forum eine Friedensdemonstration, das Paneuropäische Picknick. Während dieser Veranstaltung unter der Schirmherrschaft des deutschen Europapolitikers Otto von Habsburg - dem ältesten Sohn vom letzten Kaiser von Österreich Karl I. - und des Schriftstellers György Konrád – letzterer unter der schützenden Hand des ungarischen Reformsozialisten und Staatsministers Imre Pozsgay – sollte für drei Stunden symbolisch ein Gattertor im Grenzzaun geöffnet werden.

Das war auch ein Versuchsballon, um die Reaktion der Sowjetunion herauszufinden, weil Gorbatschow im März 1989 versichert hatte, es werde „kein zweites 1956“ geben.

Zur Beteiligung an diesem Geschehen hatte man kräftig geworben, auch unter den festsitzenden DDR-Flüchtlingen in Budapest, die sich die Weiterreise in den Westen zu problemlos vorgestellt hatten. Zu Tausenden waren sie gekommen, und als das Tor geöffnet wurde, drängten fast 700 von ihnen hinüber auf die österreichische Seite, ohne auf nennenswerten Widerstand zu stoßen.

In den Folgetagen wurde zwar die Bewachung der Grenzen verstärkt, aber drei Wochen später, am 10. September, wurden sie ohne Einschränkung geöffnet - und die DDR-Führung erteilte ein Reiseverbot nach Ungarn. Neben einem mit Tafeln ausgeschilderten Grenzlehrpfad mit Wachturm erinnern hier eine Reihe von Kunstwerken in verschiedenen Ausdrucksformen an das Geschehen, darunter ein Brunnenhaus, die Freiheitsglocke und das Denkmal der geöffneten Türen.

Denkmal „Umbruch“

Am 20. Jahrestag des Paneuropäischen Picknicks wurde am 19. August 2009 das von Miklós Melocco geschaffene Denkmal „Umbruch“ im Beisein des ungarischen Staatspräsidenten László Sólyom, der deutschen Bundeskanzlerin Angela Merkel und des österreichischen Außenministers Michael Spindelegger eingeweiht. Es besteht aus 15 lebensgroßen Figuren mit einem stilisierten Hintergrund und folgendem Spruch: „Am 19. August 1989 öffnete ein unterdrücktes Volk das Tor seines Gefängnisses, um einem anderen unterjochten Volk zur Freiheit zu verhelfen“.

Bei dieser Gedenkveranstaltung sagte der damalige ungarische Ministerpräsident Miklós Németh, dass das Paneuropäische Picknick ein „Test Moskaus“ war,

Zagersdorf
Wachturm
Denkmal "Umbruch"
Japan. Pagode
Denkmal der geöffneten Türen
5,5
Mörbisch am See
Hofgassen
Heimathaus Mörbisch
Seestr.
Piuszpuszta
Göbölye-bérc
250
4,7
Klingenbach
17
Draßburg
Baumgarten
Sopronpuszta
Réti-bérc
225
Mithräum
4
Österreich
Magyarország
Boglar-hegy
210
8,5
Radraststation
Untenhof
Golgota
16
Új-hegy
165
Krippelberg
350
Sopronkőhida
Steinbruch
Fertőrákos
Kecske-hegy
210
1,6
Dorfmuseum
Virágosmajor
Am Berg
Jánostelep
Lopos-bérc
210
Ehem. Bischofspalast
Schuhmühle
Schattendorf
18
Nyugatmajor
Tómalom
8,5
3,2
4,7
C8
C10
Sopron
Ágfalva
St. Michael
Pinty-tető
260
Apotheken-/Bergbaumuseum
4,5
Kertváros
Valéta
350
rsbach

weil die ungarische Regierung damals wissen wollte, ob man Michail Gorbatschow trauen könnte, der ihm im März 1989 versichert hatte, dass es „kein zweites 1956" geben würde.

Denkmal der geöffneten Türen

Auf der östlichen Seite befindet sich auch das Denkmal der geöffneten Türen, das an den 27. Juni erinnert, als der ungarische Außenminister Gyula Horn mit seinem österreichischen Amtskollegen Alois Mock den Eisernen Vorhang bei Klingenbach durchschnitt. Dieses Denkmal steht allerdings nicht am Originalschauplatz. In Ungarn gab es einige Jahre lang eine heftige Diskussion darüber, ob es an den Ort des Geschehens versetzt werden soll.

Japanische Pagode

Auf der anderen Seite der Straße befindet sich eine japanische Pagode, die von einer Bürgerinitiative als Zeichen der Freude über die Wiedervereinigung Europas finanziert wurde. Wie auch an mehreren Stellen im Grenzstreifen Berlins wurden hier ebenfalls Kirschbäume gepflanzt. Die Japaner feiern unter Zierkirschen ihr traditionelles Kirschblütenfest. Keine andere Pflanze spielt eine so bedeutende Rolle im Volksleben der Japaner. Sie wird als Nationalheiligtum betrachtet, in ihr erblickt man ein Symbol für ästhetische Schönheit und idealisiert mit ihr die Seele des japanischen Rittertums. Leider sind die Kirschbäume nicht mehr vorhanden.

Der Grenzlehrpfad mit Informationstafeln und der Integration des Wachturms verläuft auf ungarischer, der ausgeschilderte Radweg auf österreichischer Seite.

Man radelt auf dem asphaltierten **B 3**, biegt bei der nächsten Gelegenheit links ab, passiert den ehemaligen Wachturm und erreicht Klingenbach.

Klingenbach Ⓐ

Der Ort wurde weltberühmt, als Alois Mock und Gyula Horn in der Nähe den Eisernen Vorhang durchschnitten.

Alois Mock und Gyula Horn

Der 27. Juni 1989 war ein historischer Tag. Ein Vierteljahr vor dem Fall der Mauer in Berlin wurde der Eiserne Vorhang

Denkmal der geöffneten Türen

von den beiden Außenministern aus Ungarn und Österreich „offiziell" durchschnitten. An diesem Tag erfuhr die breite Weltöffentlichkeit von der teils offenen, aber bewachten Grenze.

Wie war es dazu gekommen? Was war die Motivation insbesondere der kommunistischen Regierung in Ungarn? Die Beweggründe kann man in dem Bericht von János Székely nachlesen, der 1986 Oberkommandierender der ungarischen Grenzwache geworden war und auf Verlangen des Innenministeriums im Oktober 1987 die elektrischen Grenzanlagen überprüfen sollte. Dazu forderte er von allen zuständigen Grenzkommandanten einen Bericht über den Zustand der Anlagen an. Zusammengefasst ergab sich, dass die elektrischen Signalanlagen in jeglicher Hinsicht veraltet waren. Die damals 20 Jahre alten Signalanlagen lösten nämlich aus den unterschiedlichsten Gründen Alarm aus – nur in den seltensten Fällen durch einen Fluchtversuch, meistens durch Tiere. Ein zusätzlich errichteter Schutzzaun konnte die Fehlalarme auch nicht verhindern, weil er von Rehen und Hirschen übersprungen wurde. Zudem war oft auch starker Wind die Ursache. Insgesamt wurden nur zehn Prozent der Alarme durch Menschen ausgelöst.

Die ungarischen Grenztruppen registrierten durchschnittlich jedes Jahr etwa 2.000 Fluchtversuche, wobei es sich nur bei zehn Prozent um ungarische Staatsbürger handelte, die meist aus spontanem Entschluss ihr Land über die grüne Grenze verlassen wollten. Viele kehrten am Tag nach ihrer Flucht auch wieder zurück, weil damals schon 90 Prozent der ungarischen

Bevölkerung den „Weltpass“ besaßen, mit dem sie problemlos ausreisen konnten.

Die Ungarn wurden darum beneidet. Nie werde ich die staunenden Gesichter der DDR-Teilnehmenden vergessen, als eine Ungarin zu Beginn der 1980er Jahre auf einer von den Anrainer-Staaten organisierten Paddeltour auf der Donau von Ingolstadt bis zum bulgarischen Silistra von ihrer Wochenend-Beziehung mit ihrem Freund in England erzählte. Alle 14 Tage besuchte sie ihn in London und er sie umschichtig in Budapest. Auf dieser Paddeltour durften die Teilnehmer aus der DDR als einzige nicht in West-Deutschland und auch nicht in Jugoslawien dabei sein. Aus ihrer Sicht lebten die Ungarn damals schon im Reich der Freiheit.

Über die Grenzanlagen klagten zudem die Parteifunktionäre in den Grenzregionen – auch weil sie dem Tourismus schaden würden. Deshalb gab es für die ungarische Regierung nur zwei Alternativen: Die komplette Erneuerung des Zauns oder der Abbau, wobei die Soldaten mit modernen Überwachungsmitteln ausgerüstet werden sollten. Der Neubau hätte 20 Mio. Euro gekostet, der Abbau 3,5 Mio. Das Innenministerium übernahm die Position der Grenztruppen und sprach sich für den Abbau aus, wobei die endgültige Entscheidung immer wieder hinausgeschoben wurde, weil sie ja nicht nur Ungarn, sondern den ganzen Ostblock betraf.

Nach dem Rücktritt von János Kádár im Mai 1988 war Imre Pozsgai neuer Staatsminister geworden und es gab am 18. April 1989 in der Region Rayka im Dreiländereck von Österreich, Ungarn und der Tschechoslowakei einen ersten Probeabriss des Grenzzauns. Am 2. Mai wurde auf einer internationalen Pressekonferenz von den Grenztruppen der Abbau der elektronischen Signalanlagen angekündigt. Erst am 28. Mai – die Hälfte der Anlagen war bereits abgebaut – hatte sich die ungarische Regierung auch formell dafür ausgesprochen. Gleichzeitig wurden die Militärtruppen angewiesen, beim Abbau zu helfen, weshalb die elektrischen Anlagen bereits im September vollständig verschwunden waren.

Am 19. August fand das „Paneuropäische Picknick“ statt, das von 700 DDR-Bürgern zur Flucht genutzt wurde. Am 10. September wurde die Grenze zwischen Ungarn und Österreich geöffnet. Weil innerhalb der folgenden drei Wochen 25.000 DDR-Bürger diese Möglichkeit zur Flucht nutzten, verbot die DDR-Regierung die Reise nach Ungarn.

Der 27. Juni 1989 hatte also ein Vor- und ein Nachspiel, war selbst aber auch eine kabarettistische Meisterleistung. Als nämlich die beiden Außenminister Gyula Horn und Alois Mock in einem feierlichen Akt den Eisernen Vorhang publikumswirksam durchschneiden wollten, mussten sie mit dem Hinterlandzaun vorlieb nehmen, weil der vordere schon abgebaut war.

17 In Klingenbach überquert man auf dem **Pusztaweg** die B 16, biegt danach rechts ab in die **Ödenburger Straße** und dann wieder links in die **Grünberggasse**, der man geradeaus folgt.

Am Ortsende geht es auf dem mit **EV 13** ausgeschilderten Weg geradeaus in den Güterweg **Neuriss**, von dem man nach einer Links- und einer Rechtskurve links abbiegt in den

An der Radraststation bei Schattendorf

Güterweg **Pfarrbreiten**, der nach einer Rechtskurve auf die **Wiener Neustädter Straße** stößt, in die man links einbiegt. Am Güterweg **Untenäcker** biegt man rechts ab, überquert die Gleise und gelangt auf die **Zollhausstraße**. An deren Ende geht es in **Schattendorf** links ab in die **Hauptstraße**.

Die Schüsse von Schattendorf

Die Schüsse von Schattendorf gelten als der Anfang vom Ende der ersten österreichischen Republik, die 1927 vom Konflikt zwischen den Christlichsozialen, Sozialdemokraten, Deutschnationalen und ihren paramilitärischen Verbänden gezeichnet war. Gewalttätige Auseinandersetzungen zwischen Christlich-Sozialen und Sozialdemokraten waren an der Tagesordnung.

Als in diesem Klima am 30. Januar 1927 in Schattendorf Kundgebungen unbewaffneter sozialistischer Schutzbündler stattfanden, eröffneten drei nationalistische Frontkämpfer *mit ihren Jagdgewehren das Feuer. Fünf Menschen wurden verletzt. Der siebenjährige Josef Grössing aus Schattendorf und der 41-jährige Kriegsinvalide Matthias Csmarits aus Klingenbach starben.*

Die Täter kamen am 5. Juli 1927 in Wien vor Gericht, wurden jedoch neun Tage später wegen angeblicher Notwehr von den Geschworenen freigesprochen. Daraufhin marschierten am 15. Juli, dem Tag nach der Urteilsverkündung, sozialistische Arbeiter von den Wiener Außenbezirken in die Innenstadt. Beim Parlament und bei der Universität gingen berittene Polizisten mit gezogenen Säbeln gegen die Demonstranten vor. Es kam zu heftigen Straßenschlachten und der Justizpalast wurde in Brand gesteckt. Die Unruhen wurden gewaltsam beendet. Die Bilanz: 80 Tote und 800 Verletzte.

Die Kluft zwischen den Lagern wurde ab diesem Zeitpunkt immer tiefer und endete mit der Selbstauflösung des Parlaments, dem Verbot der Sozialdemokratie und dem Bürgerkrieg im Februar 1934.

18 In Schattendorf biegt man von der Hauptstraße links ab in die **Kirchengasse** und radelt an der Kirche und am Friedhof vorbei in Richtung Ágfalva. Am Grenzübergang gibt es Hinweistafeln, die die Geschichte in deutscher und ungarischer Sprache erklären. Auch Teile des Eisernen Vorhangs sind dort zu sehen. Nach Überquerung der Staatsgrenze hält man sich rechts und quert später die Eisenbahn.

Ágfalva (H)

Man biegt links in die **Fő út** ab und radelt durch den Ort mit dem Bergwerksmuseum Brennberg. Etwas später folgt man dem Linksbogen der Straße, fährt an der Kirche vorbei und wieder über die Bahngleise. Nördlich der Schienen geht es weiter nach Sopron, das man nach dem erneuten Unterqueren der Gleise auf der **Ágfalvi út** erreicht. In der Stadt unterquert man die Gleise auf der **Csengery út** und kommt auf der östlichen Seite zum Bahnhof in Sopron. Von hier fahren Direktzüge nach Wien und Budapest.

Sopron (H)

- **Iron Curtain Museum** in der Kolostor utca 11. Es soll 2020 mit den Gegenständen eröffnet werden, die Caspó Imre, der 30 Jahre Grenzsoldat war, gesammelt und in Fertörákos ausgestellt hatte.
- **Feuerturm**, 61 m hohes Wahrzeichen von Sopron am Hauptplatz. In den oberen Etagen befindet sich eine Ausstellung zur Stadtgeschichte. Seit dem 13. Jh. bildete er den nördlichen Torturm, der seine heutige Gestalt mit dem Barockhelm und dem umlaufenden Erker nach der Feuersbrunst erhielt. An der Südseite wurde das „Treuetor" eingebaut zur Erinnerung an die Volksabstimmung, seit der die Stadt den Titel „civitas fidelissima" (besonders treue Stadt) trägt.
- **Hauptplatz** (Fö tér): geschmackvolles, eklektizistisches **Rathaus** (1896), gegenüber an der Ecke das **Storno-Haus**, eines der schönsten Gebäude der Stadt mit einem reich geschmückten Erker über zwei Etagen, in Hausnummer 2 das **Apothekenmuseum**, in Hausnummer 6 das **Fabrizius-Haus** mit steinernen Erinnerungen an die Römerzeit, darunter ein Marmorgrabmal und das originale Altarrelief aus dem Mithraeum von Fertörákos. Die Südseite des Platzes wird dominiert von dem seitlich angebauten Turm der **Geißkirche**, die Krönungsstätte für Monarchen und Schauplatz von Parlamentsversammlungen war. Sie verfügt über Meisterwerke der Freskenmalerei.
- **Treuebrunnen**, Grabenrunde. Er symbolisiert drei Ereignisse von schicksalhafter Bedeutung: die Erhebung zur königlichen Freistadt 1277 nach tapferem Widerstand gegen böhmische Besatzung, die Volksabstimmung von 1921 und die Grenzöffnung 1989.
- Öj utca, südöstlich vom Hauptplatz abzweigend. Reste des **römischen Forums** und die für Mitteleuropa einzigartige, 1967 restaurierte **gotische Synagoge** mit der Mikwe, dem rituellen Bad.

Die exponierte Lage in Bezug auf die westlichen europäischen Staaten, einst ein massiver Nachteil, hat sich mittlerweile zu einem der wichtigsten Faktoren für den wirtschaftlichen Aufschwung gewandelt. Die Stadt entschied sich bei der Volksabstimmung von 1921 mit mehr als 62 Prozent für Ungarn, ist aber offiziell zweisprachig. Sie spielte schon im Römischen Reich eine wichtige Rolle als Grenzstation an der Bernsteinstraße in der Provinz Pannonien. Nach einem verheerenden Brand 1676 erfolgte der Wiederaufbau im Barockstil, wovon die Altstadt bis heute geprägt ist. Stimmungsvolle Gassen, architektonische Seltenheiten von Gotik bis Barock, zahlreiche Denkmäler, Weinkeller mit dörflicher Stimmung, auch Musikprogramme und Einkaufsatmosphäre machen den Ort

Grenzdenkmal bei Lutzmannsburg

mit seinen 55.000 Einwohnern für Touristen und Investoren anziehend. Die Altstadt ist besonders im Westen und Osten noch von Teilen der Stadtmauer eingefasst, die Straße Vákerület (Grabenrunde) formt diese mittelalterliche Stadtbefestigung nach.

In Sopron findet man nach Budapest die meisten historischen Gebäude in Ungarn, weshalb die Stadt immer wieder als Filmkulisse dient.

Von Sopron (HU) nach Köszeg (HU) 56 km

19 Nach Süden geht es vom Bahnhof entlang der Gleise in die **Köszegi út**, in die man rechts einbiegt und die Gleise quert. Dahinter geht es nach links leicht bergauf und geradeaus in die **Harkai út**, die später **Soproni út** heißt.

Harka Ⓗ

Man radelt durch den Ort und passiert die Grenze. Wie es dort früher ausgesehen hat, ist auf Infotafeln dargestellt.

TIPP Die als EV 13 ausgeschilderte Route führt - entgegen der im Vorwort erwähnten Kriterien - nicht grenznah nach Nikitsch, sondern über Neckenmarkt, Raiding, Großwarasdorf, Kleinwarasdorf und Kroatisch Minihof. In Raiding – es gehört erst seit 1921 zum österreichischen Burgenland - ist der ungarische Komponist Franz Liszt (1811-1886) geboren. In seinem Geburtshaus befindet sich seit 1951 ein Museum und seit 2006 in unmittelbarer Nähe ein Konzerthaus.

20 Die beschriebene Route biegt hinter der Grenze links ab in den **Rotwein-Radweg** (**B 40**) und man radelt durch Weinberge parallel zur Grenze. Vor der Bahntrasse knickt der Weg über einen Bach nach Süden ab und man erreicht den Bahnhof von Deutschkreutz, von dem Direktzüge nach Wien, Ebenfurth und Sopron fahren. Vor dem Bahnhof biegt man links ab, **21** überquert rechts die Gleise sowie die B 62 und radelt vom Kreisverkehr auf der Hauptstraße **L 228** immer geradeaus durch den Ortskern.

Deutschkreutz Ⓐ

Das Schloss Deutschkreutz wurde als mittelalterliche Burg 1492 erstmals erwähnt und 1560 in ein Renaissanceschloss umgebaut. In seiner heutigen Form wurde es 1625 mit einem mächtigen Vierflügelbau, zweigeschossigen Hofarkaden und Ecktürmen errichtet. Im Gebäude befindet sich heute eine Gemäldeausstellung.

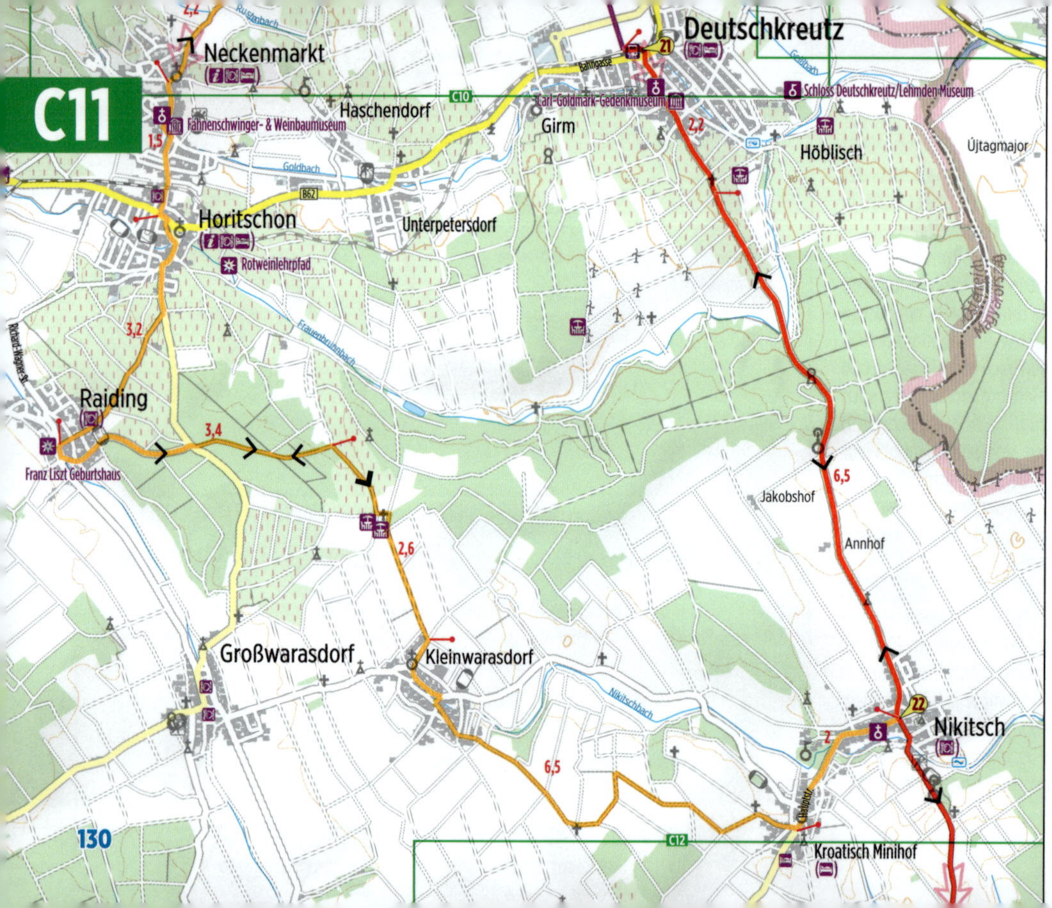

Dieser Ort gehörte ab 1671 zu den jüdischen Siebengemeinden im Burgenland mit einer Talmudhochschule, in der Juden aus aller Welt studierten. Auf Grund der weltweiten Bedeutung hat Deutschkreutz mit „Zelem" auch einen hebräischen Ortsnamen, was in Österreich nur noch in Eisenstadt (Asch) der Fall ist. Die Synagoge wurde 1941 von den Nationalsozialisten gesprengt. Der Jüdische Friedhof mit einem Massengrab von fast 300 ermordeten ungarischen Juden sowie das „Denkmal für die Juden von Zelem" vor dem Wohnhaus des Komponisten Karl Goldmark (1830-1915) erinnern heute an die 1938 vertriebene Jüdische Gemeinde.

Am Ortsausgang überquert man den Frauenbrunnbach und radelt zunächst schön bergab und danach auf der wenig befahrenen hügeligen, aber nicht zu steilen **Nikitscher Landesstraße**, die in die Hauptstraße übergeht.

Nikitsch Ⓐ

Von den 1.400 Einwohnern gehören fast 90 Prozent zu den Burgenlandkroaten. Sehenswert ist das Schloss mit einem weitläufigen englischen Park und die katholische Pfarrkirche.

Die EV 13 geht in Nikitsch auf der Hauptstraße weiter geradeaus. **22** An der scharfen Rechtskurve biegt man links ab in die **Mittelgasse** und dann rechts ab in die **Quellenstraße**, auf der man den Nikitschbach überquert. Man erreicht **Marienhof** und überquert die Grenze nach Ungarn. Vor dem Reithof biegt die EV 13 rechts ab und man kommt nach Zsira.

Zsira Ⓗ

Schloss. Das ehemalige Schloss der Familie Rimanóczy aus dem jahr 1739 wird heute als Altenheim genutzt.

23 Die EV 13 biegt rechts ab in die **Locsmándi u.** und man erreicht die Grenze nach Lutzmannsburg, die nur Zufußgehende und Radelnde überschreiten dürfen.

Dort erinnern Stacheldrahtzaun, Wachturm und Gedenkstein - „Ich bin ein Fremder gewesen und ihr habt mich aufgenommen" - an den Eisernen Vorhang. Eine von Schülern errichtete Skulptur ehrt den letzten Flüchtling, der am Eisernen Vorhang erschossen wurde.

Lutzmannsburg

Die alte Marktgemeinde lag ursprünglich direkt an der Rabnitz, wurde aber Anfang des 19. Jahrhunderts nach Überschwemmungen in höherer Lage neu errichtet. Zurück blieb nur ein kleiner Siedlungsrest neben der katholischen Kirche, der allerdings die erhöhte Fläche der ehemaligen Verwaltungsburg nutzt. Der traditionelle Weinbauort weist die höchsten Temperaturen und die meisten Sonnenstunden Österreichs auf, hatte aber unter der Abschottung des Nachbarlandes zu leiden und verlor die Hälfte seiner Bevölkerung durch Abwanderung. Eine gewisse Stabilisierung ist eingetreten mit der Eröffnung der Therme 1994, die seitdem dreimal erweitert wurde. Aus der bäuerlichen Gemeinde wurde mittlerweile einer der größten Tourismusorte des Burgenlandes, mit vielen Übernachtungs- und Einkehrmöglichkeiten.

In Lutzmannsburg gibt es eine klassizistische evangelische Kirche, was im katholischen Österreich eine Seltenheit ist.

Die ausgeschilderte EV 13 geht hinter der Grenze sofort links ab, man radelt an der Therme und der Lutzmannsburg an der Grenze entlang und passiert die Skulptur, die an Kurt-Werner Schulz erinnert.

Kurt-Werner Schulz

Mit seiner Frau und dem 6-jährigen Sohn Johannes wollte der 36-jährige Kurt-Werner Schulz am 22. August 1989 nach Österreich fliehen. Sie hatten bereits den zerstörten Grenzzaun bei Répcevis überschritten, als der Grenzsoldat ihn festnehmen wollte. Frau und Kind liefen weiter, Kurt-Werner Schulz wehrte sich und wurde bei dem Handgemenge aus kürzester Entfernung als letztes Todesopfer des Kalten Krieges durch einen Schuss getötet. An den Schleifspuren konnte man erkennen, dass der Tote vom österreichischen Territorium nach Ungarn hinübergezogen wurde. Die Untersuchungskommission bestätigte die Grenzverletzung durch zwei ungarische

Grenzsoldaten. Ob Absicht oder Unfall, konnte nicht endgültig geklärt werden.

Nach 20 Jahren wurde in einem Interview (Die Presse, 14. 08. 2009) mit dem damals 20-jährigen Grenzsoldaten die Situation folgendermaßen geschildert: „Frau und Kind hat er einfach rennen lassen. Aber den Mann hat er versucht zu stoppen. Möglicherweise war das Unglück, dass ein zweiter Soldat in der Nähe war. Er hat offenbar diesen Druck gefühlt, etwas tun zu müssen. Wäre er allein gewesen..."

Man folgt dem **Bernstein Trail** oder der EV 13 an der Rabnitz entlang und erreicht **Strebersdorf. 24** Dort biegt man links ab und radelt entlang der im 1. Jahrhundert ausgebauten Bernsteinstraße nach Frankenau.

Frankenau (Frankenau-Unterpullendorf) Ⓐ

In der einst größten römerzeitlichen Siedlung des Burgenlandes leben heute 1.100 Einwohner, von denen 80 Prozent zur Volksgruppe der Burgenland-Kroaten gehören. Die Pfarrkirche gehört zum kroatischen Dekanat Großwarasdorf.

Man folgt der Straße nach **Unterloisdorf** und biegt vor dem Ort links ab nach **Klostermarienberg**. In dem 1197 gebauten Kloster befindet sich heute das Europäische Hundemuseum. **25** Dort hält man sich links, überquert die Grenze und gelangt über Olmod nach Kőszeg.

Kőszeg Ⓗ

- **Herz-Jesu-Kirche**, Győry János u. 1. Das markante neogotische Gotteshaus aus dem 19. Jh. ist mit sehenswerten bunten Glasfenstern ausgestattet.
- **Esterházy-Burg**. Die Burg wird seit 1932 wie der Marktplatz nach Miklós Jurisics (Nikola Juriši) genannt. Von der Vorburg führt eine Brücke über den Burggraben zur inneren Burg, die ihr heutiges Aussehen 1777 nach dem großen Brand erhielt.
- **Synagogenruine**. Die Synagoge aus dem Jahr 1859 steht unter Denkmalschutz und wird derzeit saniert.
- **Marktplatz Jurisics tér**. Rathaus mit schöner Fassade (1597), das zweistöckige Apothekenmuseum „Zum Goldenen Einhorn" und das Heldentor (1932). Es erinnert an die erfolgreiche Verteidigung der Stadt während der dritten Welle der Türkenkriege vor 400 Jahren.

Herz-Jesu-Kirche in Kőszeg

Das „Schmuckkästchen Ungarns" gilt als Paradebeispiel für gelungene Stadtrestaurierung, wovon mittelalterliche Bauwerke in der Altstadt und die Burg Jurisics zeugen. Nach dem Niedergang der einst wichtigen Textilindustrie suchte die Stadt erfolgreich ihr Heil im Tourismus. Die Chancen dafür sind gut, weil die geographische Lage gute Erholungs- und Wintersportmöglichkeiten bietet. Im Kőszeg-Gebirge, einem Ausläufer des Alpenbogens, gibt es noch eine urtümliche Artenvielfalt und im österreich-ungarischen Nationalpark Lehrpfade, Wanderwege und Museen.

Die Architektur der 12.000-Einwohner-Stadt ist im Wesentlichen die habsburgische des 18. Jahrhunderts. Wer mit der Besichtigung am Fö tér (Hauptplatz) beginnt, sieht zunächst noch jüngere Gebäude, denn dieses Viertel am Südrand der Altstadt wurde erst Ende des 19. Jahrhunderts gebaut. Das betrifft auch das groß dimensionierte Heldentor auf dem Gelände des südlichen Stadttores, des wichtigsten Zuganges zur Stadt sowie die Herz-Jesu-Kirche, dessen Kirchenglocken seit 1777 wegen der erfolgreichen Verteidigung der Stadt gegen das übermächtige osmanische Heer täglich um 11 Uhr läuten.

Der eigentliche Marktplatz ist der ungleich kleinere und vor allem schmalere Jurisics tér, benannt nach dem kroatischen Feldherrn, dem der Abzug der osmanischen Angreifer zu danken war. Linkerhand ist das heute noch genutzte Rathaus, das 1597 errichtet wurde. Interessant ist auch das Apothekenmuseum. Die alten Häuser wirken sehr niedrig, weil der Platz nach mehreren Großbränden durch eine Schuttschicht erhöht wurde. In der Mitte stehen zwei ähnliche Kirchen wie Rivalen nebeneinander, und genau das waren sie einst auch. Als nach 1558 die deutschen Lutheraner erstarkten, schlossen sie die Calvinisten von der Benutzung der Jakobskirche aus. Diese bauten nebenan ein Konkurrenzgebäude – kleiner zwar, aber mit einem höheren Turm. Die Kirche kam jedoch bald im Zuge der Gegenreformation in katholischen Besitz. Wie auch die gotische Jakobskirche, die im Laufe ihres Bestehens mehrmals mit barocken Anfügungen versehen wurde. Im südlichen Seitenschiff fand man 1937 Wandgemälde aus der Erbauungszeit.

Von der anschließenden Rajnis utca aus ist die ehemalige Esterházy-Burg zugänglich. Gleich jenseits des östlichen Altstadtrings findet sich die große Synagogenruine. Die Juden von Kőszeg gehörten 1944 zu den letzten, die nach Auschwitz deportiert wurden. Im hiesigen Arbeitslager starben 4.500 Menschen an Typhus, die überlebenden 2.000 wurden vor Ankunft der sowjetischen Armee auf einem Todesmarsch über die Alpen ins KZ Ebensee getrieben.

Die Gaskammer von Kőszeg

Vor dem „Todesmarsch" wurden die Kranken getötet, weil die Bewacher zügig vorankommen und nicht in die Hände des rasch heranrückenden Feindes fallen wollten. Deshalb wurde im Lager „Ziegelofen" im März 1945 die einzige Gaskammer auf ungarischem Gebiet gebaut, in der am 22. und 23. März 1945 die Kranken der Kőszeger Lager „Ziegelofen" und „Brauhaus" ermordet wurden. Als am 25. März 1945 die letzten Zwangsarbeiter per Bahn in Richtung Steiermark abtransportiert und die Lager endgültig aufgelöst wurden, befand sich dort noch immer eine größere Anzahl Kranker. Sie wurden von den Wachmannschaften erschossen oder erhängt.

Von Kőszeg (HU) nach Bildein (AT) 40 km

Vom Hauptplatz radelt man auf der **Kossuth Lajos u.** geradeaus, die am Ende in die **Rákóczi Ferenc u.** übergeht. **26** Die EV 13 biegt dann rechts ab in die **Rohonci u.**, der man auch nach einer Linkskurve folgt und immer geradeaus **Kőszegszerdahely** erreicht. **27** Dort geht es rechts ab in die **Kossuth u.**, folgt ihr an der Kirche in der Linkskurve und erreicht auf der hügeligen Straße Boszok.

Bozsok Ⓗ

Die zur Römerzeit bedeutende Siedlung liegt dicht vor der österreichischen Grenze.

Es gehörte einst der Familie Sibrik, die ihre Besitzungen 1552 in zwei Bereiche aufteilte. Deshalb wurden im Ort zwei Schlösser gebaut, von denen das ältere, das Spätrenaissance Schloss Sibrik am nördlichen Ortsrand noch erhalten ist und als Schlosshotel geführt wird. Das südliche Schloss kam an die Batthyány-Familie und ist nur noch als Ruine auszumachen – ähnlich wie die ehemalige Dreifaltigkeitskirche.

28 In Bozsok biegt man links ab in die **Rákóczi utca**.

AUSFLUG Rechts ab geht es nach Rechnitz in Österreich.

Massaker von Rechnitz

In der Nähe von Schloss Rechnitz wurden am 24. und 25. März 1945 etwa 200 ungarisch-jüdische Zwangsarbeiter ermordet, als etwa 600 vor allem ungarische Juden mit der Bahn von Kőszeg nach Burg transportiert wurden, um bei der Errichtung des sogenannten Südostwalls eingesetzt zu werden. Etwa 200 von ihnen, die erschöpfungs- und krankheitsbedingt nicht mehr arbeiten konnten, wurden nach Rechnitz zurücktransportiert. Zehn Tage, bevor die Rote Armee Rechnitz erreichte, wurden dort 180 Kranke erschossen. Die Toten wurden von Zwangsarbeitern vergraben, die am Folgetag ebenfalls erschossen wurden. Ein Mahnmal am Kreuzstadl erinnert daran.

Man folgt der Ausschilderung geradeaus nach Bucsu und radelt durch eine wunderschöne Landschaft mit Bäumen und Maisfeldern, später direkt an der Grenze entlang. Man sieht die weißen Grenzschilder, die Grenzsteine, den Grenzbach mit den Bäumen und passiert ein verlassenes Grenztruppen-Gebäude.

Bucsu (H)

29 Am Kreisverkehr des 1236 erstmals erwähnten Dorfes folgt man der EV 13, biegt rechts ab, radelt über den Fluss und biegt dann gleich wieder links ab.

Auf der autoarmen Straße steht eine Tafel, die auf ein archäologisches Denkmal, eine römische Wasserleitung hinweist. Man unterquert die Autobahn, die zum 13 Kilometer entfernten Szombathely führt.

ANSCHLUSS Vom dortigen Bahnhof fahren Direktzüge nach Sopron und Budapest.

Szombathely (H)

Die Stadt ist ein leuchtendes Beispiel für die positive Entwicklung im Grenzraum nach

Verlassenes Grenztruppengebäude bei Bucsu

der Erweiterung der EU. War die Stadt bis zur Friedlichen Revolution aufgrund der schlechten infrastrukturellen Anbindung noch deutlich benachteiligt, so ist sie heute ein prosperierendes Zentrum in Westungarn. Die Wurzeln der Stadt reichen bis in die Römerzeit zurück. Das rekonstruierte „Iseum" ist im Zentrum der Stadt zu finden.

Hinter der Autobahn biegt man rechts ab in die alte Straße. Wenn diese auf die neue stößt, biegt man links ab und sieht den Hinweis zum Mauermuseum. Zunächst geht es bergauf in den Wald, danach hat man einen schönen Blick auf die Ausläufer der Alpen auf der rechten Seite. Wenig später erreicht man Narda mit einer Dorfkirche aus dem 13. Jahrhundert.

Narda Ⓗ

Man radelt auf der Vorfahrtsstraße durch den Ort und weiter nach Felsőcsatár. Bergab fährt man an einem Friedhof und an einer Kirche vorbei und folgt geradeaus der Hauptstraße.

Felsőcsatár Ⓗ

TIPP Die als EV 13 ausgeschilderte Route geht weiter geradeaus über Horvátövö und Pornóapáti nach Bildein.

Die beschriebene Route passiert nicht nur das Museum Eiserner Vorhang, sondern geht auch durch Deutsch-Schützen, wo an der

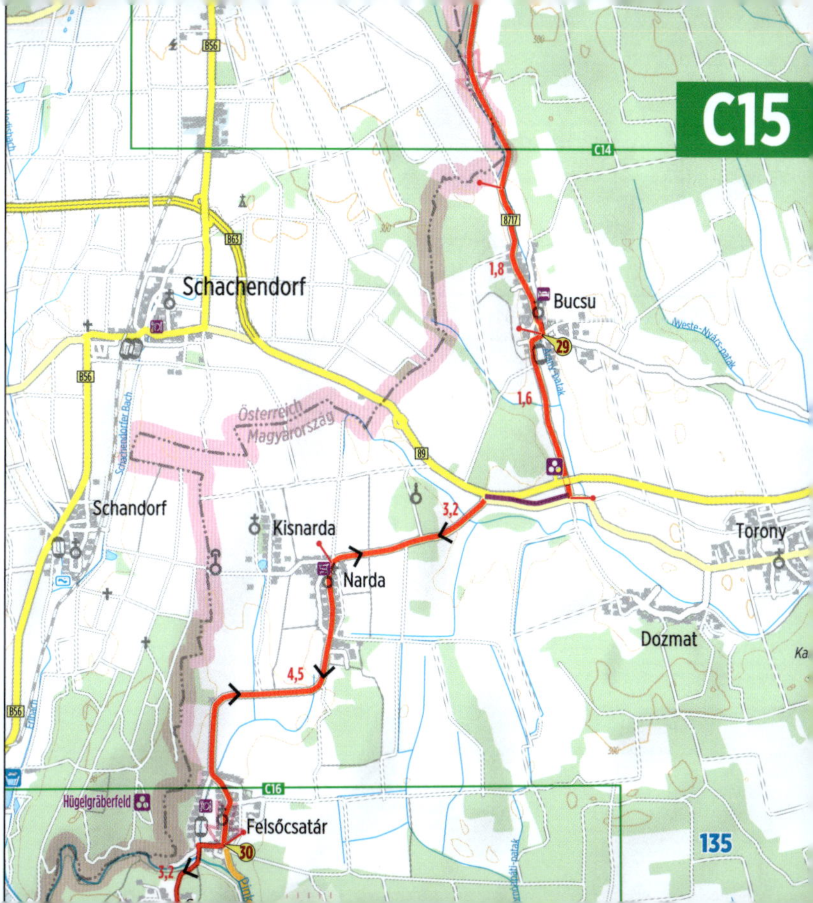

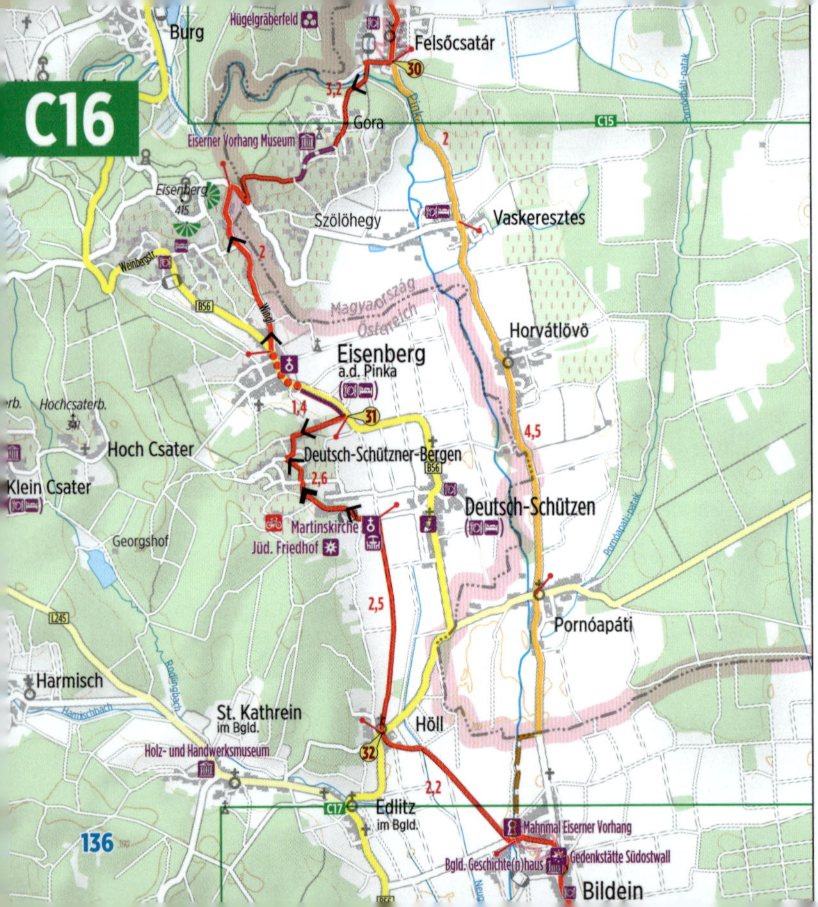

Ruine der Martinskirche an das Massaker vom 27. März 1945 erinnert wird.

30 Deshalb geht die beschriebene Route von der Hauptstraße rechts ab ausgeschildert zum Museum. Man quert einen Bach, später den Pinka-Fluss und erreicht das Museum.

Eiserner Vorhang Museum (Vasfüggöny Múzeum)

Hier hat Sándor Petofi, ein ehemaliger ungarischer Grenzsoldat, mit viel Engagement ein privates Freilandmuseum über die Geschichte des Eisernen Vorhangs von 1949-1989 eingerichtet. Es umfasst einen Wachturm, Sperranlagen und Infotafeln. Ein Schwerpunkt liegt auf Minenfeldern und Selbstschussanlagen. Der freundliche Betreiber übernimmt selbst die Führung und spricht auch Deutsch.

Direkt am Museum vorbei folgt man leicht bergauf der asphaltierten Straße, die am Ende des Dorfes in einen befestigten Feldweg in den Wald hinein übergeht. Wenn man aus dem Wald heraus kommt, ist der Weg wieder asphaltiert und man biegt sofort rechts ab in den asphaltierten Grenzweg, der in Österreich auf die **Grenzlandstraße** stößt, in die man links einbiegt. Es geht steil bergab auf dem ausgeschilderten **Weinidylle-Radweg** (**B 57**) und **Jubiläumsradweg** (**R 1**) nach Eisenberg.

Eisenberg an der Pinka Ⓐ

Vom Ortsausgang geht es zunächst weiter auf einem separaten Radweg, **31** man folgt dem **B 57** und dem **R 1** rechts ab leicht bergauf, hält sich später zweimal links und radelt bergab. Man quert eine Straße links versetzt und folgt der Ausschilderung von B 57 und R 1. Hinter einem Sportplatz befindet sich auf der rechten Seite die Ruine der Martinskirche von Deutsch Schützen, wo eine Tafel auf das Massaker vom 27. März 1945 hinweist.

Massaker von Deutsch Schützen

Zu einer Zeit, als Auschwitz befreit, Majdanek entdeckt und Budapest von den Sowjets

Wachturm im Vasfüggöny Múzeum

Römische Wasserleitung bei Bucsu

schon erobert worden war, mussten etwa 850 hauptsächlich aus Ungarn stammende jüdische Zwangsarbeiter Gräben für den Bau des Südostwalls ausheben. Wegen des Heranrückens der Roten Armee zwang man sie am 27. März 1945 zum Marsch ins KZ Mauthausen.

Am nächsten Morgen wurden 120 von ihnen zur Martinskirche gebracht, wo 57 Zwangsarbeiter – und später noch ein weiterer, der zu schwach zum Laufen war – erschossen wurden. Nach dem Krieg gaben einige der österreichischen Hitlerjungen zu Protokoll, was sich dort ereignet hatte. In der Anzeige vom 31. August 1945 an die Staatsanwaltschaft Wien ist das nachzulesen: *„Dort selbst sicherten vier Feldgendarmen und ein SS-Mann den Platz durch Aufstellen rundherum des Grabens. Die Juden wurden vorerst angewiesen, ihr Werkzeug abzulegen. Dann mußten sie vortreten und ihre Uhren abgeben. […] Dann mußten sich die Juden nebeneinander im Graben aufstellen. Sodann schoß der SS-Unterscharführer Storms mit einer Pistole, und der SS-Hauptscharführer und ein Feldgendarm mit einer Maschinenpistole die Juden nieder. Noch bevor die Juden in den Graben gingen, flehten sie die SS-Männer mit gefalteten Händen an, sie mögen sie doch nicht erschießen. Doch dies war vergebens und die SS-Männer versetzten mehreren Juden mit den Füßen Tritte, so daß diese in den Graben fielen.“*

Mit den Überlebenden marschierten die Täter Richtung Hartberg. Auf den 400 Kilometern entlang der Südostwall-Linie sollen sich 125 solcher Gräber befinden. Das Massengrab in Deutsch Schützen wurde am 23. August 1995 ausfindig gemacht und offiziell zum Grab erklärt. Eine Gedenktafel an der Martinskirche, dem damaligen Sammelpunkt für die Juden, erinnert daran.

Gegen den im Protokoll benannten SS-Unterscharführer Adolf Storms – inzwischen Nummer 4 auf der Liste der „meistgesuchten Naziverbrecher“ des Simon Wiesenthal Centers – wurde in Österreich kein Verfahren eingeleitet und er lebte nach dem Krieg unbe-

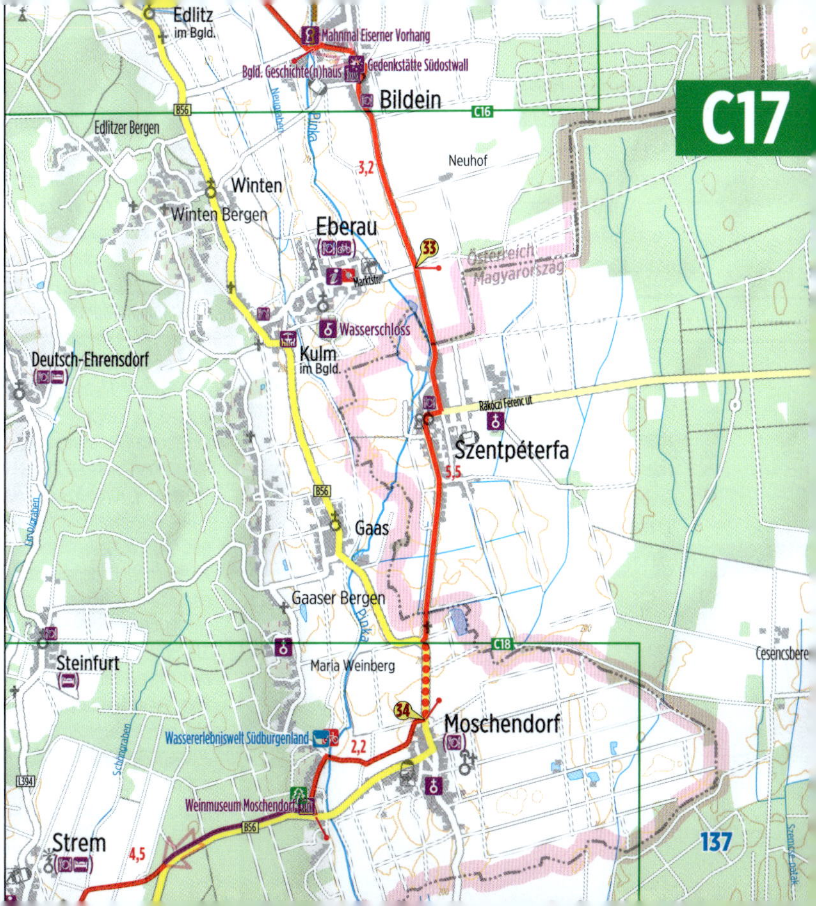

helligt in Deutschland. Aufgrund einer Recherche von Andreas Forster wurde er 2008 in Duisburg ausfindig gemacht und des Mordes in 58 Fällen angeklagt. Bevor das Gerichtsverfahren begann, starb der 90-Jährige 2010.

In dem Ort gibt es drei Kirchen aber kein Gasthaus. Man biegt an der Martinskirche rechts ab und fährt weiter geradeaus nach Höll.

Höll (Deutsch Schützen-Eisenberg) Ⓐ

32 Man passiert die Kirche, quert die Hauptstraße und fährt geradeaus nach Bildein. Vor der Brücke über den Pinka-Fluss befindet sich die Grenzschutzanlage mit dem Wachturm. Hinter der Pinka biegt man die zweite Möglichkeit rechts ab in den asphaltierten Güterweg, wo sich in der Linkskurve eine Gedenkstätte mit einem Panzer, einem ausgehobenen Graben, einem Bunker und unterirdischen Gängen an die letzten Kriegsjahre und den Südostwall erinnern.

Grenzdenkmal bei Bildein

Der Südostwall

Die Niederlage der deutschen 6. Armee in Stalingrad zu Beginn des Jahres 1943 veranlasste die deutsche Führung, Maßnahmen zur Sicherung der Grenze des deutschen Reiches vorzunehmen. Ein Reichsschutzstellungssystem, von der nationalsozialistischen Propaganda Südostwall genannt, sollte von Pressburg (Bratislava) über Weiden am Nordrand des Neusiedler Sees, Odenburg, Schopan und Liebenstein bis in die Untersteiermark und weiter bis Laibach und nach Triest reichen. 1944 wurde mit dem Bau begonnen. Die Bauarbeiten wurden durch zehntausende zwangsverpflichtete Zivilisten, zumeist alte Menschen, Hitlerjugend, Kriegsgefangene und ungarische jüdische Zwangsarbeiter ausgeführt. Es gab nur einfachste Werkzeuge, die die einheimischen Arbeiter selbst mitbringen mussten. In das Verteidigungssystem wurden auch Weinkeller, Kirchen und Friedhöfe mit einbezogen.

Der Südostwall wurde in keinem einzigen Frontbereich fertig gestellt. Schützengräben wurden angelegt und Panzergräben, wie hier in Bildein, konnten nur in einigen Teilbereichen gegraben, die Unterstände zumeist nur aus Holz hergestellt werden. Betonierte Stellungen gab es kaum. Die vorbereiteten Stellungen sollten mit den zurückweichenden Truppen der deutschen Armee besetzt werden. Als letztes Aufgebot wurden Ende 1944 so genannte Volkssturmbataillone aufgestellt. Diese bestanden hauptsächlich aus alten Männern, die sehr schlecht ausgebildet und bewaffnet waren. Die Reichsschutzstellung war trotz des ungeheuren Einsatzes an Arbeitskräften, die ohne Maschinen und zumeist unter unmenschlichen Bedingungen arbeiten mussten, nur ein improvisiertes Stellungssystem. Zudem wurde sie, als die Rote Armee gegen die Grenze vorrückte, kaum mit regulären Truppen besetzt. Es gab nur wenige Abschnitte, an denen die Rote Armee bei ihrem Vormarsch über die Grenzen kurzfristig aufgehalten wurde.

An der Mähdrescherei geht es rechts ab in den **„Grenzerfahrungsweg"**, mit einem Bunker aus dem Zweiten Weltkrieg sowie einem Schützengraben und einem Grenzwachturm aus dem Kalten Krieg. Man passiert den Friedhof sowie das Labyrinth und erreicht weiter geradeaus an der Hauptstraße die katholische Pfarrkirche im Zentrum von Bildein, dem „Dorf ohne Grenzen".

Bildein Ⓐ

- **Burgenländisches Geschichte(n)haus**, Florianig. 1, ✆ 03323/21999, ✆ 0664/1425534 Einblicke in die Geschichte des jüngsten österreichischen Bundeslandes von 1921 bis heute. @ mod811
- **Mahnmal Eiserner Vorhang.** Das Mahnmal wurde im Jahr 2011 eröffnet.
- **Gedenkstätte für den Südostwall**

Von Bildein (AT) nach Szentgotthárd (HU) — 38 km

An der Hauptstraße geht es rechts ab und man passiert das „Burgenländische Geschichte(n)haus" sowie das Mahnmal Eiserner Vorhang mit den Gesichtern von Marx, Lenin und Stalin. Der gezackte Grenzverlauf führt dazu, dass man mehrfach diese Zacken durchschneidet und in recht kurzen Abständen von einem Land ins andere wechselt. **33** Es geht vorbei an Eberau nach Szentpéterfa (HU).

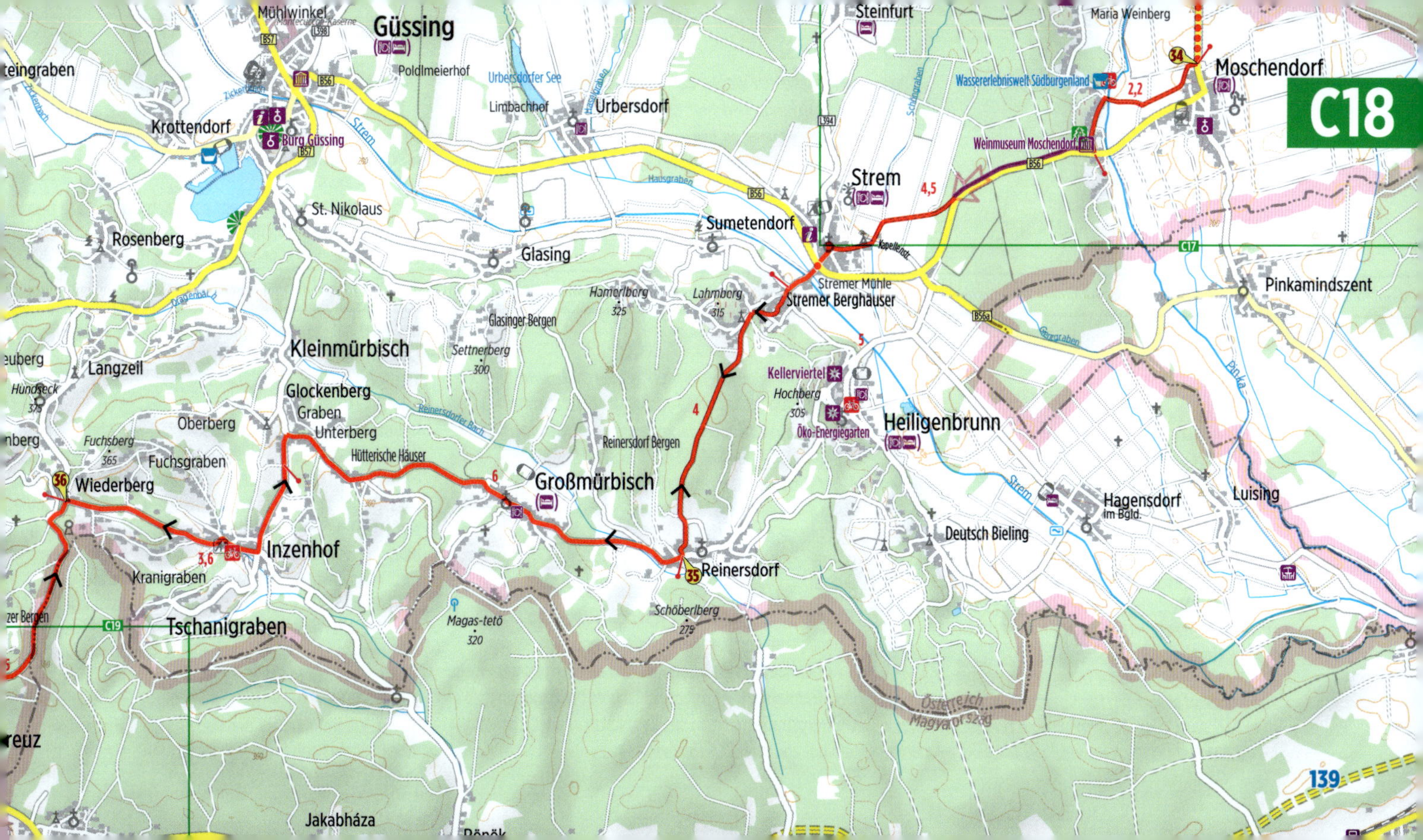

C18
Güssing
Mühlwinkel
Montecuccoli-Kaserne
Steingraben
Krottendorf
Burg Güssing
Poldlmeierhof
Urbersdorfer See
Limbachhof
Urbersdorf
Steinfurt
Maria Weinberg
Moschendorf
Wassererlebniswelt Südburgenland
Weinmuseum Moschendorf
Strem
Sumetendorf
St. Nikolaus
Rosenberg
Glasing
Stremer Mühle
Stremer Berghäuser
Pinkamindszent
Hamerlberg
325
Lahmberg
315
Glasinger Bergen
Kleinmürbisch
Settnerberg
300
Kellerviertel
Hochberg
305
Öko-Energiegarten
Heiligenbrunn
Neuberg
Langzeil
Hundseck
375
Glockenberg
Graben
Unterberg
Oberberg
Fuchsberg
365
Fuchsgraben
Hütterische Häuser
Reinersdorf Bergen
Großmürbisch
Wiederberg
Inzenhof
Kranigraben
Reinersdorf
Deutsch Bieling
Hagensdorf im Bgld.
Luising
Schöberlberg
275
Magas-tető
320
Tschanigraben
Österreich
Magyarország
Jakabháza
Strem
Pinka
4,5
2,2
5
4
6
3,6
34
35
36
B56
B57
L398
L394
B56a
C17
C19
139

Grenzübergang Szentgotthárd

Eberau Ⓐ

Gemeindeamt, Marktstr. 27, ✆ 03323/4003-13, @ tjp735

Schloss Eberau, Schlossallee 10, Das Schloss ist nicht zu besichtigen. Um 1400 wurde die Wasserburg als Teil der Ortsbefestigung an Stelle der alten Burg erbaut.

Szentpéterfa Ⓗ

St. Georg, Szabadnép u. 27. Die imposante spätromanische Kirche (Bj. 1220-1256) gehörte ursprünglich zu einer Benediktinerabtei.

Der Ort ist zu 80 Prozent kroatisch besiedelt.

Am Ende der Straße biegt man rechts und an der Statue, die an die beiden Weltkriege erinnert, links ab, folgt der **Kossuth Lajos u.** und erreicht Moschendorf.

Moschendorf Ⓐ

Der Ort wurde während der Türkenkriege im Verlauf von 100 Jahren dreimal verwüstet. Die Schaffung des Burgenlandes führte 1921 dazu, dass die Gemeinde an drei Seiten von der Staatsgrenze umgeben war. Von 1930 bis 1938 wanderten viele Bewohner wegen der Wirtschaftskrise in die USA aus. Die Dorfchronik berichtet, dass heute mehr Moschendorfer in Übersee wohnen als hier.

34 Direkt vor dem Ortseingangsschild geht die EV 13 rechts ab, man radelt auf dem asphaltierten Damm, überquert den Pinka-Fluss und passiert das Weinmuseum. Kurz vor Strem biegt man rechts ab in den **Schöngraben** und an deren Ende rechts ab in die **Kapellenstraße**.

Strem Ⓐ

Vorwahl: 03324

Gemeindeamt, Lindenstr. 1, ✆ 7204, @ tly765

In der 2009 ausgezeichneten "Klimaschutzgemeinde" sind auf dem Ried Schlossriedel noch Reste einer mittelalterlichen Wasserburg vorhanden, die vermutlich um 1300 unterging. Der Ort wurde 1647 zum Markt erhoben. Die bekannteste Kirche in der Ortsmitte ist die Katholische Pfarrkirche.

Am Ende des Zweiten Weltkrieges waren beim Bau des Südostwalls zahlreiche ungarische Zwangsarbeiter eingesetzt. Die Familie Legath rettete kurz vor Kriegsende unter Einsatz des eigenen Lebens zwei ungarische Juden vor dem sicheren Tod und wurde dafür 1994 von der israelischen Holocaust-Gedenkstätte Yad Vashem ausgezeichnet.

An der Hauptstraße biegt man links ab und folgt geradeaus der **Stremtalstraße**. An der Rechtskurve biegt man links ab in die **Bergstraße**, die man später links ab in die **Eichenstraße** verlässt und erreicht Reinersdorf.

Reinersdorf (Heiligenbrunn) Ⓐ

35 Dort biegt man rechts ab und hat zunächst einen Anstieg zu bewältigen. Hügelig geht die EV 13 auch weiter durch Großmürbisch und Unterberg. Später radelt man links bergab.

Inzenhof Ⓐ

Mit einem Rechtsknick geht es in den Ort, wo sich neben der St. Emmerich-Kirche während des Eisernen Vorhangs ein Bodenminenfeld befand. Das Turmkreuz der im Zweiten Weltkrieg zerstörten Kirche wurde von Papst Johannes Paul II. gesegnet. **36** Bei **Wiederberg** biegt man links ab und fährt auf dem **Jubiläumsradweg R 1**, der **Wiederberger Landesstraße**, bergab.

Heiligenkreuz im Lafnitztal Ⓐ

37 In Heiligenkreuz biegt man links ab in die **Untere Hauptstraße**, folgt dem Jubiläumsradweg und biegt am Kriegerdenkmal rechts ab in die **Marktstraße**, in der sich das Gasthaus Pummer befindet. Hinter dem Gasthaus biegt man links ab in die **L 252**, die später **Heiligenkreuzer Landstraße** heißt und über Felder ins Industriegelände Neuheiligenkreuz führt. Am Biomassekraftwerk verlässt man den Jubiläumsradweg, biegt links ab und radelt an den Seen vorbei.

Wenn die Straße nach links abbiegt, radelt man auf dem nicht asphaltierten Weg geradeaus über die Schienen und dann über die Grenze nach Ungarn. Dort befindet sich ein Mahnmal, das 20 Jahre nach dem Fall des Eisernen Vorhangs unten in der Wiese errichtet wurde. Nach abermaliger Überquerung von Gleisen kommt man auf den Radweg der Hauptstraße, dem man über die Raab folgt. Auf der rechten Seite befindet sich der Bahnhof von Szentgotthárd (Direktzüge nach Sopron, Szombathely und Graz).

Szentgotthárd

Die Stadt ist heute das Zentrum der slowenischen Minderheit in Ungarn und verdankt ihre Entstehung dem namensgebenden Zisterzienserkloster (1183). Die zu einer Festung mit Wassergraben ausgebaute Klosteranlage wurde 1605 gesprengt, der Burggarten bildet heute den größten öffentlichen Park der Stadt. Nach ihrer Rückkehr bauten die Zisterzienser um 1750 die heutige Barockkirche, die als drittgrößte Ungarns das Stadtbild dominiert. Das neue Kloster wurde 1950 aufgelöst.

Mit Eröffnung der Bahnlinie kam der wirtschaftliche Aufschwung, der bis zum Ersten Weltkrieg anhielt. Danach verlor der Wirtschaftsstandort das Hinterland durch die Grenzziehung 1921 sowie den Eisernen Vorhang 1945 und rutschte in die Bedeutungslosigkeit ab. Seit der Grenzöffnung und dem EU-Beitritt hat sich das Blatt gewendet. Der nördlich gelegene Industriepark wird grenzüberschreitend mit Heiligenkreuz gemeinsam betrieben und ein Thermalpark zieht die Besucher an.

Von Szentgotthárd (HU) nach Hodoš (SLO) — 33 km

Man bleibt auf dem Radweg der Hauptstraße, fährt an der großen Kirche vorbei und folgt am nächsten Kreisverkehr den Schildern rechts ab Richtung Felsőszölnök **38**. Auf ebener Strecke geht es über **Rábatótfalu** weiter.

Alsószölnök

39 Man radelt auf ebener Strecke im Tal weiter.

Felsőszölnök

Danach geht es zunächst einmal bergauf und **40** man biegt direkt hinter der Grenze links ab in Richtung Hodoš.

Die Geschichte von Slowenien

Die Slowenen als westlichste südslawische Ethinie gerieten Ende des 8./Anfang des 9. Jahrhunderts unter fränkische, später habsburgische Herrschaft. Bis zum Ende des Ersten Weltkriegs gehörten die slowenischen Siedlungsgebiete in Krain, Steiermark, Kärnten, Görz-Gradisca und Istrien zur österreichischen Hälfte der Habsburger Monarchie, wobei es eine Verwaltungseinheit Slowenien nicht gab.

Die Anfänge eines ethnisch-kulturellen Bewusstseins bei den Slowenen gehen auf

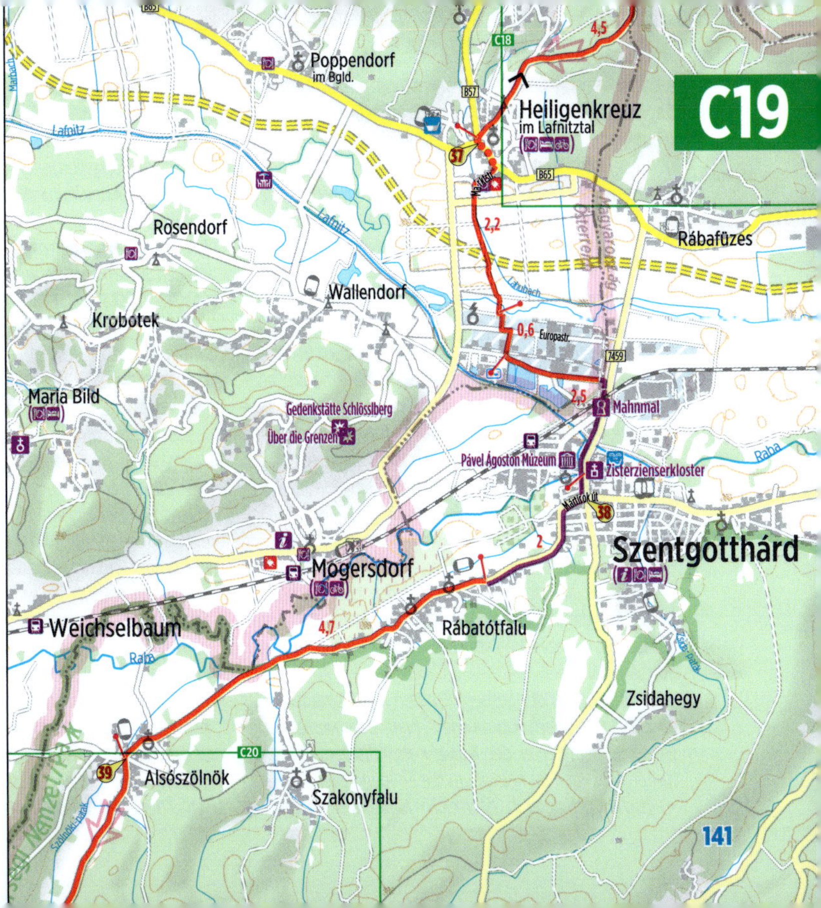

die Reformation und Gegenreformation zurück. Unter der Regierungszeit von Kaiserin Maria Theresia (1740-1780) wurde die allgemeine Schulpflicht mit slowenischem Unterricht in den ersten Klassen eingeführt. Ihr Sohn, Kaiser Joseph II., schaffte 1782 die Leibeigenschaft ab und gewährte jedem das Recht auf freie Religionsausübung. Die erste slowenische Zeitung erschien 1797. Dadurch wurde das ethnisch-kulturelle Bewusstsein bei den Slowenen gestärkt.

Die Bildung einer Nation erwies sich jedoch als außerordentlich schwierig, da der Großteil des Adels und des Städtebürgertums deutsch war oder sich zur deutschen Kultur bekannte. Erst in der zweiten Hälfte des 19. Jahrhunderts setzte sich in Auseinandersetzung mit der deutschen Hegemonie in Politik, Wirtschaft und Kultur allmählich ein slowenischer Emanzipations-Nationalismus durch, der vom slowenischen Kernland Krain und dessen Hauptstadt Ljubljana (Laibach) ausging. Dieser suchte Anschluss an die südslawische Einigungsbewegung und mündete nach dem Ersten Weltkrieg – die Slowenen hatten auf der Seite von Österreich-Ungarn gekämpft – und dem Zerfall des Habsburger Reiches am 1. 12. 1918 in die Gründung des ersten jugoslawischen Staates, der 1922 im Grenzvertrag von Rapallo aber Gebiete an Italien abtreten musste.

Im „Königreich der Serben, Kroaten und Slowenen", das ab 1929 „Königreich Jugoslawien" hieß, befürworteten slowenische Politiker in der Abwehr italienischer Territorialforderungen und im Kampf um die Einigung aller Slowenen – einschließlich derer in Österreich – ein starkes Jugoslawien und konnten innerhalb des neuen Staates auch eine de facto-Autonomie erlangen.

Aufgrund des habsburgisch-österreichischen Erbes war Slowenien innerhalb Jugoslawiens die wirtschaftlich und kulturell am besten entwickelte Region. Das daraus resultierende Wohlstandsgefälle zwischen Norden und Süden gehörte zu den großen ungelösten Problemen der beiden jugoslawischen Staaten und löste immer wieder regionale Verteilungskonflikte aus, die zusätzlich durch Unterschiede der Religion – Katholizismus gegen Orthodoxie – sowie der Sprache – slowenisch gegen serbokroatisch – unterfüttert wurden.

Jugoslawischer Grenzturm bei Hodoš

Beim Ausbruch des Zweiten Weltkriegs blieb das Königreich Jugoslawien zunächst neutral und weigerte sich, dem Dreimächtepakt unter deutscher Führung beizutreten. Erst nach offenen Angriffsdrohungen wurde am 25. März 1941 der Pakt unterschrieben. Ein Militärputsch stürzte jedoch einen Tag später das Regime. Daraufhin gab Hitler den Befehl, Jugoslawien zu vernichten, weshalb am 6. April die „Operation Strafgericht" begann, als 600 Kampfflieger Belgrad bombardierten. Deutsche und italienische Truppen marschierten in Jugoslawien ein, besetzten das Land und teilten es auf. Am 17. April 1941 kapitulierte das Königreich Jugoslawien vor den Achsenmächten und Slowenien wurde zwischen Deutschland und Italien aufgeteilt, wobei ein kleiner Teil an Ungarn fiel.

Die rigorose Entnationalisierungspolitik und die Terrorherrschaft der Besatzungsmächte stärkten die Widerstandsbereitschaft der Bevölkerung, wobei die kommunistisch dominierte Volksbefreiungsbewegung „Osvobodilna Fronta (OF)" in den Jahren 1942 und 1943 einen großen Teil des Landes kontrollierte. Unter Josip Broz Tito führte sie einen offenen Kampf gegen die Besatzungsmächte sowie die jugoslawische Monarchie und es gelang ihr, die deutschen und italienischen Besatzer aus dem besetzten Jugoslawien zu vertreiben.

Nach Kriegsende wurde 1945 unter Tito die Föderative Volksrepublik Jugoslawien ausgerufen, in der Slowenien eine Teilrepublik wurde. Sie umfasste insgesamt sechs Republiken mit zwei Autonomen Provinzen (Kosovo und Vojvodina), in denen fünf Nationalitäten lebten und die von einer Einheitspartei regiert wurden. Angesichts von vier Sprachen, drei Religionen, dem lateinischen und dem kyrillischen Alphabet war das durchaus eine Herausforderung.

Durch einen Freundschaftspakt war der jugoslawische Bundesstaat eng an Moskau gebunden. Die Wirtschaft war sozialistisch organisiert, das Politbüro der Kommunistischen Partei wurde zum Machtzentrum. Der Minister- und Staatspräsident Josip Broz Tito - von 1945-1980 - stemmte sich sowohl gegen die westliche Einflussnahme - wie auch gegen die Hegemonie der Sowjetunion. Mit seinen Partisanen hatte er nämlich - ohne die Unterstützung von Stalin - nicht nur gegen die deutschen und italienischen

Faschisten gekämpft, sondern auch gegen die königliche Exilregierung in London, mit der Stalin offizielle Beziehungen pflegte. Als Tito gesiegt hatte, wollte Stalin die Oberhoheit über Jugoslawien, der sich Tito jedoch widersetzte, so dass es 1948 zum Bruch mit der UdSSR kam.

Im Gegensatz zum zentralplanerischen Ansatz der Sowjetunion reklamierte Tito einen eigenen Weg zum Sozialismus mit begrenzter Selbstverwaltung für die volkseigenen Betriebe. Stalin drohte mehr oder weniger offen mit Mord: „Das Schicksal von Trotzki ist lehrreich", warnte ein Artikel im Moskauer KP-Zentralorgan „Prawda".

Tito blieb jedoch am Leben und es gelang ihm, Jugoslawien zwischen den Parteien des Kalten Krieges zu positionieren und einen „dritten Weg" einzuschlagen, indem er Kontakte zum Westen knüpfte.

Gemäß der Pariser Friedenskonferenz wurde 1947 ein Teil der Küstenregion an Slowenien zurückgegeben und nach dem Londoner Abkommen von 1954 auch der südliche Teil des Freistaats Triest, bis auf die Stadt Triest selbst.

Im sozialistischen Jugoslawien stärkte Slowenien seine nationalen Kultur- und Bildungseinrichtungen. Viele seiner Politiker gehörten zum Reformflügel des Bundes der Kommunisten und setzten sich für eine weitreichende Selbständigkeit der Republiken ein. 1955 wurde zwar offiziell die Aussöhnung zwischen der Sowjetunion und Jugoslawien verkündet, doch Differenzen traten weiterhin ständig auf. Nicht zuletzt deshalb, weil Jugoslawien innerhalb der „Bewegung der blockfreien Staaten" eine aktive Rolle spielte.

Diese hatte Tito 1961 zusammen mit Gamal Abdel Nasser (Ägypten), Achmed Sukarno (Indonesien) und Jawaharlal Nehru (Indien) gegründet. Zu ihr gehörten auch Pakistan, Algerien und ein Dutzend kleinerer Staaten, die sich um einen von Moskau wie Washington unabhängigen Kurs bemühten.

Mit den Verfassungsänderungen Ende der 1960er Jahre baute Tito seine Macht weiter aus und wurde 1963 zum Staatspräsidenten der „Sozialistischen Föderativen Republik Jugoslawien" (SFRJ) auf Lebenszeit gewählt. Zwar verurteilte Jugoslawien die Niederschlagung vom „Prager Frühling", doch intern übte die Regierung weiterhin massiven Druck auf Andersdenkende aus.

1974 wurden die Provinzen Vojvodina und Kosovo in der neuen Verfassung zu Autonomen Provinzen erklärt, womit sie faktisch zu

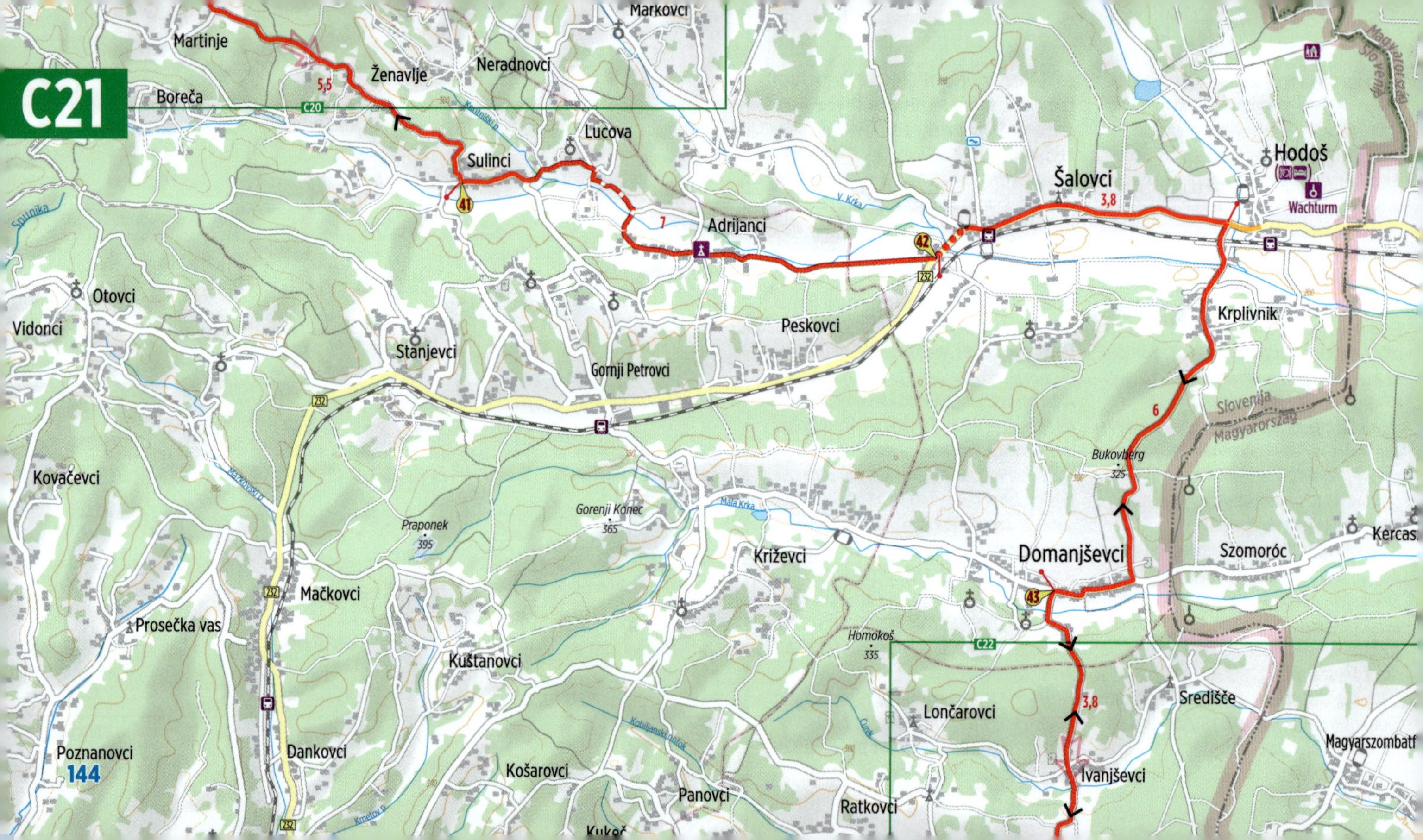
C21
Martinje
Markovci
Ženavlje
Neradnovci
Boreča
C20
5,5
Lucova
Sulinci
41
7
Adrijanci
42
232
Šalovci
3,8
Hodoš
Wachturm
Magyarország
Slovenija
V. Krka
Spruika
Otovci
Vidonci
Stanjevci
Peskovci
Krplivnik
Gornji Petrovci
6
Bukovberg
325
Kovačevci
Gorenji Konec
365
Praponek
395
Mala Krka
Križevci
Domanjševci
Szomoróc
Kercas
43
Mačkovci
Prosečka vas
Homokoš
335
C22
Kuštanovci
Središče
Lončarovci
3,8
Magyarszombatf
Poznanovci
144
Dankovci
Košarovci
Ivanjševci
Panovci
Ratkovci
Kukeč

Republiken aufgewertet wurden. Ein Recht auf Selbstbestimmung oder Sezession wurde ihnen allerdings nicht eingeräumt.

Im Verlauf der 1980er Jahre sorgten Misswirtschaft und die regionalen Verteilungskonflikte in Jugoslawien sowie das Streben nach Gleichberechtigung der slowenischen Sprache dafür, dass sich die Solidarität der Slowenen mit dem restlichen Jugoslawien aufzulösen begann, zumal eine Bedrohung von außen nicht mehr erkennbar war.

Nach Titos Tod am 4. Mai 1980 übernahm das Präsidium der Republik die Regierungsgeschäfte. Die acht Mitglieder setzten sich aus je einem Vertreter der sechs Teilrepubliken und der zwei Autonomen Provinzen zusammen.

1984 wurde der Serbe Slobodan Milošević zum Leiter der Kommunistischen Partei in Belgrad gewählt. Er gab vor, nur das Auseinanderdriften der sozialistischen Republiken verhindern zu wollen, realisierte aber faktisch die Dominanz der Serben im jugoslawischen Staat. Er ersetzte die politischen Führungen der Autonomen Provinzen Kosovo und Vojvodina wie auch der jugoslawischen Teilrepublik Montenegro durch seine Gefolgsleute und stufte den erweiterten Autonomiestatus der Provinzen auf das Niveau von vor 1974 zurück. 1989 übernahm er das Präsidentenamt der jugoslawischen Teilrepublik Serbien.

Mit seiner Rede am 28. Juni 1989 auf dem Amselfeld zum 600. Jahrestag der verlorenen Schlacht - Serbien ist weltweit die einzige Nation, die ihren Mythos auf einer Niederlage aufbaut - legte Milošević den Grundstein für das Auseinanderfallen von Jugoslawien. Bei den ersten freien Wahlen seit dem Zweiten

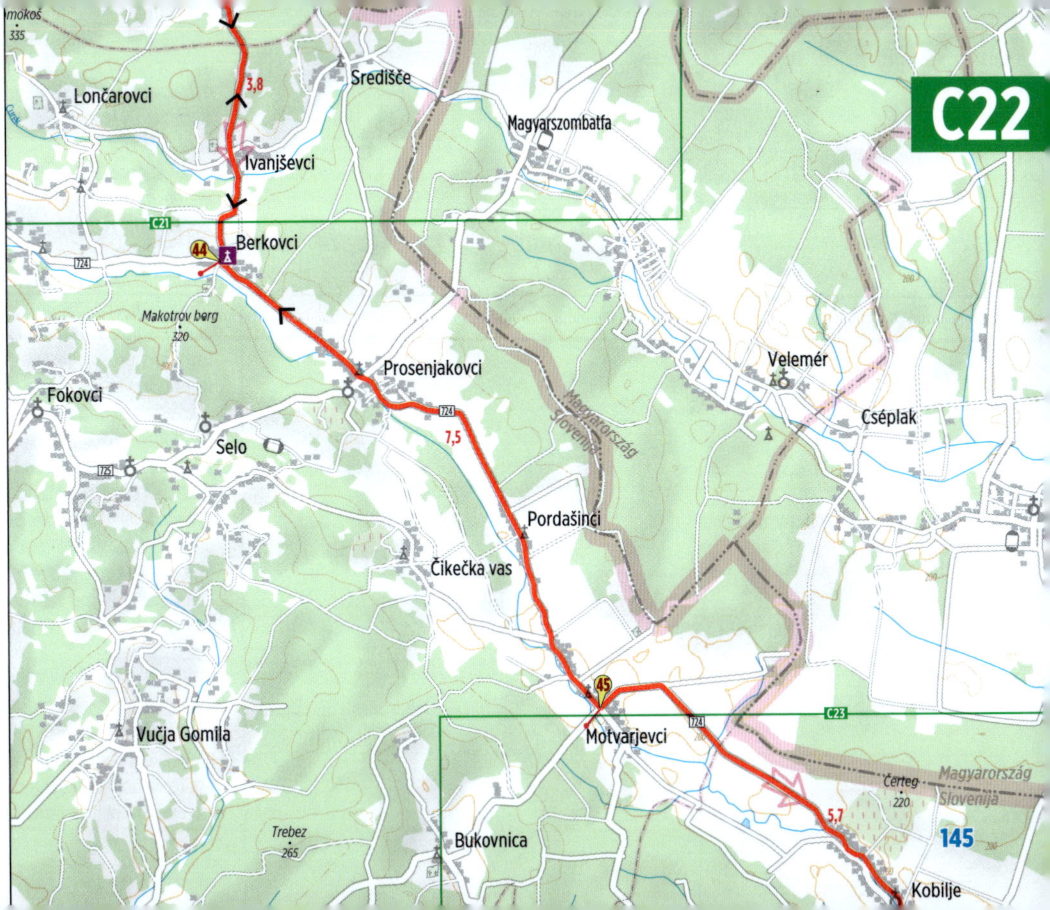

Weltkrieg wurde er im Dezember 1990 dennoch mit 65 Prozent der Wählerstimmen im Amt bestätigt.

Am 8. April 1990 fanden in Slowenien die ersten freien Wahlen auf jugoslawischem Boden statt und am 23. Dezember stimmten 88,5 Prozent der Slowenen bei einer Wahlbeteiligung von 85 Prozent für die Unabhängigkeit, die am 25. Juni 1991 auch erklärt wurde. Trotz des daraufhin erfolgten Einmarsches der jugoslawischen Volksarmee wurde Slowenien wegen des erfolgreichen Widerstands von Einheiten der slowenischen Territorialverteidigung im „Zehn-Tage-Krieg" zu einem souveränen und demokratischen Staat. Seit 2004 ist das Land mit zwei Millionen Einwohnern Mitglied der NATO und der EU. Seit 2007 ist es auch Mitglied der Europäischen Währungsunion und des Schengen-Raums.

Man hat oben auf dem Berg eine wunderschöne Aussicht und danach geht es bergab durch **Ženavlje**.

Sulinci (SLO)

41 Man biegt links in die Hauptstraße ab. Am Ortsende folgt man links ab dem Schild nach Lucova und biegt hinter dem Bach Koritniški potok wieder rechts ab. In **Lucova** folgt man nicht dem asphaltierten Weg über den Fluss, sondern biegt links ab in die nicht asphaltierte, aber gut befahrbare Straße. Man radelt geradeaus und biegt am Ende des Weges rechts ab und fährt über den Fluss.

Adrijanci (SLO)

Wunderschönes **Kirchlein** (1928)

Dort biegt man links ab in die asphaltierte Straße und fährt nach Šalovci. **42** Hier stößt man auf die **Straße 232**, in die man links einbiegt. Man überquert den Fluss Velika Krka, biegt danach rechts ab und passiert den Bahnhof.

Šalovci (SLO)

Man bleibt auf der Hauptstraße, fährt an der Kirche vorbei und folgt am nächsten Kreisverkehr den Schildern nach Hodoš.

Hodoš/Hodos (SLO)

Die Kommune besteht aus den beiden Dörfern Hodoš und Krplivnik und gehört mit etwa 400 Einwohnern zu den kleinsten selbständigen Gemeinden Sloweniens. Da die Bevölkerung zum größten Teil aus Ungarn besteht, sind die Ortstafeln und andere öffentliche Aufschriften in der Gemeinde zweisprachig. In Hodoš kann man einkehren und auch übernachten. Gegenüber vom Bahnhof (Direktzüge nach Ljubljana und Budapest) ist ein Café, das auch sonntags geöffnet hat.

Kirche mit fünfzackigem Stern in Šalovci

Östlich von Hodoš befindet sich ein alter jugoslawischer Wachturm. Das dazugehörige Grundstück wurde von der Stadt gekauft, der Wachturm soll restauriert werden. Ein ehemaliges Militärlager wurde in eine Jugendherberge umgewandelt, in der Gruppen, aber auch Einzelpersonen übernachten können.

Von Hodoš (SLO) nach Lendava (SLO)

42 km

In Hodoš fährt man auf der Brücke über die Eisenbahngleise und dann bergauf und bergab über **Krplivnik** weiter.

Domanjševci (SLO)

43 Dort biegt man links ab Richtung Prosenjakovci und fährt durch **Ivanjševci**.

Berkovci (SLO)

Kleine alte **Holzkirche**

44 Dort hält man sich links.

Prosenjakovci/Partosfalva (SLO)

An der Kreuzung radelt man geradeaus und gelangt über **Pordašinci** nach **Motvarjevci**, **45** wo man links abbiegt, nach Kobilje. Die Strecke ist eben, es gibt kaum Verkehr und man sieht am Waldrand die ungarischen Grenzsteine.

TIPP: Die zahlreichen Hochsitze wurden für die Jäger, nicht für das Militär errichtet.

Kobilje (SLO)

Man radelt durch den Ort, biegt am Ortsausgang rechts ab, überquert den Kobiljanski potok und fährt nach Dobrovnik, das man nach einem Anstieg erreicht.

Dobrovnik/Dobronak (SLO)

Der Name wird 1270 zum ersten Mal, zunächst als Markt und dann als Stadt erwähnt. In der zweiten Hälfte des 19. und zu Beginn des 20. Jahrhunderts verzeichnete man ein relativ großes Bevölkerungswachstum, Handwerk (Töpferei) und Handel blühten. 1878 wurde der erste Gasthof eröffnet und 1911 errichtete man eine Ziegelei, die bis 1979 in Betrieb war. Drei Viertel der 1.400 Einwohner gehören der ungarischen Volksgruppe an.

Kulturhaus in Lendava

In der wirtschaftlich schwierigen Zeit während des Ersten Weltkriegs brachte ein Sägewerk Fortschritt ins Dorf. 1930 erhielt die Post in Dobrovnik die erste Telefonzentrale, nach dem Zweiten Weltkrieg wurde der Ort elektrifiziert.

TIPP **Wer in Dobrovnik einkehren möchte, biegt am Kreisverkehr rechts ab nach Moska Sobota. Nach etwa einem Kilometer sieht man zwei Restaurants, in denen man Kaffee trinken und essen, aber nicht übernachten kann. Wer das möchte, fährt am Kreisverkehr geradeaus bis zu einer Pension.**

46 In Dobrovnik biegt man am Kreisverkehr links ab Richtung Lendova und radelt auf der wenig befahrenen Straße nach **Zitkovci**, wo man an der kleinen Kirche rechts abbiegt.

Kamovci (SLO)

Man benutzt den Radweg auf der linken Seite der Straße bis **Genterovci**. Innerhalb des Dorfes fehlt er, aber hinter dem Ort fängt er wieder an. Der gemeinsame Fuß- und Radweg geht durch Mostje (ungarisch Hívdég) und hat danach einen größeren Abstand von der Straße.

TIPP **Leider wird der Radweg immer wieder unterbrochen, weil die Brücken über Bäche und Flüsse zu schmal gebaut wurden. Wann diese Lücken geschlossen werden, ist derzeit nicht bekannt.**

47 Man quert die Autobahn auf dem Radweg und hinter dem Kreisverkehr ist der Radweg wieder auf der linken Seite. Man kommt nach **Dolga Vas**, wo der Radweg aufhört und wo man einkehren und übernachten kann. An der Kreuzung biegt man rechts ab nach Lendava.

AUSFLUG **Etwa 300 Meter links befindet sich der gut gepflegte jüdische Friedhof von Lendava, der einzige der Region, der unversehrt geblieben ist. Er verzeichnet nicht mehr viele Besucher - die fehlenden Steine auf den Grabsteinen zeugen davon.**

Man fährt geradeaus durch die lang gestreckte Stadt an der großen Kirche und dem Tourismusbüro vorbei.

Lendava/Lendva (SLO)

Vorwahl: 02

Turizem Lendava d.o.o., Glavna ulica 38, ✆ 5788390, @ qgp138

Katharinenkirche, Marktpl. Die Kirche hat ein doppeltes Dach und ist mit einer schönen barocken Kanzel ausgestattet.

Schloss mit Galerie-Museum, ✆ 05/5789260 Das Schloss beeindruckt durch seine Größe in erhöhter Lage. Es beherbergt ein Museum mit diversen Ausstellungen, darunter eine über die späte Bronzezeit, denn die westliche pannonische Ebene ist reich an Funden aus dieser Zeit. @ sds866

Aussichtsturm Vinarium Tower. Der 2015 errichtete 50 Meter hohe Aussichtsturm steht auf einem 300 Meter hohen Berg und bietet eine wunderbare Aussicht auf vier Länder.

Kulturhaus, Trg Györgya Zale 1, ✆ 5776022. Der ungarische Architekt Imre Makovecz (*1935) verwendete hauptsächlich natürliche Materialien und bezog in die Gestaltung Elemente aus Geschichte und Mythologie des Ortes mit ein. So ergab sich ein detailreiches Ensemble, das an Antoni Gaudí erinnert. Das Gebäude wird für Theater-, Musik- und Tanzveranstaltungen genutzt, aber auch für Konferenzen und zusammen mit weiteren Orten - auch für das sommerliche Puppenfestival. @ mfb152

Die östlichste Gemeinde Sloweniens am Beginn des reusenartigen Landzipfels ist zu 42 Prozent ungarischsprachig. Wegen der durch den Ort verlaufenden Gas- und Erdöl-Pipelines entwickelten sich bedeutende Betriebe der Chemie und Petrochemie.

TIPP **In der Nähe des Marktplatzes wurde eine der zwei in Slowenien noch existierenden Synagogen restauriert. Sie wird für Ausstellungen und Veranstaltungen genutzt.**

Von Lendava nach Szeged

501 km

HM/km: ↗ 0,6 (285m) ↘ 0,7 (367m) Radweg: 16 % Unbefestigt: 15 % Verkehr: 3 %

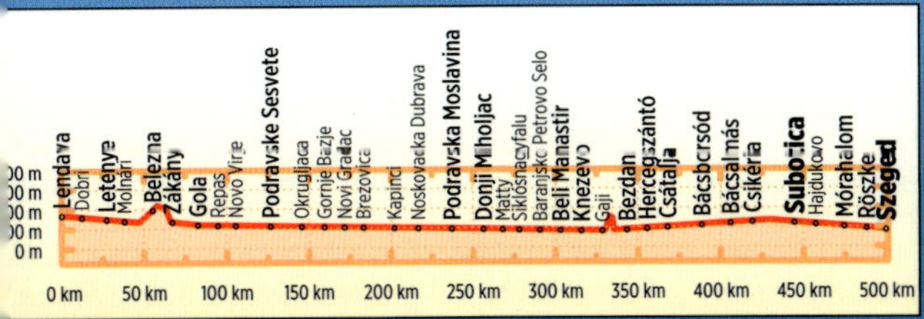

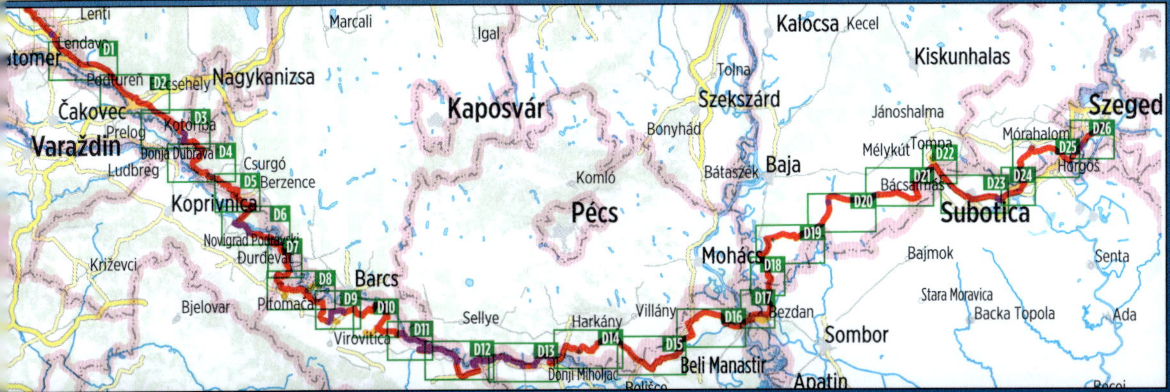

Von Lendava (SLO) nach Murakeresztúr (HU) 44 km

1 Immer dem Straßenverlauf sieben Kilometer an Weinbergen vorbei folgen.

Pince (SLO)

2 Dort quert man die Grenze und radelt in kleinem oder größerem Abstand parallel zur Autobahn Richtung Letenye.

TIPP **Nach Fertigstellung der Autobahn wurde die Straße für den LKW-Durchgangsverkehr gesperrt und nur wenige Autos sind auf ihr unterwegs. Trotzdem ist das Befahren der Straße für Radfahrer verboten, sie werden auf schmale Radwege manchmal verwiesen.**

Tornyiszentmiklós (H)

Dahinter überquert man den Fluss Cserta (Kerka) und radelt an Feldern und Weinbergen vorbei.

Csörnyeföld (H)

Das Gelände zur Rechten gehört zum Teil schon zum Überschwemmungsgebiet der Mura.

Nach **Murarátka**, wo sich Landstraße und Autobahn zwischen den Hügeln und den Muraschleifen hindurch quetschen, weitet sich das Tal wieder etwas und es geht weiter nach Letenye. Man stößt an der Kreuzung auf die **Hauptstraße 7** und radelt auf ihr geradeaus in Richtung Budapest (Bajcsy-Zsilinsky utca).

Letenye (H)

Hier sind duftende, frische Weißweine zu Hause, die man in manchem alten Keller kosten kann. Nach mehrfacher Plünderung durch türkische Truppen und Bevölkerungsverlusten durch die Pest hatte der Ort seinen Status als Marktgemeinde verloren. Seit 1923 befindet sich hier ein wichtiger Grenzübergang nach Kroatien, erst seit den 1930er Jahren gibt es einen stetigen Aufschwung. 1989 wurde der Ort zur Stadt erhoben.

3 Man biegt rechts ab in die **Szent Imre herceg utca** und an deren Ende links ab in die **Petőfi Sándor utca** in Richtung Murakeresztúr. Man überquert die Autobahn.

Tótszerdahely (H)

Man radelt durch diesen und in den nächsten Ort.

Molnári (H)

4 Hier biegt man an der reizvoll gelegenen kleinen Kirche rechts ab. Man überquert einen kleinen Fluss und sieht geradeaus die Oberleitungsmasten der Eisenbahn. Man folgt der Linkskurve und biegt dann nach etwa 1,8 Kilometern rechts ab Richtung Murakeresztúr. Es geht über die Bahngleise in den Ort hinein, am Ortseingang hält man sich links, geradeaus kommt man zum Bahnhof, von dem Direktzüge nach Budapest und Zagreb fahren.

Murakeresztúr (H)

Vom Murakeresztúr (HU) nach Gola (HR) 44 km

Am Ende der Straße biegt man links ab und radelt auf der **Kossuth Lajos út** nach Süden. **5** Nach der Brücke biegt man links ab in die **Szígetí ut** und an deren Ende erneut links in die **Deák Ferenc ut.** Nach dem Ort führt die Route über eine Brücke und durch den Wald in Richtung Süden. An der Straße biegt man links ab und radelt bis kurz vor Belezna. Dort biegt man vor dem Feld rechts ab und fährt bis zur Vorfahrtsstraße, in die man rechts abbiegt. **6** Am Ende der Straße biegt man rechts ab in Richtung Gyékényes. Noch vor dem nächsten Ort biegt man rechts ab nach Őrtilos.

Őrtilos (H)

Innerhalb der Ortschaft biegt man links ab in die **Petőfi ut.** Die nächste Möglichkeit biegt man rechts und dann sofort wieder links ab und radelt weiter nach Zákány.

Zákány (H)

INS ZENTRUM **Hinter dem Bahnhof stößt man auf die Straße, die geradeaus ins Zentrum führt, wo man einkaufen und einkehren kann.**

7 Am Ortsausgang biegt man rechts ab, quert wieder die Eisenbahngleise und erreicht Gyékényes. **8** Am Ende der Straße biegt man rechts ab, passiert ein Kriegerdenkmal, das an den Ersten Weltkrieg erinnert, und eine Kirche.

Gyékényes (H)

Auf der **Dósza utca** geht es an Maisfeldern vorbei und man kommt nach einer Rechtskurve auf eine gut befahrbare, nicht asphaltierte Straße. Nach einer längeren Strecke durch Maisfelder stößt man auf einen nicht asphaltierten Weg, in den man rechts einbiegt. Nach einer Links- und einer Rechtskurve quert man die Eisenbahngleise und stößt auf eine asphaltierte Straße, in die man rechts einbiegt. Man passiert die kroatisch-ungarische Grenze und erreicht Gola.

Gola (HR)

Die Stadt mit 3.000 Einwohnern an der Drau ist bekannt für die Tradition der Naiven Malerei. Man kann hier die Galerie und das Ethnohaus des bekannten Naiven Malers Ivan Večenaj

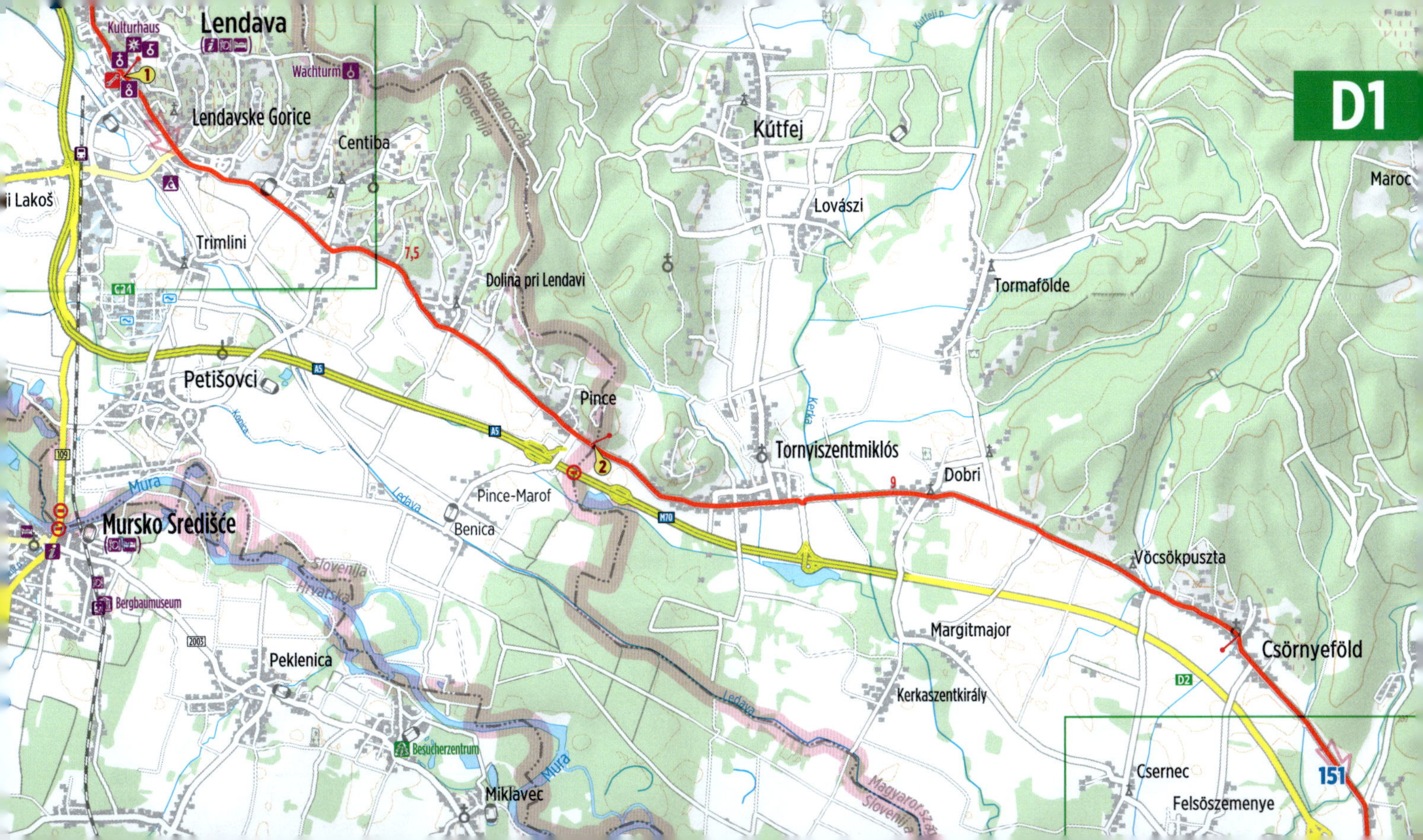
D1
Lendava
Kulturhaus
Wachturm
Lendavske Gorice
Centiba
Magyarország
Slovenija
Kútfej
Maroc
i Lakoš
Lovászi
Trimlini
7,5
Dolina pri Lendavi
Tormafölde
Petišovci
Kopica
Pince
Kerka
Tornyiszentmiklós
Dobri
9
Mura
Pince-Marof
Ledava
Mursko Središće
Benica
Vöcsökpuszta
Slovenija
Hrvatska
Bergbaumuseum
Margitmajor
Csörnyeföld
Peklenica
Kerkaszentkirály
Ledava
Besucherzentrum
Csernec
Mura
Miklavec
Felsőszemenye
Magyarország
Slovenija
A5
M70
D2
C24
109
2003

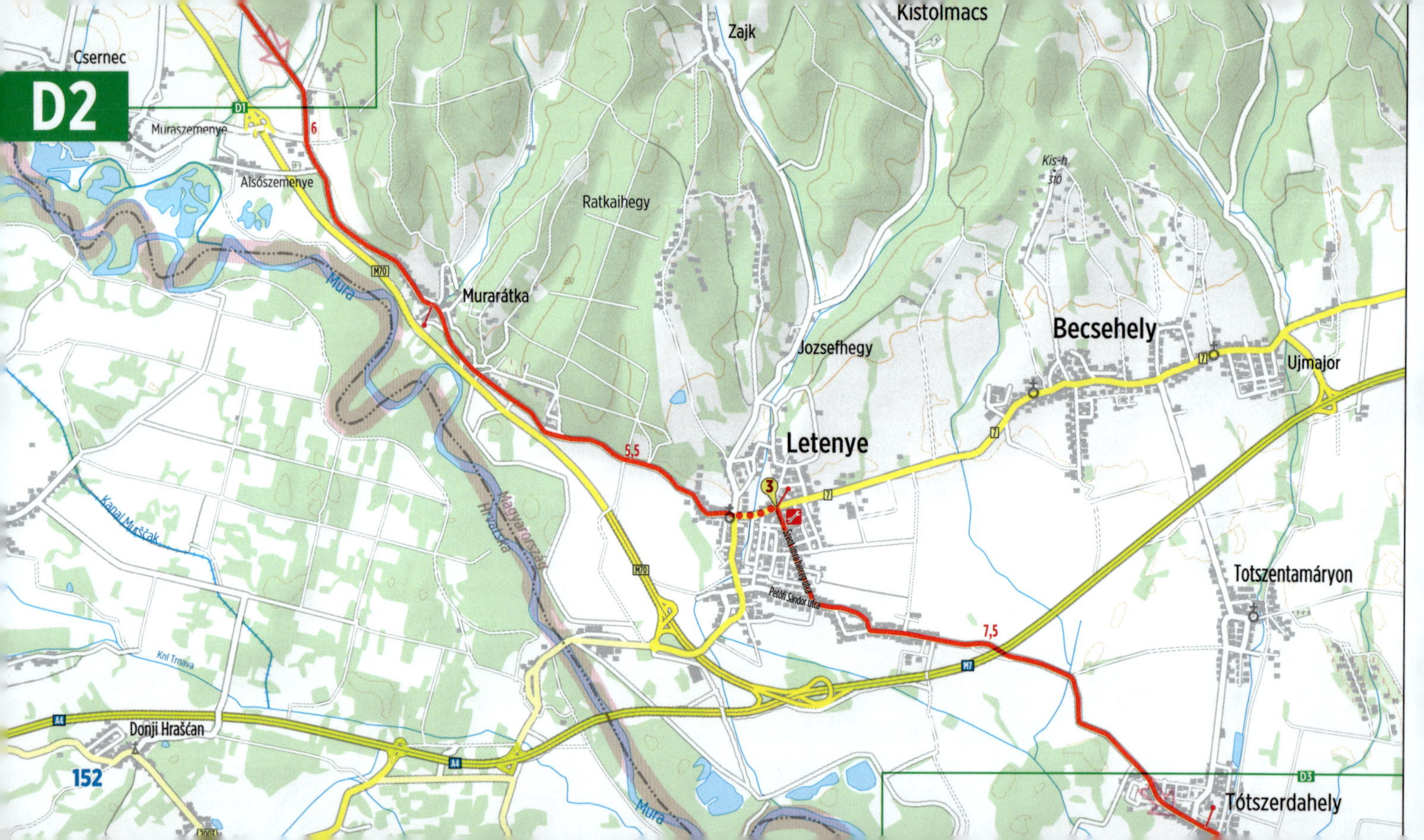

D2
Csernec
D1
Muraszemenye
Alsószemenye
6
Zajk
Kistolmacs
Ratkaihegy
Kis-h
310
M70
Mura
Murarátka
Jozsefhegy
Becsehely
7
Ujmajor
Letenye
5,5
3
Szent Imre herceg utca
Petőfi Sándor utca
Kanal Muršćak
Magyarország
Hrvatska
Totszentamáryon
7,5
M7
Knl Trnava
A4
Donji Hrašćan
D3
Tótszerdahely
2003

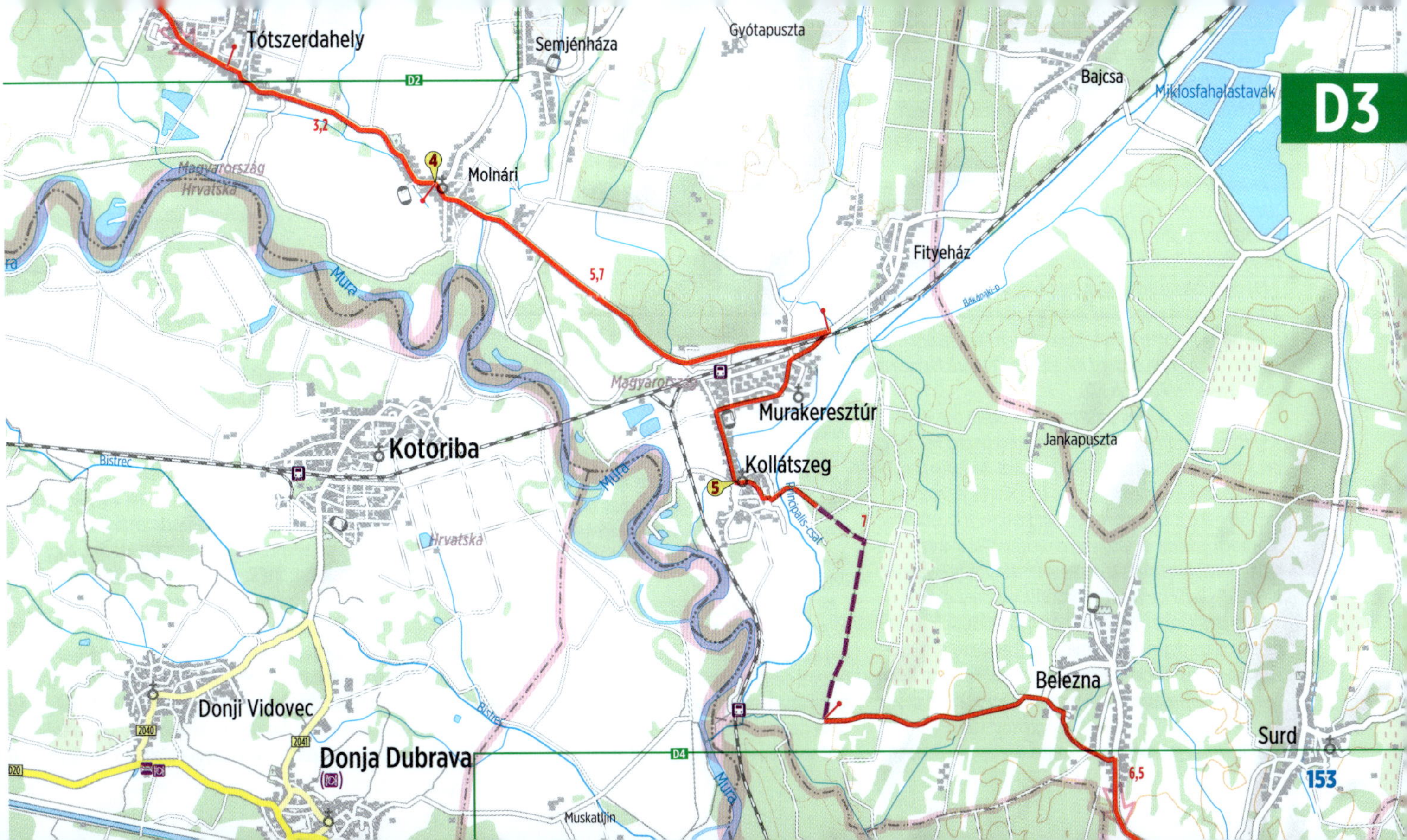

D3
Tótszerdahely
Semjénháza
Gyótapuszta
Bajcsa
Miklosfahalastavak
D2
3,2
Molnári
Magyarország
Hrvatska
Mura
5,7
Fityeház
Murakeresztúr
Kotoriba
Bistrec
Kollátszeg
Jankapuszta
Principális-csat.
7
Belezna
Donji Vidovec
Donja Dubrava
2040
2041
D4
Surd
6,5
Muskatljin
153

(1920-2013) besuchen (www.galerijaivanvecenaj.com). Auch die Kirche der Heiligen Drei Könige ist einen Besuch wert.

Die Geschichte von Kroatien

Im Jahr 879 wurde Fürst Branimir von Papst Johannes VIII. mit „dux Croatorum" angesprochen, was seinerzeit einer Anerkennung des mittelalterlichen Kroatien gleichkam. Der um 925 zum König gekrönte Tomislav (910–928) war der erste König Kroatiens.

Mit der Krönung des ungarischen Königs Koloman zum kroatischen König in Biograd bei Zadar im Jahr 1102 kam Kroatien durch ein Abkommen (Pacta conventa) in Personalunion zu Ungarn. Diese Union bestand mit einigen Unterbrechungen in unterschiedlicher Form bis 1918.

Seit Mitte des 15. Jahrhunderts waren Ungarn und Kroatien Angriffen des Osmanischen Reiches ausgesetzt und wurden in der Schlacht bei Mohács (1526) auch besiegt. Nach den napoleonischen Kriegen kamen 1815 einige Teile Kroatiens unter österreichische Herrschaft, andere, wie das Königreich Kroatien und Slawonien, gehörten zur ungarischen Reichshälfte. In der zweiten Hälfte des 19. Jahrhunderts wuchs unter der kroatischen Bevölkerung das Verlangen nach mehr Selbstbestimmungsrechten.

Nach dem Ersten Weltkrieg begann Kroatien, sich aus der österreichisch-ungarischen Monarchie zu lösen. Daraufhin wurden jene kroatischen Gebiete längs der Adria-Ostküste von Italien besetzt, deren Annexion im Londoner Vertrag von 1915 zugesagt worden war. Ende 1918 wurde das Königreich der Serben, Kroaten und Slowenen gebildet. Viele Kroaten lehnten die Monarchie ab, fühlten sich benachteiligt und verlangten für Kroatien die Gründung einer Republik.

Die Verfassung sah eine zentralistische Staatsorganisation vor, die den Serben als zahlenmäßig größtem Volk de facto die Vorherrschaft sicherte. 1929 löste König Aleksandar I. das Parlament auf und benannte den Staat in Königreich Jugoslawien um. Er regierte diktatorisch vorwiegend mit Hilfe serbischer Offiziere. Als Reaktion darauf gründete Ante Pavelić (1889-1959) die von Mussolini unterstützte Ustaša-Bewegung.

Beim Ausbruch des Zweiten Weltkriegs blieb das Königreich Jugoslawien zunächst neutral und weigerte sich, dem Dreimächtepakt unter deutscher Führung beizutreten. Erst nach offenen Angriffsdrohungen wurde am 25. März 1941 der Pakt unterschrieben. Ein Militärputsch stürzte jedoch einen Tag später das Regime. Daraufhin gab Hitler den Befehl, Jugoslawien zu vernichten, weshalb am 6. April die „Operation Strafgericht" begann, als 600 Kampfflieger Belgrad bombardierten. Deutsche und italienische Truppen marschierten in Jugoslawien ein, besetzten das Land und teilten es auf. Am 17. April 1941 kapitulierte das Königreich Jugoslawien vor den Achsenmächten und Kroatien wurde zum deutschen Vasallenstaat.

Mit Unterstützung der Achsenmächte hatte Ante Pavelić am 10. April den Unabhängigen Staat Kroatien (NDH) ausgerufen und sich zum Staatschef erklärt. Er errichtete eine faschistische Diktatur, die Juden, Serben, Roma, kroatische Antifaschisten u. a. systematisch verfolgte und ermordete. Traurige Berühmtheit hat dabei das vom faschistischen Ustaša-Regime betriebene Konzentrationslager Jasenovac erlangt, in dem zwischen 80.000 und 100.000 Menschen umgebracht wurden und das als kroatisches Auschwitz in die Geschichte einging.

Die rigorose Entnationalisierungspolitik und die Terrorherrschaft der Besatzungsmächte stärkten die Widerstandsbereitschaft der Bevölkerung. Gegen das Ustaša-Regime begann im Sommer 1941 ein bewaffneter Aufstand der kommunistisch dominierten Volksbefreiungsbewegung „Osvobodilna Fronta (OF)", die 1942 und 1943 einen großen Teil des Landes kontrollierte. Unter Josip Broz Tito führte sie einen offenen Kampf gegen die Besatzungsmächte sowie die jugoslawische Monarchie und es gelang ihr, die deutschen und italienischen Besatzer aus dem besetzten Jugoslawien zu vertreiben. Die von Pavelić an Italien abgetretenen Gebiete der kroatischen Adria-Küste holten Titos Partisanen zurück

Nach Kriegsende wurde 1945 unter Tito die Föderative Volksrepublik Jugoslawien ausgerufen, in der Kroatien eine Teilrepublik wurde. Sie umfasste sechs Republiken mit zwei Autonomen Provinzen (Kosovo und Vojvodina), in denen fünf Nationalitäten lebten, die von einer Einheitspartei regiert wurden. Angesichts von vier Sprachen, drei Religionen, dem lateinischen und dem kyrillischen Alphabet war das durchaus eine Herausforderung.

Ante Pavelić konnte nach dem Krieg über Klosterrouten nach Argentinien, Paraguay und Spanien fliehen, wo er 1959 starb, ohne sich jemals vor Gericht hatte verantworten zu müssen. Der ehemalige Kommandant von Jasenovac, Dinko Šakić, lebte mehr als 50 Jahre unbehelligt in Argentinien. Aufgrund internationalen Drucks wurde er 1998 nach Kroatien ausgeliefert und in Zagreb zu 20

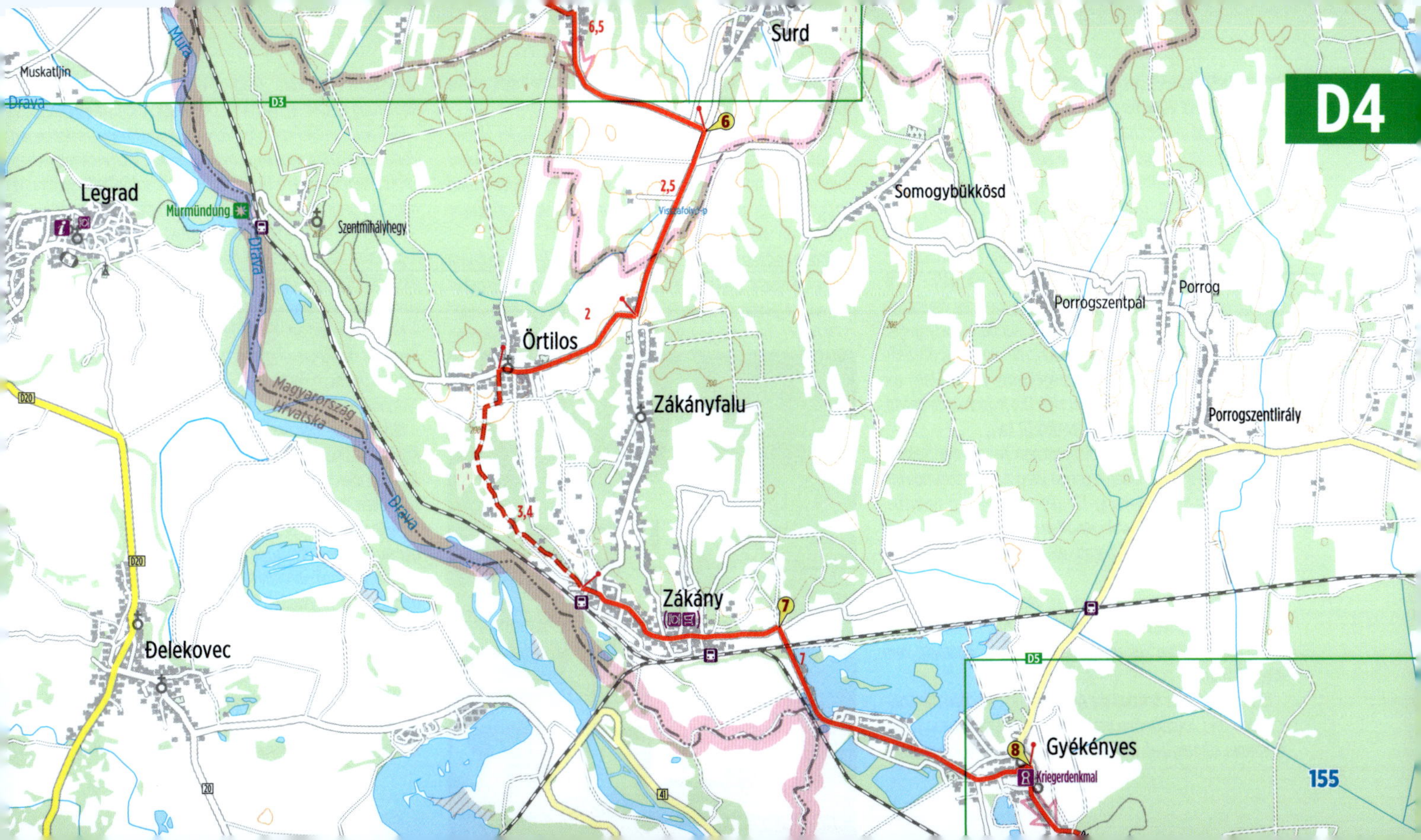
D4
Surd
6,5
6
2,5
Visszafolyó-p
Muskatljin
Drava
D3
Mura
Legrad
Murmündung
Szentmihályhegy
Somogybükkösd
Porrogszentpál
Porrog
2
Örtilos
Zákányfalu
Porrogszentlirály
D20
Magyarország
Hrvatska
Drava
3,4
Zákány
7
7
Đelekovec
D5
8
Gyékényes
Kriegerdenkmal
20
41

Jahren Haft verurteilt. Der letzte noch lebende KZ-Kommandant starb am 20. Juli 2008 im Gefängnis von Lepoglava.

Durch einen Freundschaftspakt war der jugoslawische Bundesstaat eng an Moskau gebunden. Die Wirtschaft war sozialistisch organisiert, das Politbüro der Kommunistischen Partei wurde zum Machtzentrum. Der Minister- und Staatspräsident Josip Broz Tito - von 1945-1980 - stemmte sich sowohl gegen die westliche Einflussnahme - wie auch gegen die Hegemonie der Sowjetunion. Mit seinen Partisanen hatte er nämlich - ohne die Unterstützung von Stalin - nicht nur gegen die deutschen und italienischen Faschisten gekämpft, sondern auch gegen die königliche Exilregierung in London, mit der Stalin offizielle Beziehungen pflegte. Als Tito gesiegt hatte, wollte Stalin die Oberhoheit über Jugoslawien, der sich Tito jedoch widersetzte, so dass es 1948 zum Bruch mit der UdSSR kam.

Im Gegensatz zum zentralplanerischen Ansatz der Sowjetunion reklamierte Tito einen eigenen Weg zum Sozialismus mit begrenzter Selbstverwaltung für die volkseigenen Betriebe. Stalin drohte mehr oder weniger offen mit Mord: „Das Schicksal von Trotzki ist lehrreich“, warnte ein Artikel im Moskauer KP-Zentralorgan „Prawda“.

Tito blieb jedoch am Leben und es gelang ihm, Jugoslawien zwischen den Parteien des Kalten Krieges zu positionieren und einen „dritten Weg“ einzuschlagen, indem er Kontakte zum Westen knüpfte.

1955 wurde zwar offiziell die Aussöhnung zwischen der Sowjetunion und Jugoslawien verkündet, doch Differenzen traten weiterhin ständig auf. Nicht zuletzt deshalb, weil Jugoslawien innerhalb der „Bewegung der blockfreien Staaten“ eine aktive Rolle spielte.

Diese hatte Tito 1961 zusammen mit Gamal Abdel Nasser (Ägypten), Achmed Sukarno (Indonesien) und Jawaharlal Nehru (Indien) gegründet. Zu ihr gehörten auch Pakistan, Algerien und ein Dutzend kleinerer Staaten, die sich um einen von Moskau wie Washington unabhängigen Kurs bemühten.

Mit den Verfassungsänderungen Ende der 1960er Jahre baute Tito seine Macht weiter aus und wurde 1963 zum Staatspräsidenten der „Sozialistischen Föderativen Republik Jugoslawien“ (SFRJ) auf Lebenszeit gewählt. Zwar verurteilte Jugoslawien die

Kirche in Gyékényes

Niederschlagung vom „Prager Frühling“, doch intern übte die Regierung weiterhin massiven Druck auf Andersdenkende aus.

1974 wurden die Provinzen Vojvodina und Kosovo in der neuen Verfassung zu Autonomen Provinzen erklärt, womit sie faktisch zu Republiken aufgewertet wurden. Ein Recht auf Selbstbestimmung oder Sezession wurde ihnen allerdings nicht eingeräumt.

Im Verlauf der 1980er Jahre sorgten Misswirtschaft und die regionalen Verteilungskonflikte in Jugoslawien dafür, dass sich die Solidarität der jugoslawischen Republiken aufzulösen begann, zumal eine Bedrohung von außen nicht mehr erkennbar war.

Nach Titos Tod am 4. Mai 1980 übernahm das Präsidium der Republik die Regierungsgeschäfte. Die acht Mitglieder setzten sich aus je einem Vertreter der sechs Teilrepubliken und der zwei Autonomen Provinzen zusammen.

1984 wurde der Serbe Slobodan Milošević zum Leiter der Kommunistischen Partei in Belgrad gewählt. Er gab vor, nur das Auseinanderdriften der sozialistischen Republiken verhindern zu wollen, realisierte aber faktisch die Dominanz der Serben im jugoslawischen Staat. Er ersetzte die politischen Führungen der Autonomen Provinzen Kosovo und Vojvodina wie auch der jugoslawischen Teilrepublik Montenegro durch seine Gefolgsleute und stufte den erweiterten Autonomiestatus der Provinzen auf das Niveau von vor 1974 zurück. 1989 übernahm er das Präsidentenamt der jugoslawischen Teilrepublik Serbien.

Die Spannungen zwischen Kroatien und der von Serben dominierten jugoslawischen Regierung nahmen zu. Ende der Achtzigerjahre hatte sich aus den Bestrebungen nach mehr Autonomie die Forderung nach Unabhängigkeit entwickelt.

Der Kroate Franjo Tuđman, der an der Seite von Tito gegen das Ustaša-Regime gekämpft hatte, erlangte bei der kroatischen Bevölkerung großen Zuspruch.

Mit seiner Rede am 28. Juni 1989 auf dem Amselfeld zum 600. Jahrestag der verlorenen Schlacht - Serbien ist weltweit die einzige Nation, die ihren Mythos auf einer Niederlage aufbaut - legte Slobodan Milošević den Grundstein für das Auseinanderfallen von Jugoslawien. Bei den ersten freien Wahlen seit dem Zweiten Weltkrieg wurde er im Dezember 1990 dennoch mit 65 Prozent der Wählerstimmen im Amt bestätigt.

Nachdem die geschwächte jugoslawische Regierung ein Mehrparteiensystem zugelassen hatte, gründete Franjo Tuđman 1990 die Kroatische Demokratische Gemeinschaft (HDZ). Sie nahm bald den Charakter einer Volkspartei an, errang bei den Wahlen 1990 die Mehrheit der Parlamentssitze und wählte Tuđman zum Präsidenten.

Am 19. Mai 1991 stimmten in einem Referendum 95 Prozent der Wahlberechtigten für die Unabhängigkeit Kroatiens. Die Wahlbeteiligung lag wegen des Boykotts der Krajina-Serben „nur" bei 83 Prozent. Am 25. Juni 1991 erklärte das Parlament in Zagreb die Unabhängigkeit von Kroatien, die international anerkannt wurde.

Danach eroberte Serbien fast ein Drittel des kroatischen Territoriums. Zudem wurden bis zum Ende des Jahres mit Unterstützung der Jugoslawischen Volksarmee etwa 80.000 Kroaten aus den serbisch kontrollierten Gebieten vertrieben, 10.000 Menschen wurden getötet. Das war der Beginn der „ethnischen Säuberungen". Tuđmans Kroatien unterstützte zwar 1992 noch

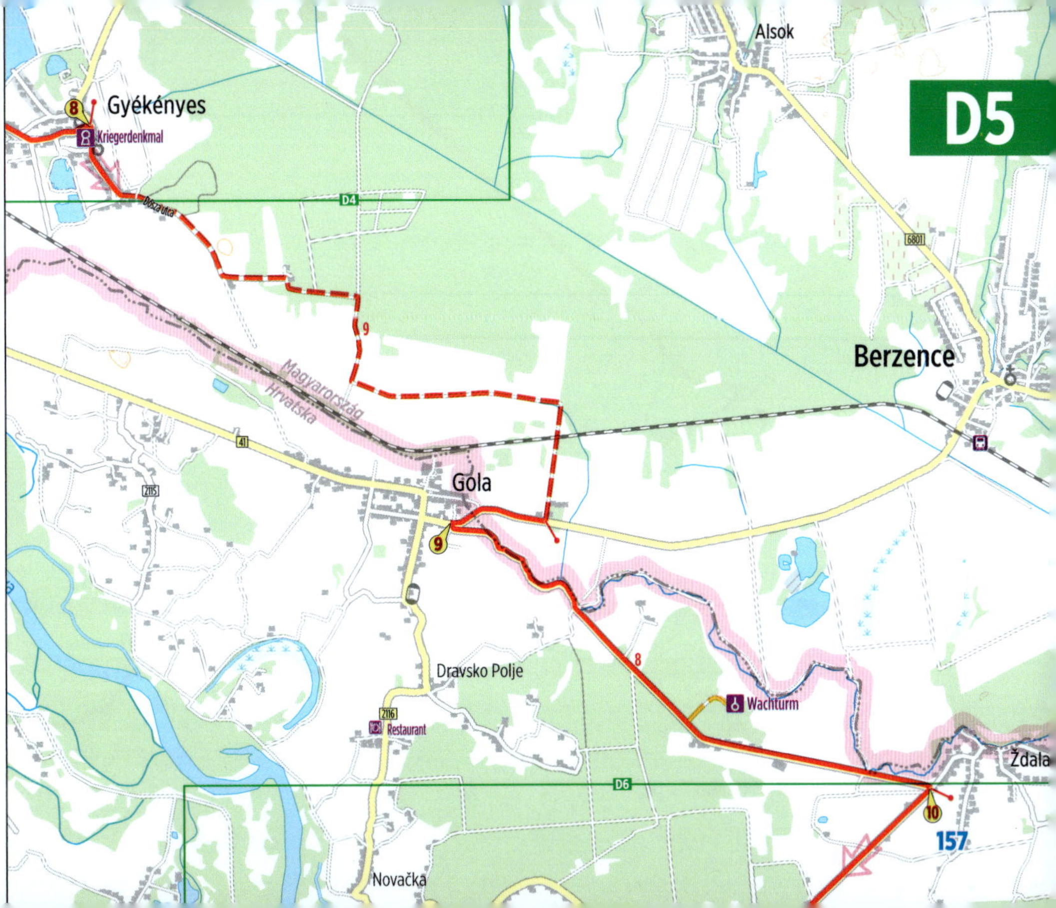

D6
Novačka
D5
10
7
Drava / Dráva
Gornja Šuma
Repaš
Café
D210
26037
2114
11
Kanal Bestra
5,7
6801
Bélavár
Magyarország
Hrvatska
Drava / Dráva
Molve Grede
Molve
2184
Medvedička
12
2185
Novo Virje
6
Karaška Luka
Vizvár
26104
26105
26106
26114
D7
Drava / Dráva
Pavljanci
Severovci
Grkine
13
Bunker
Bunker
6

den „Krieg im Kriege“ gegen den bosnischen Reststaat in Sarajevo, doch wurde der fast vier Jahre dauernde Krieg zwischen Serbien und Kroatien erst mit der „Operation Oluja“ (Sturm) am 5. August 1995 beendet, als es den kroatischen Truppen in 72 Stunden gelang, die Krajina zurückzuerobern und die ehemals überlegenen serbischen Truppen aus Kroatien zu vertreiben. Etwa 250.000 Serben mussten dann fliehen und ihre Häuser wurden ausgeraubt. Die Tötung der 410 verbliebenen alten serbischen Dorfbewohner wie in Grubori nannte der kroatische Präsident Zoran Milanović am 4. August 2020 „barbarisch“.

Mit dem „Vertrag von Dayton" wurde Ende 1995 der Jugoslawienkrieg beendet. Seit 2009 ist Kroatien mit seinen 4,5 Millionen Einwohnern Mitglied der NATO und seit dem 1. Juli 2013 auch der EU.

Von Gola (HR) nach Ferdinandovac (HR) — 32 km

9 Direkt hinter der Grenze biegt man links ab und radelt auf der kaum befahrenen Straße an der Grenze entlang gut ausgeschildert in Richtung Ždala. Wenn man kurz vor einer Linkskurve die ersten Häuser von Ždala sieht, biegt man links ab in einen Schotterweg, auf dem man einen gut erhaltenen Wachturm erreicht, den man auch besteigen kann. Da man noch nicht auf dem Drau-Damm entlang radeln kann, fährt man zurück zur Straße und erreicht Ždala.

Ždala (HR)

Ždala ist eine Stadt mit einer starken ungarischen Minderheit, deren besonderen Akzent aber viele Ungarn kaum verstehen können. Ein Gedenkstein erinnert an die Opfer des Krieges mit Serbien und vor der restaurierten Kirche steht eine Büste von Franjo Tuđman (1922–1999), dem ersten Präsidenten Kroatiens (1990-1999).

10 Man biegt in Ždala rechts ab und radelt Richtung Repaš auf der wenig befahrenen Straße durch einen der größten und ältesten Eichenwälder Europas, in dem zwei dreihundertjährige Eichen stehen, und erreicht Repaš, wo man übernachten kann.

Repaš (HR)

Dahinter überquert man die Drau und biegt direkt nach der Brücke links ab in den nicht asphaltierten Feldweg **11**.

Die Drau (Dráva)

Die Drau (Dráva) ist ein 749 Kilometer langer Nebenfluss der Donau, der in Italien

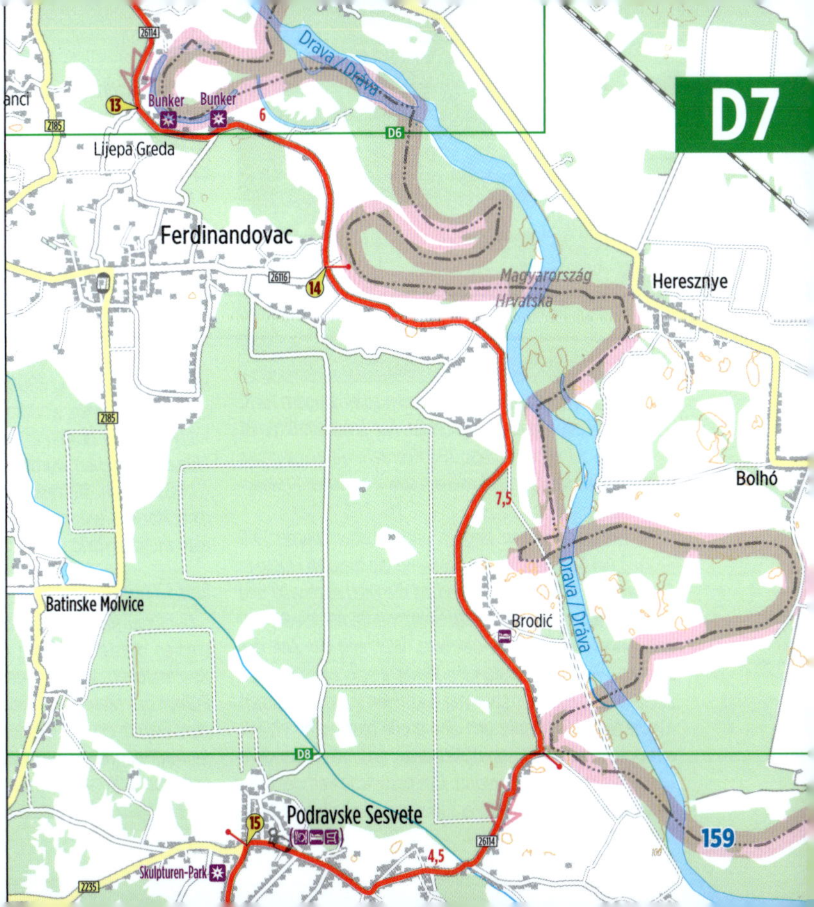

Auf den Tabakplantagen von Bušetina

entspringt, durch Österreich, Slowenien sowie Ungarn fließt und in Kroatien in die Donau mündet. Auf Teilabschnitten ist sie auf einer Länge von knapp 200 Kilometern ein Grenzfluss zwischen Österreich und Slowenien sowie zwischen Kroatien und Ungarn.

Die Grenze zwischen Ungarn und Kroatien wurde 1919 entlang der Drau festgelegt. Während die meisten Flüsse in Europa aber schon reguliert sind, ist die Drau noch wild und ungezähmt. Deshalb wird diese Grenzlinie immer wieder von dem ungezähmten Fluss gekreuzt. Während der Zeit des Eisernen Vorhangs entstanden kleine Inseln zwischen den Staaten – ein Niemandsland mit wichtigen Rückzugsräumen für die Natur. Es konnte sich eine große biologische Vielfalt entwickeln und der Flusslauf blieb in seinen breiten Mäandern von Begradigungen unberührt. Das natürliche Bett der Drau befindet sich in ständiger Veränderung, weshalb gerade im Grenzbereich Inseln und Sandbänke entstehen können und der Fluss nicht immer die Grenze bildet. Wegen seiner Bedeutung als Siedlungsraum sind auch viele archäologische Fundstellen zu besichtigen.

Doch deren Existenz ist bedroht, weil inzwischen Teile der Ufer befestigt wurden und Baggerschiffe sowie Spülrohre Sand und Kies aus dem Fluss entnahmen, was die natürliche Fließgeschwindigkeit veränderte. Der zunächst geplante Bau von Wasserkraftwerken konnte verhindert werden. Sie hätten noch mehr zerstört.

Umweltschützer kämpften dagegen und erreichten, dass die Kroatische Regierung 2008 das „Grüne Band" und die Drau unter Schutz stellte, wodurch die Zukunft der Uferschwalben – etwa 10.000 brüten in den Lehm- und Sandwänden des Flusses – gesichert wurde.

In Österreich, Slowenien und Kroatien spielt die Drau mit einer Maximalleistung von 1.200 MW auch als Stromerzeuger eine wichtige Rolle.

Der Drau-Radweg

Der Drau-Radweg von Italien über Österreich nach Slowenien wurde 2012 vom ADFC ausgezeichnet und seine Beschreibung „Von der Quelle nach Maribor" ist als ***bikeline****-Führer erschienen. In Kroatien ist die Verlängerung auf dem Damm bis zur Donau geplant, weshalb die Strecke fahrradfreundlich ausgebaut und ausgeschildert werden soll. Man sollte sich vor Beginn einer Tour erkundigen, wie weit fortgeschritten die Baumaßnahmen sind.*

Man bleibt auf dem breiten Uferweg und biegt an einer Brücke über den Seitenarm der Drau rechts ab in den asphaltierten Weg. **12** An der **Straße 2185** biegt man links ab.

Novo Virje (HR)

An der Kirche folgt die ausgeschilderte Drau-Route der Linkskurve der wenig befahrenen Straße in Richtung Ferdinandovac.

Karaška Luka

Man findet an der Kreuzung mit einer Statue der Mutter Gottes einen Bunker, der schon vor dem Zweiten Weltkrieg gebaut wurde und einen Grenzstein, der auf die 104 Meter entfernte Grenze hinweist.

Als nach der Niederschlagung des Ungarn-Aufstands (1956) ungarische Soldaten die Flüchtlinge aufhalten wollten, schossen jugoslawische Soldaten in die Luft, um die Flüchtlinge zu schützen. Dank der Unterstützung von Soldaten und

Hängebrücke über die Drau bei Križnica

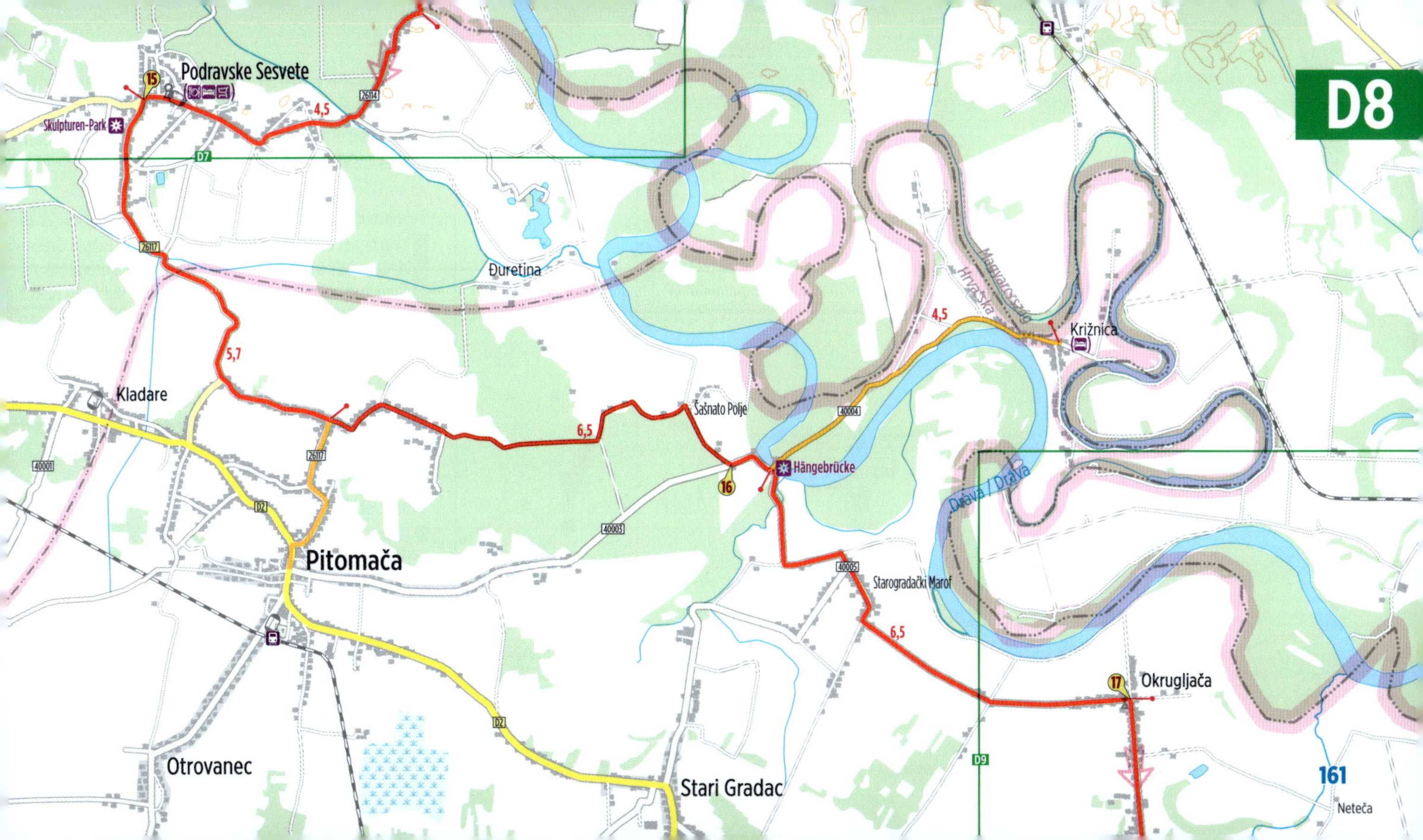
D8
Podravske Sesvete
15
Skulpturen-Park
4,5
26114
D7
26117
Đuretina
5,7
Kladare
40001
26117
D2
Pitomača
6,5
Šašnato Polje
16
Hängebrücke
40003
40004
4,5
Križnica
Magyarország
Hrvatska
Drava / Dráva
40005
Starogradački Marof
6,5
17
Okrugljača
D9
Otrovanec
D2
Stari Gradac
Neteča

Bevölkerung konnten an dieser Stelle 400 Ungarn über die Grenze fliehen.

An dieser Kreuzung fährt man nicht rechts ab, sondern geradeaus. **13** Am nächsten Abzweig biegt man nicht rechts ab nach Ferdinandovac, sondern bleibt auf der Straße.

Ferdinandovac (HR)

TIPP Man findet an der 100 Meter entfernten Drau einen Grenzstein und einen weiteren Bunker. Im Fluss ist die tatsächliche Grenze mit Stöcken markiert. Drei Viertel der Drau ist auf kroatischem Gebiet und ein Viertel gehört zu Ungarn. Etwas weiter gibt es noch einen zweiten Bunker, der mit Efeu überwachsen ist.

Von Ferdinandovac (HR) nach Gornje Bazje (HR) 44 km

14 Wenn die Straße scharf abknickt, radelt man geradeaus in die asphaltierte Straße, die für LKW gesperrt ist.

Brodić (HR)

Ethno house, Gajc 74, ☎ 98/670152. Das Museum der Familie Karlovčan zeigt das Leben zu Beginn des 20. Jahrhunderts. Dort wird auch eine Bootsfahrt angeboten. @ qpa433

Man fährt durch den Ort und quert den Drau-Kanal.

Podravske Sesvete (HR)

Man fährt durch den Ort und sieht auf der rechten Seite ein Mahnmal, das an den Jugoslawienkrieg erinnert. **15** Nach der Kirche folgt man der EV 13 nach links und biegt vor **Pitomača**, wo man übernachten kann, links ab.

Šašnato Polje (HR)

Hier biegt man rechts ab. **16** An der Straße, die zur Drau führt, biegt man links ab und sieht schon die Hängebrücke.

AUSFLUG Wer übernachten möchte, quert die Drau und radelt knapp fünf Kilometer nach **Križnica**.

Hängebrücke

Die Brücke wurde 1968 von den Militärs gebaut, damit die Soldaten schnell über die Drau kommen konnten. Sie wurde 2017 vollständig renoviert mit einem Rastplatz für Radelnde.

Križnica (HR)

Nach der Brücke folgt man der Straße nach rechts und stößt auf eine Straße, in die man links abbiegt. Danch geht es wieder rechts ab nach **Starogradački Marof.** Man durchquert den Ort und biegt links ab.

Okrugljača (HR)

Am Ende des Ortes steht ein Gedenkstein, der an den hier geborenen Politiker Đuro Basariček (1884–1928) erinnert.

17 Hinter der Kirche biegt man rechts ab und bleibt auf der Straße. Man folgt der abknickenden Straße und erreicht den nächsten Ort.

Bušetina (HR)

Man fährt durch den Ort und hält sich links.

Hinter Bušetina sieht man große Tabakplantagen, weil Tabakpflanzen lange Trockenperioden gut überstehen. Auf vielen Höfen sieht man die Einrichtungen, um die Tabakblät-

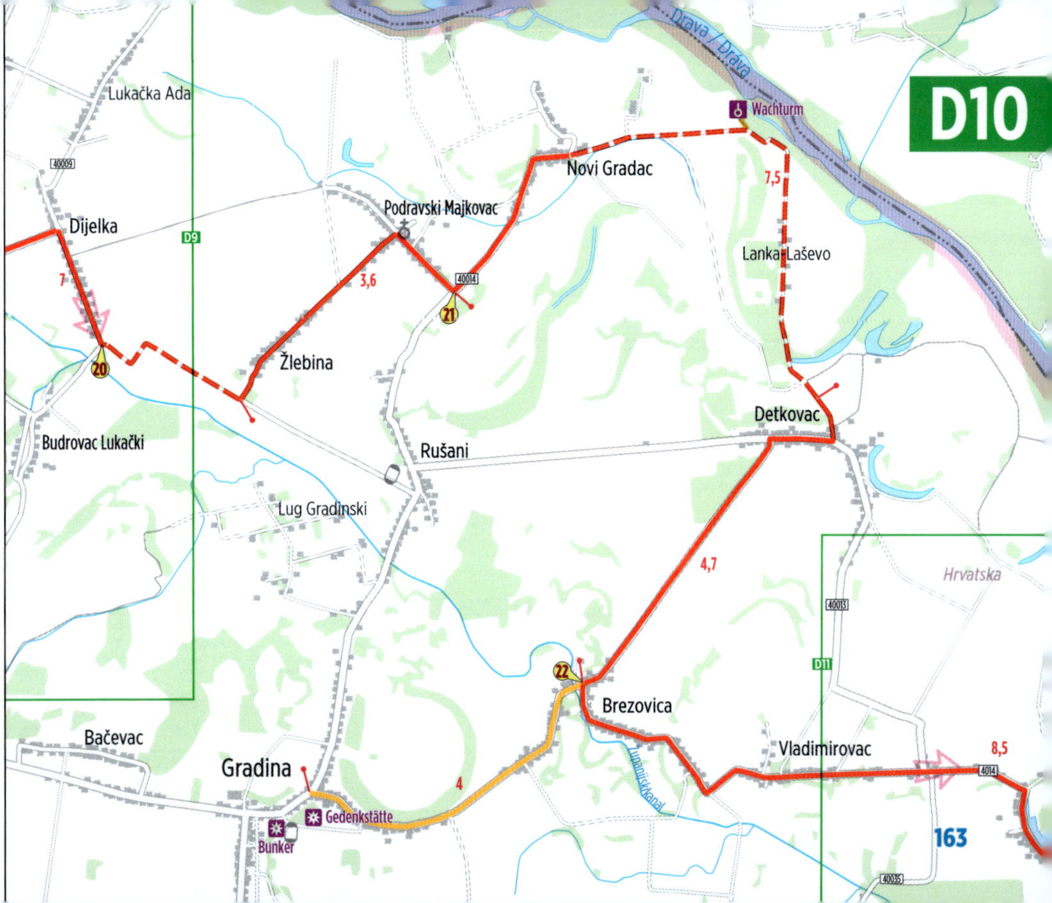

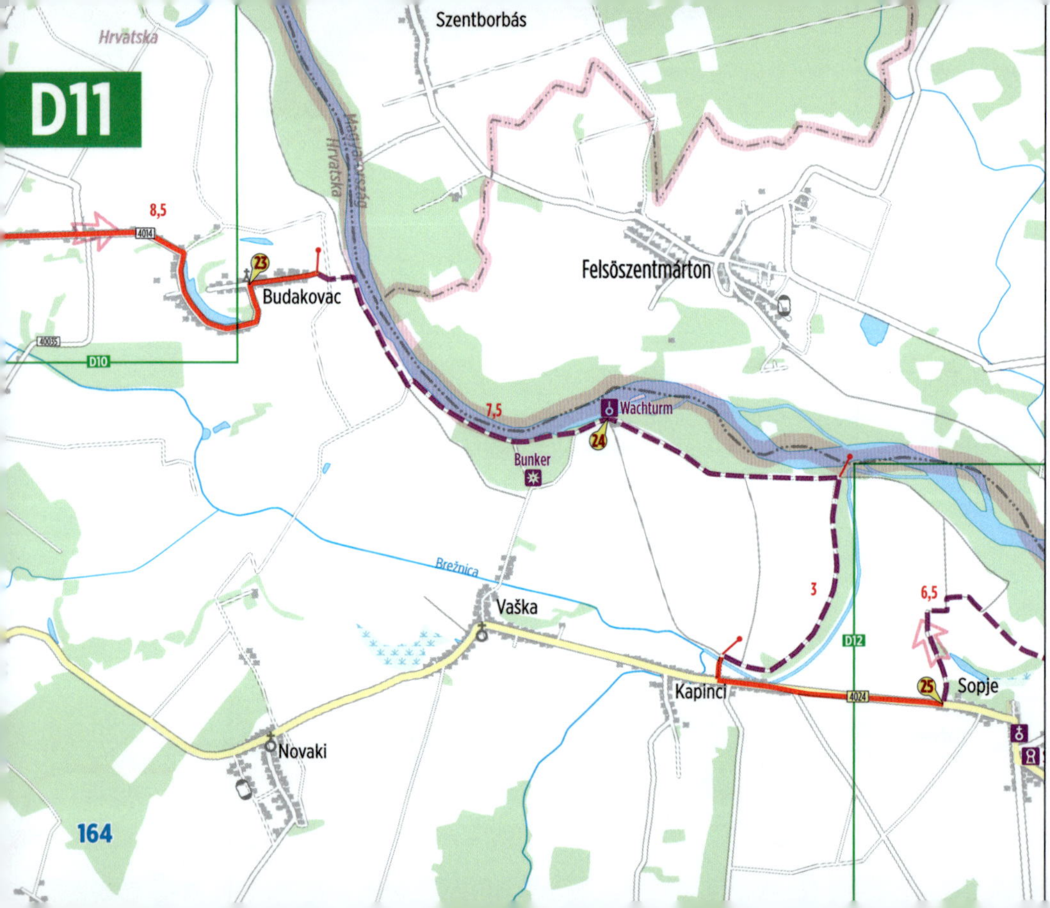

ter zu trocknen. Wäre John Lennon hier aufgewachsen, der Beatles-Song würde lauten: „Tobacco Fields Forever".

18 Nach Querung des Kanals und bei den ersten Häusern verlässt man die Hauptstraße und biegt links ab.

TIPP **Wer übernachten oder einkehren möchte, biegt in Turanovac rechts ab nach Kapela Dvor.**

Turanovac (HR)

In Turanovac radelt man geradeaus in eine etwas schmalere Straße, die später nicht mehr asphaltiert ist. Die nächste Möglichkeit biegt man rechts ab – der Schotterweg wird ein bisschen besser und ist später sogar asphaltiert – und erreicht Gornje Bazje, wo man am Stoppschild rechts abbiegt in die Hauptstraße.

Gornje Bazje (HR)

Hier befindet sich ein Monument für die Opfer des Zweiten Weltkrieges.

Von Gornje Bazje (HR) nach Noskovačka Dubrava (HR) *57 km*

19 Die nächste Möglichkeit biegt man links ab, ausgeschildert nach Veliko Polje. In **Dijelka** biegt man rechts ab in eine asphaltierte Straße. **20** An der nächsten Kreuzung geht es links ab ausgeschildert in das zwei Kilometer lange **Žlebina**, wo sich in den Gärten die Maiskolben stapeln. Die Schotterstraße ist wenig später asphaltiert.

D12
Drávasztára
Kemse
Pisk
Zaláta
Drava / Dráva
Sopje
rija Magdalena
St. Florian
Sopjanska Greda
Wachturm
4,2
5,2
D11
Gornje Predrijevo
4024
4026
Noskovci
Bunker
Noskovačka Dubrava
Magyarország
Hrvatska
D13
Martinci Miholjački
Bunker
27
8,5
Ilmin Dvor
Voćin-Drava-Kanal
D34
Gezinci
Čađavički Lug
Nova Šarovka
5,7
26
Vraneševci
Starin
Čađavica
Markovo
Šaševo
Novi Senkovac

Podravski Majkovac (HR)

An der Kirche biegt man rechts ab. **21** Hinter dem Ortsausgangsschild geht es links ab, ausgeschildert nach Novi Gradac. Man folgt der kurvenreichen asphaltierten Hauptstraße an der Kirche vorbei immer geradeaus, die dann beginnende Schotterstraße ist gut befahrbar. Wenig später stößt man auf einen Damm.

AUSFLUG Links ab geht es zu einem Wachturm, der noch gut erhalten ist.

Man folgt der Schotterstraße, es geht rechts ab und kurz vor dem nächsten Ort ist die Straße wieder asphaltiert.

Detkovac (HR)

Dort biegt man rechts ab in die Hauptstraße und am nächsten Abzweig links ab, ausgeschildert nach Gradina.

Brezovica (HR)

22 Vor dem Županijski kanal biegt man links ab und erreicht über **Vladimirovac** den Ort **Budakovac**.

AUSFLUG Wer die „Gedenkstätte an die Mutter Gottes" besuchen möchte, überquert den Kanal und erreicht Gradina. Wo rechts ein Schild auf eine Kirche hinweist, geht der Pilgerpfad links ab, der mit Holzkreuzen ausgestattet zu der Gedenkstätte mit vielen Kreuzen führt.

Gedenkstätte Erscheinung der Mutter Gottes

Am Freitag, den 13. Juni 1997, dem Fest des Heiligen Antonius, gaben am letzten Schultag nach der dritten Stunde die Schüler ihre Schulbücher ab. Danach hatten sie frei. Manche spielten auf dem Schulhof, und manche gingen auf den Sportplatz, wo es Schaukeln und Wippen gab. Einer Gruppe von Schülern erschien unverhofft die Mutter Gottes. Die Kinder liefen aufgeregt und erschreckt zurück in die Schule, um darüber zu berichten. Danach begaben sich drei Lehrerinnen dorthin und bestätigten, dass sie in der Ferne über den Feldern ebenfalls die Silhouette der Mutter Gottes gesehen hatten. Daran erinnert diese Gedenkstätte.

Auf der Straße sieht man wenig später auch einen alten **Bunker**, der vor einer Schule steht. Er ist bemalt mit dem bekannten Cartoon von Snoopy. Daneben ist noch ein anderer Bunker, der nicht bemalt ist.

23 In Budakovac biegt man rechts ab in Richtung Grenze und biegt auf dem Damm der Drau rechts ab. Am Grenzfluss entlang - die Barrieren gegen den Autoverkehr sind oft auch hinderlich für das Radeln - erreicht man einen Wachturm. **24** Dort radelt man weiter geradeaus entlang der Drau bis zum Brežnica Fluss, wo man rechts abbiegt und auf dem Damm bis nach **Kapinci** radelt. Dort überquert man den Brežnica Fluss, biegt links ab in die **Kralja Tomislava** und erreicht Sopje.

Sopje (HR)

Sv. Marija Magdalena, Kralja Tomislava 28

Am Denkmal des Heiligen Florian, dem Schutzpatron der Feuerwehr – „Verschon mein Haus, zünd andere an" (St. Florian-Prinzip).

Hier befindet sich auch die Verwaltung für die umliegenden Dörfer.

25 Vor dem Ort biegt man links und hinter dem See rechts ab. Man folgt dem Weg zum Damm der Drau, in den man rechts abbiegt. Man radelt auf dem Damm, passiert einen Wachturm und biegt bei Noskovačka Dubrava rechts ab. Man passiert einen Bunker und stößt auf eine Straße, in die man links abbiegt. Im Zentrum von **Noskovačka Dubrava**, kann man übernachten und einkehren.

Von Noskovačka Dubrava (HR) nach Donji Miholjac (HR) 35 km

26 Am Ende dieser Straße biegt man links ab in die **D 34** und erreicht Čađavica.

Čađavica (HR)

Sv. Petar. Die ehemals gotische Kirche wurde im 18. Jh. barockisiert, der Campanile stammt auch aus dieser Zeit.

Südlich der Stadt wurden bei Grabungen die ältesten slawischen Spuren Kroatiens gefunden (6.-7. Jahrhundert).

TIPP Der nicht asphaltierte Weg entlang der Drau ist zwar in keinem guten Zustand, aber die Alternative wären die knapp 50 Kilometer auf der Staatsstraße 34. Die fahrradfreundliche Drau-Route auf dem Damm ist in Planung. Solange sie nicht fertig ist, empfiehlt sich der hier beschriebene beschwerlichere, aber autofreie Weg. Bei trockenem Wetter kann man gut radeln, bei nassem ist jedoch die Straße zu bevorzugen.

D13
Szaporca
Tésenfa
Drávacsehi
Cún
Vejti
Fekete-víz
Magyarország
Hrvatska
D14
Ilmapuszta
Denkmal
Podravska Moslavina
28
5
7,5
Drava/Dráva
5,7
Stara Drava
30
D12
D34
29
3,2
Donji Miholjac
D53
Dravski
Viljevo
Krčenik
Cret Viljevski
Ivanovo

Pyramidenberg bei Drávapalkonya

Auf der D 34 überquert man den Voćin-Drava-Kanal und biegt danach links ab in die **Ilmin Dvor**, folgt der Straße nach einer Rechtskurve und erreicht Martinci Miholjački.

Martinci Miholjački (HR)

Dort biegt man rechts ab und stößt an einem Haus auf eine Asphaltstraße, in dessen Garten ein alter Bunker steht. Man fährt ein Stück auf der Straße und **27** biegt vor der Kirche links ab in einen Feldweg, der ausgeschildert ist zu einem Friedhof. Der anfangs holprige Weg wird später ein befestigter Feldweg. Man stößt wieder auf einen breiten Schotterweg, auf dem man geradeaus weiterfährt. Am nächsten Abzweig geht es geradeaus, man verlässt den Schotterweg und radelt geradeaus in den Wiesenweg. Man ahnt die Drau, weil dort die Bäume stehen, aber man sieht den Fluss nicht, weil die Felder noch dazwischen liegen. Der Wiesenweg führt geradeaus bis zum Wald, wo er rechts abknickt. Man sieht schon die Straße und die ersten Häuser von **Podravska Moslavina**. Man muss eine kleine Steigung überwinden und erreicht eine Asphaltstraße, die auf die Hauptverkehrsstraße führt.

Podravska Moslavina (HR)

Auf der linken Seite steht ein Denkmal, das 2009 errichtet wurde und an den jugoslawischen Krieg erinnert. Die drei jungen Leute, deren Namen erwähnt werden, „ruhen in Frieden, in dem Bewusstsein, dass sie dem kroatischen Volk Frieden gebracht haben".

28 Nach der Kirche, am Ortsausgang, wechselt man auf die linke Straßenseite und verlässt die abknickende Hauptverkehrsstraße geradeaus. Nach kurzer Zeit ist die Straße nicht mehr asphaltiert. An einem Schotterweg geht es links ab zur Drau. Am Wald geht es rechts ab und dann ganz nah an der Drau entlang. Mehrfach gehen Wege rechts ab zur Straße. Erst nach einer scharfen Rechtskurve des Uferweges erreicht man bei **Viljevo** die asphaltierte Hauptstraße mit viel Verkehr, in die man links abbiegt. **29** Hinter dem Fluss Dravski biegt man links ab in den Feldweg, aus dem später ein Wiesenweg wird, der zum Deich führt. Dort hält man sich rechts und radelt auf dem gut befahrbaren Deich bis zum Altarm Stara Drava, wo man rechts abbiegt in die Asphaltstraße, auf der man das Zentrum von Donji Miholjac erreicht.

Donji Miholjac (HR)

Hl. Michael. Die barock umgebaute Kirche an der Druchgangsstraße wurde im 11. Jh. erstmals erwähnt.

Schlösser. Nach der Vertreibung der Türken erhielt eine verdiente Adelsfamilie die Ländereien der Umgebung zum Geschenk und baute 1818 das 80 m lange einstöckige Gebäude im spätbarocken Stil, das sich an der Straße entlangzieht. Nach dem Besuch von Kaiser Franz Josef I. entstand dahinter – verbunden mit einem überdachten Gang – das deutlich größere Schloss im damals sehr populären Neo-Tudorstil. Es wurde 1906 fertiggestellt. Heute hat hier die Stadtverwaltung ihren Sitz, der von einem gestalteten Park umgeben ist.

Die Stadt mit ihren 10.000 Einwohnern bietet Möglichkeiten zum Übernachten und zur Ergänzung des Proviants. Hier siedelten schon illyrische Stämme, Römer und Awaren, und auch Kroaten sind seit über 1.000 Jahren nachweisbar. Der Ortsname steht in Zusammenhang mit der Kirche des Heiligen Michael.

Mit der in ganz Europa für ihre Metallwaren bekannten Firma Limex hat man einen prosperierenden Produktionsbetrieb. Die Lage am Schnittpunkt zweier Fernstraßen mit einer Brücke über die Drau und die Möglichkeiten für den sanften Tourismus lassen für die Stadt noch einiges erwarten. Einstweilen macht man mit dem Miholjačko Sijelo (Miholjac-Treffen) auf sich aufmerksam, das mit Trachten, Musik und Tanz in der zweiten Juliwoche das wichtigste Ereignis des Jahres ist.

Von Donji Miholjac (HR) nach Beli Manastir (HR) 51 km

30 Am Schloss biegt man links ab in die **D 53**, radelt über die Drau nach Ungarn und weiter auf der wenig befahrenen Straße **D 58**.

Drávaszabolcs (H)

31 Man biegt rechts ab in eine asphaltierte Straße nach Gordisa, die für LKW gesperrt ist. Auf der linken Seite sieht man einen Pyramidenberg.

D14
5825
58
Ipacsfa
vácshida
Kistapolca
32
4,7
Siklósnagyfalu
Egyházasharaszti
Drávaszabolcs
Drávapalkonya
31
Gordisa
6,5
Matty
7,5
Alsószentmárton
Old
D15
Kásád
D13
8,5
Keselyősfapuszta
D53
nji Miholjac
Ribnjaci
Dráva
Boros Dráva
Torjanci
Magyarország
Hrvatska

Matty (H)

Man fährt in den Ort - es fehlte ein Ortsschild - und biegt am Ortsausgang rechts ab.

Alsószentmárton (H)

An der Kirche erinnert ein Gedenkstein an den Ersten Weltkrieg.

Man biegt links und am Ortsausgang rechts ab und erreicht über Egyházasharaszti den nächsten Ort.

Siklósnagyfalu (H)

Hier erinnert ein 2004 aufgestelltes Mahnmal an den 2. August 1944, als im Konzentrationslager Auschwitz-Birkenau in wenigen Stunden mehr als 3.000 Sinti und Roma ermordet wurden.

Kirche von Branjin Vrh

32 Man erreicht **Kistapolca**, wo man rechts abbiegt und eine Zementfabrik passiert.

Beremend (H)

In dem 2.500 Einwohner zählenden Ort kann man einkehren und übernachten.

Man fährt durch den Ort an zwei Kirchen vorbei. Hinter der Grenze, in Kroatien, kommt man nach Baranjsko Petrovo Selo.

Baranjsko Petrovo Selo (HR)

Die Gemeinde hat einen nur regional bedeutenden Grenzübergang. Sie ist aber mehr für die Petaračke Buše, die dreitägige Fastnacht, bekannt. Wer sich für die schöne „buša" (Maske) entscheidet, kleidet sich in der traditionellen Tracht des anderen Geschlechts. Männer können auch in der hässlichen, gehörnten und sehr schweren Holzmaske Unfug treiben. Am letzten Tag wird der böse Geist des vergangenen Jahres verbrannt, und das kann schon mal ein (künstliches) „erkältetes Huhn" als Symbol für die Vogelgrippe sein.

33 Man radelt geradeaus weiter, bleibt auf der **517** und biegt einige Zeit hinter dem Ort links ab.

Petlovac (HR)

Hier biegt man an einem Schild mit einem roten Stern, das 1955 aufgestellt wurde und die Brigaden würdigt, rechts ab. Hier ist auch eine Kaffeebar. Auf der **517** erreicht man nach Unterquerung der Eisenbahngleise das Zentrum von Beli Manastir.

Beli Manastir (HR)

Man kann in der 8.700 Einwohner zählenden Stadt übernachten und einkehren. Es gibt eine Fußgängerzone und vom Bahnhof fahren Züge direkt nach Pécs und Osijek.

Die Stadt gehörte bis 1920 zu Ungarn. Aus dem Kloster im Dorf Pel, Pel Monostor, wurde durch lautähnliche Übertragung Beli Manastir, das weiße Kloster. Die Bevölkerung war stets multiethnisch – 1910 gab es noch 61 Prozent Deutsche – und ist es auch heute wieder, nach der Rückkehr der nicht-serbischen Bewohner, die während des kroatisch-serbischen Krieges in den 1990er Jahren vertrieben worden waren. Kroaten, Serben und Ungarn sind heute vertreten, während Deutsche praktisch keine Rolle mehr spielen.

Von Beli Manastir (HR) nach Bezdan (SR) — 38 km

Man radelt durch die Fußgängerzone immer geradeaus, bis die Straße am Ende eine Rechtskurve macht, passiert eine kleine Kirche und kommt nach ein paar S-Kurven zur stark befahrenen Straße **D 7 (E 73)**. **34** Man biegt links ab auf den separaten Fahrradstreifen und radelt auf ihm bis zur Kirche von Branjin Vrh.

Branjin Vrh (HR)

An der Kirche erinnert ein Gedenkstein mit dem fünfzackigen roten Stern an 11 Todesopfer aus den Jahren 1941-45.

Am Ortsausgang biegt man hinter der Brücke über die Karašica rechts ab in den gut befahrbaren, nicht asphaltierten Weg. Es geht immer geradeaus.

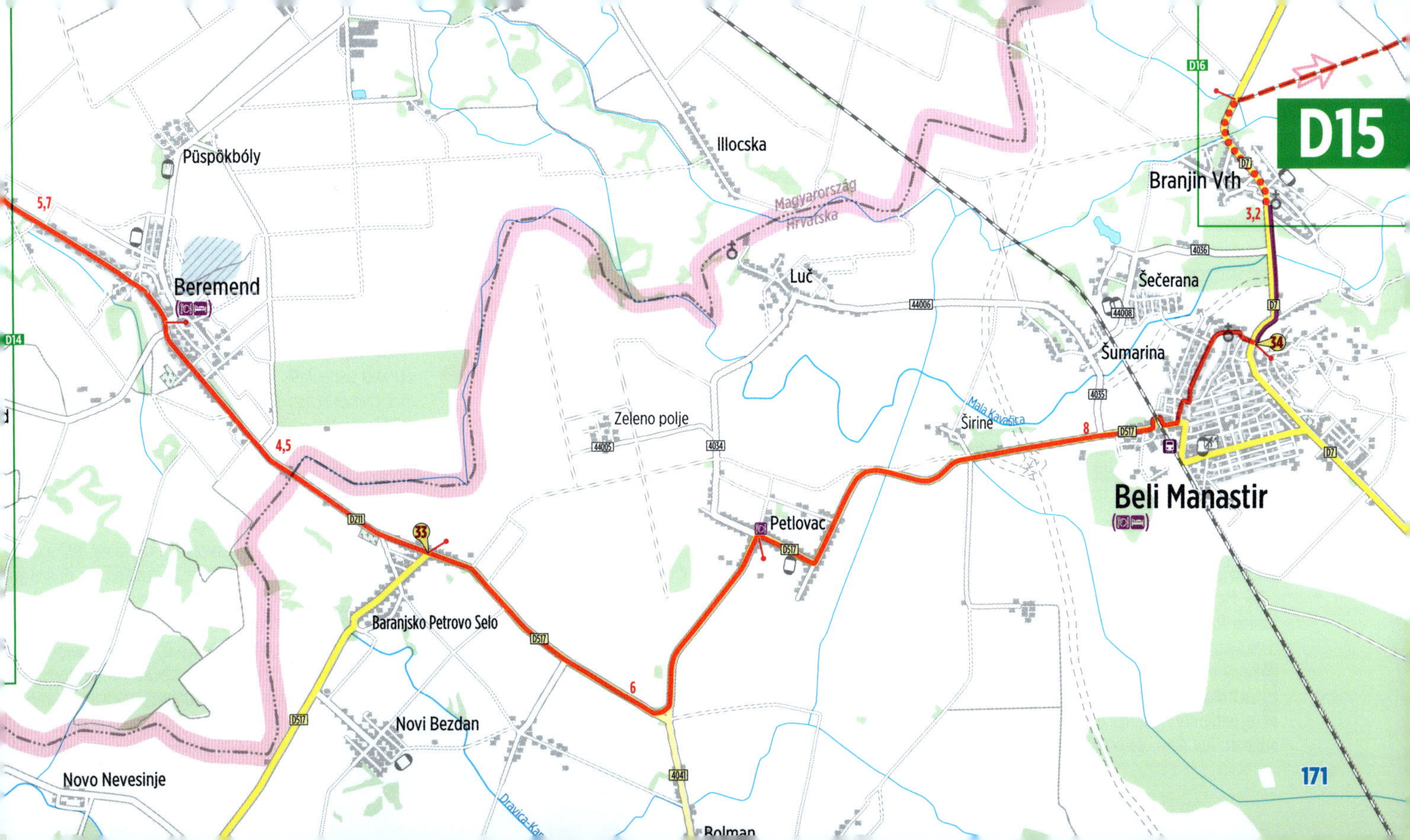
D15
D16
D14
Püspökbóly
Illocska
Branjin Vrh
Beremend
Magyarország
Hrvatska
Luč
Šećerana
Šumarina
Zeleno polje
Širine
Mala Karašica
Beli Manastir
Petlovac
Baranjsko Petrovo Selo
Novi Bezdan
Novo Nevesinje
Bolman
Dravica-Ka
5,7
4,5
6
8
3,2
33
34
D7
D211
D517
4036
44006
44008
4035
44005
4034
4041

AUSSICHT Man sieht auf der rechten Seite die Kirche von Popovac sowie auf der linken den Turm einer Zuckerfabrik (Šećerana).

35 Nach zwei Kilometern kommt man an eine Kreuzung, an der es geradeaus nach Branjina geht. Hier biegt man links ab und quert nach 2,5 Kilometern die Hauptstraße.

Kneževo (HR)

An der eindrucksvollen Kirche biegt man rechts ab, quert links versetzt wieder die Hauptstraße 7 und erreicht nach einigen Kilometern Topolje.

Topolje (HR)

Die Kirche St. Peter und Paul ließ Prinz Eugen, „der edle Ritter" 1722 erbauen, als Dank für den Sieg der Habsburger über die Türken 1716, dessen Heer doppelt so stark war. Während des Baus stürzte der Turm wgen eines Sturms dreimal ein, weshalb die Kirche ohne Turm vollendet wurde.

Weiter geht es über **Gajič** in den nächsten Ort.

Draž (HR)

Hier kann man einkehren und übernachten. Draž ist auch der Verwaltungssitz für die sechs Kilometer entfernt liegende, nur halb so große Gemeinde Batina.

36 Man biegt links ab und radelt auf der **Straße 212**, die als **Donau-Radweg** ausgeschildert ist, in Richtung Batina. Neben dem Symbol für die **EV 6** taucht auch das für die **EV 13** auf.

AUSFLUG Bevor es bergab zur Donau-Brücke geht, weist ein Schild nach links auf das Tourismuszentrum und das zwei Kilometer entfernte Mahnmal hin, das an die Schlacht von Batina erinnert. Auf einer steilen Klippe erinnern ein fast 30 Meter hohes Denkmal des kroatischen Bildhauers Antun Augustinčić und eine ständige Ausstellung an die Schlacht von Batina (1944), in der sowjetische und jugoslawische Verbände das Gebiet von deutschen Truppen befreiten. Hier hat man einen herrlichen Blick über die Donau und ihre zahlreichen Altarme.

Auf gutem Kopfsteinpflaster geht es vor der Brücke bergab. Die kroatische Kontrolle ist vor, die serbische hinter der Brücke.

AUSFLUG Bereits am Ortseingang schwingt sich hier die Betonbrücke hinüber nach Serbien, man sollte sich aber den kurzen Abstecher in den nicht spektakulären, aber schön gelegenen kleinen Ort gönnen.

Batina (HR)

Barocke Kirche. Die Kirche ist Valentin dem Märtyrer geweiht.

Schon auf der Zufahrt reihen sich links die in den steilen Fels gehauenen Weinkeller auf, die zur Straße hin wie alte Hütten erscheinen. Die den Ort überblickende Kirche wäre an anderer Stätte kaum der Beachtung wert, wirkt aber eindrucksvoll durch ihren erhöhten Standort.

Der Grenzort mit 1.500 Einwohnern verengt sich nach Norden hin und wird dort von einer steilen Klippe mit dem Denkmal für die Schlacht von Batina überragt.

Mahnmal Batina

Der kleine Hafenort ist noch landwirtschaftlich geprägt, bietet aber Touristen einen zeitweiligen und einer Künstlerkolonie einen dauerhaften Aufenthalt.

Man überquert auf einer Brücke die Donau und ist in Serbien angekommen.

Die Geschichte von Serbien

Ein Staat Serbien wurde erstmalig 822 von Einhard erwähnt, das Land fiel um die erste Jahrtausendwende für über ein Jahrhundert unter die Herrschaft von Byzanz. 1389 unterlag die serbische Armee den Osmanen bei der Schlacht auf dem Amselfeld, was das Ende des mittelalterlichen serbischen Staates bedeutete. Von 1459 bis 1804 war das Gebiet Teil des Osmanischen Reiches. Zunächst noch den Osmanen tributpflichtig, gelang es den Serben nach und nach, sich die Unabhängigkeit zu erstreiten, die auf dem Berliner Kongress 1878 offiziell anerkannt wurde. 1882 ernannte sich das Fürstentum unter Milan I. offiziell zum Königreich.

Im ersten Balkankrieg (Oktober 1912 bis Mai 1913) gelang es den Staaten Serbien, Griechenland, Bulgarien und Montenegro zunächst, die letzten osmanisch beherrschten Gebiete in Europa zu erobern und die Türken vom Kontinent zu vertreiben. Albanien, das Kosovo, Makedonien, Thrakien und das heutige Edirne wurden erobert und die Türken zogen sich bis kurz vor Istanbul zurück. Die 500 Jahre bestehende osmanische

Topolje
Magyarország
Hrvatska
Malo-Kneževo
Kneževo
Topoljski Dunav
Sarkanj Dunav
Gajić
Draž
Batina
Karašica
Filakovi
Branjina
Grovišće
Tavanac
200
Čiboghat
Podolje
Crnikanal
Staro Selo
Popovac
Zmajevac
Kotlina
Suza
Branjin Vrh
2,6
4,7
9
6
2,2
4
35
36
D17
D15
7
4019
212

Präsenz auf dem europäischen Festland schien beendet zu sein. Doch dann brach ein Streit über die „Beute" aus, der im Sommer 1913 zum zweiten Balkankrieg führte. Serbien, Griechenland, Montenegro und Rumänien kämpften nun gegen Bulgarien, den damals mit Abstand stärksten Staat auf dem Balkan. Die Türkei war der lachende Dritte und eroberte den Osten Thrakiens und Adrianopel (Edirne) zurück. Das Königreich Serbien vergrößerte sein Territorium um 80 Prozent.

Als der österreichisch-ungarische Thronfolger Franz Ferdinand 1914 vom serbischen Geheimbund „Schwarze Hand" in Sarajewo ermordet wurde, war dieses Attentat der Anlass für den Beginn des Ersten Weltkrieges.

Serbien stand dabei auf Seiten der Entente cordiale und hoffte, durch eine Zerschlagung von Österreich-Ungarn eine Vereinigung der südslawischen Völker erreichen zu können.

Nach dem Untergang der Doppelmonarchie kam es diesem Ziel nach dem Ende des Ersten Weltkrieges näher. Serbien und Montenegro schlossen sich zum neuen Königreich der Serben, Kroaten und Slowenen zusammen. Konfliktreich war von Beginn an die multiethnische Konstellation und das Streben einzelner Volksgruppen nach Dominanz.

Um aus den daraus resultierenden anhaltenden innenpolitischen Schwierigkeiten herauszukommen, errichtete König Alexander I. 1929 eine Militärdiktatur mit der Zielsetzung, die südslawischen Völker zu verschmelzen. Trotz bewaffneten Widerstands festigte sich ein serbisch dominierter Militär- und Polizeistaat, der sich mit nahezu allen Nachbarn im Konflikt befand. Der König wurde 1934 in Marseille von Mitgliedern der kroatisch-faschistischen Ustascha ermordet.

Beim Ausbruch des Zweiten Weltkriegs blieb das Königreich Jugoslawien zunächst neutral und weigerte sich, dem Dreimächtepakt unter deutscher Führung beizutreten. Erst nach offenen Angriffsdrohungen wurde am 25. März 1941 der Pakt unterschrieben. Ein Militärputsch stürzte jedoch einen Tag später das Regime. Daraufhin gab Hitler den Befehl, Jugoslawien zu vernichten, weshalb am 6. April die „Operation Strafgericht" begann, als 600 Kampfflieger Belgrad bombardierten. Deutsche und italienische Truppen marschierten in Jugoslawien ein, besetzten das Land und teilten es auf. Am 17. April 1941 kapitulierte das Königreich Jugoslawien vor den Achsenmächten. Serbien wurde auf ein „Restserbien" etwa in den Grenzen von 1912 reduziert und die Regierung unter Milan Nedić unterstützte die Besatzer bei der Durchführung des Holocaust und beim Kampf gegen die Partisanen.

Die rigorose Entnationalisierungspolitik und die Terrorherrschaft der Besatzungsmächte stärkten die Widerstandsbereitschaft der Bevölkerung, wobei die kommunistisch dominierte Volksbefreiungsbewegung „Osvobodilna Fronta (OF)" unter Josip Broz Tito 1942 und 1943 einen großen Teil des Landes kontrollierte. Sie führte einen offenen Kampf gegen die Besatzungsmächte sowie die jugoslawische Monarchie und es gelang ihr, die deutschen und italienischen Besatzer aus dem besetzten Jugoslawien zu vertreiben.

Nach Kriegsende wurde 1945 unter Tito die Föderative Volksrepublik Jugoslawien ausgerufen, in der Serbien eine Teilrepublik wurde. Sie umfasste sechs Republiken mit zwei Autonomen Provinzen (Kosovo und Vojvodina), in denen fünf Nationalitäten lebten und die von einer Einheitspartei regiert wurde. Angesichts von vier Sprachen, drei Religionen, dem lateinischen und dem kyrillischen Alphabet war das durchaus eine Herausforderung.

Durch einen Freundschaftspakt war der jugoslawische Bundesstaat eng an Moskau gebunden. Die Wirtschaft war sozialistisch organisiert, das Politbüro der Kommunistischen Partei wurde zum Machtzentrum. Der Minister- und Staatspräsident Josip Broz Tito - von 1945-1980 - stemmte sich sowohl gegen die westliche Einflussnahme - wie auch gegen die Hegemonie der Sowjetunion. Mit seinen Partisanen hatte er nämlich - ohne die Unterstützung von Stalin - nicht nur gegen die deutschen und italienischen Faschisten gekämpft, sondern auch gegen die königliche Exilregierung in London, mit der Stalin offizielle Beziehungen pflegte. Als Tito gesiegt hatte, wollte Stalin die Oberhoheit über Jugoslawien, der sich Tito jedoch widersetzte, so dass es 1948 zum Bruch mit der UdSSR kam.

Im Gegensatz zur zentralistischen Planwirtschaft der Sowjetunion reklamierte Tito einen eigenen Weg zum Sozialismus mit begrenzter Selbstverwaltung für die volkseigenen Betriebe. Stalin drohte mehr oder weniger offen mit Mord: „Das Schicksal von Trotzki ist lehrreich", warnte ein Artikel im Moskauer KP-Zentralorgan „Prawda".

Tito blieb jedoch am Leben und es gelang ihm, Jugoslawien zwischen den Parteien des Kalten Krieges zu positionieren und einen „dritten Weg" einzuschlagen, indem er Kontakte zum

Westen knüpfte. 1955 wurde zwar offiziell die Aussöhnung zwischen der Sowjetunion und Jugoslawien verkündet, doch Differenzen traten weiterhin ständig auf. Nicht zuletzt deshalb, weil Jugoslawien innerhalb der „Bewegung der blockfreien Staaten" eine aktive Rolle spielte.

Diese hatte Tito 1961 zusammen mit Gamal Abdel Nasser (Ägypten), Achmed Sukarno (Indonesien) und Jawaharlal Nehru (Indien) verkündet. Zu ihnen gehörten auch Pakistan, Algerien und ein Dutzend kleinerer Staaten, die sich um einen von Moskau wie Washington unabhängigen Kurs bemühten.

Mit den Verfassungsänderungen Ende der 1960er Jahre baute Tito seine Macht weiter aus und wurde 1963 zum Staatspräsidenten der „Sozialistischen Föderativen Republik Jugoslawien" (SFRJ) auf Lebenszeit gewählt. Zwar verurteilte Jugoslawien die Niederschlagung vom „Prager Frühling", doch intern übte die Regierung weiterhin massiven Druck auf Andersdenkende aus.

1974 wurden die Provinzen Vojvodina und Kosovo in der neuen Verfassung zu Autonomen Provinzen erklärt, womit sie faktisch zu Republiken aufgewertet wurden. Ein Recht auf Selbstbestimmung oder Sezession wurde ihnen allerdings nicht eingeräumt.

Im Verlauf der 1980er Jahre sorgten Misswirtschaft und die regionalen Verteilungskonflikte in Jugoslawien dafür, dass sich die Solidarität der jugoslawischen Republiken aufzulösen begann, zumal eine Bedrohung von außen nicht mehr erkennbar war.

Nach Titos Tod am 4. Mai 1980 übernahm das Präsidium der Republik die Regierungsgeschäfte. Die acht Mitglieder setzten sich aus je einem Vertreter der sechs Teilrepubliken und der zwei Autonomen Provinzen zusammen.

1984 wurde der Serbe Slobodan Milošević zum Leiter der Kommunistischen Partei in Belgrad gewählt. Er gab vor, nur das Auseinanderdriften der sozialistischen Republiken verhindern zu wollen, realisierte aber faktisch die Dominanz der Serben im jugoslawischen Staat. Er ersetzte die politischen Führungen der Autonomen Provinzen Kosovo und Vojvodina wie auch der jugoslawischen Teilrepublik Montenegro durch seine Gefolgsleute und stufte den erweiterten Autonomiestatus der Provinzen auf das Niveau von vor 1974 zurück. 1989 übernahm er das Präsidentenamt der jugoslawischen Teilrepublik Serbien.

Mit seiner Rede am 28. Juni 1989 auf dem Amselfeld zum 600. Jahrestag der verlorenen Schlacht - Serbien ist weltweit die einzige Nation, die ihren Mythos auf einer Niederlage aufbaut - legte Milošević den Grundstein für das Auseinanderfallen von Jugoslawien. Bei den ersten freien Wahlen seit dem Zweiten Weltkrieg wurde er im Dezember 1990 dennoch mit 65 Prozent der Wählerstimmen im Amt bestätigt.

Nach dem Fall des Eisernen Vorhangs wurden außer in Serbien in allen Teilrepubliken nach durchgeführten demokratischen Wahlen Referenden über die staatliche Souveränität abgehalten, wobei es bei sehr hohen Wahlbeteiligungen große Mehrheiten für die jeweilige staatliche Souveränität gab. Vor allem in Kroatien und Bosnien-Herzegowina wurden die Abstimmungen von sehr vielen serbischen Wahlberechtigten boykottiert.

Kroatien und Slowenien erklärten 1991 ihre Unabhängigkeit. Daraufhin kam es zu blutigen Auseinandersetzungen zwischen der serbisch dominierten Jugoslawischen Volksarmee und den Einheiten der jeweiligen Republiken. In Slowenien zog sich die Volksarmee nach dem erfolgreichen Widerstand von Einheiten der slowenischen Territorialverteidigung im „Zehn-Tage-Krieg" zurück, doch in Kroatien kam es zum Bürgerkrieg. Dabei unterstützte die Jugoslawische Volksarmee offen die serbische Seite. Vermittlungsversuche der Europäischen Union scheiterten, das Land stürzte in ein blutiges Chaos.

Nachdem kroatische Truppen die serbischen vertrieben hatten, wurde auch Kroatien unabhängig und der Vielvölkerstaat auf dem Balkan fiel auseinander. Lediglich Serbien und Montenegro blieben in der neuen „Bundesrepublik Jugoslawien" miteinander verbunden, litten jedoch unter den verhängten UNO-Sanktionen.

In Srebrenica fand 1995 in Europa das größte Massaker nach 1945 statt, als unter dem serbischen General Ratko Mladić vom kleinen Jungen bis zum Greis mehr als 8.000 muslimisch-bosniakische Männer ermordet wurden, was für den Internationalen Gerichtshof in Den Haag 2007 ein „Völkermord" war. Der Ende 1995 unterzeichnete „Vertrag von Dayton", den der serbische Präsident Slobodan Milošević zusammen mit den Präsidenten von Bosnien-Herzegowina und Kroatien unterzeichnet hatte, unterteilt den bosnischen Staat in zwei Entitäten und wird von einem „Hohen Repräsentanten"

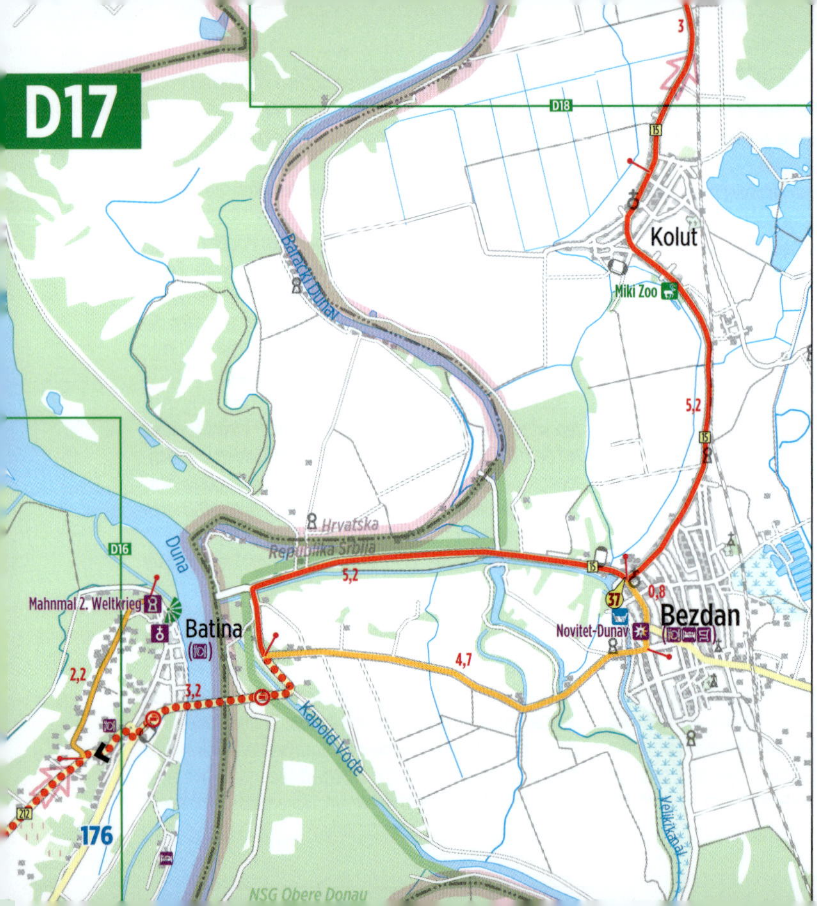

der UNO überwacht. Wenig später wurde die Bundesrepublik Jugoslawien offiziell anerkannt, und die Sanktionen beendet. Der Krieg wurde allerdings lediglich eingefroren.

1998 eskalierte die Lage erneut, als Serbien die Unabhängigkeitsbestrebungen der Kosovo-Albaner gewaltsam zu unterdrücken versuchte. Die NATO führte einen Luftkrieg gegen Jugoslawien, der erst im Juni 1999 mit dem Abzug aller bewaffneten serbischen Kräfte aus dem Kosovo endete.

Bei den Parlaments- und Präsidentschaftswahlen im September 2000 wurden schwere Vorwürfe der Wahlfälschung erhoben, eine Streik- und Protestbewegung legte das Land lahm. Schließlich musste Milošević den Wahlsieg des neuen Staatspräsidenten Vojislav Koštunica anerkennen.

Die Anfang 2001 gewählte neue Regierung unter Ministerpräsident Zoran Đinđić - er war 1997 zum ersten nichtkommunistischen Bürgermeister Belgrads seit 1945 gewählt worden - war westlich orientiert und stand im steten Konflikt mit den alten kommunistischen Kräften und den Nationalisten. Sie bekämpfte die Korruption sowie das organisierte Verbrechen und lieferte Milošević 2001 an das UN-Kriegsverbrechertribunal in Den Haag aus, wo er im Untersuchungsgefängnis am 11. März 2006 an Herzversagen starb. Zoran Đinđić wurde am 12. März 2003 von einem Attentäter aus dem Umfeld von Milošević erschossen.

Alle Versuche, das verbliebene jugoslawische Staatsgebiet zu erhalten, scheiterten. 2006 wurde zunächst Montenegro unabhängig, zwei Jahre später erklärte sich der Kosovo einseitig für unabhängig, der allerdings nur von 115 der 193 Mitgliedstaaten der Vereinten Nationen anerkannt wird. Seit 2006 nennt sich der Reststaat Jugoslawiens mit seinen 7,3 Millionen Einwohnern „Republik Serbien".

Seit 2012 ist Serbien Beitrittskandidat der Europäischen Union. Ratko Mladić wurde 2011 in Serbien verhaftet und ein Belgrader Gericht genehmigte seine Überstellung zum UN-Kriegsverbrechertribunal in Den Haag, wo er 2017 zu einer lebenslangen Freiheitsstrafe verurteilt wurde.

Die Straße überbrückt auf serbischer Seite noch einen Nebenarm der Donau und knickt dann nach Norden ab, wobei die Schilder des Donauradwegs in beiden Richtungen auch das Symbol der EV 13 zeigen.

VARIANTE Knapp 500 Meter weiter kann man rechts abbiegen und durch die Felder nach Bezdan fahren, wobei noch zwei weitere

Nebenarme und ein Kanal zu überqueren sind. Die Strecke wandelt sich allerdings unterwegs zu einer staubigen Schotterpiste, so dass sie selbst von einheimischen Radlern nicht genutzt wird.

Deshalb bleibt man auf der Straße, biegt rechts ab, passiert die Schleuse über den Nebenarm der Donau und erreicht das dreisprachige Ortseingangsschild von Bezdan.

Bezdan (SRB)

Die Siedlung mit 5.200 Einwohnern hat keinen städtischen Charakter, bietet aber

Gedenkstein für die Ungarndeutschen Opfer in Gara

Einkaufs- , Einkehr- und Übernachtungsmöglichkeiten. Sie ist von Handwerk und Landwirtschaft geprägt und weist mit einer Textilfabrik und einer Schiffswerft auch ein bisschen Industrie auf. Der natürliche Reichtum besteht in Wäldern, Wasserläufen und Seen. Zudem gibt es Thermalquellen, so dass im Laufe der Jahre ein modernes Heilbad und Reha-Zentrum entstehen konnte.

Nach der Vertreibung der Türken und der Einrichtung der habsburgischen Herrschaft wurden Polen, Tschechen und Deutsche angesiedelt. Multi-ethnisch ist der Ort auch heute noch, wobei sich die Zusammensetzung sehr verändert hat. Die vorläufig letzte Wandlung ergab sich durch den Zuzug serbischer Flüchtlinge in den 1990er Jahren bei gleichzeitiger Abwanderung von Ungarn. Trotzdem stellen diese mit fast 60 Prozent noch die Mehrheit.

Von Bezdan (SR) nach Bácsalmás (HU) 63 km

37 An der Tankstelle am Ortseingang biegt man links ab in die **15** zur Grenze.

Die Straße ist zwar nicht stark befahren, aber die parallel verlaufende stillgelegte Eisenbahntrasse würde sich für die beiden EuroVeloRouten 6 und 13 sehr gut eignen.

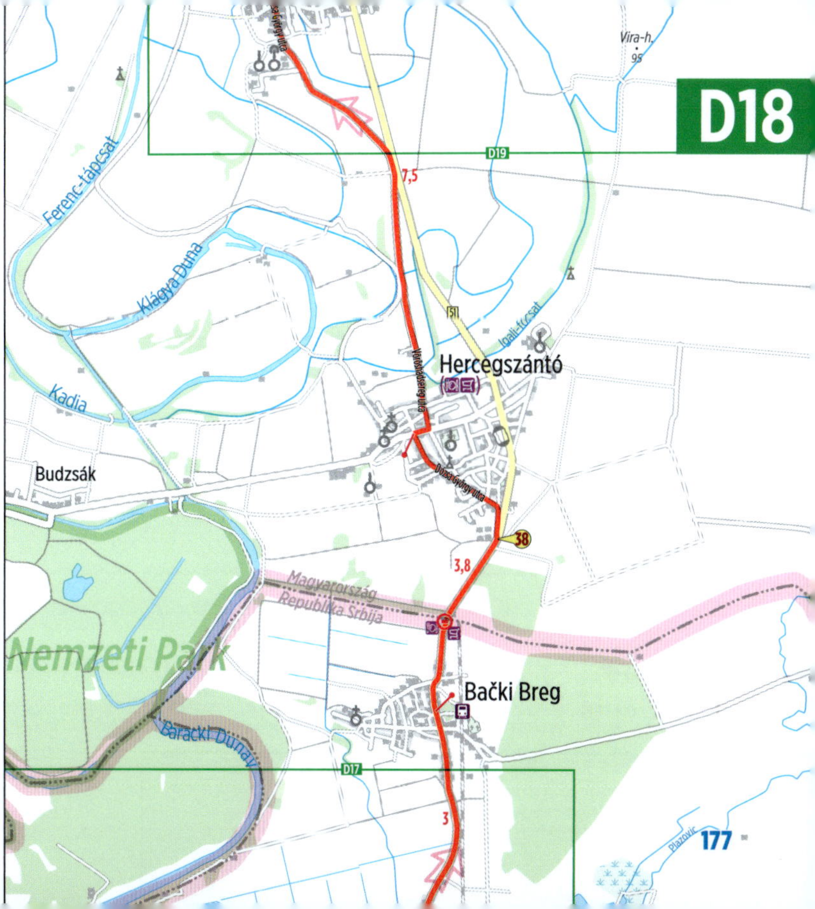

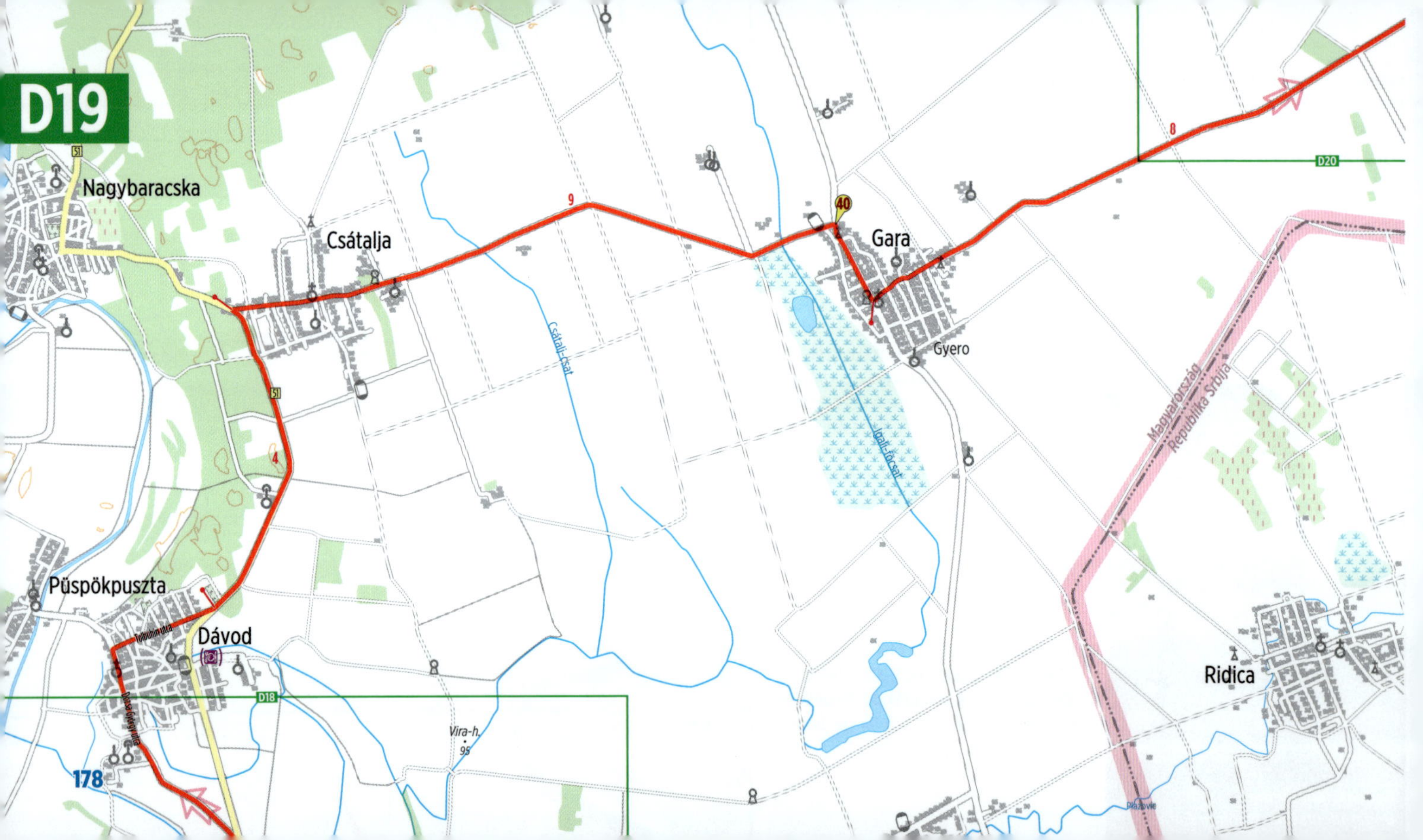
D19
51
Nagybaracska
Csátalja
9
40
Gara
Gyero
8
D20
4
Csátalji-csat
Igali-főcsat
Magyarország
Republika Srbija
Püspökpuszta
Dávod
Tolbuhin utca
D18
Vira-h.
95
Ridica

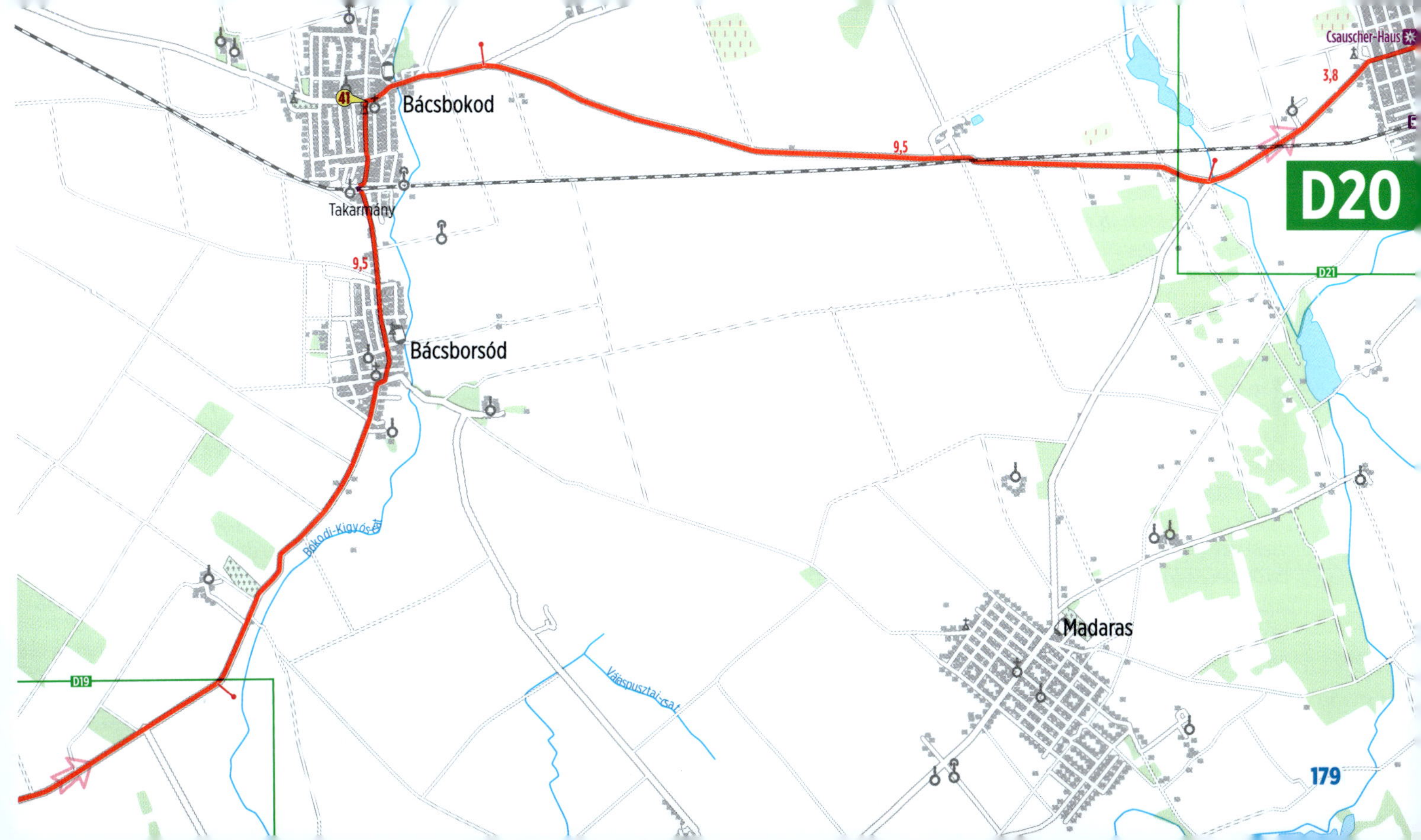
Bácsbokod
Takarmány
Bácsborsód
Madaras
Csauscher-Haus
D20
D21
D19
Bokodi-Kígyós-csat.
Vájáspusztai-csat.
41
9,5
9,5
3,8

Kolut (H)

Man fährt an einer baufälligen Kirche vorbei und erreicht den Grenzort.

Bački Breg (H)

In beiden Orten hatten sich im 18. Jahrhundert Deutsche und Ungarn angesiedelt, aber in Kolut dominieren heute die Serben und in Bački Breg die Šokci, eine Bevölkerungsgruppe, die sich bei Volkszählungen meistens als Kroaten bezeichnet. Sie pflegt einen eigenen Dialekt, Trachten und Gebräuche, z. B. die Masken-Fastnacht, wie sie schon bei Baranjsko Petrovo Selo kurz vor Beli Manastir geschildert wurde.

TIPP Bevor man die Grenze passiert, kann man sich im Balkan-Gasthaus stärken oder in einem Laden mit Getränken versehen, denn die Abfertigung kann langwieriger ausfallen als bisher gewohnt.

Hercegszántó (H)

Hinter der Grenze wird der Donau-Radweg auf die Nebenstraße verlagert. **38** Man biegt zweimal links ab, radelt von der **Dózsa György utca** nach rechts in die **Vöröshadsereg utca** immer geradeaus durch den Ort. Auf der Ostseite der Kirche ist ein großer Platz, an dem man einkaufen und einkehren kann. Die Vöröshadsereg utca geht außerhalb des Ortes in die **Dózsa György utca** über, auf der man die Ortsmitte von Dávod erreicht. Man fährt auf die Kirche zu, in deren Nähe man auch einkehren kann.

Dávod (H)

39 Nach der Kirche biegt man rechts in die **Tolbuhin utca** ein, die auf die **Straße 51** führt, in die man links abbiegt. Später geht es rechts ab.

Csátalja (H)

An der Kirche vorbei folgt man den Schildern nach Gara. Man durchfährt die Gemeinde, erreicht auf Feldwegen das Dorf Gara und **40** fährt nach rechts in den Ort hinein.

Gara (H)

Es soll ursprünglich auf einem vier Kilometer entfernten Hügel gelegen haben und daher seinen Namen tragen, denn der geht möglicherweise auf ein slawisches Wort für Anhöhe zurück. Gesicherter ist die Überlieferung, dass die Ansiedlung von den Türken zerstört und später wieder aufgebaut wurde, wobei auch Deutsche eine Rolle spielten.

Ein Stein vor der Kirche erinnert an die Ungarndeutschen, die 1945 nach Russland verschleppt wurden. Das größere Denkmal ist den Opfern des Zweiten Weltkrieges gewidmet.

Gedenkstein für den Zweiten Weltkrieg in Gara

Man biegt vor der Kirche wieder links ab. Die nächsten elf Kilometer ist es recht einsam. Die Mais- und Sonnenblumenfelder erstrecken sich bis zum Horizont und an Schatten ist nicht zu denken.

Bácsborsód (H)

Hier hält man sich links und überquert die Gleise.

Bácsbokod (H)

41 Hinter dem Kirchplatz, der mit zwei Heldendenkmälern versehen ist, biegt man rechts ab, überquert einen im Sommer ausgetrockneten Fluss und findet sich bald zwischen Rapsfeldern wieder. Einen Kilometer hinter der Bebauung biegt man an der Gabelung rechts ab, um nach zweimaliger Gleisquerung nach elf Kilometern in Bácsalmás einzutreffen.

Bácsalmás (H)

Csauscher-Haus, hinter der Kirche. Sehenswertes kuppelgekröntes Gebäude mit klassizistischen Verzierungen.

Das regelmäßig rechtwinklig angelegte Städtchen mit 7.000 Einwohnern macht den Eindruck einer planmäßigen Gründung. Seit der Eroberung des Gebietes durch die Türken war die ansässige Bevölkerung verschwunden, so dass Bunjevci (Bunjewatzen) ihren Platz einnehmen konnten. Diese kroatische Volksgruppe, die einen eigenen Dialekt spricht, siedelte sich in der ganzen Region Bácska an, die bis 1918 zu Ungarn gehörte, dann aber zum größten Teil an Serbien fiel. Das kulturelle Zentrum der katholischen Bunjevci ist die 25 Kilometer entfernt hinter der

D21
55
5501
St. Anna
Tataháza
Kígyós-főcsat
Bácsalmás
Bácsszőlős
Csikéria
Bukti sor
Csauscher-Haus
Kunbaja-csat
Tavankút-csat
D20
D22
42
43
3,8
5
6,5
4,7
7
Magyarország
Republika Srbija

serbischen Grenze liegende Stadt Subotica. In den 1780er Jahren, als das Land unter habsburgische Kontrolle geraten war, wurden fast dreimal so viele Deutsche angesiedelt, die sogenannten Donauschwaben, für die ihre neue Heimat nun Heimerskirchen hieß. Sie stellten 1941, als die Stadt mit 13.000 ihre bislang größte Einwohnerzahl erreicht hatte, noch immer eine Zweidrittelmehrheit.

Nach ihrer Vertreibung und der Ansiedlung von Ungarn aus der Slowakei zählen sich heute 230 Bewohner zur deutschen Minderheit. Im Park gibt es ein Denkmal zur Zwangsaussiedlung. Die Kroaten sind weitgehend assimiliert, so dass sich nur noch 125 Personen als kroatisch bezeichnen. Die zwischenzeitlich stark geschrumpfte Bevölkerungszahl stieg erst 1986 wieder über 8.000. Nach Schließung einiger Betriebe und schuldenbeladener Privatisierung der Kooperativen verliert die nach wie vor ländlich geprägte Stadt aber wieder viele Menschen. Eine große Zahl Arbeitsloser ist auch weiterhin ohne Perspektive.

Man kann einkehren, einkaufen und übernachten. Vom Bahnhof fahren Direktzüge nach Kiskunhalas.

Von Bácsalmás (HU) nach Subotica (SR) — 37 km

42 An der großen Kreuzung biegt man rechts ab und dann links nach Csikéria und überquert die aufgelassene Bahnlinie, die einst nach Subotica führte und Bácsalmás zu einem wichtigen Knotenpunkt machte. Man radelt durch Weinfelder und sieht große Schafherden. **43** Nach einem Linksknick erreicht man die langgestreckte Gemeinde Csikéria.

Csikéria (H)

Neugotische Kirche

Auch hier ist die Tradition der Bunjevco lebendig geblieben.

Man radelt vorbei an der Kirche und verlässt den Ort im Norden mit einem Rechtsknick in Richtung Kelebia. Wieder wird es einsam zwischen den Feldern.

Umso freudiger begrüßt man ein schattenspendendes Wäldchen und ist überrascht, dahinter auf der rechten Seite plötzlich eine kleine rosafarbene Kirche zu Gesicht zu bekommen.

St. Anna-Kirche

Die neogotische Kirche gibt sich in Stil und Ornamentik wie eine große Kathedrale. Sie ist mit schönen Glasfenstern geschmückt und gehört zu dem Baronmeierhof (Bárómajor) Redl, dessen Schlossgebäude sie teilweise hinter sich versteckt. Dieses ebenfalls gotisierende Gebäude, das aber eher eine englische Ausprägung hat, dient zur Zeit als Wohnheim der Sozialhilfe und Altersheim.

AUSFLUG: Damit sind die Sehenswürdigkeiten von Tompa, das nach links auf der viel befahrenen Straße 53 schnell zu erreichen ist, schon weitgehend erschöpft. Es gibt allerdings Übernachtungsmöglichkeiten.

Tompa (H)

Die 5.000-Seelen-Gemeinde, die sich seit 2004 Stadt nennen darf, musste wegen des jugoslawischen Krieges die Straße 53 um die Siedlungsflächen herumleiten, weil das Verkehrsaufkommen besonders bei LKW stark zugenommen hatte. Für Adria-Touristen ist der Ort eine Durchgangsstation und für serbische Grenzgänger eine Einkaufsattraktion – mittlerweile gebremst durch die Lage an der EU-Außengrenze. Obwohl sich 70 GmbHs angesiedelt haben, ist auch die Landwirtschaft bedeutend geblieben.

44 An der Straße **53** biegt man rechts ab, überquert die Grenze und kann auf der serbischen Seite einen jugoslawischen Wachturm betrachten.

Man bleibt auf der **11** - in Serbien ist die **EV 13** auf 710 Kilometern ausgeschildert - und überquert zweimal eine Bahnlinie. **45** Danach biegt man in die übernächste **Bele Čikoša** links ab, der man in einer Rechtskurve folgt. An der **Praška** biegt man links und in die übernächste **Stipe Grigića** rechts ab. Auf ihr fährt man geradeaus und biegt in die vierte Straße, **Braće Majer**, links und sofort wieder rechts ab in die **Atile Jožefa**. In die übernächste **Šandora Petefija** biegt man links ab. An deren Ende geht es links ab in die **Rudić ulica** an der Synagoge vorbei und dann rechts ab in die **Trg Sinagoge**. Am Kreisverkehr biegt man rechts ab in die **Dimitrija Tucovića**. An deren Ende geht es links und sofort rechts ab in die **Trg republike**, der man geradeaus folgt und erreicht das Zentrum von Subotica.

Subotica (Суботица) (SRB)

Vorwahl: 024

Christi-Himmelfahrts-Kirche. Das serbisch-orthodoxe Gotteshaus wurde zwischen 1723 und 1726 im Stadtzentrum errichtet.

- **Kathedrale St. Teresa von Ávila.** Die Kirche aus den 1770er Jahren ist Sitz des Bischofs von Subotica.
- **Franziskanerkloster**, Trg franjevaca 1, ✆ 551256. Die Klosteranlage stammt aus dem Jahr 1723. @ sgy756
- **Synagoge**, Trg Jakaba i komora 6, ✆ 652788416. Die im Stil des Fin de siècle Synagoge wurde zu Beginn des 20. Jhs. errichtet. @ lgy212
- **Rathaus.** Wie das Rathaus und die Synagoge wurden auch die meisten anderen Gebäude im Jugendstil errichtet.

Subotica ist mit 100.000 Einwohnern die zweitgrößte Stadt der Vojvodina und die fünftgrößte in Serbien. Kaum eine andere Stadt in Serbien ist so multiethnisch geprägt. Das verdankt die Stadt ihrer wechselvollen Geschichte, aber auch ihrer Lage als wichtiger Punkt für den Verkehr zwischen Mittel- und Südosteuropa sowie dem Vorderen Orient im Mittelalter.

Die erste urkundliche Erwähnung datiert auf das Jahr 1391. Von 1542 bis 1686 stand es unter türkischer Oberhoheit. In Österreich-Ungarn war die seit 1779 Maria-Theresiopel genannte Stadt die drittgrößte des ungarischen Reichsteils. Nach dem Ersten Weltkrieg kam sie zum Königreich der Serben, Kroaten und Slowenen was 1920 mit dem Vertrag von Trianon bestätigt wurde. Nach der Angliederung war es die zweitgrößte Stadt Serbiens. Während des Zweiten Weltkrieges war Subotica unter ungarischer Herrschaft.

1955 wurde hier der Film „Ich denke oft an Piroschka" gedreht, mit Liselotte Pulver in der Titelrolle einer der erfolgreichsten deutschen Nachkriegsproduktionen.

Fluchtort von Jörg Berger

In Subotica, nahe der ungarischen Grenze, spielte im März 1979 die Junioren-Auswahl der DDR gegen Jugoslawien. In der Nacht vor dem Fußballspiel verließ der National-Trainer der DDR, Jörg Berger, unbemerkt das Hotel und fuhr mit dem Zug morgens um 5 Uhr nach Belgrad. Dort bekam er in der Botschaft der Bundesrepublik einen auf Gerd Prenzel gefälschten Pass und fuhr im „Orient-Express" von Belgrad nach Frankfurt am Main.

Über sein Verschwinden wurde in den jugoslawischen Medien sofort berichtet. Bei der Kontrolle zwischen Jugoslawien und Österreich sagte er dem Grenzer, dass sein Pass gestohlen worden sei, weshalb ihm die Botschaft für die Ausreise einen neuen Pass ausgestellt habe. Die entscheidende Situation schildert Jörg Berger (1944-2010) in seinem Buch: „Meine zwei Halbzeiten - Ein Leben in

Ost und West" folgendermaßen: Der Zöllner „gab mir meinen (auf Gerd Prenzel gefälschten) Ausweis zurück, schaute mir fest in die Augen, lächelte und sagte: „Und nun, Herr Berger, viel Glück im Westen!"

Dort konnte er seine Karriere als Fußballtrainer vieler Bundesliga-Mannschaften fortsetzen. Er machte sich vor allem als „Retter" einen Namen und bewahrte Eintracht Frankfurt sogar zweimal vor dem Abstieg. Auch im Westen wurde er von der Stasi beobachtet, in der DDR galt er als „Verräter". Eine Trainerstelle beim West-Berliner Fußballclub Hertha BSC nahm er nicht an, weil dort die Gefährdung noch größer war als in West-Deutschland.

Aber, so Jörg Berger 2009 in einem Interview: „Ich habe bestimmt zwei Jahre die gleichen Albträume gehabt: Ich war wieder in der DDR, war entführt worden oder mit dem Sport hingefahren und konnte nicht mehr zurück. Ich bin jedes Mal schweißgebadet aufgewacht, das war so intensiv, im ersten Moment wusste ich nicht: Ist das wahr?"

Von Subotica (SR) nach Szeged (HU) 56 km

Der **Trg republike** folgt man geradeaus bis zur **Đure Đakovića**, in die man rechts einbiegt. An der **Maksima Gorkog** biegt man links ab und unterquert auf der **100** die Eisenbahn.
46 Bevor man sie auf der 100 erneut quert, biegt man rechts ab in die **Josefa Hegedisa**, überquert dort die Eisenbahn und radelt zum See Palic, wo man den Park durchfährt und alte Villen aus der Monarchiezeit von Österreich-Ungarn bewundern kann. Beim Parkplatz biegt man links ab, dann an der Straße nach rechts. Wenig später links ab geht es dann in die **Barska** bis zur **100**, auf der man die Autobahn A 1 überquert. **47** In der Rechtskurve der **22.1** biegt man links ab in die **101**. Man folgt ihr links ab, quert die Eisenbahn, danach die Autobahn und biegt dann links ab zur Grenze. Der Grenzübergang ist nur von 7 bis 19 Uhr geöffnet!

Kirche in Kelebia

48 In Ungarn biegt man an der ersten Möglichkeit rechts ab in die **Kissori ut** und erreicht auf dieser Straße Mórahalom.

Mórahalom Ⓗ

Die Stadt hat 6.000 Einwohner, man kann dort einkehren, einkaufen und übernachten.

49 In der Stadt biegt man rechts ab in die **Röszkei út** und radelt wieder aus der Stadt hinaus. Man überquert einen im Sommer ausgetrockneten Fluss, passiert verstreut liegende Gehöfte und erreicht nach Querung der Autobahn und der M 5 sowie der Bahnlinie nach Horgoš und Subotica nach einer Linkskurve an einem Seitenarm der Theiß das Grenzdorf Röszke **50**.

Röszke Ⓗ

Im Ort befindet sich ein Relief von Imre Nagy, ein ehemaliger Politiker der Kommunistischen Partei, der zeitweise als Dissident galt.

Imre Nagy (1896-1958)

Der heutige Nationalheld kam 1915 in russische Kriegsgefangenschaft und nahm 1917 an der Oktoberrevolution teil. Nach dem Ersten Weltkrieg kehrte er nach Ungarn zurück und war 1919 für kurze Zeit Mitglied der kommunistischen Regierung von Béla Kun. Unter der Horthy-Regierung emigrierte er 1929 in die Sowjetunion und kam 1944 mit der Roten Armee nach Ungarn zurück. Als Landwirtschaftsminister der Kommunistischen Partei MDP führte er ab 1945 die ungarische Bodenreform durch und wurde im Rahmen der Entstalinisierung 1953 Ministerpräsident.

Weil er die Idee eines „nationalen und menschlichen Sozialismus" propagierte, wurde er im April 1955 als Ministerpräsident abgesetzt und aus der Partei ausgeschlossen. Als im Februar 1956 die „Geheimrede" des sowjetischen Parteichefs Nikita Chruschtschow gegen den Stalinismus bekannt wurde, begann

D23
Келебија
Kelebija
D22
9
Dudova Šuma
Суботица
Subotica
2,8
Himmelfahrt
Teresa von Avila
Rathaus
45
6,5
46
Палић
Palič
D24
M22.1
3,2
A1
M24
53
11
M17.1
Palićko jezero

in Polen der Posener Aufstand. In Ungarn entwickelten sich im Oktober die Studentenproteste, die offiziell als Unterstützung für die Arbeiter Polens begonnen hatten, zum Ungarischen Volksaufstand. Deshalb wurde Imre Nagy erneut als Ministerpräsident eingesetzt.

Am 28. Oktober erkannte er die Revolution in Ungarn offiziell an, bildete eine Mehrparteienregierung und forderte die parlamentarische Demokratie sowie die Neutralität Ungarns. Auch Armee und Polizei stellten sich auf seine Seite. Nachdem er am 1. November 1956 die Neutralität proklamiert und die Mitgliedschaft seines Landes im Warschauer Pakt aufgekündigt hatte, rückten sowjetische Panzerverbände in Ungarn ein und schlugen die Revolution blutig nieder, wobei 2.500 Ungarn ums Leben kamen.

Nagy selbst floh in die jugoslawische Botschaft. Als ihm der neue Regierungschef János Kádár (1912-1989) Straffreiheit zusicherte, verließ er sie am 22. November 1956, wurde jedoch mit seinen Begleitern vom KGB verhaftet und nach Rumänien in Isolationshaft deportiert. In einem Geheimprozess, in dem er jedes Schuldbekenntnis ablehnte, wurde er am 16. Juni 1958 wegen Landesverrats und versuchten Sturzes der „volksdemokratischen Staatsordnung" zum Tode verurteilt und noch am selben Tag hingerichtet.

Nach der Urteilsverkündung sagte er: „Mein einziger Trost ist es, dass mich das ungarische Volk von jenen schweren Anschuldigungen freisprechen wird. Ich bitte nicht um Gnade."

Es geht weiter geradeaus und man erreicht Szentmihály.

Szentmihály Ⓗ

Hier steht auf einer Brücke über einen Bach eine Statue des Heiligen Michael.

Auf dem gegenüber der Straße tiefer liegenden Radweg passiert man die Kirche des Heiligen Michael und erreicht den Ortseingang von Szeged. **51** Dort ist der Radweg auf

Der Heilige Michael in Szentmihály

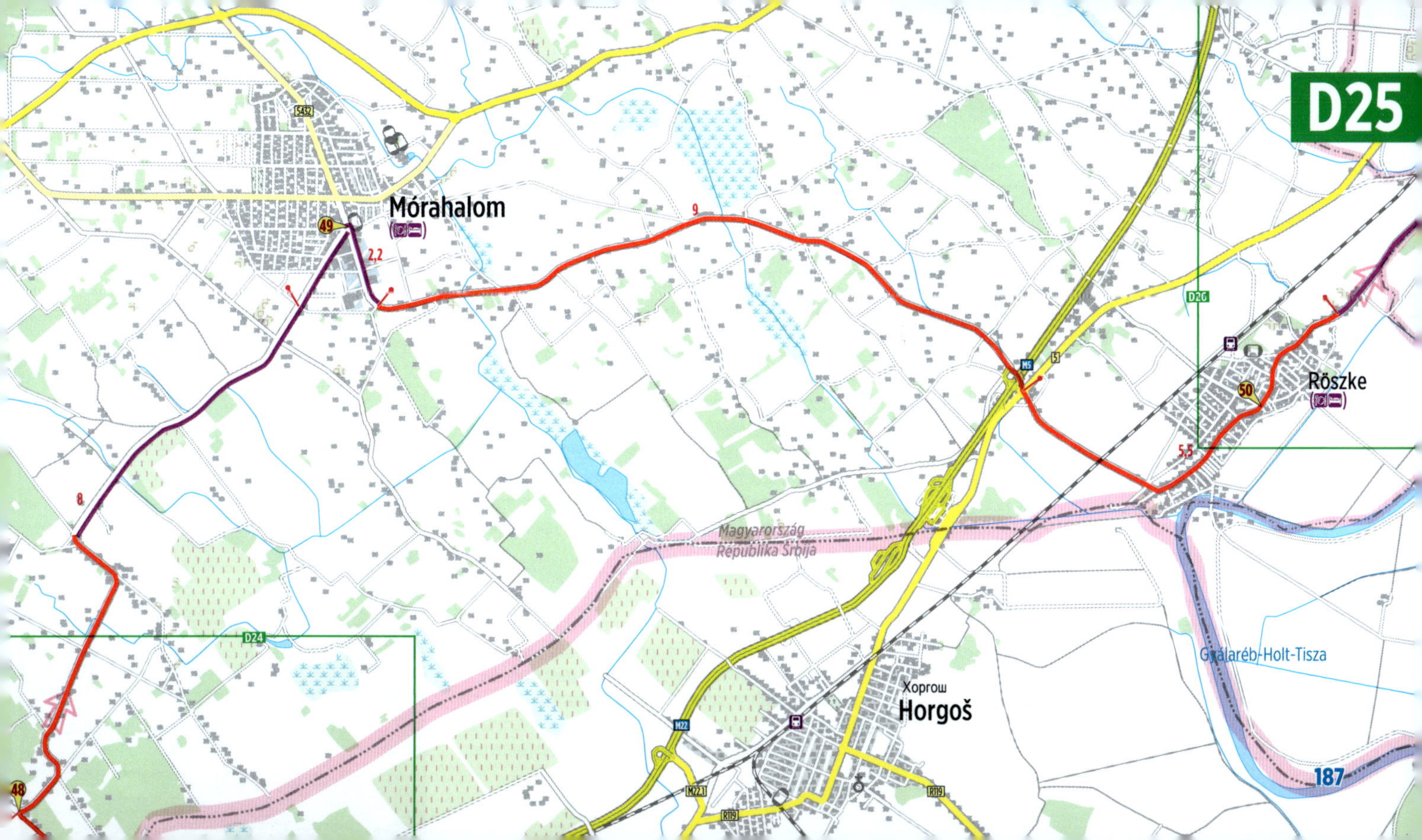
D25
Mórahalom
Röszke
Хоргош
Horgoš
Magyarország
Republika Srbija
Gyálaréb-Holt-Tisza
5432
M5
5
D26
D24
M22
M22.1
R119
48
49
50
9
2,2
8
5,5

Rathaus in Szeged

die andere Seite verlegt und man erreicht nach Überquerung der Bahnlinie das Zentrum.

Szeged Ⓗ

Vorwahl: 62

- **Tourist-Information**, Széchenyi tér 12, ☎ 488-690, ☎ 488-699, @ iqf461
- **Dóm tèr**. Am zentralen Platz werden in den Arkadengängen der Nationalen Gedenkhalle berühmte Personen mit einer Büste geehrt. Die Musikuhr an der Fassade in der Mitte spielt um 12.15 und 16.15 Uhr 9 Min. lang und zeigt dabei einen Figurenreigen.
- **Serbisch-orthodoxe Kirche**, Somogyi utca 3, ☎ 30/528-3030. In der Kirche mit barockem Turm befindet sich im Innenraum eine aus Birnenholz geschnitzte Ikonostase im Rokokostil mit 80 Ikonen.
- **Votivkirche**, Dóm tér 16, ☎ 20/3855061. Die Kirche im neoromanischen Backsteinstil wurde vor dem Ersten Weltkrieg begonnen und 1930 als viertgrößte Kirche Ungarns fertiggestellt. @ vkd546
- **Neue Synagoge**, Gutenberg utca, ☎ 423849 Ⓔ Die Synagoge wurde in der 1907 üblichen Mischung aller Stile gebaut. Sie strahlt innen durch Formen- und Farbenvielfalt eine imponierende Festlichkeit aus. Sie ist die viertgrößte aktiv genutzte Synagoge der Welt. @ bvg553
- **Reök-Palais**, Magyar Ede tér 2, ☎ 471411 Ⓔ Palast mit Jugendstilfassade und schlichtem Dach. @ qjw728
- **Demetriusturm**, Dóm tér. Der achteckige Turm wurde bei Bauarbeiten freigelegt und auf das 13. Jh. datiert, er ist damit das älteste Gebäude der Stadt.
- **Dugonics tér**. Platz mit dem Verwaltungsgebäude der Universität und dahinter, an der Ecke zur Kárász utca, das Unger-Mayer-Haus, das 1911 eine besonders durchgestaltete Jugendstil-Dachlandschaft erhielt.

Mit dem Namen dieser Stadt verbindet man zunächst das „Szegediner Gulasch", das mit Sauerkraut und Sauerrahm angerichtet wird. Die Stadt liegt an einer scharfen Biegung der Theiß (szeg=Ecke) und wurde unter dem Namen Partiscum von den Römern gegründet. Später scheint hier der Hunnenkönig Attila einen Stützpunkt besessen zu haben. Nach der Einwanderung der Ungarn im 10. Jahrhundert wurde die Stadt zum Zentrum des Salzhandels. Die Türken plünderten sie 1526 und hielten sie 143 Jahre lang besetzt. Mit der Rückeroberung setzte eine Phase des Wachstums ein.

1879 wurde der Ort durch ein katastrophales Hochwasser zu 95 Prozent zerstört, konnte dieses Unglück aber in einen Vorteil umwandeln: Mit internationaler Hilfe wurde eine völlig neue Stadt geplant, die nicht nur zu der radialen Struktur mit den Ringstraßen führte, sondern auch zu dem einheitlichen Stadtbild mit der Mischung von Historismus und Jugendstil. Der erneute Aufschwung wurde 1918 durch den Verlust der südlichen Landesteile an Rumänien und Serbien gebremst.

Nach dem Zweiten Weltkrieg setzte eine nachhaltig positive Entwicklung ein. Die Lebensmittelproduktion wurde zu einer Industrie ausgebaut, bedeutende Erdölfunde erbrachten Arbeitsplätze und zahlreiche Bildungseinrichtungen wurden etabliert.

Die Überfülle an Sehenswürdigkeiten ist nur ansatzweise mit einem kleinen Spaziergang im Zentrum zu erkunden und lässt einen längeren Aufenthalt geraten erscheinen. Unübersehbar dank Baumasse und Höhe und dadurch auch beeindruckend ist die Votivkirche. Vor der Turmfassade steht links der achteckige

Heiliger Stephan

Demetrius-Turm. Auf dem Dóm tér, der in der Größe dem Markusplatz in Venedig entspricht, finden im Sommer die Freilichtspiele mit Opern, Dramen und Folklore statt. Dafür ist dieser Platz besonders gut geeignet, denn er ist U-förmig von der Nationalen Gedenkhalle umgeben.

Rechts hinter dem Dom sieht man den barocken Turm der serbisch-orthodoxen Kirche. Rechts vom Gebäudetrakt mit der Spieluhr kann man den Platz durch einen Bogengang verlassen. Wenn man sich nun rechts hält und bei der zweiten Gelegenheit wieder nach rechts durch die Jókai utca geht, kommt man auf den nahezu dreieckigen Dugonics tér, auf dem rechts das Verwaltungsgebäude der Universität steht und dahinter, an der Ecke zur Kárász utca, das Unger-Mayer-Haus. An diesem Platz kann das Besichtigen erschwert sein, denn er stellt das eine Ende einer längeren Einkaufsmeile dar und ist oftmals extrem rege besucht.

Hinter der nächsten Ecke verbirgt sich an einem deutlich kleineren dreieckigen Platz rechterhand das Reök-Palais.

Man ist damit auf die Ringstraße Tisza Lajos körút gelangt und folgt ihr bis zur zweiten Straße links, der Gutenberg utca. Sie führt zur großen Neuen Synagoge. Durch die auf der anderen Seite des Gebäudes verlaufende Hajnóczy utca kann man nun geradewegs zum Klauzál tér durchgehen und sich im bekanntesten Kaffeehaus der Stadt, dem Virág-kávéház, niederlassen.

Die Stelle ist geadelt, weil vom Balkon des großen weißen Gebäudes, des Kárász-Hauses, der Revolutionär Lajos Kossuth 1849 seine letzte Rede hielt, bevor er ins Exil flüchten musste.

Von Szeged fahren Züge direkt nach Budapest und Subotica

Übernachtungs- und Serviceverzeichnis

Übernachtungsadressen

Aufgrund der enormen Länge der Strecke können wir kein vollständiges Übernachtungsverzeichnis anbieten. Daher beinhaltet dieses Verzeichnis eine unvollständige Liste von Übernachtungsbetrieben:

Kategorien

- i Tourist-Information
- H Hotel
- Hg Hotel garni
- Gh Gasthof, Gasthaus
- P Pension, Gästehaus
- Pz Privatzimmer
- Ho Hostel
- Mo Motel
- NF Naturfreundehaus
- AH Apartmenthotel
- B&B Bed and Breakfast
- B Bungalow
- Fw Ferienwohnung (Auswahl)
- Bh Bauernhof
- Hh Heuhotel
- S Sonstiges
- Jugendherberge, -gästehaus
- Campingplatz
- Zeltplatz (Naturlagerplatz)

Die Auflistung stellt keine Empfehlung einzelner Betriebe dar und erhebt keinen Anspruch auf Vollständigkeit. Um das Verzeichnis stets aktuell zu halten, sind wir für Mitteilungen bezüglich Änderungen jeder Art dankbar.

Kennzeichnung

I	Preiskategorie unter € 25,–
II	Preiskategorie € 25,– bis € 35,–
III	Preiskategorie € 35,– bis € 50,–
IV	Preiskategorie € 50,– bis € 70,–
V	Preiskategorie € 70,– bis € 100,–
VI	Preiskategorie über € 100,–
o.F.	kein Frühstück angeboten
HP	mit Halbpension
	nur Zimmer mit Etagenbad
2.5	Entfernung vom Weg in Kilometer Luftlinie

Preise

Die Preise gelten als Richtwert pro Person in einem Doppelzimmer mit Dusche oder Bad inkl. Frühstück.

Radwerkstätten u. -vermietung

- Fahrradwerkstatt
- Fahrradvermietung

Updates

Aktuelle Korrekturen zum Übernachtungsverzeichnis erhalten Sie über das LiveUpdate auf www.esterbauer.com.

Internationale Telefonvorwahlen

Ungarn (H): 0036 oder +36
Serbien (SRB): 00381 oder +381
Rumänien (ROU): 0040 oder +40
Bulgarien (BG): 00359 oder +359
Mazedonien (MK): 00389 oder +389
Griechenland (GR): 0030 oder +30
Türkei (TR): 0090 oder +90

Hof

Vorwahl: 09281

- i Tourist-Information, Ludwigstr. 24, ☎ 8157777 1
- H Akropolis, Sedanstr. 1 1/2, ☎ 87185, II-III 0
- H Am Kuhbogen, Marienstr. 88, ☎ 72030, III 1
- H Burghof, Bahnhofstr. 53, ☎ 819350, IV 0.5
- H Central, Kulmbacher Str. 4, ☎ 6050, III-V 2
- H Hotel am Untreusee, Wilhelm-Löhe-Str. 3, ☎ 540653, III-IV 1
- H Munzert, Eppenreuther Str. 100, ☎ 783400, III 2.5
- H Quality Hof, Ernst-Reuter-Str. 137, ☎ 820640, III 2.5
- H Strauss, Bismarckstr. 31, ☎ 9720630, III 1
- Hg Am Maxplatz, Ludwigstr. 15, ☎ 1739, IV 1
- Gh Deutsche Flotte, Plauener Str. 50, ☎ 92443, ☎ 0152/08690148, II-III 2
- Gh Taverna Kostas, Pfarr 17, ☎ 87008, II-III 0.5
- Pz Scholl, Brunhildweg 8, ☎ 86384, ☎ 0152/01776459, I-II 2.5
- Fw Fross, Konradsreuther Str. 44, ☎ 7903202, ☎ 0151/23459738, I-II 2
- Fw Jadehaus, Bismarckstr. 3, ☎ 160560, ☎ 0170/2911994, II 1
- Fw Ziegler, Quetschenweg 18, ☎ 66800, ☎ 0171/6982011, II 3
- Jugendherberge, Beethovenstr. 44, ☎ 93277, II 1
- Bike Station, Ernst-Reuter-Str. 64, ☎ 141444 1.5
- Fahrradwerkstatt Hof, Eppenreuther Str. 14, ☎ 5403999 1
- Radhaus Hensel&Koller, Wunsiedler Str. 16, ☎ 5402730 0.5

Raitschin (Regnitzlosau)

- Gh Raitschin, Raitschin 4, ☎ 09294/975000, III 1.5

Aš (CZ)

- i Informationszentrum Asch, Hlavní 23, ☎ 777468233 0
- H Goethe, Čapkova 1501, ☎ 354525777, I-II 0
- H U Radnice, Pivovarská 2, ☎ 720308804 0.5

Libá @

P Liebenstein, Libá 124, ✆ 604444609, II 0

Bříza (Cheb) @

Camping Briza, Bříza 19, ✆ 0773/570196 0.5

Cheb @

i Turistické infocentrum, Jateční 476/2, ✆ 354440302 1

H Barbarossa, Jateční 7, ✆ 0354423446, ✆ 0603/486599, III 1

H Hvězda, nám. Krále Jiřího z Poděbrad 4-6, ✆ 354422549, ✆ 0601/694680, II 1

H Komorní hůrka, Komorní Dvůr 45, ✆ 354429700, III 4

H Monika, Svobody 9, ✆ 354430046, ✆ 354437792, I 0.5

H Slávie, Svobody 32, ✆ 0354433216, III 0.5

P Atika, Jiráskova 683/4, ✆ 0354438097, ✆ 0728/094262, I 0.5

P Bájo, Komorní 1933/29, ✆ 359604905, ✆ 776861004, I 2

P E & J, Vančurova 730/13, ✆ 354430992, ✆ 777172728, I 1

P Mašek, Americká 2253/104, ✆ 0602/580223, ✆ 0737/215481, I 2.5

P U Kata, Židovská 17, ✆ 0777/830808, I 1

Autocamping Dřenice, am Ufer des Stausee Jesenice, ✆ 0354431591, ✆ 0604/457878 3.5

Bishop, K. Nemocnici 2375/2a, ✆ 0604/866686 1

Cyklo servis, Na Hradčanech 2336/1, ✆ 0608/743412 0.5

Sportflori, Valdštejnova 8, ✆ 0603/801411 0.5

Waldsassen

Vorwahl: 09632

i Tourist-Info, Basilikapl. 3, ✆ 88160, ✆ 88161 0.5

H Bayerischer Hof, Bahnhofstr. 15, ✆ 923130, II-III 0.5

H Zrenner, Dr. Otto-Seidl Str. 13, ✆ 5555, II-III 0.5

H Zum ehem. Kgl. Bayer. Forsthaus, Basilikapl. 5, ✆ 92040, III 0.5

Gh Goldener Hahn, Prinz-Ludwig Str. 24, ✆ 1227, II 0.5

Gh Röckl, Kolpingstr. 19, ✆ 5378, II 0.5

P Döllingerhof, Querenbach 4, ✆ 538, I-II 0

Bike Station, Prinz-Ludwig Str. 34, ✆ 5632 0.5

Neualbenreuth

Vorwahl: 09638

H Landschloss Ernestgrün, Rothmühle 15, ✆ 9300, IV-V 0.5

Gh Kleine Kappl, Ottengrün 26, ✆ 314, III 1.5

P Ferienhof Schnurer, Hardeck 1, ✆ 503 0

P Gästehaus Kublböck, Am Kirchberg 17, ✆ 912193 0.5

P Gästehaus Weber, Am Bühl 5, ✆ 498, III 0

Mähring

P Gästehaus Beer, Marienbader Str. 225, ✆ 09639/541, II 0

Bärnau

Vorwahl: 09635

i Tourist-Info, Naaber Str. 5b, ✆ 3450028 0

H Zur Post, Marktpl. 8, ✆ 9249630, III 0.5

Gh Landgasthof Schicker, Tachauer Str. 3, ✆ 247, III 0

Fw Ullrich, Parkstr. 4, ✆ 1671, II 0.5

Georgenberg

Pz Pflaum, Schweizerhof 19, ✆ 09658/662 1

Hinterbrünst (Georgenberg)

Vorwahl: 09658

H Goldene Zeit, Hinterbrünst 21, ✆ 9139299, IV 1.5

H Landhotel Kastanienhof, Hinterbrünst 55, ✆ 229, III 1.5

P Utes Pension, Hinterbrünst 80, ✆ 606 1.5

Rozvadov @

H King's Casino Hotel, ✆ 605000888, ✆ 374616050, II-VI 0

P May Way Villa Rozvadov, Rozvadov 38, ✆ 731148241, II 0

Waidhaus

Vorwahl: 09652

i Touristinformation, Schulstr. 4, ✆ 82200 0.5

Hg Number One, Bahnhofstr. 1, ✆ 8159800, II-III 0.5

Gh Römmererhäusl, Oberströbl 1, ✆ 430, II 0.5

Fw Haus Mathilde, In der Au 30a, ✆ 795, ✆ 81214, I 0.5

Fw Kleber, Frankenreuther Str. 12, ✆ 461, I 0.5

Fw Schmidt, Ödkührieth 1, ✆ 355, I 1.5

Trägerhof, Frankenreuther Str., ✆ 725, ✆ 0151/21516978 0.5

Eslarn

Vorwahl: 09653

i Markt Eslarn, Marktpl. 1, ✆ 92070 3.5

P Karl, Moosbacher Str. 3, ✆ 350, III 4

Rybník @

P Rekreační středisko, Rybník 43, ✆ 379496124, ✆ 777636545, I 0

Závist @

P Chalupa Na Závisti, Závist 22, ✆ 737380339, I 2

Alte Ziegelhütte (Waldmünchen)

Vorwahl: 09972

Ferienpark Perlsee, Alte Ziegelhütte 6, ✆ 1469 0

Waldmünchen

Vorwahl: 09972

i Tourismusgemeinschaft, Marktpl. 16, ✆ 30724 0

H Landhotel Gruber, von Voithenberg Str. 7, ✆ 1439, III-IV 3

Fw Elisabeth Maier, Obere Ölbergstr. 4, ✆ 8605, II 0

Fw Riedl, Obere Ölbergstr. 6, ✆ 8584, II 0.5

Jugendherberge, Schloßhof 1, ✆ 94140, II 0

Dolní Folmava (Česká Kubice) @

H Eldorado, Horní Folmava 3, ✆ 379793060, II 1.5

P U Mlynáře, Dolni Folmava 81, ✆ 774715511, ✆ 608219800, I 1

Horní Folmava (Česká Kubice) @

H Royal, Horní Folmava 59, ✆ 379776688, II-IV 1

P Český les, Horní Folmava 31, ✆ 379793026, I 1.5

Furth im Wald

Vorwahl: 09973

i Tourist-Information, Schlosspl. 1, ✆ 50980 0

H Fellner, Glaserstr. 8, ✆ 802825, IV 0.5

H Hohenbogen, Bahnhofstr. 25, ✆ 1509, IV 0.5

H Hotel-Gasthof-Café Mühlberger, Lorenz-Zierl Str. 8, ✆ 1032, III 0

H Waldesruh, Kühberg 14, ✆ 1083, III 5

H Zur Post, Am Stadtpl. 12, ✆ 500598, ✆ 500597, II 0

Gh Postgarten, Postgartenweg 4, ✆ 1350, II 0.5

P Gästehaus Göttlinger, Wasserstr. 24, ✆ 9797, I 0.5

Jugendherberge Furth im Wald, Daberger Str. 50, ✆ 9254, I 0

Seuchau (Furth im Wald)

Vorwahl: 09973

Pz Gästehaus Schleicher, Klöpflesberg 1, ✆ 9353, I 0.5

Neuaign (Eschlkam)

Pz Fw Wofahanslhof, Neumarker Str. 58, ✆ 09948/223, III 0.5

Všeruby @

P Všeruby, Všeruby 37, ✆ 0734/685287, I-II 1

Warzenried (Eschlkam)

Vorwahl: 09947

H Der Böhmerwald, Siegmund-Adam-Str. 54, ✆ 2000, III 0.5

Gh Altmann, Hinterbuchbergstr. 1, ✆ Hinterbuchbergstr. 1, III 2

Svatá Kateřina @

H Resort Svatá Kateřina, Svatá Kateřina 327, ✆ 606657002, ✆ 724557922, IV-V 0
P Račín, Svatá Kateřina 14, ✆ 376571863, ✆ 602167085, II 0

Špičák @

H Karl, Špičák 144, ✆ 376397116, ✆ 739015629 0
H Orea Hotel Špičák, Špičák 5, ✆ 376365111, II-III 1
H Stella, Špičák 91, ✆ 376397109, II 0
P Aura, Špičák 2, ✆ 608241655, I 0

Železná Ruda @

i Infocentrum, Klostermannovo nám. 295, ✆ 376397033 0
H Belveder, Belvederská 189, ✆ 376397016, ✆ 725737732, ✆ 607111993, II 1
H OREA Wellness Hotel Horizont, Špičák 126, ✆ 376365111, III 1.5
H Ostrý, 1. máje 127, ✆ 371151845, ✆ 725131317, II 0
H U Janďurů, J.Vojty 71, ✆ 605848217 0.5
P Blanka, Belvederská 339, ✆ 376397340, ✆ 606303627, I 0.5
P Bobešova bouda, Klatovská 53, ✆ 775323294, I 0.5
P Bultas, Javorská 143, ✆ 603240174, ✆ 608702845, I 0
P Böhmerwald, U Řezné 378, ✆ 376397529, ✆ 603218860, II 0
P HABR, 1. máje 160, ✆ 603178849, ✆ 603103636, I 0
P Milfait, Špičácká 227, ✆ 603572845, I 0
P Penzion u Jezerního potoka, Na svahu 157, ✆ 608260162, I 0.5
P Pod svahem, Klatovská 85, ✆ 725768877, I 1
P Pohádka, Královácká 265, ✆ 723210323, I 0
P Roklan, Ke hřišti 394, ✆ 20724379362, ✆ 606073057, I 0.5
P Samoty, K Samotám 309, ✆ 724591260 0.5
P U Kapličky, Sklářská 188, ✆ 736609195, I 0
P U Larvů, Alžbětín 14, ✆ 376397510, ✆ 739471390 0
P U Rendlů, Špičácká 283, ✆ 376397113, ✆ 603393262, I 0
P Ubytování „U Beranů", K Samotám 424, ✆ 378602424, ✆ 776776424, I-II 0.5
P Villa Vydra, Pancířská 97, ✆ 376397187, ✆ 603712204 0.5
P ČSAD, tř. 1. máje 298, ✆ 377262911, ✆ 602731628 0
P Šumavský penzion Kristián, Klatovská 334, ✆ 724210805 0.5
Pz U Marie, Lyžařská 333, ✆ 376397184 0.5
Pz Ubytování u Hrstků, Pancířská 297, ✆ 724909315, I 0.5
Fw Elizabeth, Nádražní 30, OT Alžbětín, ✆ 774222276, I 0

Bayerisch Eisenstein

Vorwahl: 09925

i Infozentrum Grenzbahnhof, Bahnhofstr. 54, ✆ 902430 0
i Tourist-Information, Schulbergstr. 1, ✆ 9019001 0
H Das Waldkönig, Hauptstr. 4, ✆ 94100, III 0
H Eisensteiner Hof, Bahnhofstr. 17, Anton-Pech Weg 14, ✆ 1822942, ✆ +420603224339, III 0
H Grenzwald Fischerwirt, Hohenzollernstr. 2-4, ✆ 482, II-III 0
H Sporthotel Brennes, Brennesstr. 1, ✆ 256, ✆ 0175/9996699, III-IV 3.5
Hg Arberresidenz Aparthotel, Anton-Pech-Weg 12, ✆ 94070, III 0
Hg Sportel, Hafenbrädlallee 16, ✆ 625, ✆ 0171/2341810, III-IV 1
Gh Arberschutzhaus, Talstation Gr. Arber, ✆ 941423, III 3.5
Gh Bayerisch Häusl, Hafenbrädlallee 11, ✆ 201, ✆ +420603466136, ✆ 0160/99466754, II-III 1
P Am Regen, Anton-Pech-Weg 21, ✆ 94000, I 0
P Arberwald, Brennes 16, ✆ /+420732114122, ✆ 0162/7023505, II 4
P Bergblick, Am Buchenacker 9, ✆ 1024, II 0.5
P Elan, Am Buchenacker 11, ✆ 1829139, II-III 0.5
P Gästehaus am Berg, Bayerwaldstr. 5, ✆ 7994000, III 0.5
P Haus am Wald, Eichendorffstr. 6, ✆ 0160/94480774, II 0.5
P Waldblick, Buchenacker 15, ✆ 1045, II 1
P Wimmer, Am Buchenacker 13, ✆ 438, II 0.5
Pz Meier, Steigerwaldstr. 10, ✆ 452, I 0

Seebachschleife (Bayerisch Eisenstein)

H Waldhotel Seebachschleife, Seebachschleife 2, ✆ 09925/1000, III 0

Regenhütte (Bayerisch Eisenstein)

Vorwahl: 09925

P Sonneneck, Am Buchenacker 18, ✆ 468, II-III 0.5
Fw Haus Bärnbachl, Schachtenbachweg 5, ✆ 1278, II 0.5
Camping Heiner, Arberseestr. 6, ✆ 247 0

Ludwigsthal (Lindberg)

Vorwahl: 09922

i Tourist-Info, Zwieselauer Str. 1, Lindberg, ✆ 7099021 2.5
Gh Wurzelsepp, Eisensteiner Str. 27, II 0.5

Prášily @

P Brücknerův dům, Prášily 117, ✆ 605016508, III-IV 0
P Chata KČT Prášily, Prášily 100, ✆ 376589031, ✆ 604174074, I 0

Modrava @

H Klostermannova chata, Modrava 4, ✆ 604259090 0.5
H Modrava, Modrava 79, ✆ 376599325, ✆ 602709455, II 0.5
P Arnika, Modrava 49, ✆ 602444747, ✆ 602402016, I 0
P Modrý penzion, Modrava 1, ✆ 725973104, I-II 0.5
P Na Kobylce, Filipova Huť 31, ✆ 777888060, I 2
P Návštěvnické centrum dřevařství Modrava, ✆ 722634107
P Pupík, Modrava E2, ✆ 727833003, ✆ 776888088, I 0
P Zlatá stezka, Modrava 28, ✆ 728936264, I 0.5

Bučina (Kvilda) @

H Alpská vyhlídka, Bučina 149, ✆ 380428888, ✆ 730166838, III 0

Strážný @

H Imperial Casino Strážný, Strážný 18, ✆ 388437011 0.5
P U sousedů, Strážný 38, ✆ 603859330 0.5

Bischofsreut (Haidmühle)

H Matthiasl, Unteres Dorf 17, ✆ 08550/245, ✆ 0175/4517380, III 0.5
H Witikohof, Hauptstr. 24, ✆ 08550/96190, II-III 1

Haidmühle

Gh Strohmaier, Kirchbergstr. 25, ✆ 08556/490, III 0
P Scherz, Neuthaler Str. 24, ✆ 08556/9728922, II 0

Nová Pec @

H Marlin, Nové Chalupy 1, ✆ 388328193, II 0.5
H U Lišáka, Nové Chalupy 24, ✆ 728588708 0.5
P Adéla, Nové Chalupy 98, ✆ 724184180, I 1
P Alma, Nová Pec 19, ✆ 777830678, I 0
P Hvozd, Nové Chalupy 31, ✆ 607858497, I 0
P Jelení Vrchy, Jelení 45, ✆ 737303380, I 0
P Panda, Láz č.p. 26, ✆ 606510327, I 0
P U Zárubů, Nová Pec/Láz 44, ✆ 388336075, ✆ 739152991, o.F., I 0
Martin Keltner, Nová Pec 73 0

Afiesl A

Vorwahl: 07216

H Aviva, Höhenweg 1, ✆ 37600, IV 0.5
H Bergergut, Oberafiesl 7, ✆ 4451, VI 0
Fw Kerschbaumer, Geierschlag 3 4.5

Guglwald (Vorderweißenbach) (A)
Vorwahl: 07219
[H] Guglwald, Guglwald 8, ✆ 7007, VI 0

Vyšší Brod (CZ)
[i] Infocentrum, Náměstí 104, ✆ 380746627, ✆ 724336980 0
[H] Panský dům, Míru 82, ✆ 380746669, ✆ 723277879, I 0
[H] Šumava, Náměstí 47, ✆ 725812821, II-III 0
[P] Alpenrose, Náměstí 73, in der Villa Rauschenberg, ✆ 720562216, ✆ 776602114 0
[P] [Camping] Inge, Míru 379, ✆ 775856372, II 1
[P] U Candrů, Náměstí 36, ✆ 602677446, I 0
[Camping] Kemp Pod Hrází, ✆ 775748800, ✆ 775350082 1

Windhaag bei Freistadt (A)
[P] Gasthaus Sengstschmid, Markt 24, ✆ 07943/300, II 0.5

Žofín (CZ)
[Gh] Lesovna, Pohorská Ves 24, ✆ 724750830, ✆ 602474257 0

Černé Údolí (CZ)
[H] Hotel u Pralesa, Černé Údolí 32, ✆ 725721073 0

Šejby (CZ)
[P] Penzion Šejby, Šejby 47, ✆ 732567829 1

Nové Hrady (CZ)
[H] Rezidence, Náměstí republiky 1, ✆ 386108200, ✆ 724130399 0.5
[P] Penzion Pod hradem, Údolí 10, ✆ 386361173, ✆ 777724567 1

České Velenice (CZ)
[H] Casino & Hotel Admiral, Třída Čsl. legií 348, ✆ 517300139, II 0.5

Gmünd (A)
Vorwahl: 02852
[i] Gemeindeamt, Schremser Str. 6, ✆ 52506-100 7
[H] AVIA Motel, Prof.-Krejci-Graf-Str. 2, ✆ 51400, III 1.5
[H] Goldener Stern, Stadtpl. 15, ✆ 54545, IV 0.5
[Gh] Zum Meridianstein, Schremser Str. 40, ✆ 52343, ✆ 0677/62546335, III 0.5
[P] Haus Malerwinkel, Schremser Str. 61, ✆ 0664/5103851, II 0.5
[Camping] Camping am Sole-Felsen-Bad, Albrechtser Str. 10, ✆ 202030 1.5
[Rad] Rad Fuchs, Bahnhofstr. 42, ✆ 0664/99004159 0.5

Brand-Nagelberg (A)
[JH] Hans Czettel Jugendherberge, Neu Nagelberg 114, ✆ 02859/7476

Schönau (Litschau) (A)
[H] Schönauer Dorfwirt, Schönau 7, ✆ 02865/283, I 0

Litschau (A)
Vorwahl: 02865
[i] Tourismusbüro Litschau, Stadtpl. 25, ✆ 21924 0
[H] Theater- und Feriendorf Königsleitn, Buchenstr. 1, ✆ 5393, IV 0.5
[P] Eigl, Stadtpl. 66, ✆ 363, II 0
[P] Schrammelhof, Hörmannser Str. 3, ✆ 50550, ✆ 0664/1969339, III 0
[Pz] Brunner, Hasenbühelstr. 12, ✆ 336 0
[Pz] Friedrich, Tannenweg 3, ✆ 5563 0

Schandachen (Litschau) (A)
Vorwahl: 02865
[Gh] Habisohn, Schandachen 15, ✆ 484, I 0
[Gh] Oppolzer, Schandachen 4, ✆ 252, ✆ 0664/1429744, II 0
[Pz] Biohof Stark, Schandachen 26, ✆ 8500, ✆ 0664/1005021, II 1.5

Chlum u Třeboně (CZ)
[P] Karel Kolář, Nám. Republiky 59, ✆ 723139500, ✆ 721955228 0.5
[P] U Horáčků, Tyršova 308, ✆ 384797468, ✆ 602658028, II 0.5
[Camping] Autokemp Kapřík, Chlum u Třeboně 131, ✆ 384797004 0

Nová Bystřice (CZ)
[i] Touristinformationszentrum, Mírové nám. 54, ✆ 384386909 0
[H] Fogl, Mírové náměstí 24, ✆ 384386338, III 0
[H] Nobys, Švermova 274, ✆ 601528317, II-III 0.5
[H] Waldhotel Peršlák, Nový Vojířov 90, ✆ 384386505, IV 0.5
[P] Mnich, Vídeňská 63, ✆ 384386031 0
[P] Penzion Blanko, Smrčná 61, ✆ 731506604 0

Reingers (A)
Vorwahl: 02863
[i] Gemeindeamt, Reingers 81, ✆ 8208 0
[Gh] Uitz, Reingers 13, ✆ 8207-0, III 0
[Camping] Haarstubencamping, Reingers 106, ✆ 58188, ✆ 0664/3611614 0

Staré Město pod Landštejnem (CZ)
[Camping] Cyklocamp pod Landštejnem BikeBAR, Staré město pod Landštejnem, ✆ 384390932, ✆ 739667575 1.5

Kautzen (A)
Vorwahl: 02864
[i] Gemeindeamt, Waidhofner Str. 14, ✆ 2241 0.5
[Pz] Harrer, Illmauerstr. 11, ✆ 2372, I 0
[Pz] Perzi, Waidhofnerstr. 21, ✆ 2980, I 0.5

Slavonice (CZ)
[i] Tourist-Information, nám. Míru 476, ✆ 720280183 0
[H] Pivoňka, náměstí Míru 466, ✆ 601395139, II 0.5
[P] Penzion Bejčkův mlýn, Stálkovská 25, ✆ 605572916, ✆ 602501321 1

Písečné (CZ)
[P] Rota Písečné, Písečné 149, ✆ 608218813, II 0

Dešná (CZ)
[P] Pension Česká hospoda, Dešná 18, ✆ 602438458, ✆ 384498115 0

Drosendorf (A)
Vorwahl: 02915
[i] Stadtgemeinde Drosendorf-Zissersdorf, Hauptpl. 1, ✆ 2213 0
[Gh] Zum Goldenen Lamm, Hauptpl. 27, ✆ 2327, III 0
[Gh] Zur Hammerschmiede, Altstadt 34, ✆ 2334, II-III 0
[B&B] Mokahotel, Hauptpl. 5, ✆ 2227, III 0
[Fw] Stollhof, Altstadt 31, ✆ 2239, ✆ 0650/5910170 0
[Bh] Chloupek, Heinrichsreith 15, ✆ 2520, ✆ 0664/5458086, II-III 2
[JH] Junges Hotel Drosendorf, Badstr. 25, ✆ 2257, ✆ 0676/84143719, II 0.5

Langau (A)
Vorwahl: 02912
[i] Gemeindeamt, Langau 103, ✆ 401 2
[Bh] [Fw] Fam. Dietrich, Hessendorf 21, ✆ 6775, ✆ 0664/8685667, II 3
[Camping] Seecamping, Schaffinger Str. 303, ✆ 6311, ✆ 0664/1735288 0.5

Hardegg (A)
Vorwahl: 02948
[P] Hammerschmiede, Vorstadt 8, ✆ 02949/8263, III 0

Pz Gästehaus am Mühlbach, Stadt 16, ✆ 02949/8235, ✆ 0664/793 39 62 0

Pz Mahr, Stadt 45, ✆ 02949/20157, ✆ 02949/664 2126900, ✆ 0664/2126900, II-III 0

Waldbad Camping, beim Waldbad, ✆ 8450, ✆ 0680/2171808 0

Čížov CZ

Ht Hospoda u Švestků, Čížov 153, ✆ 604158760 0

Lukov CZ

P Lukov, Lukov 54, ✆ 737617900 0

P Na Vyhlídce, Lukov 26, ✆ 737679229 0

P Penzion U Hrádku, Lukov 25, ✆ 603757990, III 0

Podmolí CZ

P U Kapličky, Podmolí 23, ✆ 605080564, I-II 0.5

Znojmo CZ

i Městský úřad, Obroková 10, ✆ 515216111 0

H Hotel Bermuda, Mariánské nám. 10, ✆ 515223869, ✆ 777650275 0.5

H Hotel Lahofer, Veselá 13, ✆ 601215214 0

H Hotel Premium, Pražská 100, ✆ 515224595, ✆ 602359408 0.5

P Café Pension Kulíšek, Velká Michalská 7, ✆ 608811313, ✆ 608577050 0

P Pension Jesuitská, Jezuitska 5/183, ✆ 515221440, ✆ 603830130 0

P Penzion Eden, Šatovská 2947/8, ✆ 777611429, ✆ 602788322 2.5

P Penzion Kaplanka, U Branky 6, ✆ 775552212 0

P Penzion u Hradeb, Dolní Česká 25, ✆ 733548221 0.5

Popice CZ

P Penzion Alma, Popice 93, ✆ 724009055 0.5

Havraníky CZ

P Penzion Staré vinice, Havraníky 107, ✆ 604924843 0

Hnanice CZ

H Hotel Happy Star, Hnanice 111, ✆ 515210360, ✆ 515210330 0

P Penzion U Hrnčíře, Záhumenní 127, ✆ 608153029, ✆ 608535842 0.5

Šatov CZ

P Penzion U Fandy, Šatov 355, ✆ 733224549 0

P Riva, Šatov 73, ✆ 728922690, I 0

Pz Privát Bohemia, Šatov 174, ✆ 603181830 0

Chvalovice CZ

H Hotel Savannah, Hatě 198, ✆ 515284084 0

Sportovní areál, Chvalovice 96, ✆ 515230129 2.5

Seefeld-Großkadolz A

Vorwahl: 02943

i Marktgemeindeamt, Seefeld 39, ✆ 2201 0.5

H JUFA Weinviertel, Seefeld 59/60, ✆ 05/7083800, III 0.5

Fw Gästehaus Maresi, Seefeld 14, ✆ 2633, ✆ 0664/4006044, II 0.5

Campingplatz, Freizeitzentrum, ✆ 2540, ✆ 0664/2422931, ✆ 0664/5388667 1

Jaroslavice CZ

P Penzion Podzámčí, Družstevní 79, ✆ 739088927, I 0.5

Hevlín CZ

P Penzion Semerád v Hevlíně, Hevlín 330, ✆ 731616300, ✆ 731616304 0.5

Laa an der Thaya A

Vorwahl: 02522

i Tourismus- und Innovationsverein Land um Laa, Stadtpl. 43, ✆ 250129 0

H Therme Laa – Hotel & Silent Spa, Thermenpl. 3, ✆ 84700733, ✆ 84700740, VI 0

P Andis Gästezimmer, Staatsbahnstr. 16, ✆ 86600, ✆ 0699/11649062, II 0

P Schließelberger, Johannes-Brahms-G. 3, ✆ 0664/8622517, II 0.5

P Thermenblick, Mühlweg 15, ✆ 0650/6603091, III 0.5

P Zehetmayer, Hauptstr. 17, ✆ 8189, ✆ 0664/8639520, I-II 0

Pz Bittendorfer, Bergg. 51, ✆ 8737, ✆ 0676/5031495, I 0.5

Pz Frühstückshaus Wunderland, Staatsbahnstr. 57, ✆ 0664/2349143, III 0.5

Fw Appartement-Haus Thermeneck, Anton-Bruckner Str. 16, ✆ 0664/73742525, III 0

Toms Radhaus, Nordbahnstr. 19, ✆ 84846 0.5

nextbike-Station, Stadtpl.43, ✆ 02742/229901 0

nextbike-Station, Bahnhof, ✆ 02742/229901 0

Wildendürnbach A

i Gemeindeamt, Wildendürnbach 95, ✆ 02523/8252 0.5

Mikulov CZ

H Hotel Galant, Mlýnská 2, ✆ 519323353 0.5

H Hotel Maroli, K Vápence 609, ✆ 601392744 0.5

P Penzion Zelený strom, Vídeňská 49, ✆ 519510246, ✆ 721136154 1

Sedlec CZ

P Penzion Mlýn Sedlec, Sedlec, ✆ 725700111 0.5

P Penzion Nad Sklepem, Sedlec u Mikulova 296, ✆ 777288988 1

S Vinařský dům Sedlec, Sedlec 162, ✆ 602595540, ✆ 724210502, I-II 1

Úvaly CZ

S Villa Daniela – Venkovské sídlo milovníků vína, Úvaly 77, ✆ 774111776 0

Valtice CZ

i Turistické informační centrum, Náměstí Svobody 4, ✆ 734256709, ✆ 731164599 0

H Anton FLorian, Zámek 1, ✆ 530503465, ✆ 778771336, III 0.5

H Apollon, P. Bezruče 720, ✆ 519352625, ✆ 602525584

H Besední dům, Mikulovská 173, ✆ 776629533 0

P Penzion Diana, K Lesíku 800, ✆ 721749555 0.5

P Penzion a školící středisko Addo, Polní 1123, ✆ 734311484 0.5

P Vinarský Dvur, Malá Strana 198, ✆ 519352737, ✆ 607760063 0.5

S Hostel Valtice, Petra Bezruče 502, ✆ 577055315 1

Altlichtenwarth A

Vorwahl: 02533

i Gemeindeamt, Florianig. 150, ✆ 801806 0

Bh Wiesinger Weinbauernhof, Brunneng. 68, ✆ 89088, ✆ 0676/5116689, ✆ 0676/7370986, II 0.5

Hausbrunn A

i Marktgemeindeamt, Hauptstr. 92, ✆ 02533/801320 0

Hohenau an der March A

Vorwahl: 02535

i Regionalverband March-Thaya-Auen, Rathauspl. 1, ✆ 31161 0.5

i Marktgemeindeamt, Rathauspl. 1, ✆ 2307 0.5

P Atrium, Liechtensteinstraße 10, ✆ 31433, II-III 0.5

[Pz] Stadlbauer, Rathauspl. 9, ✆ 0664/3075914 0.5

Angern an der March (A)

Vorwahl: 02283

[i] Marktgemeindeamt, Bahnstr. 5, ✆ 2241 0.5

[Mo] Motel Angern, Wienerstr. 5, ✆ 0664/73634007, II 1

[Fw] Fam. Zahradnik, Marktpl. 7, ✆ 2219, ✆ 0664/73500980 0.5

Devínska Nová Ves (Bratislava) (SK)

[H] W Hotel, Opletalova 1/A, ✆ 951002383, II-III 1

Devín (Bratislava) (SK)

[H] Hradná Brána, Slovanské nábrežie 15, ✆ 902720904 0.5

[P] U Srnčíka, Hutnícka 2, ✆ 902182430, II 0

Bratislava (SK)

Vorwahl: 02

[i] Bratislava Information Service, Klobučnícka 2, ✆ 16186, ✆ 54419410 0.5

[H] Aplend City Perugia, Zelená 5, Staré Mesto, ✆ 0902/411111, IV-V 0

[H] Apollo, Dulovo 1, ✆ 55968922, ✆ 0903/231893, III-V 2

[H] Astra, Prievozská 14, ✆ 58238111, o.F., II-III 3

[H] Botel Marina Hotelschiff, Nábrežie armádneho generála Ludvíka Svobodu, ✆ 048/4148753, II-III 0

[H] Bôrik, Bôrik 15, ✆ 20925000, III 0.5

[H] Crowne Plaza, Hodžovo nám. 2, ✆ 59348111, IV-V 0

[H] Devín, Riečna 162/4, ✆ 59985111, IV-VI 0

[H] Galéria Tachyon, Vančurova 1, ✆ 54777817, III 0.5

[H] Marrol's, Tobrucká 4, ✆ 57784600, IV-VI 0.5

[H] Modena, Vlčie Hrdlo 1/A, ✆ 58597293, ✆ 948/998488, II 5

[H] Nivy, Liščie nivy 3, ✆ 55410390, o.F., II-III 2.5

[H] No16, Partizánska 16a, ✆ 54411672, ✆ 0903/445900, o.F., III 1

[H] Plus, Bulharská 1743/72, ✆ 48231920, II-III 5

[H] Radisson Blu Carlton, Hviezdoslavovo nam. 3, ✆ 59390500, V 0.5

[H] Remy, Stará Vajnorská cesta 37a, Nové Mesto, ✆ 44455063, ✆ 0907/408369, o.F., I-II 7

[H] Sorea, Kráľovské údolie 6, ✆ 32112870, III 0.5

[H] Tatra, Námestie 1. mája 5, Staré Mesto, ✆ 59272111, IV-V 0.5

[H] West, Kamzíkov vrch 3139, Kamzíči vrch, ✆ 54788693, III 3

[H] ibis Centrum, Zamocka 38, ✆ 59292000, III 0

[P] Arcus, Moskovska 5, ✆ 55572522, III 1

[Ho] Downtown Bratislava B&B, Panenská 31, ✆ 54641191, ✆ 0902072942, I 0

[Ho] Svoradov, Svoradova 13, ✆ 54411908, ✆ 0910/842917, o.F., I 0.5

[JH] Mladá garda, Račianska 3544/103, ✆ 0918/664020, I 2.5

[JH] Studentenheim Jura Hronca, Bernolákova 2716/1, ✆ 0918/664030, I 1

[Camping] Camping Zlaté Piesky, Cesta na Senec 2a, ✆ 44257373, ✆ 44450592, I 7

Chilli's Bike, Šustekova 2690/25, ✆ 62250919 2

Petržalka (Bratislava) (SK)

Vorwahl: 02

[H] Miva, Bzovícka 38, ✆ 63822556, II-III 2

[Hg] Incheba Expo, Viedenská cesta 7, ✆ 67272542, ✆ 0911/100725, o.F., II 0.5

Kittsee (A)

[i] Marillengemeinde Kittsee, Hauptpl. 11, ✆ 02143/2203 1

[H] VIANO Rooms, Untere Hauptstr. 96, ✆ 0676/4208840, ✆ 0676/4623836, III 0

[Gh] Leban, Untere Hauptstr. 41, ✆ 02143/2234, ✆ 0680/1323207, III 0.5

[P] Hauswirth, Joseph-Joachim Pl. 1, ✆ 0676 6513876, III 1

Deutsch Jahrndorf (A)

[Fw] Altes Landgut Werdenich, Untere Hauptstr. 2, ✆ 02144/21630, III 0

Nickelsdorf (A)

[P] Motel Schlafgut, Grenzlandhof 1, ✆ 02146/2368, II 1.5

Albertkázmérpuszta (Várbalog) (H)

[Gh] Kázmér Csárda, Felszabadulás utca, ✆ 06309075753 0

Halbturn (A)

[i] Gemeindeamt, Wiener Str. 3, ✆ 8645 0.5

[H] Knappenstöckl Schloss Halbturn, Im Schloss, ✆ 02172/82390, IV-VI 0.5

[P] Bliem's Wohnreich, Erzherzog-Friedrich-Str. 40, ✆ 02171/20176 0.5

[P] Rupp, Budapesterstr. 68-70, ✆ 0664 73025850, III 0

Wallern im Burgenland (A)

[H] Landhaus Tauber, Bahnstr. 94, ✆ 02174/2217, III 1

Pamhagen (A)

Vorwahl: 02174

[H] Vila Vita Pannonia, Storcheng. 1, ✆ 02175/21800, VI 3

[P] Cosy Room, Söllnerg. 8, ✆ 0678/1222714, II 0.5

Fertőd (H)

Vorwahl: 099

[H] Patonai, Fertőd Fő u. 4, ✆ 370008, I 0

[Gh] Bo-Ni, Mentes Mihály utca 22., ✆ 0207756805, I 2

[P] Borostyán, Váczi M. u. 36, ✆ 020/9157960, I-II 0.5

[P] Fertődi Kúria, Szent István u. 61, ✆ 371099, ✆ 0306600194, I 1

[P] Rábensteiner, Fő u.10, ✆ 371651, ✆ 020/9661573, I 0

[Camping] Dori Hotel Camping, Pomogyi út 1, ✆ 370838, ✆ 0205492403, I 0.5

Fertőszéplak (H)

Vorwahl: 099

[Gh] Polgármester Étterem és Panzió, Imre ut. 37, ✆ 370444, o.F., I 0.5

Hegykő (H)

Vorwahl: 099

[P] János bácsi háza, Iskola u. 3, ✆ 540005, ✆ 070/3139247, II 0.5

[P] Marben, Alsószer u. 1, ✆ 540250, II-III 0

[P] Nyerges, Nyárfa sor 8/a, ✆ 376744 0

[P] [Fw] Szanyi Vendégház, Patak u. 1/A, ✆ 376999, ✆ 030/9294735, I 0

[P] Tornácos, Kossuth L. u. 74, ✆ 540200, I-III 0

[Fw] [Camping] TK Vendégváró, Kossuth Lajos u. 19, ✆ 376512, ✆ 020/8243618, I 0

[Camping] Sá-Ra TERMÁL Camping, Fürdő utca 5, ✆ 540220, I 0.5

Fertőhomok (H)

Vorwahl: 099

[P] Anna Fogadó, Akác u. 105, ✆ 0620/7733526, I 0

[P] Márk, Rózsa u. 25, ✆ 376228, ✆ 0630/2274583, I 0

[Camping] Aqua Termál Camping, Akác ut 107, ✆ 316374, ✆ 020/5387541, I 0

Hidegség (H)

[P] [Fw] Szent András Fogadó és Pince, Széchenyi u. 5-7, ✆ 099/376005, ✆ 020/3988050, I-II 0

Fertőboz (H)

Vorwahl: 020

[P] Bozi Rozi Panzió, Fő u. 6, ✆ 099/357495, ✆ 030/4475779, I 0

[P] Gloriett, Fő utca 11, ✆ 020/3420788 0

Balf (Sopron) (H)

Vorwahl: 099

[H] Schlosshotel, Fürdö sör 2, ✆ 314266, II 0.5
[P] Gólyafészek Vendégház, Fő utca 54, ✆ 319850, ✆ 020/3808717 0
[P] Néher Vendégház, Fő u. 49, ✆ 20/220 66 54, I 0
[Pz] Krokodil Étterem, Fő u. 8, ✆ 339185, ✆ 20/4282893, I 0
[Pz] Lukács, Akácfa sor. 1, ✆ 339226, ✆ 070/3866337, I 0
[Fw] Foki, Akácfa sor 5, ✆ 339227, I 0.5
[Camping] [P] Kurcamping, Fürdö sor 59-61, ✆ 339124, ✆ 070/4248733 0

Fertőrákos (H)

Vorwahl: 099

[i] Info Point von Fertőrákos Exkursion, Meggyesi Str. 1, ✆ 06203559999. Geführte Ausflüge durch den Fertő-Hanság-Nationalpark, Kreuzfahrten und Erkundung der Mithras-Höhlen. 0
[P] Horváth, Fő utca 194-196, ✆ 355368, ✆ 030/7179260, II 0
[P] Várfal, Fő utca 222, ✆ 355115, ✆ 030/2229250, I-II 0
[Pz] Szentesi - Seeblick, Fő utca 66, ✆ 355238, ✆ 020/2493319, I 0
[Pz] Szüts, Fő utca 106, ✆ 355499, ✆ 020/4482724, I 0
[Pz] Weinlaube Fuchs, Fő u. 246, ✆ 355105, I 0

Mörbisch am See (A)

Vorwahl: 02685

[i] Tourismusbüro, Hauptstr. 23, ✆ 8430 0
[H] Burgenländerhof, Raiffeisenstr. 2, ✆ 8691, III-IV 0.5
[H] Das Schmidt, Raiffeisenstr. 8, ✆ 8294, IV-VI ⊛ 0
[H] Drescher, Hauerstr. 1, ✆ 8444, IV-V 0
[H] Landhaus Pannonia, Brunneng. 7, Lindeng. 8, ✆ 8338, III-IV 0
[H] Mörbischer Hof, Seestr. 64, ✆ 0680/2035868, IV-V ⊛ 0.5
[P] Amelie, Kinog. 5, ✆ 0660/9203283 0.5
[P] Binder, Blumentalg. 18, ✆ 8205, III 0
[P] Das Mittelpunkt, Blumentalg. 46, ✆ 8818, III-IV 0.5
[P] Gästehaus Fiedler, Seestr. 28, ✆ 8286, ✆ 0650/7423108, III 0.5
[P] Haus Margarethe, Feldg. 1-5, ✆ 8805, ✆ 0664/4831015, III 0
[P] Laubenhof, Rusterstr. 16, ✆ 0699 14448833, III ⊛ 0.5
[P] Peterhof, Neustiftg. 22, ✆ 8400, III 0
[P] Schrauf, Neubaug. 19, ✆ 21844, III 0.5
[P] Stoiber, Weinbergg. 5, ✆ 8422, ✆ 0676/4062578 0
[P] Ulrike, Pfarrhofsteg 2, ✆ 8655, ✆ 0650/6478282, III 0
[P] Weinhof Kranixfeld, Steinerg. 3, ✆ 8348, III ⊛ 0
[Pz] Andreashof, Hauptstr. 99, ✆ 8352, ✆ 0650/7405168, I 0
[Pz] Schindler, Neustiftg. 6, ✆ 8326, ✆ 0650/9388554, III-IV 0
[Pz] Schindler Gabi, Neubaug. 2, ✆ 8424, III 0
[Pz] Waldhof Posch, Bergg. 19, ✆ 8049, ✆ 0660/4580143, II-III 0.5
[Fw] Freiler, Nussau 32, ✆ 0664 2448915 ⊛ 0.5
[Fw] Landhaus Luka, Kinog. 4, ✆ 8019, ✆ 0664/73617889, IV-V ⊛ [Rad] 0.5
[Rad] nextbike-Station, ✆ 02742/229901, ✆ 0664/1324197. Standort: Bootsverleih Drescher 2.5

Klingenbach (A)

[H] Weinwirtshaus, Feldg. 1, ✆ 02687/48147-0, IV ⊛ 0.5

Schattendorf (A)

Vorwahl: 02686

[i] Gemeindeamt, Fabriksg. 44, ✆ 2125 0
[H] Sonnenhof, Fabriksg. 35, ✆ 2166, III-V ⊛ 0.5
[Gh] Landgasthof Grafl, Mattersburgerstr. 2, ✆ 2141-0 0.5
[P] Grafl, Flurg. 9, ✆ 0664/3609081, o.F., II 0.5

Sopron (H)

Vorwahl: 099

[i] Tourinform Sopron, Szent György u. 2, ✆ 951975, ✆ 951976 0
[i] Tourinform im Feuerturm, Előkapu 2-7, ✆ 505006 0
[H] Lövér, Várisi út 4, ✆ 888400, HP, III 1
[H] Palatinus, Új u. 23, ✆ 523816, II 0.5
[H] Szieszta, Lövér krt. 37, ✆ 314260, HP, IV 1.5
[P] Anna Panzió, Ady Endre út 51, ✆ 20/570-3309, I-II 0.5
[P] Atrium, Kőszegi út 3, ✆ 313799, III 0
[P] Bástya, Patak 40, ✆ 325325, ✆ 030/4912267, I 0.5
[P] Diana, Lövér krt. 64, ✆ 329013, ✆ 030/2178373, I 1
[P] Farkas, Brennbergi út 4, ✆ 331167, ✆ 020/9431034 1
[P] Jévgerem, Jévgerem u. 1, ✆ 510113, I 0
[P] Lagler, Lövér krt. 40, ✆ 314740, ✆ 030/4918704, I 0.5
[P] Rita, Sörházdombi út 6a, ✆ 316832, I 1
[P] Terzia Hubertus, Hubertus út 1, ✆ 334290, ✆ 030/5525465, II 1
[Ho] Közepiskolai Leánykollegium, Fernczi János ut. 60, ✆ 523126, ✆ 070/6515814 0.5
[Fw] Ciklámen, Brennberg-völgy, ✆ 312180 1.5
[Camping] Ózon Camping, Erdei malom köz 3, ✆ 523370 1.5
[Service] Fricikli, Balfi út 59, ✆ 325021 0
[Service] Hervis Sopron, Határdomb út 1, Alphapark, ✆ 020/8238974 1
[Service] [Rad] KTM Bringa Park, Lővér krt. 84/b, ✆ 030/8366349 1
[Service] [Rad] Tóth és Fia Kerékpárbolt és Műhely, Bécsi út 13, ✆ 334001 0.5
[Rad] Hotel Sopron, Fövényverem Str. 7, ✆ 030/9992585 0.5

Neckenmarkt (A)

Vorwahl: 02610

[i] Marktgemeindeamt, Rathausg. 1, ✆ 42263 0
[Gh] Zur Traube, Herreng. 42, ✆ 42256, III-IV ⊛ 0
[P] Probszt, Marieng. 13a, ✆ 43334, ✆ 0664/4507599, II 0.5
[P] Sunnseitn, Herreng. 43, ✆ 0664/4101309, III 0

Horitschon (A)

[i] Marktgemeindeamt, Hauptstr. 43, ✆ 02610/422410 0
[Gh] Trummer, Bahnstr. 9, ✆ 02610/42285, ✆ 0699/11339343, III 0
[P] Kallinger, Bahnstr. 8, ✆ 02610/4390, II-III ⊛ 0
[Bh] Wein-Träumerei, Hauptstr. 34, ✆ 02610/42113, ✆ 0676/4579656 0

Raiding (A)

[i] Marktgemeindeamt, Franz-Liszt-Pl. 1, ✆ 02619/74720 0.5
[Fw] Sora Apartment, Richard Wagner Str. 43, ✆ 0677/63117258, III 1

Deutschkreutz (A)

Vorwahl: 02613

[i] Tourismusbüro, Hauptstr. 54, ✆ 20200 [Rad] 0
[H] Das Blaufränkisch - Weinhotel, Girmerstr. 45, ✆ 80322, IV-V 1
[H] Huszar, Rausnitzstr. 2-4, ✆ 80210, III 0
[Gh] Kirchenwirt Heinrich, Hauptstr. 53, ✆ 80291, ✆ 0676/9435934, III 0
[P] Blaufränkischhof, Langeg. 21, ✆ 89642, III 0
[P] Weingut Gager, Karnerg. 2, ✆ 80385, III-IV ⊛ 0
[Bh] Weingut Silvia Heinrich, Karrnerg. 59, ✆ 89615, III-IV ⊛ 0.5

Lutzmannsburg (A)

Vorwahl: 02615

[i] Tourismusverband Lutzmannsburg Mittelburgenland, Thermengelände 1, ✆ 87171-2210 0

H Semi, Thermenpl. 3, ✆ 81300, V 0
H Sonnenpark, Thermengelände 2, ✆ 871711000, VI 0
H Thermenhof Derdak, Thermenstr. 1, ✆ 87711, III 1
H Thermenhotel Lutzmannsburg, Thermenpl. 7, ✆ 81313, VI 0
H Thermenhotel Vierjahreszeiten, Thermengelände 4, ✆ 81222, IV 0
Hg Sonnenhof, Thermenstr. 29-33, ✆ 81286, ✆ 0664/2120808, IV 0.5
P Apfelhof Bohrer, Wiesenweg 2, ✆ 87429, II-III 0.5
Camping Sonnenland, Trift 3, ✆ 20002 1

Kőszeg (H)

Vorwahl: 094
i Tourinform Kőszeg, Fő tér 2, ✆ 563120, ✆ 020/6655010 0
H Alpokalja Panzió és Étterem, Szombathelyi u. 8, ✆ 563251, III 1
Fw Portré Apartman, Fő tér 7, ✆ 363170, ✆ 030/2802460, II 0

Bozsok (H)

Vorwahl: +36
P Kalaposkö Fogadó, Rákóczi út 105, ✆ 030/2221576, I-II 0
P Mühlenhof, Rákóczi utca 2, ✆ 030/3508408 0.5
Fw Bozsoki Pihenő, Rákóczi u. 43, ✆ 094/361009, ✆ +3630/2647683, I 0

Bucsu (H)

Pz Nyírfa Vendégház, Rákóczi Ferenc u. 154, ✆ 030/5906460 0

Szombathely (H)

Vorwahl: 094
H Garda, Svent István Park 15, ✆ 94/509323, I 8
Ho Martineum Felnöttképző Akadémia, Karmelita u. 1, ✆ 514340, I 8

Vaskeresztes (H)

Gh Alpesi Fogadó és Borház, 165/4. hrsz, ✆ 094/351247, I 0

Eisenberg an der Pinka (Deutsch Schützen-Eisenberg) (A)

Vorwahl: 03365
P Bio Weingut Reiger, Untere Kellerg. 1, ✆ 0664/1206352 1
P FUSZ, Teichg. 9, ✆ 2547, III 0.5

Deutsch-Schützner Bergen (Deutsch Schützen-Eisenberg) (A)

Vorwahl: 03365
P Wohnothek am Ratschen, Am Ratschen 5A, ✆ 20082, IV-V 0.5
Bh Weingut Schützenhof, Winzerstr. 41, ✆ 2203, ✆ 0664/75107273, ✆ 0664/1099333, III 0

Deutsch Schützen-Eisenberg (A)

Vorwahl: 03365
i Gemeindeamt, Untere Hauptstr. 24, ✆ 2225 0.5
P Stephano, Unterer Weinweg 11, ✆ 0664/2636939, IV 0.5
Fw Ht Huber, Untere Hauptstr. 44, ✆ 20051, ✆ 0699/19533438, III-IV 0.5

Bildein (A)

P Gästezimmer Luisser, Hauptstr. 127, ✆ 0664/7837820, II 0
B&B Chez Lips, Florianig. 25, ✆ 0664/5143362, III 0.5

Eberau (A)

i Gemeindeamt, Marktstr. 27, ✆ 03323/4003-13 1
P Buch, Hauptpl. 31, ✆ 0664/3696125, III 1.5
Fw Kellerstöckl Honigschnabel, Winten-Weinberg 166 3

Strem (A)

Vorwahl: 03324
i Gemeindeamt, Lindenstr. 1, ✆ 7204 0.5
Gh Legath, Hauptstr. 44, ✆ 7269, III 0.5
Fw Das Schtöckerl, Hamerlberg 13, ✆ 0660/7601870, IV 1.5

Hagensdorf (Heiligenbrunn) (A)

Vorwahl: 03324
H Schwabenhof, Hagensdorf 22, ✆ 7333, III-VI 4
Pz Geider, Hagensdorf 45, ✆ 6470 4

Heiligenbrunn (A)

Vorwahl: 03324
i Tourismusverband, Nr. 33, ✆ 7281, ✆ 7240 1.5
H Beim Krutzler, Nr. 16, ✆ 7240, ✆ 7241, V 1.5
Fw Kellerstöckl Kirchnäh, Am Hochberg 1, ✆ 03323/34153 1.5
Fw Unger, Nr. 50, ✆ 0676/6441101, III 1.5

Großmürbisch (A)

Gh Wukovits-Sommer, Großmürbisch 51, ✆ 03322/432230, III 0

Heiligenkreuz im Lafnitztal (A)

Vorwahl: 03325
i Gemeindeamt, Untere Hauptstr. 1, ✆ 4202-21 0
Gh Gibiser, Obere Hauptstr. 10, ✆ 4216, III 0.5
Gh Rudolf Pummer, Obere Hauptstr. 11, ✆ 4225, II 0
Pz Melitta, Güssinger Str. 13, ✆ 0664/8672730, II
E-Bike Paradies Südburgenland, Markstr. 27, ✆ 4314. Verleihstation: Gasthaus Gerd Pummer 0

Szentgotthárd (H)

Vorwahl: 094
i Tourismusinformation, Füzesi út 3/a, ✆ 307915372 0
H Andante, Füzesi út 12, ✆ 445566, II 0
H GOTTH'ART, Füzesi út 3/b, ✆ 554066, IV 0
H Ipari Park, Füzesi út 83, ✆ 554101, II 0
H Lipa, Gárdonyi út 1, ✆ 383-060, I-II 0.5
Gh Phönix, Mátyás király U. 10, ✆ 381-353 0.5
P Alpokalja Motel, Füzesi út 8, ✆ 554459, II 0
P Zsida Termál, Zöldlomb u. 1, ✆ 554-444 2

Felsőszölnök (H)

P Julianna, Templom út 27, ✆ 020/3132539 0

Dobrovnik/Dobronak (SLO)

H NIA, Dobrovnik 300a, ✆ 40878991 0.5

Lendava/Lendva (SLO)

Vorwahl: 02
i Turizem Lendava d.o.o., Glavna ulica 38, ✆ 5788390 0
H Cubis, Mlinska ulica 5 A, ✆ 5774610, ✆ 051/493594, V 0.5
H Thermal Resort Lendava, Tomšičeva ulica 2A, ✆ 5774100 0.5

Letenye (H)

P Radics, Rákóczi u. 98, ✆ 93/343770, ✆ 030/9139184, II 0

Zákány (H)

P Dráva Völgye, Május 1. u. 22., ✆ 030/7240659 0

Gyékényes (H)

H Kastély Fogadó, Horgásztanya 2/c 0.5

Repaš (HR)

B&B Repaš88, ✆ 95/1966096 0

Pitomača (HR)

H Divino, Gajeva 130, ✆ 033/801656 1

Križnica (HR)

Gh Dravska iža Križnica, Križnica 27, ✆ 033/801939 0

Kapela Dvor (HR)

H Kurija Janković, Kapela Dvor 22, ☎ 033/639767, II 0.5

Noskovci (HR)

Ho Dravska prica, Noskovci 2/a, ☎ 033/722033, I 0

Čađavica (HR)

P Slavonski dvori Čađavica, Dibruvacka 6, ☎ 091/2992059 0

Donji Miholjac (HR)

H Slavona, Gajeva ul. 15a, ☎ 031/544544 0

Beremend (H)

H Beremend Rose, József Attila u. 12, ☎ 030/5871442 0.5

Beli Manastir (HR)

H Patria, Osječka 1c, ☎ 031/710710 1.5

Gajić (HR)

Vorwahl: 069

Gh OPG Kalinka, Ištvana Vencela 6, ☎ 091/7646808 0

Bezdan (SRB)

P Anna Caffe, Žrtava Fašizma, ☎ 025/810777 0

Fw Apartmani Bezdan, Crkvena 4, ☎ 063/8115230 0

Dávod (H)

H Fortuna, Rákóczi F. utca 55, ☎ 063/07301675 1

P Ponty Poronty, Rákóczi F.utca 31, ☎ 30/6954593, ☎ 70/3340295 1.5

Csátalja (H)

P The Blue, Dosza 9, ☎ 079/6332789, ☎ 70/2302422 0

Bácsalmás (H)

P Sárga Csikó, Dob u. 2, ☎ 79/642569 0

Subotica (Суботица) (SRB)

Vorwahl: 024

H Galleria, Matija Korvin 17, ☎ 647111 0.5

H Patria, Đure Đakovića 1A, ☎ 552320, II 0

H Villa Royal Crown, Somborski put 75, ☎ 533666, ☎ 065/5667010, II 1.5

Hg PBG, Harambašićeva 19-21, ☎ 556542, II 0.5

P Gat, Gundulićeva 42, ☎ 4557345, I 1.5

Ho Incognito, Huga Badalića 3, ☎ 559254 0.5

Ho Night&Day, Beogradski put 70, ☎ 065/9878800 1.5

Ho Put Svile, Sencanski put 5/9, ☎ 065/2915587 0.5

Palić (Палић) (SRB)

Vorwahl: 024

H Park, Park heroja 15, ☎ 753245 0

Hg Palić Resort, Jožefa Hegediša 14, ☎ 755455, III 0

Hg Vila Milord, Splitska Aleja 19, ☎ 602800, III 0.5

P Villa Ricz, Jožefa Hegediša u. 3, ☎ 069/2431187 0

Mórahalom (H)

H Colosseum, Millenniumi sétány 4-6, ☎ 62/581245, III-IV 0.5

H Elixír Medical Wellness, Millenniumi sétány 2, ☎ 030/4433102, ☎ 62280160, IV 0.5

P Jázmin, Szabadság u. 19, ☎ 30/5927-928 0.5

P Thermál, Szegedi út 1/b, ☎ 062/580242, III 0.5

Röszke (H)

H ♿ Forró Fogadó, I. körzet 4, ☎ 62/273245 1.5

Bh Dobó Tanya, III. körzet 313, ☎ 30/8682920 0.5

Szeged (H)

Vorwahl: 62

i Tourist-Information, Széchenyi tér 12, ☎ 488-690, ☎ 488-699 0

H Auris, Boldogasszony sgrt. 14, ☎ 674577 0.5

H Mozart, Oskola u. 16, ☎ 800040, II 0.5

H Novotel Szeged, Maros u. 1, ☎ 562200 0

H Partium, Honvéd tér 3, ☎ 289188 0

H Tisza, Széchenyi tér 3, ☎ 478278, I-III 0

P Kálmán Panzió Étterem-Söröző, Hattyas u. 19, ☎ 445425 1

P Véndiófa, Petőfi Sándor sgrt. 47, ☎ 20/6240662, I-II 0

AH Soleil, Kelemen László u. 7, ☎ 70/3102435 0.5

Ortsindex

Die Seitenzahlen ab S. 190 beziehen sich auf das Übernachtungsverzeichnis.